五华年鉴

WU HUA YEAR BOOK

2016

《五华年鉴》编纂委员会　编

方志出版社
Publishing House of Local Records

图书在版编目（CIP）数据

五华年鉴. 2016/《五华年鉴》编纂委员会编. ——
北京：方志出版社，2016.12
ISBN 978-7-5144-2246-7

Ⅰ. ①五… Ⅱ. ①五… Ⅲ. ①五华县—2016—年鉴
Ⅳ. ①Z526.54

中国版本图书馆CIP数据核字（2016）第302301号

五华年鉴（2016）

编　　者：《五华年鉴》编纂委员会
责任编辑：罗　滔

出 版 人：冀祥德
出 版 者：方志出版社
地址 北京市朝阳区潘家园东里9号（国家方志馆4层）
邮编 100021
网址 http://www.fzph.org
发　　行：方志出版社发行中心
电话（010）67110500
经　　销：各地新华书店
印　　刷：梅县程江彩色印刷厂有限公司

开　　本：787×1092　1/16
印　　张：28.75
字　　数：582千字
版　　次：2016年12月第1版　2016年12月第1次印刷
印　　数：001～1500册

ISBN 978-7-5144-2246-7　**定价**：180.00元

《五华年鉴》编纂委员会

顾　问：范宜军

主　任：吴　晖

副主任：宋学希　温燕玲

成　员：陈群添　张云中　徐德兴　邹志轩　李作华
钟冠寰　周铁伟　张　裕　刘旭伦　龙谨平
何红球

《五华年鉴》编辑部

主　编：温燕玲

副主编：江连辉　黄培邦

编务人员：李惠霞　张丽芬　汤国夫　何伟婷

摄　影：廖伟军　张炳锋　蓝文辉　朱学灵等

编辑说明

一、本刊系由中共五华县委、五华县人民政府主办，五华年鉴编纂委员会编纂的一部地方综合性年鉴，是一部了解、认识和研究五华翔实可靠的资料性工具书。具体编辑出版事务由五华县地方志编纂委员会办公室年鉴编辑部负责。每年出版一次，国内外公开发行。

二、本刊坚持以马列主义、毛泽东思想、邓小平理论、三个代表重要思想和科学发展观以及习近平总书记系列重要讲话精神为指导，着重全面、系统、准确地反映五华县2015年度自然、政治、经济、文化和社会等方面的基本情况。全书设特辑、大事记、概览、政治、法治、经济、科教文卫体、社会生活、乡镇概况、统计资料、名录•人物、文献选编等12个编目，约58.2万字。

三、本刊采用分类编辑法，在编目下设分目，分目下设条目，以条目为表现内容的基本形式。编目与分目标题使用不同字体、字号，条目标题一律以黑体字加【】号。

四、本刊采用的文稿，均由五华县各有关单位专人撰写或提供资料，并经单位主要领导审定。统计数据采用法定计量单位，主要统计数据经供稿单位与统计部门核对。有些对应指标数据在上年卷刊出后做了调整的，本卷里不再说明，且由于统计口径不一，个别数据可能不一致，使用时应以五华县统计局《五华县统计年鉴•2015》为准。

五、本刊配套电子版，全书内容在五华县地情网（http://www.gd-info.gov.cn/shtml/mzwuhua/index.shtml）刊载。

六、本刊在编纂出版过程中，得到全县各镇各单位的大力支持和协助，谨此致谢。本书错漏之处，敬请批评指正。

《五华年鉴》编辑部

五华县交通图（2015）

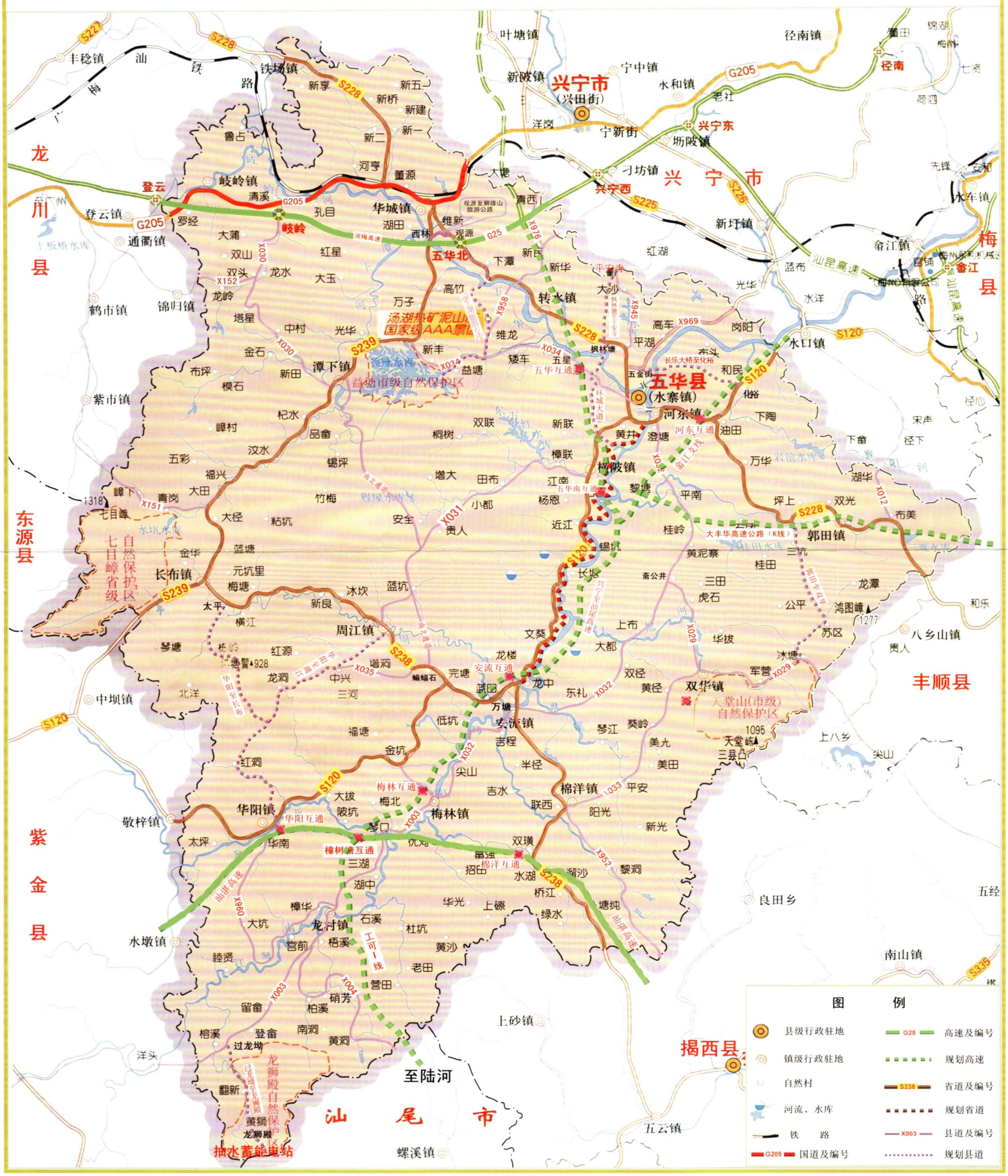

五华县
(水寨镇)
兴宁市
(兴田街)
兴宁市
梅县
丰顺县
揭西县
汕尾市
紫金县
东源县
龙川县
图例
县级行政驻地
镇级行政驻地
自然村
河流、水库
铁路
国道及编号
高速及编号
规划高速
省道及编号
规划省道
县道及编号
规划县道
至陆河
G205
G25
S120
S228
S238
S239
S225
S226
S227
S335
X003
X004
X012
X029
X030
X031
X032
X033
X034
X035
X151
X152
X945
X952
X958
X960
X969
X976
汕昆高速
河梅高速
汕湛高速
大丰华高速公路（K线）
五华北
五华互通
五华南互通
河东互通
安流互通
梅林互通
华阳互通
樟树潭互通
棉洋互通
岐岭
登云
华城镇
岐岭镇
铁场镇
转水镇
潭下镇
长布镇
周江镇
横陂镇
河东镇
郭田镇
双华镇
安流镇
棉洋镇
梅林镇
华阳镇
龙村镇
水口镇
登云镇
通衢镇
锦归镇
鹤市镇
紫市镇
中坝镇
敬梓镇
水墩镇
上砂镇
螺溪镇
五云镇
良田乡
南山镇
八乡山镇
新圩镇
叶塘镇
新陂镇
宁中镇
水和镇
宁新街
坜陂镇
刁坊镇
径南镇
畲江镇
水车镇
丰稔镇
兴宁东
兴宁西
汤湖热矿泥山庄
国家级AAA景区
益塘市级自然保护区
七目嶂省级自然保护区
大帝山(市级)自然保护区
龙狮殿自然保护区
抽水蓄能电站
益塘水库
岩前水库
桂田水库
水坑水库
程屋水库
上坂桥水库
长乐大桥至化裕
观源至狮雄山旅游公路
环城大道
畲江支线
兴宁至汕尾高速
华阳至长布
工可I线
1318
1096
1277
928

五华县行政区划图

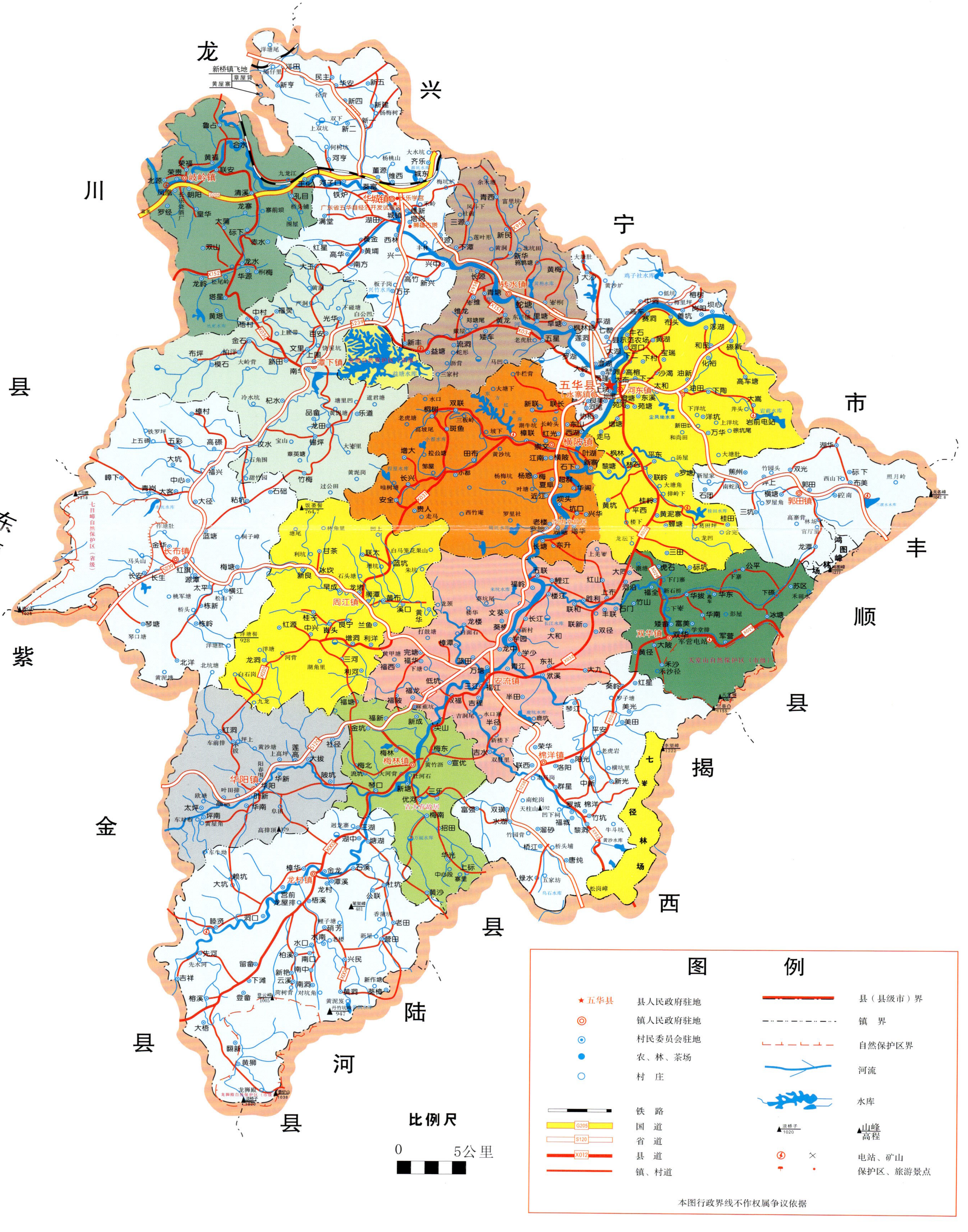

龙川县
兴宁市
丰顺县
揭西县
陆河县
紫金县
东源县
五华县
水寨镇
河东镇
华城镇
岐岭镇
转水镇
横陂镇
安流镇
周江镇
长布镇
潭下镇
郭田镇
双华镇
梅林镇
棉洋镇
华阳镇
龙村镇
七目嶂自然保护区（省级）
七径林场
图例
五华县 县人民政府驻地
镇人民政府驻地
村民委员会驻地
农、林、茶场
村庄
铁路
国道
省道
县道
镇、村道
县（县级市）界
镇界
自然保护区界
河流
水库
山峰 高程
电站、矿山
保护区、旅游景点
比例尺
0 5公里
本图行政界线不作权属争议依据

2015 数字五华
SHUZIWUHUA

土地面积 3237.8平方公里

总户数 324981户

总人口 1463929人

常住人口1080842人

耕地面积4.16万公顷

地区生产总值126.43亿元

第一产业增加值27.66亿元

第二产业增加值36.78亿元

第三产业增加值61.99亿元

第一、二、三产业构成比重为（21.9：29.1：49）

人均地区生产总值11722元

全社会固定资产投资69.94亿元

社会消费品零售总额81亿元

外贸出口总额1.83亿美元

实际利用外资533万美元

财政一般预算收入5.55亿元

财政支出57.07亿元

国税收入3.3亿元

地税收入10.68亿元

城乡居民储蓄存款158.89亿元

职工年人均货币工资43044元

农民年人均纯收入10138元

在校学生总数219288人

卫生医技人员2902人

医院病床位2565张

2015年8月7日，广东省委常委、省纪委书记黄先耀（左二）到华城镇调研

2015年12月16日，省政协副主席唐豪（中）率队到五华调研经济社会发展情况

2015年4月27日，省军区副司令员宫波（左一）到五华调研武装工作

2015年1月29日，省卫计委党组书记骆文智（前右二）到潭下镇光华村慰问贫困户

2015年4月15日，省老区建设促进会会长陈开枝（左四）到五华调研《赣闽粤原中央苏区振兴发展规划》贯彻落实情况

2015年10月12日，省发改委主任何宁卡（前右二）到转水镇畲柯村调研扶贫“双到”工作

2015年10月28日，省卫计委主任陈元胜（右三）到五华挂钩帮扶村检查扶贫“双到”工作成果

2015年12月7日，省林业厅厅长陈俊光（右三）一行到五华县检查指导林业工作

2015年7月28日，市委书记黄强率队到五华指导经济工作

2015年11月9日，市委书记黄强到五华调研产业园区建设和县城扩容提质项目

2015年12月2日，市委书记黄强到五华调研并检查扶贫开发“双到”工作

2015年1月8日，梅州市山区中小河流综合治理暨冬春水利建设现场会在五华县横陂镇召开，市长谭君铁宣布开工

2015年10月29日，市长谭君铁到五华县调研文化旅游工作

2015年3月26日，县委书记张映平、县长范宜军率队调研河东工业区和广州番禺（五华）产业转移园建设

2015年5月13日，县委书记张映平、县长范宜军率队到河东工业区召开现场办公会

2015年6月16日，县委书记张映平、县长范宜军率队到广州番禺（五华）产业转移园调研企业生产建设情况和招商引资工作

2015年7月7日，县委书记张映平调研交通公路建设

2015年9月1日，县委书记、县长范宜军率队调研城建重点项目

2015年8月19日，县委书记、县长范宜军检查安全生产工作

2015年12月3日，县领导范宜军、傅国强、曾光华率队调研县城重点项目建设

2015年12月29日，代县长吴晖率队调研兴华高速公路（五华段）建设情况

2015年1月14日，五华县召开申报“广东省教育强县暨义务教育发展基本均衡县”督导验收总结报告会

2015年5月22日，五华县召开“三严三实”专题教育工作会议

2015年11月6日，五华召开创建“广东省文明县城”动员大会

2015年11月26日，五华县基层公共服务平台建设暨村级服务群众代办业务工作推进会在华城镇举行

2015年1月，琴江河（横陂段）中小河流治理工程现场

2015年4月，汕湛高速五华棉洋建设现场

2015年5月，五华县高级中学建设现场

2015年5月，省道239线升级改造施工现场

2015年6月，长乐大桥施工现场

2015年9月，汕湛高速东岭隧道施工现场

2015年9月，畲华高速梅江大桥施工现场

2015年11月，建设中的罗湖堤

2015年11月，建设中的琴江广场

2015年12月，琴江公路施工现场

2015年9月30日，梅州（五华）抽水蓄能电站动工大会在广州召开

2015年12月，人民公园施工现场

2015年12月，梅州（五华）抽水蓄能电站施工现场

2015年，发展中的广州番禺（五华）产业转移园一角

2015年，热火朝天的河东工业区施工建设现场

2015年3月30日，五华奥园广场举行奠基典礼

2015年12月12日，中国供销•粤东（五华）农产品电商批发城项目落户五华

五华：成功创建“广东省卫生县城”

2014年1月，五华正式启动创建“广东省卫生县城”工作，成立专项工作领导小组，制定并印发《五华县创建“广东省卫生县城”工作实施方案》等相关文件26个，全面落实县城市容环境网格化管理责任，将县城建成区域14.6平方公里内14个行政村5个居委会191个村民小组，全部划分成86个网格单位，把“创卫”任务全部落实到29个县直单位。累计投入资金20多亿元，抓好县城交通水利设施、农贸市场、县城无害化垃圾处理场、污水处理厂和屠宰场等县城交通道路、市容环境、绿化美化等基础设施建设。全面完成水中堤、上坝堤、员瑾堤、澄湖堤升级改造，高标准完成了水寨大道、园新路、建设南路、富强路、河东大道、华兴北路等项目建设改造，打通水中堤至水寨大桥、上坝堤至琴江大桥、县三小至员瑾堤等11个市政道路节点；建成华园市场、上新一街市场，逐步解决宏达路、华园路、园新路“马路”市场出路问题以及县城及周边小摊贩乱摆乱卖问题；解决县城生活垃圾和污水处理等问题；抓好县城绿化、美化、亮化，蒲丽顶森林公园、长乐公园、狮山公园、上坝公园建成开放，建成区绿化面积539.6万平方米，完成“两江四堤”的亮化工程，为“创卫”工作全面达标创造良好硬件条件。还对照“创卫”标准和要求，列出问题清单狠抓整治，采用堵疏结合办法，围绕县城市容环境卫生、交通秩序、食品安全、公共场所以及县城“六乱”等方面突出问题，全力抓好重点行业、重点区域的整治，规范县城市容秩序。通过全县上下共同努力，人居环境发生翻天覆地变化。2015年12月10日，五华县创建“广东省卫生县城”工作正式通过省专家组的考核验收。

2015年12月10日，五华创建“广东省卫生县城”工作通过省考核验收

县领导张映平、范宜军等检查“创卫”工作

2015年10月16日，代县长吴晖调研“创卫”工作

2015年10月27日，省爱卫办主任许立凡到五华调研农贸市场建设

2015年10月26日，五华县召开迎接省调研评估“创卫”工作会议

执法部门联合行动

桶装垃圾运输车

垃圾压缩车

公厕

垃圾中转站

新型垃圾桶

整洁的市场环境

和谐的人居环境

流光溢彩的县城夜景

凝聚客商力量　共谋合作发展

——第四届世界客商大会五华系列活动掠影

2015年10月12—13日，第四届世界客商大会五华县系列活动在五华县城举行，来自全国各地的200多名五华乡贤、嘉宾和企业家应邀参加。五华县政府与12家企业签订摄像器材、农产品电商批发城等12个项目的投资合作协议，计划总投资52.05亿元；对回乡投资模范代表辉骏集团、长乐烧酒业等8家企业进行表彰。还分别举行香雪制药、红木家具产业园等30个项目动工建设或竣工揭牌仪式（其中动工项目16个和竣工项目14个），计划总投资208.84亿元，涵盖工业、交通、城建、服务业等领域，掀起了乡贤回乡投资兴业的热潮。

2015年10月12-13日，第四届世界客商大会五华县系列活动在县城举行

第四届世界客商大会五华系列活动项目签约仪式现场

县委、县政府对回乡投资以及总部回迁模范代表等8家企业进行表彰

组织参会嘉宾参观县城建设重点项目

部分动工和竣工项目

第四届世界客商大会
五华如翼实业有限公司暨
广东富胜实业有限公司奠基仪式

五华县立信织造有限公司
Wuhua Lixin Weaving Co., Ltd

第四届世界客商大会
梅州（五华）抽水蓄能电站三坑移民安置区奠基仪式

五华县双龙山旅游景区奠基仪式
奠

第四届世界客商大会
大健康产业基地揭幕仪式
2015.10.13

第四届世界客商大会
五华县丽斯卡顿酒店竣工仪式
主办单位：中共五华县委员会 五华县人民政府
协办单位：五 华 县 旅 游 局
承办单位：五 华 县 丽 斯 卡 顿 酒 店
2015年10月13日

部分动工和竣工项目

足球之乡 雄风重振

2015年9月26日，梅州五华足球队“冲甲”成功

2015年10月10日，梅州五华足球队夺得2015年中乙联赛冠军

五华素有“足球之乡”的美誉，也是中国内地现代足球的起源地。近年来，五华县根据国家和省、市提出全面实施振兴足球工作的规划方案，认真贯彻落实上级部署，转变理念、大胆探索，认真落实各项改革措施，并结合自身实际制定一套详细的足球改革方案，用改革的办法振兴五华足球事业。2015年，五华足球喜讯频传：4月，五华“U12”足球队代表广东参加中国斯凯孚杯青少年足球邀请赛，获得冠军；随后又代表中国参加素有“小世界杯”之称的哥德堡杯国际青少年足球赛。9月，梅州五华队成功“冲甲”，成为中国首支县级中甲球队；10月，再创奇迹，一举夺得中乙联赛冠军。出色的成绩擦亮了“足球之乡”的品牌，提振了全县人民发展足球事业的信心和决心。

2015年9月26日，梅州五华足球队“冲甲”比赛现场

中国青少年发展基金会 CHINA YOUTH DEVELOPMENT FOUNDATION　meet the world　GOTHIA CUP　SKF

2015 年斯凯孚“与世界有约”
希望工程青少年足球邀请赛

五华县华城镇中心小学

在“2015 年斯凯孚‘与世界有约’希望工程青少年足球邀请赛”中表现优异，荣获男子组比赛

第一名。

特发此证，以兹鼓励。

中国青少年发展基金会　斯凯孚（中国）有限公司

二〇一五年六月二十五日

2015年，五华U12足球队代表广东参加中国斯凯孚杯青少年足球邀请赛，获得冠军；随后又代表中国参加素有“小世界杯”之称的哥德堡杯国际青少年足球赛

2015年10月30日，中国足球文化建设高峰论坛暨纪念球王李惠堂110周年诞辰学术研讨会(嘉大主会场)

2015年10月30日，中国足球文化建设高峰论坛暨纪念球王李惠堂110周年诞辰学术研讨会(五华分会场)

新领域 新力量 我们永远在路上

东莞市五华商会举行成立庆典大会

2015年3月28日，东莞市五华商会成立庆典大会在东莞市会展国际大酒店举行。五华乡贤和社会各界杰出代表以及全体商会成员共600余人出席大会。古军荣当选为会长，张国京当选为常务副会长兼秘书长。该商会从2014年1月18日开始筹备，到2015年1月5日应运而生，东莞市五华商会的成立，体现五华籍企业的大团结、大发展，也使五华人在东莞更具凝聚力。据统计，目前在东莞有五华人兴办的企业多达千余家，从业人员近15万人，一大批优秀的五华籍企业家们，一步一个脚印地成为促进东莞经济、社会发展的新生力量。商会的生命力在于它的组织管理与运营方式创新，东莞市五华商会提出以商养会，帮助会员成长，成就会员梦想，履行社会责任，打造县级最卓越学习型商会的愿景和目标，赢得社会的广泛认可。成立商会将会起到协调企业与企业、企业与政府、企业与社会之间的关系，起到桥梁纽带作用，促进交流合作。

东莞市五华商会的成立，标志着商会已经正式踏上发展征途、在莞五华籍企业家有了更加宽广的舞台。

2015年3月28日，东莞市五华商会成立庆典大会

参会嘉宾为东莞市五华商会揭牌

颁发任职证书

广州番禺（五华）产业转移园

建设中的琴江新城起步区

罗湖堤

下坝琴江广场

琴江河县城段一河两岸新貌

升级改造后的省道228线（五华段）

2015年12月，建成后的汕湛高速（五华段）

升级改造后的水寨大道

建成后的环城大道

老少同乐

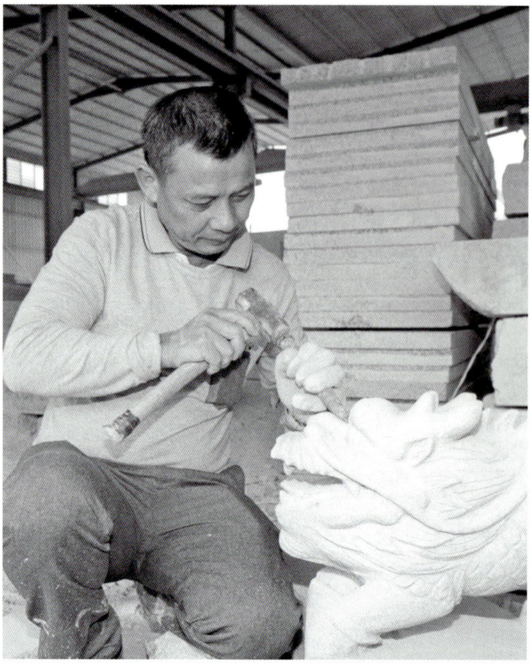
精雕细刻

全民健身

文艺汇演

乡村盛事

棉洋松岗嶂茶园

转水矮车河

潭下鹰嘴桃基地

龙村先河村瀑布

横陂小都新貌

收获季节

目 录

法　治

经　　济

科 教 文 体

社会生活

乡镇概况

统计资料

名录·人物

文献选编

特辑

在县委十二届五次全会上的报告

中共五华县委书记　张映平

（2015年3月3日）

一、2014年主要工作

过去一年，我们认真落实中央和省、市的部署要求，深入学习贯彻习近平总书记系列重要讲话精神，充分调动全县上下干事创业的积极性，全力推进"两新两特两重点"、惠民生、促和谐、强队伍各项工作，突出"三大抓手"，坚守"两条底线"，落实改革举措，深入开展党的群众路线教育实践活动，下大力气转变干部作风，推动全县经济社会保持平稳较快发展。

（一）全力推进"三大抓手"，经济平稳较快发展。

积极应对经济下行压力，全力加大投资，发展实体经济，全县经济保持良好发展势头。实现生产总值110.5亿元，比增9.8%；公共财政预算收入4.3亿元，比增27.9%；固定资产投资43.7亿元，比增39.4%；规模以上工业增加值11.4亿元，比增25.9%。

*推进产业园区扩能增效。*申报省级产业转移园获省批复认定。加快征地拆迁和路网建设，园区范围不断扩大，基础设施逐步完善。以市委、市政府规划建设"丰华兴梅产业集聚带"为契机，加速规划总面积25平方公里、首期3.5平方公里的河东生态工业区，启动了前期工作。加大招商引资力度，大力实施"乡贤回归投资兴业工程"，全县新引进企业23家。深入开展暖企服务活动，企业增资扩产步伐加快，新增规模以上工业企业7家，新投产企业7家，在建企业加快建设。园区管理加强，园区效益进一步提高。

*加快交通基础设施建设。*汕湛、平兴高速五华段实现无障碍施工；做好兴华高速五华段防"三抢"和征地拆迁前期准备工作；大丰华高速五华段进入工程可研报告修编阶段。完成了环城大道、省道120线河东圩镇至再新段、县道960线华阳至龙村段等一批省、县道改造建设项目。完成农村公路硬底化202公里。"8·17"洪灾49座水毁桥梁已完成34座重建修复，锡坑大桥、苏区大桥、黄禾墩大桥等完成重建。

*改善城乡人居环境。*按照年度计划完成和推进了一批市政工程建设。组建县公共事业服务中心，加强县城环境管理。扎实开展"广东省卫生县城"与"和谐美丽镇村"创建工作，城乡环境逐步改善。加强国土资源管理工作，城区和城市建设扩展区重点地块征储工作扎实推进，城乡地质灾害隐患点得到有效治理。

*推进重点项目建设。*29宗省、市重点项目扎实推进，超计划完成年度投资任务。梅州（五华）抽水蓄能电站项目前期工作加快推进，项目核准涉及27项专题报告编制和审查已完成23项，移民安置点征地工作基本完成，进场公路主体工程完工。

（二）扎实抓好农业农村工作，农民生产生活条件改善。

发展特色农业。继续推进耕山致富，扩大优质稻、水果、茶叶、油茶等特色基地规模，推进现代烟草农业建设，完成高标准基本农田建设任务。落实各项强农惠农政策，扎实推进“一镇一品”“一村一品”建设，新增一批省名牌农特产品，新发展一批省级、市级农业龙头企业和专业合作社，双华镇创建为市级板栗专业镇，松岗嶂有机茶叶专业合作社、富强农副产品专业合作社被评为国家级示范社。农村居民人均纯收入稳步增长。

加快林业生态建设。加快推进“一消灭三改造”，完成了年度碳汇造林任务，加强了造林抚育管护。积极开展“万村绿”创建活动，建成一批“乡村绿化美化示范村”。全面完成省道228线绿化升级改造工程、梅河高速五华段省级示范绿色景观廊道建设，推进省级自然保护区七目嶂、蒲丽顶森林公园、环城大道及县城主要进出口绿色通道建设。落实森林防火责任制，队伍、装备和机制建设有了较大提高。

改善水利基础设施。把水利建设与乡村建设结合起来，121宗省级水利示范县项目已完成101宗、累计投入6.5亿元，占总投资近八成。完成了一批中小河流治理、小流域治理、小型灌区改造和“8·17”洪灾水毁水利等工程建设。启动了列入全省规划的31宗中小河流综合治理工程，琴江河横陂段、琴江河双华段治理工程加快实施。农村水电增效扩容、益塘水库农业水价综合改革示范工程等一批民生水利项目扎实推进。加快电网工程建设，逐步改善农村低电压和重过载问题。

发展特色文化旅游。狮雄山秦汉遗址申报国家级大遗址公园工作扎实推进，双龙山生态休闲旅游区、新丰寨休闲旅游文化产业园、鼎德信现代农业、颐星湖生态休闲等一批旅游项目加快推进。完成5个市级农村文化俱乐部创建工作。

（三）保障改善重点民生，社会事业协调发展。

做好扶贫“双到”工作。新一轮扶贫开发工作累计投入帮扶资金5.3亿元，落实村集体和贫困户帮扶项目。搭建财政融资平台，发展村集体经济。完成了年度低收入困难户住房改造任务。贫困村集体经济收入和贫困户人均纯收入明显提高。

抓好教育和医疗卫生工作。实现教育强镇全覆盖，省教育强县和义务教育发展基本均衡县通过省评估验收。县城“新三校”建设进展顺利，华侨实验中学动工建设，鸿云实验小学、实验幼儿园建成使用。河东镇河东社区、水寨镇府前居委会分别被评为全国、全省科普示范社区。成功承办市七运会。完成卫生计生机构改革，卫生计生队伍建设加强，医疗卫生设施建设有序推进，“人口计生服务村村行”活动全面开展，完成了人口计生工作年度目标任务。

提升社会保障水平。大力开展社保“五大险种”扩面征缴工作，全面完成城乡居民养老保险参保任务，实现城乡居民医疗保险全覆盖。抓好城乡劳动力技能培训及有序转移就业。落实“双拥”优抚安置，成立县复退军人服务管理中心。提高城乡低保、“五保”标准和补助水平，实行低保、“五保”医疗救助“一站式”结算。理顺敬老院管理体制。抓好殡葬改革，扎实推进县、镇两级公益性生态公墓建设。加快推进公共租赁住房和保障性住房建设。扎实做好 “十件民生实事”。

落实各项改革举措。加快行政体制改革，提高行政效能，清理压减了一批行政审批事项，全面推进商事登记改革，新登记各类市场主体明显增加，激发社会和市场活力。深化农村综合体制改革，稳步推进农村土地承包经营权确权登记颁证改革试点、农村金融改革等工作。扎实推进公立医院综合改革、食品药品监管体制改革，启动县广播电视网络改革工作。

（四）加强社会管理，保持全县和谐稳定。

抓好精神文明建设，培育和践行社会主义核心价值观。深入推进 “平安五华”建设，加强社会治安综合治理，严厉打击各类违法犯罪行为；积极开展群防群治工作，加强社会治安视频监控系统平台建设。扎实开展“社会矛盾化解年”活动，坚持源头综合治理，着力化解信访积案；发挥县、镇综治信访维稳中心和网上民声信访平台作用，进一步畅通信访渠道，大力宣传新信访条例，实行涉法涉诉信访依法终结制度，引导群众有序信访，切实减少矛盾纠纷发生。加强河道采砂管理，进一步规范河道采砂秩序。落实安全生产“一岗双责”，加强道路交通、烟花爆竹、建筑施工、食品药品等重点行业和领域的安全监管整治。积极开展创建减灾示范社区活动，水寨镇府前、西河社区被评为“全国综合减灾示范社区”。以华城、安流、龙村、长布、双华等镇为试点，加快便民服务中心建设。抓好“一村（社区）一律师顾问”试点工作，推进基层依法治理。

（五）深入开展党的群众路线教育实践活动，党的建设进一步加强。

围绕“为民务实清廉”主题，扎实开展党的群众路线教育实践活动，坚持问题导向，突出“四风”整治，完成了一批“马上就改”项目，解决了一批关系群众切身利益和联系服务群众“最后一公里”的问题。实施固本强基工程，加强基层组织建设和“两新”组织党建工作，顺利完成村、社区“两委”换届选举工作，做好软弱涣散基层党组织整顿工作，提高村（居）干部补贴标准。严格落实干部选拔任用规定，规范选人用人，开展超职数配备干部整改消化工作。加大干部教育培训力度。严格落实中央“八项规定”，压缩“三公”经费。强化党风廉政建设和反腐败工作，认真落实党委主体责任和纪委监督责任，注重源头预防和制度建设，推进“廉洁城乡”创建，严肃查处了一批违纪违法案件。加大机关作风明察暗访和干部问责力度，着力整治“庸懒散奢”，干部作风明显转变。

与此同时，大力支持县人大、县政协依法履行职责，加强对重点工作、重点项目的督促检查。推进法治政府建设，支持司法机关公正司法。重视党管武装工作，加强“双拥”共建。工青妇、统战、对台、宗教、侨务、工商联、史志、老干、党校、科协、文联、残联等各项事业全面推进。

过去一年，是全县上下团结奋进、继续破难攻坚的一年，是各项工作取得显著成效的一年。这是在省、市正确领导下，各镇各部门通力协作、迎难而上、务实进取，各级帮扶单位和在外乡亲、社会各界人士大力支持的结果，更是广大干部勤奋敬业、无私奉献、扎实苦干、持续奋战的结果。在此，我代表县委常委会表示衷心的感谢！

同时，我们也要清醒地认识到面临的困

难和压力，主要体现在：一是“三大抓手”任务繁重，后续发展面临更大挑战和压力。近年来已投入极大的人力、物力和财力，随着“三大抓手”持续发力，投资和项目不断增多，涉及力量的调配、资金的支撑、土地要素的破解等问题，如何在现有的基础上继续推动全县经济社会向前发展，面临新的更大压力。二是民生欠账大，改善民生任务艰巨。受经济条件限制，加上人口多、县域广，教育、医疗卫生等民生欠账大，城乡发展不均衡，现有经济发展水平远远不能满足城乡基本公共服务的需要。农村贫困面仍然较大，脱贫任务重。三是社会稳定压力不减，基层治理任务艰巨。社会面较复杂，社会矛盾纠纷较多，一些历史积案一时难以化解，社会治安形势不容乐观。农村基层法治观念淡薄，宗族房姓观念重、纷争多，因土地、山林、资源开采等引发的矛盾纠纷时有发生。四是干部作风还需继续转变。在新常态下，面对更大的发展压力，必须持续转变干部作风，对我们的管理能力和管理水平提出了更高的要求。对此，我们将高度重视，在今后工作中认真加以解决。

二、抢抓机遇，凝心聚力，扎实做好2015年工作

2015年是推进全面深化改革的关键之年，是全面依法治县的开局之年，是完成“十二五”规划的收官之年，做好今年工作意义重大。

今年工作的总体要求是：认真贯彻落实党的十八届三中、四中全会和省委十一届四次全会、市委六届五次全会精神，紧抓粤东西北和原中央苏区两大振兴政策，以及“丰华兴梅产业集聚带”建设的机遇，凝心聚力，进一步增强责任感和紧迫感，坚持加快发展不放松、改善民生不放松、维护稳定不放松、转变作风不放松，继续深入实施“两新两特两重点”、惠民生、促和谐、强队伍的总体工作思路，突出“三大抓手”，落实改革举措，推进依法治县，努力建设工业新城、长乐之乡。

我们要正确认识当前面临的形势和任务，认真把握机遇，立足新常态谋划推动经济社会持续向前发展。中央全面深化改革向纵深推进、依法治国的全面实施，将为经济社会持续健康发展注入新动力。粤东西北和原中央苏区两大振兴政策的深入实施，“三大抓手”持续发力，广州对口帮扶力度加大，将进一步增强我们发展的内生动力。省委十一届四次全会提出更加重视结构调整和产业转型升级，加大力度推进区域协调发展，为我们承接产业转移、发展工业和实体经济创造了条件。市委、市政府建设“丰华兴梅产业集聚带”，以及县工业园申报省级产业转移园获省批复认定，可享受相关扶持政策，将加速我县产业园区平台建设，推动我县工业发展，促进产城联动；市委、市政府出台进一步加快县域经济发展的意见，扶持县域经济做强做大，对我们发挥地缘优势、推动产业发展将起到极大的推动作用。从县内来看，在历届班子打下的基础上，近年来通过全县上下的团结奋斗，各项工作初见成效，交通区位条件不断改善，产业园区基础逐步夯实，城市扩容提质对县域发展的集聚能力不断增强，全县干部群众谋求发展的愿望和信心越来越强烈，干事创业的氛围越来越浓厚。我们正处于经济发展的上升期、项目建设的攻坚期，机遇大于挑战，有利条件多于不利因素。我们要树立起强烈的机遇意识，准确判断近年来工作取得的成效，克服自我满足和松一口气的思想，继续凝心聚力、破难攻坚、奋发有为，在保证质量和效益的前提下，全力以赴推动经济社会加快向前发展。

关于今年的经济工作，宜军同志将作全面具体部署。这里我就做好今年的工作讲五个方面的意见。

（一）突出重点，抓早抓实，强力推动“三大抓手”各项任务落到实处。

1.突出“两园”建设，全力对接“丰华兴梅产业集聚带”。

大力推进产业转移园建设。用好省产业转移相关扶持政策，推进园区加快建设，促进管理服务水平和效益进一步提升。继续扩大园区，完善基础和配套设施。加快推进节能科技园、塑料再生产业园等“园中园”建设。支持企业加大技改力度，推动企业增资扩产和产业转型升级。力促在建企业严格按照规划和协议要求加快建设、早日建成投产。

加快河东生态工业区建设。加快土规调整和用地报批工作，启动首期征地拆迁，实现滚动发展。加快建设首期主干道路，拉开园区框架。规划建设与县城路网、高速出口等连接道路，配合做好至广梅产业园快捷道路的规划建设，畅通工业区与广梅产业园及县城的交通联系。科学规划布局，做好首期配套设施建设。创新办园模式，动员在外成功办园的乡贤回归参与园区共建。加强县域内部产业统筹及与广梅产业园的产业对接，努力把河东生态工业区打造成为“丰华兴梅产业集聚带”的桥头堡。

加大招商引资力度。落实县五套班子成员招商引资工作责任制。组建专业招商队外出招商，以情招商，以商引商，加大产业链招商。继续大力实施“乡贤回归投资兴业工程”，推动形成新一轮乡贤回乡创业热潮，大力发展工业、生产性服务业、商贸物流业等实体经济。提高招商引资质量。

培育主导产业。大力培育发展五金机电、食品医药、塑料再生资源利用、新材料、家居建材、农副产品加工等产业，促进产业提升和集聚。积极跟进促成香雪制药项目尽快落户、动工建设，带动形成制药板块和规模。加强金融和信息化工作，为企业发展和产业集聚提供支撑。

2.继续加快交通基础设施建设，改善区位条件。围绕强筋骨、通脉络，继续全力抓好高速公路建设，加快县内道路升级改造，通过交通路网的优化提升，为产业发展和公共服务水平的提升创造条件。

突出高速公路带动。继续全力服务保障汕湛、平兴高速五华段无障碍施工。按时全面完成兴华高速（含畲江支线）五华段征地拆迁任务。配合做好大丰华高速前期工作，力争五华至丰顺段早日动工建设。推进高速公路与国省道等主干道路的连接线建设，动工建设兴华高速转水五星互通至县城、汕湛高速华阳互通至龙村等连接线，畅通内外交通联系。

加快县内道路建设改造。推进县域路网均衡发展。动工建设琴江公路。加快推进省道228线华城高速路口至河东段一级公路改造和县道003线梅林金坑至龙村金龙段改造工程。动工建设省道120线华阳至安流段升级改造工程。推进一批县、乡道路新建和改造。继续抓好“8·17”洪灾水毁桥梁重建工作。

3.继续加快县城扩容提质，推进新型城镇化建设。

强化规划龙头作用。完成中心城区控制性详细规划和琴江新区规划编制，实现控制性详细规划全覆盖。利用“丰华兴梅产业集聚带”建设的机遇，推进城市扩容和产业集聚有机结合，系统谋划建设公共服务设施，为园区生产生活提供配套服务。同时，按照县级公共服务配套设施、产业发展的要求，做好中心镇的规划建设。

启动琴江新区起步区建设。按照整体规划、分步实施、滚动发展的原则，稳步推进琴江新区建设。加快推进人民公园人居环境改善工程，带动琴江新区起步区建设。加快推进工业大道东延线等道路建设，拉开琴江新区框架。

继续改善提升城区人居环境。按照生态河堤的标准升级改造罗湖堤和莲洞堤。继续推进城区道路升级改造。完成长乐大桥和下坝湿地公园建设。推进碧桂园二期建设。抓好农贸市场的建设和管理。启动县城汽车客运站迁建。继续做好城区和城市建设扩展区重点地块征储工作。

加快“卫生县城”和“美丽镇村”创建步伐。继续大力推进创建 “广东省卫生县城”，建立与城市扩容提质相适应的管理体制机制和队伍，提升管理水平，推动县城环境全面提升。启动“广东省文明县城”创建工作，提升市民文明素质。加大美丽镇村建设力度，像抓教育“创强”一样抓好城乡环境卫生，努力打造洁净家园。

4.加大重点项目建设力度，增强发展后劲。全力加快梅州（五华）抽水蓄能电站项目建设进度，围绕上半年获得省政府核准，尽快完成剩余专题报批、审查，加快前期工程和移民安置区建设，为全面开工做好准备。继续大力支持白石嶂钼矿完善投产前期工作。加强政策研究，做好 “十三五”规划编制，力争更多的项目纳入国家和省、市规划，实现每年在建一批、立项一批、储备一批，增强投资拉动和发展后劲。加快用地报批，加强土地储备，科学合理做好土地出让计划，保障项目用地需求。

（二）因地制宜，发挥特色，提高农业农村发展水平。

促进农业发展。巩固农业基础地位，继续抓好耕山致富示范点建设，扩大特色农产品种植规模。推进农业产业化进程，强化商标品牌意识，大力创建名优特产品，发展精深加工，提高农产品附加值。加快专业镇建设，加大农业龙头企业培育扶持力度。建设农业科研示范基地，打造特色农业园区。

推进生态建设。守住生态底线，继续大力改善林业生态环境，推进森林碳汇、生态景观林带、森林进城围城和乡村绿化美化工程建设，全面完成 “一消灭三改造”任务。发动社会力量积极参与造林绿化，发展林下经济和现代林业。保护好县城周边山体，规划建设县镇森林公园。继续做好公路沿线生态景观林带及城区主要进出口绿色通道建设。加强森林防火扑火队伍和机制建设，严厉打击破坏森林资源的行为。做好节能减排和环境保护工作。

加强水利建设。通过整合资源，加快水利建设，增强农业生产和防灾减灾能力，改善镇村环境。全面完成省级水利示范县项目建设，加快实施列入省规划的中小河流综合治理工程，加快中小型灌区改造、内涝整治、农村水电增效扩容等工程建设，实施益塘水库水源水质保护和桂田水库供水水源保护工程，抓好村村通自来水工程规划建设，完成华城、安流两个中心镇的污水处理厂建设。适度超前进行规划布局，抓好输变电工程和配网工程建设。

推进旅游发展。做好非物质文化遗产项目申报和名人故居保护开发，加快推进双龙山生态休闲旅游区、寨顶巷古村落改造、五洲阳光温泉度假村、热矿泥山庄升级改造等项目建设。继续创建农村文化俱乐部。

（三）强化保障，改善民生，推进社会事业协调发展。

完成新一轮扶贫开发任务。加快基础设施、产业发展和民生保障等帮扶项目进度，增强贫困村、贫困户自我发展能力，确保重点帮扶村集体经济收入达标、贫困户全部脱贫，全面完成三年帮扶任务。加快农村低收入住房困难户住房改造建设。

加快教育文化事业发展。巩固提升教育创强成果，继续大力改善办学条件，创建“全国义务教育发展基本均衡县”。调整优化县城学校布局，加快华侨实验中学建设，筹建县第六小学，逐步解决县城学校大班额问题。推进职业技术学校和特殊教育学校建设。加强教师队伍培训和师德师风建设。继续抓好“足球三进”活动。实施科普惠民、文化惠民工程，推进公共体育文化设施建设。

注重保障基本民生。扎实办好“十件民生实事”。继续加大底线民生保障力度，提高城乡低保补贴、五保供养标准和基础养老金水平。完善社会救助体系。实施新成长劳动力“双百工程”，加大农村劳动力培训转移就业力度，完成好年度任务。加大社保“五大险种”扩面征缴力度。提升县人民医院、中医院、妇保院医疗服务水平，加强医疗质量管理。加大城乡医疗卫生机构建设力度，从基础设施、医疗设备、人才队伍等方面分期、分批投入，逐步完善镇级以及非建制镇卫生院的软硬件建设。鼓励民营医院发展。加强公租房等保障性住房建设。重视发展养老事业。抓好县级公益性生态公墓（二期）工程。创建省级“双拥模范县”。进一步加强人口和计划生育工作，促进人口长期均衡发展，完善动态考核和综合治理机制，提高计生服务水平。

（四）深化改革，加强法治，着力改善发展环境。

坚持一手抓改革，一手抓法治，大力加强社会管理，提升社会治理能力，着力改善政务环境、市场环境和社会环境。

落实好重点改革项目。推进政府简政放权，深化行政审批制度改革，加快建立和公布权力清单和负面清单。加快机构改革步伐，按照改革方案和“三定”方案，全面完成改革任务。继续深化商事登记制度改革，抓好改革后的市场监管工作。扎实推进财税改革，按照新预算法严格预算编制和执行，规范财政收支管理，规范机关事业单位津贴补贴发放。做好公车摸底调查和资金核算等工作，完成公车改革。落实机关事业单位工资制度和养老保险制度改革。积极推进投融资体制改革，有效发挥财政资金的杠杆效应。完成县镇村农村“三资”管理服务平台建设，做好不动产统一登记前期准备工作。积极稳妥推进土地制度改革，全面铺开农村土地承包经营权确权登记颁证工作。推进医疗卫生体制改革，深化县级公立医院改革。完成县广播电视网络改革。

大力推进依法治县工作。加强对依法治县工作的领导，发挥人大监督作用。加强法制机构和队伍建设。坚守法律底线，规范政府行为，依法公正维护群众的正当合法权益。健全基层党组织领导的城乡基层群众自治机制，加强村委会规范化建设，依法规范和促进社会组织参与社会事务，不断提升基层依法治理水平。深入开展法治宣传教育，提高干部群众的法治理念和法律素质，努力在全县形成政府依法行政、企业守法经营、干部群众遵纪守法的良好社会风气。

深入推进平安五华建设。注重运用法治思维和方式，推进平安创建，切实维护社会稳定。深入推进“平安细胞”建设，大力培育发展枢纽型社会组织。加强社会治安综合治理，保持打击违法犯罪的高压态势，深入开展“双抢双盗”、涉毒、涉黄、涉赌等打击整治行动。加快各镇社会治理服务平台建设，完善“一村（社区）一律师顾问”机制，把矛盾化解在基层。完善信访维稳工作机制，下大力气化解历史积案，解决好发展中遇到的稳定问题。进一步规范河道采砂可采区设置和招投标，加大对非法采砂打击力度，规范河砂开采和市场秩序。加强对土地、山林、资源开采等方面矛盾纠纷的专项治理，对农村基层组织、宗族房姓、社会不良势力参与利益纷争、损害群众利益的违法行为，加大打击和宣传教育力度，有效解决影响稳定的突出问题。严格落实安全生产责任，坚持开展“打非治违”专项行动，严防重特大安全事故发生。开展食品药品和农产品安全专项治理，确保质量和安全。积极预防和化解劳资纠纷。加强网络舆情应对和监管，加强舆论引导，打击网络造谣。加强社会主义核心价值观宣传教育，培育好典型，发挥正能量。

（五）从严治党，依规管党，继续营造风清气正干事创业氛围。

干部队伍建设和作风建设是推动发展、保持稳定的关键。要主动适应新常态，持续改进工作作风，为经济社会持续向前发展提供强有力的组织保障。

落实党建主体责任。强化党建主业意识，有针对性地研究加强党建工作的措施，着力解决基层党建突出问题。健全党建工作考评机制，抓好基层党建工作述职、评议和考核工作。进一步加强党的思想政治建设和制度建设，教育广大党员干部坚定理想信念，增强政治定力，加强党性修养，强化制度和纪律刚性约束，严明政治纪律和政治规矩。

持续改进工作作风。巩固拓展党的群众路线教育实践活动成果，认真落实建章立制和整改工作，开展好专项整治行动，严格执行中央“八项规定”，继续整治“庸懒散奢”和“四风”问题。做好镇干部驻点直接联系群众工作，实行村干部“坐班制”和镇、村、组、党员四级“代办制”，解决好服务群众“最后一公里”问题，为群众做好事、办实事、解难事，有效化解基层矛盾纠纷、维护农村和谐稳定。着力提升各级干部主动作为、奋发有为的精神状态，团结协调、勇于担当的工作作风，树立长期艰苦奋斗的思想，继续全力做好打基础、利长远的工作。在前两年规范管理的基础上，进一步提升管理水平，落实管理责任，提高管理标准，强化管理措施，把全面加强城乡管理、规范行业管理作为转变干部作风的重点，增强解决社会管理中复杂问题的预见性和系统性，着力整治河道采砂、资源开采、农村建房、工程建设、农村“三资”管理、基层治理等方面存在的突出问题。

加强干部队伍建设。坚持正确的用人导向，严格按照干部选拔任用工作条例选任干部，坚决杜绝选人用人上的不正之风，注重在基层一线和重点项目、重点工作推进中考察干部、发现人才。优化各镇、各单位领导班子结构，提高班子的凝聚力和战斗力，努力建设“团结和谐、勤奋敬业、清正廉洁”的领导班子。落实民主集中制，健全科学民主依法决策机制，严格党内政治生活。加强服务型党组织建设，加大基层软弱涣散党组织整顿力度，加强农村基层组织带头人后备队伍建设，加强村干部培训。坚持从严管理干部，实施“五强书记”建设工程，全面开展创建“六有为”干部队伍活动，加强党员干部教育培训和管理，努力提高干部队伍综合素质。

加强党风廉政建设和反腐败工作。落实党风廉政建设党委主体责任和纪委监督责任，做好“廉洁城乡”创建工作，深入推进惩治和预防腐败体系建设。加强干部廉洁从政和党纪法规教育，加强廉政制度建设，强化权力运行监督制约，着重抓好人事、资金、执法、行政审批等腐败易发多发部位的防控，加强对工程建设、土地出让、城市规划建设、惠民政策落实、“三公”经费使用管理等重点领域和关键环节的监督检查。加大反腐败力度，坚决查处职务犯罪、侵吞国有集体资产、损害群众利益、腐化堕落、不收敛不收手等违纪违法案件，保持惩治腐败的高压态势。着力整治“为官不为”“懒政怠政”行为，教育引导党员干部适应在法纪严格约束下干事创业，习惯在日常严格自律中担当责任。

与此同时，切实加强党对人大、政协工作的领导，支持人大、政协依法履行职权。发挥统一战线工作在协商民主中的作用，广泛凝聚人心和共识。支持工青妇等群团组织开展工作。提高党管武装工作水平。做好史志、档案、宗教、党校、老干、科协、工商联、文联、残联、侨务、对台等工作，凝聚力量，共推发展。

同志们，让我们在省、市的坚强领导下，以更加积极有为的姿态，坚定信心、奋发进取，咬定目标、狠抓落实，为推动全县经济社会持续向前发展而做出不懈努力！

政 府 工 作 报 告

——在五华县第十四届人民代表大会第五次会议上

五华县人民政府县长 范宜军

（2015年3月11日）

2014年工作回顾

2014年，县政府在市委、市政府和县委的正确领导下，在县人大和县政协的监督支持下，抢抓粤东西北和原中央苏区两大振兴政策以及广州对口帮扶的机遇，扭紧“三大抓手”，坚守“两条底线”，大力推进“两新两特两重点”、惠民生、促和谐、强队伍各项工作，深入开展党的群众路线教育实践活动，开拓创新，攻坚克难，较好地完成了县十四届人大四次会议确定的目标任务。

一、狠抓实体经济发展，综合实力持续增强

经济总量不断壮大。全县生产总值110.5亿元，比增9.8%；财政总收入44.9亿元、地方公共财政预算收入4.3亿元，分别比增33.0%、27.9%；国税组织收入2.9亿元、地税组织收入5.0亿元，分别比增11.8%、36.4%；完成固定资产投资43.7亿元，比增39.4%；社会消费品零售总额73.8亿元，比增10.6%；外贸进出口总额1.66亿美元，比增33.6%；实际利用外资1249万美元；全县金融机构存款余额188.7亿元、贷款余额58.1亿元，分别比年初增长20.0%、20.5%。

园区建设步伐加快。积极参与“丰华兴梅产业集聚带”规划，启动河东生态工业区规划建设。广州番禺（五华）产业转移工业园获省认定为省级产业转移工业园。投入1.7亿元，新征土地2756亩，平整土地1300多亩，完成了工业四路、三坑路中段的道路硬底化建设和工业大道、二横路等绿化亮化工程。加大闲置土地和厂房清理力度，“双控”措施得到有效落实。全年园区实现产值44.8亿元、工业增加值9.9亿元、税收1.28亿元，分别比增63.6%、14.0%、18.1%。

招商引资成效显著。大力实施“乡贤回归投资兴业工程”，依托广州全面对口帮扶的平台，突出产业链招商、以商引商。全年共引进项目23个，其中乡贤回归投资项目13个，计划投资总额104.2亿元、固定资产投资额71.7亿元。华阳包装、权致服装、立信织造、合成纸业等7家企业实现投产，海宴酒业、创盛工贸二期、冠华传导二期、松盛实业等19家企业加快建设，引进香雪制药等一批优质项目。

工业经济加快发展。大力开展暖企服务活动，支持富胜实业、创盛工贸、隆华塑胶、仁隆电子等企业增资扩产，支持健和包装、凸版艺彩、永艺厨具等企业扩大外贸进出口。眉山水泥厂年产100万吨水泥粉磨站技改项目顺利完成，近期可投产。新增7家规模以上工业企业，全县实现工业总产值81.2亿元，规模以上工业产值50.4亿元、增加值11.4亿元，分别比增24.3%、33.4%、25.9%。

特色农业稳步发展。扎实推进60个耕山致富示范点建设，全县新开垦连片百亩以上基地63个，新增油茶1万亩、特色水果1.3万亩、茶叶2440亩，发展特色水产养殖基地16个，收购干烟叶3.8万担。新增省级名牌农产品4个、省级农业龙头企业3家、市级农业龙头企业5家、农民专业合作社104家。松岗嶂有机茶叶专业合作社、富强农副产品专业合作社被评为国家级示范社。双华镇被评为市级板栗专业镇，岐岭镇荣福村、华城镇黄埔村、横陂镇夏阜村、安流镇红山村成功申报为广东省名村。顺利完成县种子公司转制。完成高标准基本农田建设4.8万亩。全县粮食播种面积82.4万亩，总产30.1万吨。全县农业总产值48.8亿元、农村居民年人均纯收入9387元，分别比增4.1%、11.4%。

文化旅游快速发展。成立五华县狮雄山秦汉遗址管理处。双龙山、新丰寨、鼎德信、颐星湖等休闲旅游项目建设加快推进。横陂镇夏阜村西门寨和双华镇虎石村下门寨被评为省级古村落。成功创建了华城镇新一村、河东镇牛石村等5个市级农村文化俱乐部。全年实现旅游接待360万人次、旅游总收入24.8亿元，分别比增60.0%、65.0%。

财税金融健康发展。整合资产资源，创新融资模式，全年融资6.3亿元，有力保障了重点项目建设。出台县重点项目管理、考核办法，规范了重点项目建设资金监管。金融运行平稳，省农村普惠金融试点县等农村金融改革扎实开展，农村信用合作联社改制为农村商业银行工作顺利推进。

二、加快基础设施建设，发展后劲不断增强

交通公路建设强力推进。投入19.9亿元，加快高速公路建设和县内路网改造提升。汕湛、平兴高速五华段实现无障碍施工，启动兴华高速（含畲江支线）五华段征地拆迁，积极对接丰顺至五华高速公路前期各项工作。省道228线五华大桥至琴江大桥段升级改造为一级公路。省道120线河东圩镇至再新段升级改造工程、县道960线华阳至龙村段、县道035线蝙蝠石至中兴公路、县道033线棉洋至双华段一期工程、热矿泥旅游专线公路和枫林至平安寺公路基本建成。县道003线金坑至龙村公路动工建设。修复重建34座水毁桥梁。完成农村公路硬底化202公里。

水利建设加快推进。121宗省级水利示范县项目已完工101宗。3宗中小河流治理工程、4宗小流域治理工程、19宗小型灌区改造工程和241宗“8·17”洪灾水毁水利修复工程基本完成。琴江河横陂段、双华段治理工程和益塘水库农业水价综合改革示范工程扎实推进。农村饮水安全工程建设任务基本完成，解决了34.6万群众农村饮水安全问题。

电网和信息化建设加快。梅州（五华）抽水蓄能电站项目移民安置规划大纲获省政府批准，安置规划报告通过审查，项目核准涉及27个专题报告编制和审查已完成23个，移民安置点征地工作基本完成，启动了筹建期工程1325亩土地的征拆工作。投入7000多万元，升级改造了农村电网，惠及3.4万户17万人。完成13个中低压配电网基建项目和岐岭镇3个村、梅林镇2个村小水电自供自管区域用户接管工作。移动3G网络覆盖范围不断扩大，4G网络顺利开通，积极推广智慧 WiFi、护林 e 通。大力发展电子商务，充分利用中小企业电子商务交易平台五华怡购网，拓宽销售渠道。

三、统筹城乡建设管理，人居环境得到改善

县城建设加快推进。完成县城中心城区 27 平方公里的控制性详细规划和琴江新区 13.5 平方公里的规划编制。投入 4 亿多元完善县城基础设施，环城大道建成通车，全面完成了水中堤、上坝堤升级改造工程和澄湖堤加固工程，高标准完成了园新路、建设南路改造，打通了富强路、水中堤水寨大桥、上坝堤琴江大桥、县三小至员瑾堤等 9 个市政工程节点，新增县城道路 13.9 公里；完成了琴江大桥至华兴大桥沿河两岸及员瑾堤、澄湖堤亮化工程；亲水公园二期、狮山公园、上坝公园建成开放，县城生活垃圾无害化处理场、华园市场投入使用；长乐大桥、新水寨肉联厂、城区天然气场站和管道管网等一批市政工程扎实推进；启动了人民公园人居环境改善工程。设立县公共事业服务中心，理顺城市管理体制机制，全力推进“广东省卫生县城”创建工作，县城面貌得到明显改善。

镇村环境持续改观。完成 16 个建制镇总体规划修编、337 个行政村村庄整治规划编制。深入推进“和谐美丽镇村”创建，各镇 2 个以上村（居）创建为“和谐美丽镇村”示范点，实施了省道 238 线安流圩镇段亮化、华城镇环城街、郭田圩镇文体广场等一批市政改造提升工程，完善了一批农村生活垃圾处理设备设施。

生态文明建设得到加强。积极推进“一消灭三改造”，完成碳汇造林 18.1 万亩、森林抚育 26.7 万亩，造林备耕 15.9 万亩，认捐认种造林 1.2 万亩。建成 18 个“乡村绿化美化示范村”。蒲丽顶森林公园景观得到提升。落实森林防火责任制，森林资源管护得到加强。革命烈士陵园建设扎实推进，完善县殡仪馆设施建设，县级公益性生态公墓一期工程基本完成。县城污水处理厂二期建成运行，动工建设华城、安流污水处理厂。依法关闭 3 家落后产能水泥企业，完成全县 57 个加油站的油气回收治理改造任务。

国土资源管理更加规范。抓好土地储备和用地报批，全年收储土地 40 宗 1045 亩，城区和城市建设扩展区七宗重点地块完成征储 1922 亩，报批用地 10 批次 10113 亩，保障了重点项目建设用地。完成了长布镇梅塘村、棉洋镇平安村老虎岩和登畲中学等地质灾害隐患点治理工程，地质灾害隐患点递减 13%。严格落实耕地保护责任制，大力整治违规违法用地行为。对非法采矿行为整治始终保持高压态势，矿产资源得到有效保护。

四、着力保障和改善民生，各项社会事业协调发展

扶贫开发工作有新成效。大力推进新一轮 103 个重点帮扶村扶贫开发工作，累计投入帮扶资金 5.3 亿元，加快重点帮扶村基础设施建设，落实村集体项目 2209 个，村集体经济年收入达到 5 万元以上，贫困户年人均纯收入 7370 元，比上年增长 64.1%。完成 4300 户低收入住房困难户住房改造任务。

社会保障水平不断提高。积极实施“双提双带”工程，培训各类劳动力 1.85 万人次，转移就业 1.41 万人次，新增城镇就业人员 5106 人。“五险”收入达到 3.34 亿元，实现了城乡居民医疗保险全覆盖目标。积极实施大额医疗费“二次补偿”，全年支付大额医疗费 1400 多万元。城乡居民基础养老金、城乡居民医保补助标准、农村五保供养标准、残疾人生活津贴标准等得到提高。理顺了敬老院管理体制。县救灾物资储备仓库建设扎实推进。完成100套公共租赁住房建设。周江、龙村、双华等6个镇便民服务中心建成使用。

教育事业发展势头良好。县鸿云实验小学建成使用，县华侨实验中学建设扎实推进。认真落实山区和边远地区义务教育阶段教师岗位津贴。横陂、周江、潭下、长布、龙村5个镇和县直学校通过省教育“创强”督导验收。投入5.3亿元，顺利实现教育强镇全覆盖目标，成功创建了省教育强县、义务教育发展基本均衡县。

卫生计生水平明显提升。顺利完成卫生计生机构改革。县“120”公共卫生应急指挥中心投入运行。基本完成县妇幼保健院住院大楼、安流镇中心卫生院住院大楼、龙村镇中心卫生院门诊综合大楼建设。全县无偿献血量61.7万毫升，比去年增加12.3万毫升，创历史新高。为508名贫困白内障患者实施免费复明手术。免费为4758人实施孕前优生健康检查，全县63%的村（居）开展“人口计生服务村村行”活动，年度人口计生目标任务全面完成。

社会保持持续稳定。“平安五华”创建工作有序推进，开展了社会治理服务平台建设，在全市“客都民意警务”考核中荣获第一，严厉打击涉黑涉毒涉赌等违法犯罪活动，社会治安持续好转。扎实推进全县“一村（社区）一法律顾问”试点工作，加强县镇村综治信访维稳中心（站）建设，大力宣传新信访条例，妥善化解一批信访积案，群众进京到省上访人数分别下降81.3%、56.7%。县应急平台建成运行。完成了转水镇火灾隐患专项整治。严格落实安全生产“一岗双责”，深入开展“八打八治”打非治违专项行动，重点行业和重点领域的安全监管整治得到加强，安全生产形势总体平稳。

各项社会事业统筹发展。顺利完成了第三次经济普查和村级换届选举工作，村干部补贴标准得到提高。积极实施“阳光征兵”工作。成功承办了市七运会，我县代表团金牌总数第一。完成了安流、潭下镇全民健身工程建设任务，建成1个社区体育公园和2个标准足球场，“足球三进”活动加快推进。华城镇被评为“全国重点镇”，河东镇河东社区被评为“全国科普示范社区”。外事侨务、对台事务、双拥共建、广播电视、气象、档案、方志、宗教、物价、供销、妇女儿童、人防、打私、住房公积金等各项事业取得新发展。

五、坚持为民务实清廉，政务环境得到优化提升

深入开展党的群众路线教育实践活动，聚焦“四风”，整改关系群众切身利益问题801个，解决服务群众“最后一公里”问题647个。自觉接受县人大的法律监督、工作监督和县政协的民主监督，26件代表议案建议和29件政协委员提案全部得到办复。“六五”普法深入开展，我县被评为全国“六五”普法中期先进县。深入推进反腐倡廉建设，严格落实中央“八项规定”，大力整治办公用房和公务用车问题，“三公”经费压减806万元，同比下降18.4%。完成审计项目44个，涉及金额5879万元。县行政服务中心有序运行。商事登记改革全面推进，新增市场主体3910家，比增12.4%。清理、精简行政审批事项，审核清理297项，清理压减比例达55.1%，政务环境得到优化提升。

各位代表！2014年是全县上下攻坚破难、主动作为的一年，是我县经济社会持续加快发展的一年，2014年成绩的取得，是全县上下共同努力的结果，离不开县委坚强领导和县人大、县政协的监督支持，得益于省市有关单位和广州市、番禺区的大力帮扶。在此，我谨代表县人民政府，向全县人民、省市属驻五华单位、驻五华部队、武警消防官兵，向所有关心和支持五华发展的海外侨胞、港澳台同胞和社会各界朋友，表示衷心的感谢并致以崇高的敬意！

各位代表！在看到成绩的同时，我们也清醒地认识到，全县经济社会发展还面临不少困难和问题：一是经济发展水平低。人均生产总值和财政收入少，均处于全市末位；本级财力小，自给能力差。二是工业基础薄弱。缺乏龙头带动项目，全县规模以上工业企业仅有 27 家，数量全市最少，已成为我县经济发展的短板。三是交通条件落后。全县交通公路通车里程仅占全市的 18.4%，路网分布不合理，南部交通亟待改善。四是城镇化水平低。城市配套功能不健全，公共服务设施不够完善，城镇化率低于全市 14 个百分点。五是加快发展氛围不够浓厚。一些干部“庸懒散拖”、无所谓现象仍然存在，破难攻坚的办法不多，改革创新的锐气不足，工作标准不高，政府行政效能仍需进一步提升，等等。对此，我们必须高度重视，切实采取有效措施，认真加以解决。

2015 年工作安排

今年政府工作的总体要求：认真贯彻落实党的十八届三中、四中全会和中央、省、市有关会议精神，按照县委十二届五次全会要求，以建设“工业新城，长乐之乡”为目标，积极抢抓建设“丰华兴梅产业集聚带”机遇，用好粤东西北和原中央苏区两大振兴政策，继续推进“两新两特两重点”，扭紧产业园区建设、基础设施建设、县城扩容提质“三大抓手”，统筹生态建设、民生保障和改革创新工作，全力推动我县经济社会加快发展。

今年全县经济社会发展的主要预期目标：生产总值增长 11%以上；地方公共财政预算收入增长 15%以上；固定资产投资增长 35%以上；城镇居民年人均可支配收入增长 10%以上；农村居民年人均纯收入增长 11 %以上。为实现以上目标任务，我们重点抓好六方面工作：

一、以园区建设为抓手，提升工业经济发展水平

*加快园区扩能增效。*主动融入“丰华兴梅产业集聚带”建设，积极探索园区建设管理新机制。完成河东生态工业区首期控制性详细规划，征地 2000 亩、平整土地 1000 亩，规划建设供水、供电、通信等配套设施，规划建设污水处理厂和长乐大桥至工业区道路，建成工业区主干道路。办好广州番禺（五华）产业转移工业园，征地 1500 亩、平整土地 1000 亩，完成工业大道至五华河连接线、罗湖板块路网、农科所板块路网等基础设施建设任务，迁移三坑路、二横路等高压供电线路。力促海宴酒业、航威斯电子、新明兴实业、鸿盛实业等 8 家企业建成投产。全面完成谷城项目征地拆迁等前期各项工作并签订合同。动工建设香雪制药、节能科技园、华城电缆产业园等重点项目。园区产值、工业增加值、税收均增长 35%以上。

*加大招商引资力度。*落实招商引资责任制，县五套班子领导带头每人引进 1 个项目以上。组建专业招商队伍，利用广州市、番禺区招商平台，做好招商推介工作。充分发挥驻外机构、商会组织的桥梁纽带作用，继续实施“乡贤回归投资兴业工程”，重点跟进红木家具加工销售基地等一批乡贤回归

项目。全年引资 70 亿元以上，其中引进 1 个投资 10 亿元以上优质大项目。

*全力服务企业发展。*做大做强五金机电、食品医药、家居建材等主导产业，全力支持富翊达实业、洋京塑胶等企业增资扩产，力促长乐烧、井得电机、辉骏科技、华阳包装、冠华传导等企业争创名牌产品和著名商标，扶持辉胜达、创盛工贸、凸版艺彩、永艺餐具等进出口龙头企业发展。新增 10 家以上规上工业企业，规上工业增加值增长 35%以上。

*加强财税金融工作。*深化财税改革，强化财税收入和监管，着力提高理财能力，全力保障重点项目建设。积极搭建政银企担融资对接平台，支持金融机构为中小微企业提供贷款，有效缓解融资难问题。完成省农村普惠金融试点县工作，推进农村信用合作联社改制为农村商业银行。

二、以基础设施建设为抓手，着力改善发展条件

*加快交通公路建设。*全力确保汕湛、平兴高速五华段无障碍施工并建成通车。完成兴华高速（含畲江支线）五华段征地拆迁工作，确保全线动工建设。主动做好丰顺至五华高速公路前期工作，力促早日动工建设。升级改造省道 120 线华阳至安流段、省道 120 线横陂东山至河东洋桃段、省道 238 线周江至安流段、省道 239 线华城圩镇段。加快推进省道 228 线华城高速出口至河东段一级公路改造、县道 003 线梅林金坑至龙村金龙段公路建设。动工建设琴江公路、郭田至双华公路、县道 031 线横陂至周江段等项目。规划建设兴华高速五华互通至县城和汕湛高速华阳互通至龙村连接线，谋划储备一批交通公路项目。新建安流安缘大桥、梅林琴口大桥、转水马河大桥。完成剩余 15 座水毁桥梁重建任务。

*加快水利设施建设。*全面完成省级水利示范县项目建设任务。完成 9 宗 120.7 公里中小河流综合治理工程建设。加快推进岩前水库、东方红水库灌区改造工程和华城、岐岭内涝整治工程建设。启动河道“三清”工作和全县村村通自来水工程。建立健全河道采砂管理长效机制，铁腕整治非法采砂行为。

*加快电网和信息化建设。*完成梅州（五华）抽水蓄能电站剩余 4 个专题送审报批工作和筹建期工程征地拆迁任务，启动 2 个移民安置点建设，确保上半年获省政府核准开工建设。加快装机容量 4.9 万千瓦风电项目建设前期工作，力促取得项目核准。改造 77 个农网低电压台区和 259 个中低压配电网项目，完成 110 千伏狮潭、枫林输变电工程建设任务。支持企业加快电子商务发展，建成电子商务产业示范区。完善宽带网络设备设施，全力提升信息化水平。

三、以县城扩容提质为抓手，加快新型城镇化进程

*加快县城建设。*推进琴江新区 3 平方公里起步区规划建设。加快推进碧桂园二期、人民公园人居环境改善工程、奥园城市综合体项目首期建设。打通工业一路与环城大道连接线，动工建设环城大道东延线。升级改造罗湖堤、莲洞堤和华兴北路、公园路、水潭东路车站段等道路。完成长乐大桥、下坝堤湿地公园建设。加快县城天然气场站和管网建设。建成华城中燃供气站场，规划建设安流中燃供气站场。加快推进“三位一体”环卫设施建设，扩建修建一批农贸市场，完成水寨大道“严管示范路”建设，开展垃圾收集、城管网格化、建筑工地文明施工等专

项整治，全力实现“创卫”目标。同步推进水寨镇、河东镇创建“广东省卫生镇”活动。

加快“和谐美丽镇村”创建。扎实推进华城镇城镇村、维新村幸福村居示范片建设，打造华城镇城镇村、转水镇益塘村、水寨镇莲洞村、横陂镇近江村、龙村镇水南村为县级美丽乡村示范点。各镇规划建设一个森林公园、一个农贸市场，升级改造一段圩镇街道。狠抓城乡垃圾处理工作，完成“一镇一站、一村一点”建设任务，规划建设华城、安流镇生活垃圾无害化处理场。做好村改居委试点工作。加强用地调规报批和土地储备工作，收储土地 2000 亩以上，严厉打击占用耕地建房等违规违法用地行为，规范农村建房和矿产资源管理。

四、以生态文明建设为重点，加快绿色富民产业发展

大力发展特色高效农业。继续推进耕山致富示范点建设，新增 20 个百亩以上农业基地，新开发种植水果 10000 亩以上、茶叶 3000 亩以上、蔬菜 2000 亩以上，稳定烤烟种植面积。高标准建设农业科研示范基地。完成 3.8 万亩高标准基本农田建设。加快推进茶亭岗现代农业主题公园和农产品展示中心建设，规划建设县城农产品冷藏库和双华板栗加工厂。培育发展 10 家以上县级农业龙头企业和 50 家以上农民专业合作社。加大现代农业扶持力度，扎实推进“一镇一品”“一村一品”建设，新增 3 个以上省级名牌农产品，提高农产品附加值，促进农业农村经济持续发展。

大力发展生态林业。积极推进新开通的高速公路沿线生态景观林带建设、森林进城围城和“五沿”地段绿化美化工程。改造提升蒲丽顶森林公园，规划建设水寨星湖岭、河东天云岭森林公园和长乐湿地公园、潭下宝山嶂县级自然保护区及华城、周江、横陂、双华、梅林、棉洋、长布等 7 个镇森林公园。完成 13.4 万亩森林碳汇重点生态工程和 76 个乡村绿化美化工程建设。大力发展现代林业和林下经济，打造一批林业龙头企业。继续深化森林防火体制改革，严防森林火灾发生，全县森林覆盖率达 70%以上，省级生态公益林面积达 200 万亩以上。

大力发展特色文化旅游。创建 10 个市级农村文化俱乐部，建成 150 个行政村公共电子阅览室。加大旅游设施建设力度，动工建设华城观源至狮雄山旅游公路，加快推进双龙山、新丰寨、鼎德信、寨顶巷古村落等旅游项目和长布元坑现代足球发源地建设，支持热矿泥温泉山庄升级改造。做好历史文化名人故居、文物修缮保护工作。做好狮雄山秦汉遗址的规划编制和招商引资工作，擦亮特色品牌。全年旅游接待量、旅游收入均增长 30%以上。

五、以保障底线民生为重点，促进社会事业协调发展

完善社会保障体系。加大农村劳动力培训转移力度，扎实推进新成长劳动力“双百工程”，确保有意愿接受培训的新成长劳动力 100%得到培训、100%就业。加大社保扩面征缴力度，提高社会保险支付能力。加快救灾物资储备仓库建设。建立居家养老中心，动工建设残疾人康复中心。

完成新一轮扶贫开发任务。积极抓好产业扶贫和示范点建设，大力推进河东镇河口村、沙溻村等 8 个村和潭下镇金石村、柏洋村 2 个村的重点示范片区建设。稳定重点村集体经济收入，发展贫困户增收项目，确保 1.27 万户贫困户全部实现稳定脱贫，全

面完成三年帮扶任务，争取在考核中取得优异成绩。

*加快教育和卫生计生事业发展。*大力创建“全国义务教育发展基本均衡县”，确保通过评估验收。合理调整县城学校布局，建成县华侨实验中学，启动县第六小学、职业技术学校、特殊教育学校建设。加强教师培训和师德师风建设。深化卫生体制改革，扎实推进县级公立医院改革，加快油田、大都、中兴、新桥、双头等5个卫生院改造步伐。推进华城、水寨卫生院整体搬迁。动工建设县人民医院门急诊综合大楼、县中医院外科综合楼和康泰医院。继续加大无偿献血工作力度，保证临床医疗用血需求。抓好定点结扎、免费孕前优生健康检查，深入开展“人口计生服务村村行”活动，严格人口计生责任制考核，全面完成年度目标任务。

*维护社会和谐稳定。*全力推进“平安五华”创建工作，加快各镇社会治理服务平台建设，继续完善社会治安视频建设，加大违法犯罪行为打击力度。加强网络安全监管，建立健全舆情会商研判和重大舆情快速反应机制。加大矛盾纠纷化解力度，坚决打击违法信访行为。加强社会主义核心价值观宣传教育，树立正面典型，传递正能量。严格执行安全生产“一岗双责”制度，坚持每月专题研究安全生产工作，继续保持“打非治违”专项行动的高压态势，坚决遏制重特大安全事故发生。

*推进其他各项事业协调发展。*启动“广东省文明县城”创建工作。扎实抓好县体育后备人才训练基地建设，全面推进“足球三进”活动、乡镇农民体育健身工程和社区体育公园建设。加快推进公益性生态公墓二期、殡仪馆基础设施、革命烈士陵园建设。做好不动产统一登记前期准备工作。全面铺开农村土地承包经营权确权登记颁证工作。加大大气污染防治力度，完成3.55%节能减排目标任务，守住环境保护底线。规划建设国防教育训练基地，创建省“双拥模范县”。不断加强征兵、气象、粮食、供销、人防、打私、应急、方志、档案、广播电视、宗教、外事侨务、对台事务、住房公积金、妇女儿童、老年人等工作，统筹协调各项事业全面发展。

六、以作风建设为重点，提高政府工作效能

大力推进依法治县工作，自觉接受县人大及其常委会法律监督和县政协民主监督，积极接受舆论监督和社会监督。巩固和拓展党的群众路线教育实践活动成果，做好镇干部驻点直接联系群众工作，解决好服务群众“最后一公里”问题。完善抓落实和目标责任管理机制，严格执行重要工作“限时办结制”，深入开展“微改革、微创新”，建立健全政府部门公开承诺制，提高办事效率。强化对重点工作、民生实事的督查落实，坚决整治懒政、怠政行为。完成新一轮政府机构改革。落实机关事业单位工作人员养老保险制度和工资制度改革，实现津贴补贴统一发放。继续深化商事登记制度改革，审批事项和办结时限分别压减70%、50%。拓宽县行政服务中心业务范围，完善网上办事大厅建设，完成镇级便民服务中心建设，简化办事程序，提升行政效能。严格执行新预算法，强化预算刚性，加强审计监督。完成公车改革，厉行节约，压减“三公”经费。

各位代表，为切实解决广大群众最关心、最直接、最迫切问题，今年我们将集中力量办好“十件民生实事”。

*一是提高底线民生保障水平。*将城乡居

民基础养老金标准从 80 元/人·月提高至 100 元/人·月；将城镇和农村低保补助补差水平从 334 元/月和 148 元/月分别提高至 375 元/月和 173 元/月；城乡低保标准城镇由 370 元/月提高至 415 元/月，农村由 250 元/月提高至 275 元/月；将五保对象供养标准由 5520 元/年提高至 5897 元/年；将孤儿集中供养水平从 1150 元/月提高至 1240 元/月，分散供养水平从 700 元/月提高至 760 元/月；将城乡医疗救助人均补助标准从 934 元/年提高至 1556 元/年；将残疾人生活津贴从 600 元/年提高至 1200 元/年，重残护理补贴从 1200 元/年提高至 1800 元/年。

二是促进教育资源公平均衡配置。将城乡免费义务教育小学公用经费补助标准从 950 元/生·年提高至 1150 元/生·年，初中从 1550 元/生·年提高至 1950 元/生·年。将义务教育阶段特殊教育学生生均公用经费提高至小学不低于每年 6000 元、初中不低于每年 9750 元。对县属中等职业学校免学费补助标准从 2500 元/生·年提高至 3000 元/生·年。实施高中阶段残疾学生免学费。将中等职业学校和普通高中国家助学金标准从 1500 元/生·年提高至 2000 元/生·年。对接收本县户籍 3~5 周岁残疾儿童的公办或民办幼儿园，按不低于 1000 元/生·年的标准补助。

三是提升医疗卫生水平。建立疾病应急救助制度。将人均基本公共卫生服务经费财政补助从 35 元/人提高至 40 元/人。将城乡居民基本医疗保险补助标准从年人均 320 元提高至 360 元。为部分卫生院配备“五个一”医疗设备。

四是提高就业培训水平。培训劳动力 1 万人次以上，转移就业 1.8 万人次以上；新增城镇就业人员 4900 人以上，城镇失业人员再就业 3500 人，创业带动就业 300 人，城镇登记失业率控制在 2.4%以内。

五是提升养老服务水平。为 80 岁以上老人、60 周岁以上困难群体（低保、“五保”、优抚对象及“三无”人员）购买意外伤害保险。免费提供城乡居民殡葬基本服务，减免 7 项基本服务收费。

六是加强住房保障。新建保障性住房 100 套，完成棚户区改造 446 户，新增廉租住房租赁补贴 50 户。完成农村危房改造 4413 户。

七是改善农村生产生活条件。加快实施桂田水库供水水源保护工程和益塘水库水源水质保护工程，完成华城、安流镇污水处理厂建设。

八是实施交通便民工程。启动县汽车客运站迁建工作。完成农村公路硬底化 100 公里。优化、新增县城公交线路，为居住在县城的 60 周岁以上老人、残疾人免费乘坐县城公交车。

九是加强食品安全监管。实施“放心菜”“放心肉”工程，建成运营新水寨肉联厂。实施学校食堂“阳光厨房”工程，推进食品安全示范学校食堂建设。

十是完善公共法律服务。全面开展“一村（社区）一法律顾问”工作，对全县各村（居）按每村（居）不低于 10000 元/年的标准予以法律工作者补助，为符合条件的困难群众提供法律援助。

各位代表！五华正处在加快发展的关键时期，让我们在市委、市政府和县委的坚强领导下，团结带领全县人民，凝心聚力，抢抓机遇，破难攻坚，锐意进取，全力建设“工业新城，长乐之乡”！

大事记

2015年五华大事记

1 月

7日，广州市政府外事办组织华南美国商会会长哈利一行到转水镇长源村，开展扶贫慰问帮扶活动，为当地村民送上价值118万元帮扶物资。

8日，梅州市2000公里山区中小河流综合治理暨冬春水利建设现场会横陂镇召开。五华有31宗工程列入山区中小河流整治，计划总投资8.26亿元，治理河道长度415公里，新建堤防8.1公里，加固堤防60.9公里，护岸长度270.6公里，河道清淤长度337.9公里。

△华城镇华东中学举行坤华学生公寓落成庆典仪式。该公寓建筑面积达1000多平方米，由华城镇乡贤曾锡坤、曾锡华兄弟全额捐资200万元兴建。

9日，彭强荣获广东省“优秀声乐家奖”。

11—12日，县采茶戏《钓拐》参加广东省非物质文化遗产“珍稀剧种”会演。

14日，五华通过省教育强县验收并义务教育发展基本均衡县评估。自2011年启动创建教育强县后，全县累计投入教育创强资金5.27亿元，新建教学楼11.69万平方米，添置计算机室232个、计算机13613台、多媒体电教平台648个、实验室292个，全县16个镇均通过省教育强镇督导验收。

17日，位于五华经济开发区内的广东辉骏科技集团有限公司正式成立。至此，五华境内集团公司数实现零的突破。

20日，嘉应学院校长邱国锋率规划编制专家组到五华调研“十三五”规划编制工作。

23日，五华县发现一例水寨籍邓某人感染 H7N9确诊病例。

△河东镇沙渴村进村大道竣工通车。该项目由挂钩帮扶单位番禺区南村镇及当地乡贤筹资300多万元兴建。

24日，张让兰散文故事集《“神童”阿骚古》出版发行。

29日，省发展改革委党组书记、主任李春洪一行到扶贫开发“双到”帮扶点转水镇畲柯村指导帮扶工作并开展春节慰问活动。

△省卫计委党组书记骆文智、主任陈元胜分别率队到挂钩帮扶村潭下镇光华村和转水镇下潭村开展扶贫慰问活动。

30日，梅州（五华）抽水蓄能电站项目2015年第一季度联席会议在广州蓄能大厦召开。

2 月

1日，广州军区战士歌舞团、杂技团，佛山市顺德区百姓艺术团应邀到棉洋镇府广场演出。本次演出活动由该镇外出乡贤东方建富实业公司董事长杨汉军独家赞助20万元协办。

10日，2015年五华县春节群众文艺晚会在亲水公园广场举办，13个精彩文艺节目为县城百姓送上一顿文化盛宴。

△县举行质监行政体制调整交接仪式。标志着质监行政管理体制由省以下垂直管理调整为地方政府分级管理。

13日，县城环城大道竣工通车。该项目南起于横陂镇赤沙咀与省道120线相接，往北跨五华河，终点于转水镇枫林塘与省道228线相交，全长9.8公里，工程总投资3.2亿元。

16日，由县文广新局、档案局、党史研究室联合举办的中央苏区文物展在县博物馆开馆，展出200余件原中央苏区革命时期的相关物件及60幅人物、事迹介绍展板。

25日，《当夏》主创团队筹拍中国首部足球新媒体网络剧《足球小翼》完成五华境内航拍取景。

△五华县在亲水公园举办首场“春暖梅州”就业服务招聘会。

27日，广州番禺（五华）产业转移工业园纳入省级产业转移园管理，享受省产业转移相关扶持政策。

是月，全长3.5公里的省道228线五华大桥至琴江大桥段升级改造完成，实现全县一级公路零的突破。

△五华琴江亲水公园二期工程竣工并向市民开放。

△横陂镇夏阜村西门寨和双华镇虎石村下门寨入选广东省第四批古村落名录。

△春节期间，在县城经营农庄饭店的水寨镇人李宏君因购买并使用了一部美国人马特丢失的二手苹果手机，被网友称“橘子哥”，红遍中美社交网络。

3 月

3日，中共五华县委十二届五次全会在县城举行。县委书记张映平代表县委常委会作工作报告,县长范宜军作经济工作专题讲话。要求全县上下突出“三大抓手”，坚持加快发展，努力建设“工业新城，长乐之乡”。

3日23时许，安流镇万塘村沿江路一民宅发生火灾事故，造成4人被困，经消防人员解救后送医院抢救无效后均死亡。

8日，由深圳北大邦越LP211爱心团队携手安流中学主办的“生命手拉手，成长心连心——展开爱的翅膀”大型公益活动在安流中学广场举行。

10日，梅州市见义勇为基金会理事长古小平一行到安流镇探望慰问见义勇为邓国猛家属和冯潮鑫、古俊峰，并为他们颁发见义勇为荣誉证书和慰问金各3万元和3000元。

10—11日，县政协九届五次会议在县党政大会堂召开。县政协主席张建华作常委会工作报告。

11日，省林业厅厅长张育文到安流镇双径村碳汇造林点义务植树。

11—12日，五华县第十四届人民代表大会第五次会议在党政大楼大会堂召开，县委书记张映平主持大会，县长范宜军作《政府工作报告》。

12日，年产100万吨水泥的眉山水泥厂有限公司正式投产。该公司位于岐岭镇双头，是县水泥厂改制后成立的一家民营企业。

13日，县委书记张映平、县长范宜军和县五套班子领导及县有关单位干群400多人到转水镇枫林塘村参加义务植树。

18日，县政府动员部署中小河流治理工作。2015年度全县列入治理的项目有9宗，规划估算2.45亿元。

19日，县委书记张映平率队到广州市番禺区联系对口帮扶工作。

21日，广东省五华商会在东莞市召开一届五次会员大会。市、县领导丁文、张映平、范宜军、张建华、幸小明等参加会议。

26日，县委书记张映平，县长范宜军率队调研园区建设暨召开园区建设指挥部会议，解决推进园区建设中存在的问题，部署园区建设工作。

26—27日，五华县妇女第十三次代表大会在县城召开。

30日，五华县人民公园人居环境提升改善工程（一期）暨五华奥园广场项目正式开工建设。

4　月

1日，琴江生态景观大道（琴江公路）在横陂镇原锡坑道班旧址正式动工兴建。该工程项目起点位于县城省道120线琴江大桥西端，沿琴江河西岸往南，途经水寨、横陂、安流3个镇16个行政村，终点止于安流镇惠天地加油站，全长31.68公里，按公路二级标准设计，行车速度为60公里/小时，工程总投资11.5亿元。

△《客家人》杂志总编辑杨宏海到中国内地足球发源地——长布源坑、樟村，横陂李惠堂球王故居和五华客家足球俱乐部等地调研。

2日，五华县团委第十六届委员会第二次全体会议在县城召开。

11日，暨南大学管理学院和暨南E慈善会的负责人一行30多人到龙村镇举行暨南樟华小学揭幕仪式，并开展“一对一”帮扶助学活动。

14—15日，省发改委重大项目稽察办到县专项稽察2013—2014年中央及省级资金项目。

15日，省老区建设促进会会长陈开枝率队到县调研《赣闽粤原中央苏区振兴发展规划》贯彻落实工作。

18日，香港嘉应商会考察团一行90多人，到县参观考察，并向全县中小学校捐赠足球1000个。

21日，市长谭君铁调研梅州抽水蓄能电站项目。

△“中山大学中山眼科中心附属东莞光明眼科医院医疗技术协作医院”在五华县中医院挂牌，为眼疾患者搭建一个高水平医疗平台。

25日，代表广东省参加中国斯凯孚杯青少年足球邀请赛的华城小学足球队在决赛中以5：1战胜云南队，获得全国冠军奖杯。

△广州市红十字会医院到长布镇开展义诊活动。

29日，五华县工会第二十次代表大会在县城召开。

30日，县中小企业国家级综合窗口服务平台建设项目顺利通过专家组验收。

是月，由五华县乡贤张锡复等企业家联合投资成立的五华红木家具投资有限公司，正式与广州番禺（五华）产业转移园签约，投资开发五华红木家具产业园项目，打造集生产、展销、物流于一体的现代化红木家具基地。

△省道228线五华华城高速出口至河东段全线和省道120线横陂东山至洋桃段动工改造，项目概算投资4.24亿元。

△县图书馆启动对馆藏的清至民国时期的4325册古书籍修复保护工作。

5 月

3日,《梅州日报》在"要闻·民生一线"版面报道双华镇军营村14岁少女张彩英患脑血管肿瘤盼筹6万元救命的消息，在社会各方引起强烈反响。至11日，社会各界筹集爱心款10.82万元,到广州市中山二院做肿瘤摘除手术。

5日，县委书记张映平、县长范宜军分别率队检查植树造林工作。

△长布镇栋岭小学香港善一堂教学楼建成。该教学楼由香港善一堂道德协会捐资93万多元兴建，总建筑面积880平方米。

11日，县在水寨中学开展"国防教育进学校"活动，把水寨中学确定为"军民共建单位"。

13日，县委书记张映平、县长范宜军率队到河东工业区召开现场办公会。要求各级各相关部门要进一步深化认识，着力解决河东工业区建设过程中碰到的问题，全力推进河东工业区加快建设。

22日，县委召开全县"三严三实"（ 既严以修身、严以用权、严以律己；又谋事要实、创业要实、做人要实）专题教育工作会议，对全县开展"三严三实"工作进行全面部署，推动领导干部认真践行"三严三实"。

27日，省老促会名誉会长肖耀堂率调研组一行，到五华调研古大存故居保护情况。

29日，县委、县政府召开2015年全县"十大专项整治"工作会议。县委书记张映平要求各级各单位要树立守土有责的观念，明确任务，落实责任，扎实推进"十大专项整治"工作，切实提升全县社会管理和基层治理水平。

是月，安流镇蓝田村乡贤、农民企业家陈维恩捐资200万元，用于重建该镇老蓝田大桥。

△五华县楹联学会和五华县地方志办公室合编的《五华古今楹联选》出版发行。该书收录从宋熙宁四年（1071年）建县以来至2013年年末的五华楹联，内容分山水园林、台塔亭桥、姓氏祠堂、府第民居、节日庆贺、婚寿乔迁、联人题赠、楹联故事、地名醮会、联刻联墨等19卷50万字。

6 月

10日，省政府发展研究中心主任汪一洋到县调研原中央振兴发展和"丰华兴梅"产业集聚带建设情况。

14日，五华县金融行业协会组织近20家金融机构，在建设银行五华支行开展征信宣传活动。

16日，省工商联组织民营企业家经贸考察团到县考察投资环境，共谋发展，实现双赢。

△县委书记张映平，县长范宜军率队调研园区建设和招商引资工作，了解园区建设、企业建设和项目落户情况，解决推进园区建设和企业建设中存在的问题。

17日，大埔县党政考察团到五华考察经济社会发展情况。

24日，汕湛高速公路控制性工程东岭隧道右洞贯通；9月3日，左洞也被打通。至此,该隧道全线贯通，从开工至贯通历时1100天。

△位于水寨镇高车村（原七一农场分厂），投资1500万元日宰1000头生猪的水寨肉联厂正式投产运营。

29日，县在党政大楼大会堂举行全县2015年“广东扶贫济困日”活动启动仪式，县五套班子领导现场捐款。

△省卫计委领导骆文智和陈元胜率队到五华开展扶贫济困日活动。

△广东省委宣传部、省文联联合主办的省文艺工作者“百家千场”艺术讲座下基层活动到五华。

7　月

1日起，全县机关事业单位统一规范发放津贴补贴。规范后，机关单位在职工作人员人均月增收入500元；事业单位在职工作人员人均月增收入425元。

△县城60周岁以上老人、残疾人等群体可免费乘坐县城公交车。

8日，由五华县人民政府、梅州市中小企业局、广东省中小企业服务中心联合举办的“新常态下，‘互联网+’给制造业带来的机遇专题研讨会”在五华召开。

9日，受台风“莲花”影响，五华南部遭受强降雨袭击局部地区发生比较严重的洪涝灾害。其中双华、龙村、华阳、长布、安流、周江、郭田等11个镇不同程度受灾。全县受灾人口11.5万人，因灾损失3850万元。

△五华政银合作中小微企业信贷风险补偿基金贷款业务正式启动。

△长乐足球志愿杯启动仪式在华城镇举行。深圳市琴江文化研究会石岩联谊会向五华县青少年足球基金会捐赠20万元。

13—15日，代表中国的五华 U12男子足球队在瑞典参加素有“小世界杯”之称的哥德堡杯国际青少年足球赛。

20日，五华县特色农产品展示中心正式对外开放，该中心集中展示耕山致富成果，促进农副产品产销对接，推动五华“本地货”走出山门。

25日，五华首个高端商业综合体项目—五华奥园广场营销中心开放。

26日，龙村镇河山大桥竣工通车。该桥全长132.04米，宽9米，由企业家曾宪方、曾河山捐资100万元支持重建。

28日，市委书记、市人大常委会主任黄强率队到五华督导经济工作，要求扭紧“三大抓手”，加快振兴发展。

△横陂镇第一小学、华城镇第一小学、兴华中学和田家炳中学等4所中小学入选全国校园足球特色学校。

29日，梅州抽水蓄能电站项目获省发改委正式批准建设。该工程远期规划装机240万千瓦。首期安装4台30万千瓦立轴单级混流可逆式水轮发电机组，工程概算投资70.52亿元，由中国南方电网有限责任公司独资建设。

31日，县政府在华城镇召开推进全县中小河流治理工作现场会。

8　月

4日，五华县法学会成立，县委常委、政法委书记叶天泉当选为首任会长。

6日，五华“阿里巴巴”农村淘宝项目启动。首批50个村级服务站及合伙人开始接受报名。

△由广州市委宣传部、广州市文学艺术界联合会和五华县委宣传部联合主办的“中国梦 五华情”综合性文艺慰问演出，在县城琴江公园广场举行。

8日，省委常委、省纪委书记黄先耀先后到岐岭镇、华城镇，重点检查镇街纪委规范化建设和农村基层党员干部违纪违法线索集中排查工作，强调要扎实推进基层党风廉政建设，着力解决群众身边的不正之风和腐败问题，为经济社会发展提供坚强有力保障。

10日，县统筹抽调14名在县直单位工作、副科职以上的龙村籍干部，赴该镇解决梅蓄项目征地过程中碰到的实际问题，加快征地进度。至9月4日，完成征地39.67公顷，基本满足项目开工用地需求。

11日，五华县召开全县领导干部大会，宣布省委关于五华县委主要领导职务调整的决定：张映平提任市人大常委会副主任，不再兼任五华县委书记，范宜军提任五华县委书记。

△梅州抽水蓄能电站项目2015年第三季度联席会议在五华召开。

25日，五华县2015年希望工程卓定华助学基金暨高考奖颁发大会，在县党政大楼大会堂举行。171名准大学新生每人获得5000元的资助，11间高（完）中学校获高考奖。

△广东省地税局党组书记吴紫骊率省市县地税局和部门负责人，到棉洋镇罗城村开展对口帮扶工作。

28日，县委召开全县基层工作会议，贯彻落实中央大抓基层的决策部署，结合省市要求，部署全县基层治理工作。

31日，县城华兴北路（河口桥至华一路口）正式动工升级改造。该路段全长约1150米，改造后道路为24米，行车道14米为双向四车道，两边各5米人行道，工程造价660万元。

9　月

1日，县委书记、县长范宜军率队检查城建重点项目。强调各级各单位要加强统筹协调，深入现场解决实际问题，全力以赴加快项目建设。

△县工商局为五华捷瑞实业有限公司颁发全县首张“三证合一、一照一码”营业执照。

3日，县委原委员、县政协原副主席，抗战支前模范谢华作为全省7名代表之一在北京参加纪念中国人民抗日战争暨世界反法西斯战争胜利70周年阅兵仪式。

5日，东莞市爱心公益促进中心展能团队组织近千名爱心志愿者到转水镇惠民小学开展公益活动，先后筹资300多万元援建该小学教学楼。

6日，五华县召开全县领导干部大会，宣布市委关于五华县政府主要领导职务调整的决定：张映平不再担任县人大常委会主任；范宜军提名为县人大常委会主任候选人，不再担任县人民政府县长；吴晖任五华县委委员、常委、副书记，提名为县人民政府县长候选人。

△县在党政大楼大会堂召开2015年“阳光征兵”工作现场会，采取电脑派号方式，“双合格”青年确定入征部队。

7日，县领导范宜军、吴晖率队深入到长乐大桥建设等项目现场，检查迎接第四届世界客商大会“三个一批”相关项目的准备工作。

8日，县委宣传部、县文联联合举办纪念抗日战争胜利七十周年系列活动。

9日，梅州市金柚推介暨三红柚五华龙村基地开摘仪式举行，同时该基地与深圳市廉盛创想电子商务公司签订合作协议，在央视网商城推介三红柚品牌。

11日，县委书记范宜军任五华县人民武装部党委第一书记。

13日，梅蓄项目三坑移民安置区动工建设。

14日，棉洋镇七畲径国有林场松岗嶂绿色生态茶园成功入选“中国30座最美茶园”，成为广东省唯一入选的茶园。

21日，中华李氏宗亲会为五华捐赠10辆新能源公交车，总价值835万元。

26日，2015中国足球乙级联赛半决赛第二回合比赛在县体育场举行，梅州五华队以1：0战胜南京钱宝队，以两回合6：1的总比分淘汰南京钱宝队，冲甲成功。

△梅州市五华商会在梅城成立。现场获授信70亿元，捐资61.8万元助学。该商会有会员企业288家，蔡鸿文当选首任会长。

29日，五华县全面完成兴华高速（五华段）红线内的征地拆迁任务，保障项目建设用地需求。该项目全长76.49公里，途经6个镇、53个行政村，征地597.1公顷，拆迁房屋495座，迁坟7397座。

△省道120线华阳至安流段公路改造二阶段初步设计通过专家组评审。

30日，梅州抽水蓄能电站项目开工建设动员大会在广州南方电网公司总部举行，标志着梅蓄项目正式动工建设。

△全国人大代表、民建广东省委员会副主委刘伟率民建省委员会考察团到五华县考察。

是月，五华42个村级淘宝服务站陆续上线运营。

△省道228线五华段（华城高速出口至河东段）一级公路改造工程完工。该项目全长25.08公里，总投资约4.2亿元。

△五华河县城段莲洞堤和罗湖堤升级改造工程相继动工。两个项目采取堤路结合模式，总投资1.14亿元，包括河堤加固水利工程和市政工程两部分。

△县政府整合不动产登记职责，设立县不动产登记局，同时设立五华县不动产登记中心，加挂县不动产交易登记服务中心牌子。

10　月

1—7日，“五华县第三届旅游美食文化活动周”在县城国际大酒店广场举行。

10日，梅州五华队在大连金州体育场以点球8：7击败大连超越队，获得2015年中国足球乙级联赛冠军。

11日,华城镇举行“状元路”项目开工仪式。该项目全长3.3千米，总投资1000万元。

12日，省发改委党组书记、主任何宁卡率队到转水镇畲柯村调研扶贫“双到”工作。

△乡贤温纯青、温育青、张建辉、杨汉军、温喜泉、黄焕桂、刘朝霞等捐款650万元，支持五华青少年足球发展。

12—13日，第四届世界客商大会五华县系列活动举行，来自全国各地的200多名五华乡贤、嘉宾和企业家应邀参加。现场签约12个项目计划投资52.05亿元;还分别举行30个项目动工建设或竣工揭牌仪式，计划总投资208.84亿元，涵盖工业、交通、城建、服务业等领域。

△五华电商大厦（五华县电子商务产业示范园、五华科技创业孵化基地）开园正式投入运营，进驻服务机构和电商企业24家。

24日，“非遗大观年客家文艺惠民演出”系列活动之五华专场演出在梅城举行。

26日，总投资4.66亿元的国电电力五华龙狮殿风电场项目获省发展和改革委核准，项目建设规模49.9兆瓦。

28日，省卫计委主任陈元胜率检查组一行，到扶贫“双到”挂钩帮扶的转水镇下潭村和潭下镇光华村，检查挂钩帮扶工作取得的成果。

28—29日，五华县在县委党校举行第一期农村（居委）党支部书记、主任专题培训班。培训班采取集中听专题辅导课和现场参观的形式，对全县528名农村（居委）党支部书记、主任分4期进行培训。

29日，市长谭君铁到横陂调研足球文化旅游工作。强调推进民生工程建设，做好历史传承保护。

30—31日，中国足球文化建设高峰论坛暨纪念球王李惠堂110周年诞辰学术研讨会在梅州举行。

31日，由五华县委宣传部主办的首届“陈国凯杯”中小学生作文大赛举行颁奖仪式，向获奖的288位学生和18个组织单位给予表彰奖励，并将部分获奖作品结集出版。

是月，广东五华商会会长、五华杰出乡贤卓定华创办的广东瑞华集团有限公司注册五华子公司——五华县瑞华房地产开发有限公司，注册资本为8000万元，以总部经济的方式运作。

△县政府撤销五华县人民政府驻广州、深圳和惠州办事处。

△益塘水库引水工程建设工作方案出台，该工程初步估算投入21.9亿元，建设成后能够保障梅兴华丰产业集聚带、沿线镇村和梅州城区供水安全。

11　月

3日，梅蓄项目断掌凹移民安置区进场施工建设。

4日，华中地区广东商会企业家一行32人到县考察招商投资环境。

6日，五华召开创建“广东省文明县城”动员大会，正式启动“创文”工作。县委书记范宜军强调要在提升市民素质、完善城市功能配套、加强城市管理、创建特色载体和提高市民满意度等五大方面工作下功夫，确保取得成功。

9日，市委书记黄强到五华县调研产业园区建设和县城扩容提质项目进展情况。强调做强主导产业，完善城市功能。

11日，梅林镇宣优村彭职新两个儿子彭某嘉、彭某维，共乘一辆摩托车到兴宁市做水电安装工程，行驶至安流镇文葵圩镇路段时，不幸撞上停在路边的农用车，兄弟俩当场死亡。事后，家属得到社会各界热心救助，3天获12万元善款。

13日，五华县工商和质量技术监督部门正式合并。

△五华县科学技术局（知识产权局）与五华县经济和信息化局合并为五华县科工商务管理局。

17日，广东冠华传导科技有限公司与东莞证券有限公司签署财务顾问协议，筹备登陆新三板。

19日，位于五华县经济开发区内的首座天然气汽车加气站投产运营。

△五华县人力资源市场正式投入使用，并举办首场招聘会。

22日，美籍华人司徒倩携其子庞爱迪从美国到五华，与县委、县政府商讨戴恩赛·孙婉故居修缮及戴恩赛收藏文物捐赠事宜，并签订500多件戴恩赛·孙婉家族文物捐赠协议书。

24日，市委书记黄强、市长谭君铁与南方电网调峰调频发电公司调研组座谈，围绕建立双方联动机制、加快推进梅蓄项目建设交换意见、达成共识。

25日，五华县代县长吴晖作客“梅州发布”微访谈，以建设“工业新城，长乐之乡”为主题，就五华紧紧围绕省、市工作部署，推动五华县经济社会发展的工作进展情况及网民关注的民生问题，与广大网友在线交流。

26日，县在华城镇召开基层公共服务平台建设暨村级服务群众代办业务工作推进会，以此推动全县基层公共服务平台建设和村级服务群众代办业务工作开展。

是月，省道228线五华周江至安流段、省道239线五华华城圩镇段完成路面改造，两个项目共投入3791万元。

12　月

1日，扬州画派著名画家朱同庆到县与美术家雅集交流。

2日，市委书记黄强到县调研并检查扶贫开发“双到”工作。

4日，市委组织部到县宣布有关干部职务调整决定：张建华不再担任政协五华县委员会主席；邓伯锦任政协五华县委员会主席候选人。同时还宣布其他一批领导职务调整。

7日，省林业厅厅长陈俊光到五华调研林业工作。

8日，县城上新市场正式投入使用。该市场位于县城上新一街，拥有摊位100余个。

9日，武状元李威光故居维修工程工作协调会在华城镇召开，标志着该故居修缮工作正式动工。

10日，五华创建“广东省卫生县城”工作通过省考核验收。

12日，广东五华商会组织的以中山大学附属医院专家教授为主的106名医务人员到五华开展义诊活动。

△中国供销 粤东（五华）农产品电商批发城项目正式启动。

16—17日，省政协副主席唐豪率领省政协外侨委有关人员到县调研经济社会发展情况。

22日，县举行全县“文明餐桌”行动启动仪式。

30日，汕湛高速五华段正式通车，结束五华南部无高速的历史。

31日，县政府召开“五华县足球改革发展工作会议”。

是月，民国《五华县志》校点重印发行。该志于民国37年（1948年）由张际清修、吉竹楼纂，经嘉应学院原副教授丁思深三年时间校点，全书有17卷（其中卷一、卷十至卷十四因战乱缺失），校点重印后分“舆地、营建、交通、实业、财赋、教育、选举、职官、礼俗、自治、艺文”等11卷28万多字。

概览

2015年五华概览

基本概况

【建置沿革】 五华史称长乐。北宋熙宁四年（1071年）置县，称长乐县，县治长乐镇（今华城镇），归广南东路循州管辖。宋绍兴十九年（1149年）迁县治于七都九龙冈（今水寨镇七都村）。元世祖至元二十九年（1292年）复县治于长乐镇。明洪武属惠州，清雍正属嘉应州。民国3年（1914年）易名五华，县治长乐镇改称华城，属潮循道。1949年新中国成立，属兴梅专区；1952年属粤东行政区，1954年始，县治从华城迁至水寨至今。1956年属汕头专区；1965年属梅县地区；1988年后属梅州市。

【位置面积】 五华县地处广东省东部、韩江上游，位于北纬23° 23′ ~24° 12′、东经115° 18′ ~116° 02′之间。本县版图略呈三角形。东南界丰顺、揭西、陆河，西南接东源、紫金，西北邻龙川，东北连兴宁。县境东起郭田照月岭，西止长布鸡心石，南起龙村登畲香炉山，北止华城新桥洋塘尾。东西宽71.59公里，南北长87.99公里，总面积3237.8平方公里。

【地质、地形、地貌】 五华地质较复杂，主要有侵入岩、喷出岩、砂质岩、石灰岩、花岗岩等五大类岩石构成山地、丘陵、盆地等三大地貌类型。全县山地占49.1%，丘陵占41.3%，河谷冲积平原占5.4%，盆地占4.2%。

盆地 西南东三面群峰矗立，地势逐渐由西南向东北倾斜。地形分为西部山地盆地区（北起玳瑁山，南至南琴江，西自白云嶂、七目嶂，东止马凹，包括潭下、长布、周江、华阳、横陂西部和岐岭、华城、转水的南部，横陂、安流的西部，龙村、梅林的北部）；东南山地丘陵区（梅江河谷平原以南，琴江谷地以东，包括棉洋、双华、郭田和龙村、梅林、安流、河东的一部分）；北部丘陵区（梅江和五华河谷地北部，包括岐岭和华城、转水、水寨的一部分）和中部河谷平原区（包括琴江、五华河沿岸狭长的河谷地带，和梅江五华县境河谷平原。琴江河谷平原南起梅林北部，北至河东河口，包括梅林、安流、横陂、河东、水寨大坝的一部分；五华河谷地西起蓝关，东止水寨大坝，包括岐岭、华城、转水、水寨大坝的沿河两岸；在琴江和五华河汇合处，是面积较大的水寨平原）。

山脉 境内山脉多属东北至西南走向，主要有莲花山脉、西部山峰和北部低山组成。全县有海拔千米以上的山峰31座，其中最高山峰为县西部的七目嶂（1318米）。

河流 县内河流属韩江流域琴江水系，集雨面积在10平方公里以上大小河流98条。主要河流有琴江河（古名右别溪），集雨面积2871平方公里，五华河（古曰兴宁江、县前河），集雨面积1832平方公里。两河在水寨河口相汇，东流出境经兴宁、梅县，至大埔三河坝汇合，注入韩江。

【气候、物候】 五华地处粤东丘陵地带，北回归线横跨县境南端，属亚热带季风性湿润气候，雨水丰富，夏秋温热多雨，冬季较短，开春较早，日照时间长，光能充足，农作物生长期长，一年三熟，四季宜耕。主要气象灾害有洪涝、干旱、低温霜冻、寒露风、倒春寒等。

2015 年气候特点：气温比历年平均偏高，降水量偏少，日照基本持平。年均气温 22.1℃，比历年平均气温偏高 0.7℃；年降水量 1458.8 毫米，较历年平均偏少 5%；年日照时数 1875.3 小时，比历年平均基本持平。

【水土资源】 五华县地下水全靠降雨下渗积存而成，地下水常年为 5.29 亿立方米。过境年径流量 13.03 亿立方米。每平方公里土地水资源量为 80.5 万立方米，每亩耕地占有水量 5212.54 立方米。全县可利用水量为 8.67 亿立方米，其中蓄水 2.68 亿立方米、引水 5.39 亿立方米、提水 0.6 亿立方米。需水量 5.22 亿立方米，其中农业需水 4.56 亿立方米，工业需水 0.02 亿立方米，人、畜、生活需水 0.64 亿立方米。水力资源丰富，理论蕴藏量 13.81 万千瓦，可开发量 9.94 万千瓦。

【矿产资源】 五华矿物资源品种多。境内有各类金属矿物 34 种，其中含有色金属 12 种（钨、锡、铋、钼、铜、铅、锌、铝、钴、钛、锰、铁），贵重金属 2 种（金、银），稀有金属 20 种（镧、铈、镨、钕、钐、铕、钆、钆、铽、镝、钬、铒、铥、镱、镥、钽、铌、铍、锆、铷）；还有非金属矿物 19 种（石灰石、重晶石、萤石、水晶石、独居石、电气石、钾长石、云母、石墨、耐火石、石英石、玻璃石、方解石、蛭石、石棉、瓷土、稀土、煤、大理石），矿点 97 处。其中钨矿、钼矿达国家标准一级一类；萤石矿属世界一级品；钾长石储量和质量均居全省首位；瓷土含铝多，含铁少，储量大，质量上乘，其中尤以郭田、河东油田为最；油田矿泉水单日井涌量 1662.68 吨，其游离二氧化碳、偏硅酸、锶和锂含量以及矿化度均达国家《饮用天然矿泉水》（GB8537—87）标准；全县温泉有 4 处，开发利用 3 处，其中转水维龙汤湖热矿泥，经专家鉴定含有人体所需的 60 多种微量元素，被誉为“天下第一奇”。

【动植物资源】 五华动植物种类繁多。境内有各种兽类 20 多种，禽类 100 多种，两栖爬行类 50 多种，各种植物 1000 多种。珍稀动物有国家一级保护动物云豹、蟒蛇、五爪金龙、黄腹角雉、白颈长尾雉、鹰和国家二级保护动物穿山甲、小灵猫、大灵猫、白鹇（省鸟）等。珍贵树种有泡桐、水松、穗花杉、油椤树、落羽杉、观光木、刺桫椤、吊皮椎、山桐子、将军树、三尖杉、南方红豆杉、粘木、红椿、伯乐树、野龙眼等，其中有国家一级保护植物——桫椤，分布在省级自然保护区七目嶂区内粗石坑，群落面积较大，数量可观，有大小近百棵，其中一株高 9.1 米，冠幅近 20 平方米，誉称“桫椤王”。优良树种主要有杉树（面积 1.02 万公顷，蓄积量 28.92 万立方米）、湿地松（面积 0.65 万公顷，蓄积量 22.42 万立方米）。果树主要有妃子笑、黑叶、桂味、糯米糍品种荔枝，茶亭岗沙田柚，大田果合柿，双华板栗，棉洋桃驳果等。野生药材颇丰，有 255 个品种，经专家学者鉴定有 237 种，其中列为国家重点普查的 143 种，药用价值较高的 129 种。

【旅游资源】 五华历史悠久，人文积淀厚重，是世界球王李惠堂的故乡，也是原中央苏区县。境内文物古迹众多，有华城狮雄山秦汉遗址、长乐学宫、狮雄山塔、李威光故居，双华英烈庙，横陂李惠堂故居，转水荣槐楼等省级重点文物保护单位 7 处，县级重点文物保护单位 63 处。其中，狮雄山秦汉遗址被列为广东省“八大大遗址”之一。民间艺术斑斓，主要有木偶戏、采茶戏、竹马舞、春牛舞、花朝戏、民歌、狮舞、龙舞、八音乐班、杂耍等近 20 个群众喜闻乐见的传统文艺品种。其中提线木偶被列入全国优秀非物质文化遗产，提线木偶、竹马舞、石雕、采茶戏、锣花舞、长乐烧制酒工艺被省政府列入全省非物质文化遗产保护项目。五华土特产丰富，极具市场优势。岐岭长乐烧酒，被评为国优产品，畅销省内外；华城细核荔枝、大田柿花、棉洋桃驳果、转水红粬，历为名品；绿茶、板栗、老红酒、巴戟酒、三黄鸡、酿豆腐、特级豉油、白芒坝花生、新桥腐竹、龙村腊蔗、双华巴戟、益塘荔枝、长布土茯、茶亭冈沙田柚，以其独特的风味和功用，为世人所称道。五华还被省列为水果、南药、紫胶、烤烟生产基地，产量、质量均居全省前列。素有“工匠之乡”的美誉，造型美观的金木雕、小巧精致的竹编工艺、雄浑古典的石雕，久负盛名。五华交通便利，国道 205 线、广梅汕铁路穿梭而过，建成的高速公路有梅河高速、汕湛高速五华段，在建的有兴华高速和畲华支线，规划建设的有大丰华高速以及兴汕高速五华段，全县“四横两纵”的“两高”交通建设架构，外联内畅的综合交通体系正在加快形成。“山、水、泥”旅游独具特色，景点有被誉为“粤东明珠、物种宝库”的省级自然保护区七目嶂；有四季花果飘香、湖光潋滟的国家 AAA 级旅游区、国家水利风景区——益塘水库旅游区；有集休闲娱乐、农业观赏和理疗保健于一体的国家 AAA 级旅游区——汤湖热矿泥山庄等。

【行政区划】 五华县辖水寨、河东、转水、华城、岐岭、潭下、长布、周江、横陂、郭田、双华、安流、棉洋、梅林、华阳、龙村 16 个镇，412 个村民委员会，7390 个村民小组，34 个居民委员会。

【民族人口】 县人多属汉族，还有蒙古族、壮族、回族、满族、瑶族、藏族、苗族、彝族、布依族、维吾尔族、侗族、土家族、白族、朝鲜族、佤族、高山族、塔吉克族等少数民族。旅居海外华侨 13 万多人，港澳台同胞 29 万多人。2015 年年末，全县总人口为 1463929 人，其中非农人口为 175804 人、农业人口为 1288125 人。人口密度为每平方公里 452 人。

2015年年末五华县行政区划一览表

表一：

镇名称	村民委员会名称	村委会(个)	村民小组(个)	居委会(个)
水寨	员瑾、河尾、罗湖、犁滩、协和、良美、黄井、大岭、大布、上坝、坝美、大沙、高车、善坑、平湖、中洞、榕树、岗阳、坝心、澄湖、大湖、七都、莲洞	23	449	4
河东	走马、增塘、苑河、苑堂、澄塘、东溪、太和、沙渴、宝瑞、下村、下一、高榕、下二、黄湖、河口、牛石、赛洞、布头、礤坑、三田、桂田、蝉塘、桂岭、罗塘、林石、枫林、联岭、平东、黎塘、黄坑、平西、黄泥寨、油新、下陶、浮湖、礤新、洋坑、万华、油田、化裕、和民、大嵩、高车塘	43	555	3
转水	畲维、维龙、益塘、新丰、畲荷 、黄梅、青西、下潭、五星、青塘、长源、流洞、蛇塘、新华、新民、三源、黄龙、矮车、里塘、旱塘、枫林塘	21	425	1
华城	满堂、红星、高华、南方、兴一、城镇、董源、铁炉、葵富、兴中、新兴、高竹、万子、齐乐、维新、维西、湖田、西林、观源、塔岗、城东、黄埔、黄金、河子口、河亨、新二、新建、新四、民主、新一、新五、华安、新亨、洋田	34	1160	3
岐岭	罗经、朝阳、皇华、北源、荣贵、合水、凤凰、荣福、黄福、龙寨、联安、清溪、孔目、王化、鲁占、黄塔、塔星、龙岭、华源、荷梅、龙水、大蒲、双山、礤下、赤水	25	504	2
潭下	杞水、南华、文里、福灵、模石、竹梅、龙田、乐道、品畲、汶水、上围、光华、新田、柏洋、布坪、锡坪、大玉、百安、中村、金石	20	315	1
长布	石础、蓝塘、长生、长安、琴塘、栋岭、横江、粘坑、金华、北洋、栋新、太平、源潭、梅塘、红旗、嶂下、大客、大径、大坑、福兴、高礤、五彩、樟村、青岗、中心	25	270	2
周江	新良、甘茶、龙堵、狮潭、兰鱼、黄华、冰坎、早成、蓝坑、联太、黄布、溪口、良宁、崀头、红源、增洞、利洋、桂子、龙洞、三河、利河、中兴	22	399	2

续上表

镇名称	村民委员会名称	村委会(个)	村民小组(个)	居委会(个)
横　陂	东山、新联、石下、章联、西湖、横陂、崇文、江南、超群、杨恩、红光、联长、华阁、夏阜、新寨、叶湖、近江、湖塘、长塘、增华、坑口、兴华、坝头、老楼、罗陂、东升、田布、长兴、安全、斑鱼、桐树、双联、贵人、增大、小都	35	569	3
郭　田	湖华、礤下、砼南、龙潭、横塘、三坑、石团、布美、双光、郭田、坪上、蕉州	12	249	1
双　华	黄径、禾沙、大陂、军营、冰塘、苏区、华拔、华南、竹山、虎石、福全、华东、公平、双华、矮畲、富美	16	254	1
安　流	学园、大九、双福、吉程、樟潭、龙楼、福龙、福陂、福华、完塘、三江、低坑、洑溪、东礼、福江、半径、半田、吉水、万塘、龙中、蓝田、福西、学少、青江、葵樟、五联、楼江、里江、长江、文葵、福岭、红山、联新、双径、大和、大同、联和、丰联、胜利、上布、河沿、石门	42	789	4
棉　洋	群星、荣华、洛阳、新光、中新、琴江、红星、美光、竹坑、罗城、福城、联西、美田、葵岭、黎洞、棉洋、阳光、平安、绿水、唐纯、桥江、溜砂、水湖、双璜、富强、大光	26	674	2
梅　林	新成、福新、福塘、新塘、黄沙、上礤、华光、招田、三乐、尖山、金坑、梅北、梅南、梅林、琴口、优河、梅东、宣优	18	417	1
华　阳	高塘、红洞、莲高、社径、太坪、叶新、小拔、坪南、华阳、华南、华新、大拔、陂坑	13	329	1
龙　村	梧溪、公联、杜坑、睦贤、龙村、金龙、樟华、塘湖、三湖、洞口、大坑、湖中、宫前、潭溪、石溪、柏溪、新艳、云溪、南洞、南中、水口、水南、兴民、黄洞、营田、老田、硝芳、南口、留畲、先河、吉祥、榕溪、翻新、黄狮、登畲、大梧、下滩	37	596	3
合　计	全县辖16个镇，412个村民委员会、7390个村民小组，34个居民委员会			

说明：2014年1月，原属七輋径林场管理的大光、径顶自然村增设为棉洋镇大光村

社会经济发展概况

【经济发展概况】 2015年，全县实现生产总值126.43亿元，对比上年增长9.7%，其中第一产业增加值27.66亿元、第二产业增加值36.78亿元、第三产业增加值61.99亿元，分别对比上年增长4.0%、11.5%、11.1%。地方财政一般预算收入5.55亿元、全县一般公共预算总收入62.22亿元、全县一般公共预算支出57.07亿元，分别对比上年增长28.8%、29.58%、40.3%。

【农业】 2015年，农业产业结构调整稳步推进，促进农业产业化和现代化，使传统农业逐步向精致高效现代农业转变。全县农业总产值50.57亿元，对比上年增长2.8%，农业增加值29.2亿元，对比上年增长4.3%。创建华城、横陂、河东、安流万亩国家级粮食高产示范片。完成2533.33公顷高标准基本农田建设任务。强兴七目嶂、登云嶂云雾茶等4家企业被评为省级农业龙头企业。新增农民专业合作社87家。松岗嶂绿色生态茶园入选全省唯一的“中国30座最美茶园”。大田柿花被评为省“名优特新”农产品，“登云金雀”绿茶、“彩云”百香果、“凤达园”赤灵芝孢子粉3个产品被评为省名牌产品。农村土地承包经营权确权登记颁证工作全面铺开。

种植业　全年粮食总产量32.36万吨，比上年增长12.9%。其中：稻谷28.06万吨，增长0.2%；甘蔗7311吨，比上年增长4.6%；烤烟2414吨，比上年下降6.5%；花生产量为7582吨，比上年增长10.1%；大豆产量为3792吨，比上年增长1.3%。

林业　全年林业完成人工新造林1.09万公顷，年末森林覆盖率70.15%，比上年提高0.62个百分点，林木蓄积量累计达783万立方米，比上年增长4.7%。全县有自然保护区12个，省级森林公园1个，县级森林公园2个。

畜牧业　全年肉类总产量5.75万吨，比上年增长0.09%，其中：猪肉产量4.30万吨，比上年下降1.2%。生猪年末存栏44,80万头，比上年下降1.1%，耕牛年末存栏2.81万头，比上年下降5.8%。

水产业　全年淡水产品产量1.8万吨，比上年下降3.0%。

【工业】 2015年，工业经济较快增长，产值与效益相得益彰。2015年全县全部工业总产值91.3亿元，比上年增长12.4 %；完成工业增加值22.1亿元，比上年增长10.5%。其中：规模以上工业企业（新口径）26家，实现总产值59亿元，比上年增长17.4%，实现增加值13.2亿元，对比上年增长15.2%。深入开展“暖企”行动，落实县领导挂钩联系企业制度，扶持富胜实业、井得电机等企业加快上市步伐。积极搭建“助保贷”平台，为中小微企业放贷5002万元。眉山水泥厂年产100万吨水泥粉磨站技改项目顺利投产。辉胜达电器、万山科技获国家高新企业认定。投资120亿元的五华抽水蓄能电站动工建设，“三洞两路”（通风洞、交通洞、自流排水洞以及上下库连接公路、下库右岸公路）进场施工，移民安置区建设有效推进。新增6家规模以上工业企业。全县工业总产值5亿元以上企业4家，其中辉胜达电器工业产值超10亿元。全年主要工业产品产量：发电量1. 62亿千瓦时，对比上年下降28.3%；涤纶纤维65393吨，对比上年增长6.2%；饮料、酒3945吨，对比上年下降34.9%；中成药5080吨，对比上年增长47.4%；家用电热器具404.2万台，对比上年增长41.0%。

【园区建设及招商引资】 2015年，园区扩能增效步伐加快。成功竞得1.7亿元产业园区扩能增效扶持资金。投入3.7亿元，完成广州番禺（五华）产业转移工业园征地86.67公顷、平整76.67公顷，加快推进农科所板块路网、罗湖板块路网建设，基本形成“七纵五横”的路网。园区实现产值53.2亿元、工业增加值11.9亿元、税收1.7亿元，分别对比上年增长18.5%、20.2%、33.6%。投入1亿多元，全面启动河东工业区建设，完成征地200公顷、平整40公顷，进园企业7家，长乐大道、110千伏变电站和园区主供水管网建设加快推进。成功举办第四届世界客商大会五华县系列活动，加快推进“三个一批”项目，润华肠衣、九鼎包装等12个项目签约落户，香雪制药、红木家具等17个项目动工建设，立信织造、明珠星钟表等14个项目竣工投产。大力实施“乡贤回乡投资兴业”工程，精心挑选符合产业布局的项目，落实“一对一”招商引资责任，对接联系六批次86个项目。全年引进工业项目15个，计划总投资76亿元，固定资产投资59.9亿元。

【固定资产投资】 2015年，全县固定资产投资大幅增长。全年完成固定资产投资69.94亿元（新口径），比上年增长60%。其中，交通投资24.46亿元，增长3.4倍；工业投资34.22亿元，增长56.6%，其中技改投资13.94亿元，增长13.8%；房地产投资9.45亿元，增幅49.9%；其他投资1.81亿元，增幅21.4%。

【基础设施建设】

交通运输 交通路网持续优化,汕湛、平兴高速五华段建成通车，兴华高速（含畲华支线）五华段实现无障碍施工，大丰华高速五华至丰顺段、兴汕高速五华至陆河段建设前期工作有序推进。省道228线华城高速出口至河东段升级改造为一级公路。省道120线东山至洋桃段和省道238线周江至安流段升级改造全面完成。琴江公路水寨至锡坑段、省道120线华阳至安流段、华城观源至狮雄山旅游公路、兴华高速五华互通至县城连接线、汕湛高速华阳互通至龙村连接线、县道003线金坑至龙村段建设加快推进。各种运输形式竞争有序，综合运力进一步提高。各种交通运输方式完成货物周转量15.36亿吨公里，比上年增长12.4%，完成旅客周转量4.85亿人公里，比上年增长11.4%。年末，全县公路通车里程3246公里，比上年增加124公里，增长4.0%。公路密度每百平方公里由上年的96.7公里增至100.27公里，比上年增加3.57公里，增长3.7%。

水利电网建设 完成省级水利示范县剩余13宗项目。基本完成年度山区中小河流治理工程和双华河、蕉州河治理工程。完成益塘水库农业水价综合改革示范项目，益塘水库引水工程建设前期工作稳步推进。投入8400万元，建成基建配网工程176个。110千伏周江狮潭输变电工程动工建设，转水枫林输变电工程前期工作有序推进。五华抽水蓄能电站全面动工建设，龙狮殿风电场项目获省核准。

城乡建设 完成县城中心区控制性详细规划编制。全年收储土地55宗85.3公顷，保障重点项目建设用地需求。投入6.3亿元，建成人民公园一期、琴江广场一期、街心公园、华园市场、上新市场、长乐农贸市场、城区天然气场站，完成罗湖堤、莲洞堤、水潭东路车站段、华兴北路、河东大道、水寨大道“严管示范路”等市政项目建设改造，加快碧桂园二期、奥园城市综合体、环城大道东延线、长乐大桥建设。成功创建“广东省卫生县城”，启动“广东省文明县城”创建工作。镇村建设步伐加快，完成安流、华城2个中心镇总体规划修编。抓好华城镇幸福村居示范片建设，完成省道239线华城圩镇段等一批圩镇道路改造提升工程。扎实推进岐岭、横陂等镇农民体育健身工程建设。抓好镇村生活垃圾专项整治，周江、双华等镇生活垃圾无害化处理场加快建设。

邮电通信　城乡固定电话用户80276户，对比上年增加5.1%。通信网络快速发展，全县计算机互联网用户43374户，对比上年增长4.3%。

【旅游业】　2015年，全县抓住城市化进程和深梅旅游路线扩展契机，推出以“山、水、泥”为特色的旅游项目，扩展以热矿泥温泉山庄和益塘水库、七目嶂等为生态旅游景点的线路，打造以“长乐古城、生态五华、养生胜地、田园山水、乡野休闲”为主题的旅游品牌。全面开展狮雄山秦汉遗址、球王李惠堂旧居和寨顶巷古村落的保护开发工作。双龙山、新丰寨生态旅游项目建设和热矿泥山庄升级改造扎实推进。营田、湖田、龙狮殿农家乐饭店被评为“全国乡村旅游金牌农家乐”。全县接待游客460万人次，对比上年增长24.1%，全县旅游业总收入32亿元，对比上年增长26.2%。

【商贸·财税】　2015年，国内消费品市场稳定发展，全县实现社会消费品零售总额81亿元，对比上年增长10.5%。对外经济工作成绩显著，外贸进出口总额增长较快。全年外贸进出口总额19251万美元，增长15.9%，外贸出口总额1.83亿美元，对比上年增长41.9%。其中“三资”企业出口额1584.76万美元，对比上年减少42.46%；一般贸易出口1.67亿美元，对比上年增长64.86%。实际利用外资实现533万美元，比上年下降57.36%。全县财政收入较快增长，地方一般公共预算收入实现5.55亿元，对比上年增长28.8%；地方一般公共预算支出57.07亿元，对比上年增长40.3%。通过“PPP”模式融资11.6亿元，保障重点项目建设资金需求。预算管理体制改革深入推进，农村“三资”监管平台建成使用，财政资金项目申报得到规范。强化对重点工程、房地产行业、外出经营企业等重点税源监管，税收管理不断加强。国税组织收入3.3亿元、地税组织收入6.7亿元，分别对比上年增13.2%、35.4%。省农村普惠金融试点县工作全面完成。全县金融机构存款余额221.3亿元、贷款余额70.2亿元，分别对比年初增长17.3%、20.7%。

【金融·保险】　2015年年末，金融业快速发展，存贷款余额实现同步较快增长。全县国家银行各项本外币存款余额221.25亿元，比上年末增长17.2%。城乡居民储蓄存款余额158.89亿元，比上年末增长17.2%。各项本外币贷款余额70.19亿元，比上年末增长20.7%。

人保、人寿保险费收入1.42亿元，对比上年下降22%。其中：人民保险保费收入4200万元，对比上年增长48.5%；人寿保险费收入1.0亿元，对比上年减少34.6%。

【教育·科技】　2015年，成功创建“省教育强县”，通过“全国义务教育发展基本均衡县”验收。实验幼儿园和实验小学建成使用，高级中学、第六小学和特殊教育学校建设步伐加快。教育基础设施不断完善，教育投资进一步加大，办学条件继续改善，办学质量持续稳定提高。全年教育财政拨款13.87亿元，对比上年增长8.7%。全县有各类中等专业学校2所，在校学生1100人；普通中学55所，在校学生77123人。其中：高中学生31744人；职业中学3所，在校学生4784人。全县有小学160所，在校学生92483人，增加745人，对比上年增长0.81%；适龄儿童入学率、小学毕业生升学率、初中毕业生升学率均为100%，实现与上年持平；高中毕业升学率92.8%，对比上年提高3.1%。在本年高考中，全县入省大专A线以上人数4589人，入围率为43.4%，入本科线以上人数2096人，入围率19.8%。全县有各类专业技术人员15916人。全年申报国家专利例222例，授权例151例，其中发明专利申报6例，授权3例。

【文化·广电】 2015年，积极开展送戏下乡等文化活动。成功申报一批省级非物质文化遗产保护项目和文物保护单位。全年两个专业剧团和县文化馆一条龙业余剧团送戏下乡演出168场，县城文化广场业余演出26场次。全年放电影7648多场。图书馆有藏书13.2万册，进馆读者11万人次，图书流通量9万册次。全县有调频广播电台1座，有线电视台1个，有线电视站16个，卫星电视地面接收站6个，有线电视用户6.85万户，广播、电视人口覆盖率98.8%，

【卫计·体育】 2015年，全县卫生计生工作稳步推进，加快县级公立医院综合改革，抓好医疗卫生基础设施建设，县中医院外科综合楼、县妇幼保健院住院大楼建设顺利推进，完成新桥、双头等5间卫生院业务用房升级改造，民营三甲医院、康泰精神病院、华南医院建设前期工作有序推进。全县拥有卫生机构42个，床位2565张。各类卫生技术人员2902人，其中：执业医师1009人，增长6.7%；执业助理医师1054人，增长7.3%。无偿献血267万毫升。深入开展人口计生服务“村村行”活动，实行每月人口计生工作动态考核，年度目标任务全面完成。年末全县总人口为1463929人，比上年增加100807人，增长7.4%。其中，常住人口为1080842人，对比上年增长0.4%。在总人口中，城镇人口为175804人，占总人口的12%；乡村人口为1288125人，占总人口的88%。男性人口为762338人，女性为701591人，性别比为108.7%。出生率为13.42‰，比上年下降1.12个千分点；死亡率为5.65‰，对比上年提高0.3‰；自然增长率为7.76‰，比上年下降1.16‰。

2015年，体育事业成效显著，全面开展足球“三进”（进政企、进乡村、进学校）活动，成立县青少年足球发展基金，大力推动青少年足球事业发展。梅州五华客家足球队成功冲甲，五华成为全国唯一拥有中甲球队的县。五华U12足球队获全国冠军并代表国家赴瑞典参加国际青少年足球赛。承办球王李惠堂110周年诞辰学术研讨会暨主题学术沙龙。长布元坑中国内地现代足球发源地得到有效保护。群众体育蓬勃开展，全民健身步步深入。全县积极开展群众性体育竞赛活动，举办足球、篮球、乒乓球、棋类、健身竞走等大型群众活动28场次，推动全民健身运动发展。

【生态环境建设】 2015年，全县全面完成森林碳汇重点生态工程1.09万公顷建设任务和“四江”流域水源涵养林2200公顷种植任务。完成森林抚育2.11万公顷。改造提升31.8公里生态景观林带。启动水寨星湖岭、河东天云岭县级森林公园，潭下宝山嶂县级自然保护区和双华高山寨、横陂贵人嶂、梅林松桂园等7个镇级森林公园建设。

完成 54 个乡村绿化美化工程，打造省级示范村 5 个、市级示范村 3 个。加大对破坏森林资源行为打击力度，立案查处 142 宗 151 人。成功创建“省林业生态县”。建立重点环境问题挂牌督办制度，完成重点环境问题整治 18 宗。严格落实耕地保护责任，拆除违法占用耕地建房 106 宗 1.84 公顷，立案查处非法买卖土地案件 3 宗。全县有环境监测站 1 个，环境监测人员 17 人。加强对 11 个自然保护区、2 个县级森林公园、1 个省级森林公园和 5 个一级饮用水源保护区的管理，固体废物综合利用率达 100%。

【民生改善】

扶贫“双到”　大力推进 103 个重点帮扶村扶贫开发“双到”工作，各级帮扶单位累计投入 6.8 亿元,落实村集体项目 2497 个,发展户生产项目 33948 个。重点帮扶村集体经济收入均达 5 万元以上，贫困村农民人均纯收入 8843 元，有劳动能力贫困户 12736 户 62288 人全部实现稳定脱贫。启动新时期精准扶贫前期工作。

社会保障　社会保障更加有力，县人力资源市场、救灾物资储备仓库建成使用，县残疾人康复中心、革命烈士陵园、公益性生态公墓加快建设。完成潭下、周江、双华、龙村、郭田敬老院改造。加大社保扩面征缴力度，全县“五险”（养老保险、医疗保险、失业保险、工伤保险和生育保险）收入 3.5 亿元，参加城乡居民医疗保险的人数 121.6 万人，对比上年增长 0.6%。参加农村养老保险的人数 40.7 万人，对比上年增长 1.8%。年末，全县 28578 人参加失业保险，对比上年增加 7.1%；参加基本养老保险的职工人数 52717 人，对比上年增加 3.1%；参加工伤保险人数 32359 人，对比上年增加 4.2%；有 28113 名离退休人员享受社会养老保险，对比上年增加 5.8%。

全县享受最低生活保障的困难群众 61672 人，其中城镇 485 人、农村 61187 人。全年发放医疗救助 2744.85 万元救助 81073 人次。全县各乡镇建立农村社会保障网络。

平安创建　针对重点行业、重点领域和关键环节中矛盾突出、群众反映强烈的问题，集中开展整治“黑恶势力”、非法堆放经营河砂、违法占用耕地建房和非法买卖（转让）土地、镇村生活垃圾处理等 “十大专项整治”行动，城乡建设管理秩序不断规范。深入推进“平安细胞”工程，加强社会治安综合治理和信访维稳工作，群众信访量大幅下降。全年受理群众来信来访 875 件次，对比上年下降 27%，到市上访 69 批 335 人次，对比上年下降 36.1%和 51.5%，到省上访 52 批 141 人次，对比上年下降 1.9%和 42.4%。扎实开展“一村（居）一法律顾问”工作，引导群众学法、守法、用法。创新农村社会管理，积极培育发展村民理事会。严格落实安全生产“党政同责、一岗双责”制，加强重点领域和行业的安全监管。承接落实各项改革举措，增强发展活力，优化发展环境。

【人民生活】　2015 年，五华城乡居民收入增加，生活水平稳步提高。居民人均可支配收入 12383 元，对比上年增长 8.1%，扣除价格因素，实际增长 6.4%。其中：城镇居民年人均可支配收入 17537 元,比上年增长 8.3%，剔除价格上涨因素，实际增长 6.6%。农村居民年人均可支配收入 10138 元，对比上年增长 8%，剔除价格因素实际增长 6.3%。

（江连辉）

政治

中国共产党五华县委员会

重要会议、活动简述

2月2日，县委召开2015年度武装工作会议。县委书记、县人武部党委第一书记张映平出席会议并讲话，强调要发扬党的优良传统，强化党管武装意识，加强党管武装工作和国防后备力量建设，努力开创全县经济社会发展和武装工作双赢局面。

3月3日，中共五华县委十二届五次全会在县城召开。会议主要任务：总结2014年工作，认真贯彻落实中共十八届三中、四中全会、习近平总书记系列重要讲话以及省委十一届四次全会、市委六届五次全会精神，围绕落实“两大政策”“三大抓手”和“一个产业集聚带”，推进改革与法治，持续改进作风等部署要求，分析当前形势，部署2015年工作，动员全县上下继续凝心聚力、破难攻坚，推动全县经济社会持续向前发展。县委书记张映平主持会议，代表县委常委会作工作报告，并作总结讲话。县长范宜军作经济工作专题讲话。

3月19日，县委书记张映平率队到广州市番禺区联系对口帮扶工作，并与番禺区委书记卢一先、区长楼旭逵主持召开对口帮扶工作联席会议。

3月21日，广东省五华商会在东莞市召开一届五次会员大会。市、县领导丁文、张映平、范宜军、张建华、幸小明等参加会议，县长范宜军代表县委、县政府向参会乡贤通报2014年全县经济社会发展情况和2015年工作设想。

3月26日，县委书记张映平、县长范宜军率队调研园区建设暨召开园区建设指挥部会议，解决推进园区建设中存在的问题，部署2015年园区建设工作。

4月3日，县委、县政府召开“创卫”工作升温鼓劲会议，要求各级各部门进一步统一思想、深化认识，全力抓好各项工作的落实，确保五华如期成功创建“广东省卫生县城”。

4月15日，省老区建设促进会会长陈开枝率队到县调研《赣闽粤原中央苏区振兴发展规划》贯彻落实工作。市、县领导丁文、张映平等陪同。

4月22日，县委、县政府召开全县计划生育工作会议，总结2014年计划生育工作，对2015年工作进行部署。县委书记张映平出席会议并讲话，要求全县上下要以更加务实的作风，真抓实干，不松懈、不动摇，全面提升管理水平和服务能力，努力推动全县人口计生工作更进一步，保障全县经济社会健康加快发展。

△县委政法工作会议在县党政大楼大会堂召开。县委书记张映平出席会议并讲话，强调全县政法战线和信访维稳部门要紧紧围绕县委、县政府的中心工作，以全面推进法治五华建设为主线，坚持法治思维，认真发挥职能，为全县各项事业的健康发展保

驾护航。

5月13日，县委书记张映平、县长范宜军率队到河东工业区召开现场办公会，要求各级各相关部门要进一步深化认识，着力解决河东工业区建设过程中碰到的问题，突破重点难点，全力推进河东工业区加快建设。

5月22日，县委召开全县“三严三实”专题教育工作会议，学习贯彻中央和省、市“三严三实”专题教育工作会议精神，对全县开展“三严三实”工作进行全面部署，推动领导干部认真践行“三严三实”。

5月29日，县委、县政府召开2015年全县“十大专项整治”工作会议。县委书记张映平要求各级各单位要树立守土有责的观念，明确任务，落实责任，扎实推进“十大专项整治”工作，切实提升全县社会管理和基层治理水平，为五华加快发展、稳定发展、良性发展奠定基础。

6月16日，县委书记张映平，县长范宜军率队调研园区建设和招商引资工作，了解园区建设、企业建设和项目落户情况，解决推进园区建设和企业建设中存在的问题。

6月17日，大埔县党政考察团一行专程到五华考察经济社会发展情况。县委书记张映平、县长范宜军、县政协主席张建华等陪同考察或参加会见。

7月28日，市委书记黄强率队到五华督导经济工作。市委常委、秘书长彭耀新，市委副秘书长、市委办主任王健，以及市直有关单位和梅县区委、兴宁市委主要负责同志参加督导。县委书记张映平，县长范宜军等县领导陪同。

8月11日，五华县召开全县领导干部大会，宣布省委关于五华县委主要领导职务调整的决定：张映平提任市人大常委会副主任，不再兼任五华县委书记，范宜军提任五华县委书记。

8月14日，全县纪律教育学习月动员大会在县党政大楼召开。县委书记、县长范宜军出席大会并作纪律教育专题报告，强调要认真贯彻落实省、市部署要求，围绕“守纪律、讲规矩、作表率”主题，扎实开展好纪律教育学习月活动，确保取得实实在在的成效，为加快建设“工业新城、长乐之乡”做出新的更大贡献。

8月25日，五华县2015年希望工程卓定华助学基金暨高考奖颁发大会在县党政大会堂举行。共青团省委副书记梁均达，广东五华商会会长、广东瑞华集团董事长兼总裁卓定华，五华县委书记、县长范宜军，县政协主席张建华，县人大常委会常务副主任幸小明等出席颁奖大会。

8月28日，县委召开全县基层工作会议，贯彻落实中央大抓基层的决策部署，结合省、市要求，部署全县基层治理工作。要求各级牢固树立重视基层治理、强基固本的思想，以问题为导向，做到统筹协调，强化责任担当，形成工作合力，狠抓工作落实，推动基层治理取得实效。

9月6日，五华县召开全县领导干部大会，宣布市委关于五华县政府主要领导职务调整的决定：张映平不再担任五华县人大常委会主任；范宜军提名为五华县人大常委会主任候选人，不再担任五华县人民政府县长；吴晖任五华县委委员、常委、副书记，提名为五华县人民政府县长候选人。

9月7日，县委书记范宜军、代县长吴晖率队深入到长乐大桥建设等项目现场，检查迎接第四届世界客商大会“三个一批”（签约一批、动工一批、竣工一批）相关项目准备工作。

9月11日，中国人民解放军五华县人民武装部党委第一书记任职大会在县人民武装部会议室召开。梅州军分区司令员武启龙宣读梅州军分区党委的决定，县委书记范宜军任五华县人民武装部党委第一书记。

9月30日，广东梅州抽水蓄能电站项目开工建设动员大会在广州南方电网公司总部举行。市、县领导黄强、谭君铁、丁文、范宜军等出席大会。

11月6日，五华召开创建“广东省文明县城”动员大会。县委书记范宜军出席会议并讲话，强调要在提升市民素质、完善城市功能配套、加强城市管理、创建特色载体和提高市民满意度等五大方面工作下功夫，确保取得成功。

11月9日，市委书记黄强到五华县调研产业园区建设和县城扩容提质项目进展情况，强调要加快推进产业园区建设和县城扩容提质，切实做强特色主导产业，不断完善城市综合功能，努力打造“工业新城、长乐之乡”，推动五华早日实现振兴发展目标。

12月2日，市委书记黄强到五华县调研并检查扶贫开发“双到”工作，强调要认真贯彻落实中央《关于打赢脱贫攻坚战的决定》和中央扶贫开发工作会议精神，坚持精准扶贫，加快全面奔康，确保与全市同步实现建成小康社会目标。

中共五华县委员会2015年度领导名录

县委书记：张映平（任至8月）
范宜军（8月任）

县委副书记：范宜军（任至8月）
吴　晖（9月任）
邓伯锦（任至11月）
傅国强（11月任）

县委常委：张映平（任至8月）
范宜军
吴　晖（9月任）
邓伯锦（任至11月）
傅国强（11月任）
杨斌宗（任至6月）
李伟华（任至11月）
赖志侃（任至6月）
叶天泉
温浩泉（任至11月）
梁英浩（6月任）
钟光振（6月任）
曾成奕　张爱芳
徐保宁
宋学希（11月任）
曾光华（11月任）
吴庆松
吴泽桐（2月挂任）

县委办公室工作

【理论学习】 2015年，县委办公室加强组织干部职工采取集中学习与自学相结合等方式，学习贯彻中共十八大，十八届三中、四中、五中全会精神及习近平总书记系列重要讲话精神，借助网络、杂志报纸及干部培训网络学院等媒介和平台强化时事政策、党纪法规学习，特别是把“三严三实”专题教育与办公室日常工作结合起来，按照县委统一部署和要求，围绕县委发展思路和“三服务”（服务领导、服务基层、服务群众）主轴，突出实践特色，用严的精神和实的作风推动各项工作有序开展。

【“三服务”工作】 2015年，县委办公室一是扎实推进机关全面建设。围绕调研出成果、材料出精品、督查树权威、办文办会更规范、后勤保障更有力的目标定位，按照“抓服务、细管理、强队伍”总要求，强化“三服务”职能，继续深入开展创建学习型、实干型、创新型、和谐型、节约型“五型机关”活动，不断改进作风，树好团结协作、和谐共事，勤奋学习、与时俱进，爱岗敬业、乐于奉献，严守纪律、清正廉洁“四种形象”，促进办公室全面建设。二是进一步规范机关运作。优化整合办公股室，充实增强政研室力量，高配督查股，增设人事股。大力推进信息化、无纸化办公，全面启用电子公文传输系统。加强机关制度建设，派员到市委办学习规范化管理，进一步明确工作程序和要求，确保机关工作科学有序。大力整顿和改进文风会风，进一步精简会议、文件，规范文件签收印发和会议组织，严肃会场纪律。三是提升机关日常服务与管理。努力在办文办会、信息督查、政策调研、公务接待、后勤保障和宾馆改造等方面当好县委参谋助手，保证县委机关正常运转。全年拟草、制发县委文件16个、县委办公室文件122个；印刷各类文件资料54.8万份；收发各类公文32万份，其中收发电子公文3792件；向市、省报送各类信息15条；撰写会议材料220多篇，组织各种会议300多场次；接待中央、省、市领导245批次；分别在省、市媒体刊发新闻稿150篇、300篇。机要、保密、值班应守等工作稳妥有序开展。

【督查督办工作】 2015年，县委办公室进一步加强对上级、县委决策部署和重点工程、会议决定事项、领导交办、批示事项的督查督办，推动县委各项决策落实到位。对市、县领导批示督办事项，严格按照工作程序和时限要求，及时跟进，优质高效按时办结，做到件件有落实、事事有回音。健全完善督查通报机制，对年度须完成的重点工程进行“一周一督查、一周一通报”，增强督查工作深入性和实效性。全年办理市委交办督办件32件，办理县委主要领导批示事项117件，印发县委、县政府重点工作通报5期、会议决定事项落实情况通报5期、本年度须完成13项重点工程通报14期。同时，筹资8万多元，协助大布村开展“创卫”并顺利达标。

【党风廉政建设】 2015年，县委办坚持严守党的政治纪律和组织纪律，带领全办干部职工正风纪、转作风。全面贯彻落实党风廉政建设责任制，提高党员干部依法行政和廉洁勤政水平。严格执行重大决策“必须由领导班子集体决定”的规定。完善机关财务制度，严格财务审批程序、支出范围和权限。严格遵守中央“八项规定”，保持清正廉洁、爱岗敬业、勤俭节约的工作和生活作风，注重培养健康生活情趣，自觉抵制不良风气，提高防腐拒变能力。 （李怡凤）

县委办公室2015年度负责人名录

主　任： 李伟华（任至11月）
宋学希（11月任）
副主任： 李惠香（任至8月）
钟万芳（任至8月）
廖伟军　李文高　薛灼龄
李定华（任至4月）吴明辉
党工委副书记： 黄柳宗

组织工作

【基层党组织建设】 一是整顿软弱涣散基层党组织。印发《五华县软弱涣散村（社区）党组织持续整顿三年行动计划（2015—2017年）的通知》《五华县排查整顿基层软弱涣散党组织的实施方案》。全县排查出67个软弱涣散村（社区）党组织。按照实施方案，加强对软弱涣散村（社区）整顿，并实行动态管理，把经过整顿有转化，原来查找问题都解决的 13 个党组织及时调整。二是规范实施村（社区）联席会议制度。出台《关于进一步规范实施村（社区）联席会议制度的通知》，即推广实施村（社区）班子联席会议制度和党群联席会议制度。三是加强村级干部队伍建设。大力实施“五强书记建设工程”，调整村党组织书记 19 人。抓好村级班子和村干部考核，制订出台《五华县村“两委”班子、村干部绩效考核指导意见》，细化考核内容和方法，要求各镇制订具体实施办法，以考核促使工作落实。抓好村级后备干部队伍建设，制定印发《关于加强村级后备干部队伍建设的通知》，要求每个村（社区）至少配备 2 名以上优秀年轻后备干部，确保下一届村级换届时全部村干部的年龄都在 60 周岁以下。至本年末，全县 446 个村（社区）配备后备干部 990 名。四是加大基层经费投入力度。全年增加投入 4500 万元。其中，镇考核奖励经费近 1000 万元；村级办公经费 2230 万元，平均每村 5.5 万元以上；村（社区）干部报酬 1200 万元，人均每月提高至 2000 元。加大“大组工网”建设、大学生村干部管理、“两新”组织党组织建设、基层党建“书记项目”、农村基层党组织设置试点等工作，并严把党员发展关，全年发展党员 361 人。

【全县基层治理】 2015 年，县委成立五华县委基层治理领导小组，下设办公室，抽调 14 名干部组成，分别制订《关于加强基层治理的实施意见》《2015 年五华县基层治理工作任务清单》《关于抓好基层治理加强基层党建的实施意见》等 6 个文件，明确单位责任，确保基层治理“规定动作”落到实处。突出开展“十项重点工作”，制订出台《“十项重点工作”实施方案》，遴选出创建农村集体“三资”监管平台、加强村务财务管理、开展村级服务群众代办业务活动、开展“平安村居”创建活动、加强村干部教育培训、加强镇驻村干部管理、排查整顿基层软弱涣散党组织、严厉查处农村干部违法违纪行为、做好民生实事、开展“为民服务好村干部（支书）”评选活动为基层治理的“十项重点工作”，每一项工作均制定实施方案，落实责任单位，并试点先行。全县创建县级示范点 4 个，镇级示范点 48 个，均取得明显成效。全县立案破案村干部贪腐、涉农职务犯罪和农村黑恶势力各类案件 334 宗，依法处理 800 多人；完成被征地农民养老保障 2068.2 万元，解决历史留用地任务 39.8 公顷，治理农村土地“三乱”19 宗。注重加强督导宣传。县成立 8 个督查指导组，每周定期或不定期到各镇各单位督促指导。充分运用简报、网络、广播电视、手机短信、专栏等宣传载体，加大宣传力度。全年报道正反典型 18 期（次），发送手机信息 35 条（次），编印简报 23 期、会议纪要 3 期、上报信息 25 篇。

【干部任用管理】 一是做好干部选拔。认真贯彻执行《干部任用条例》，大力选拔“想干事、敢干事、会干事、干成事”优秀干部。严格执行干部档案任前审核制度，做到凡提必审、凡转必审、凡进必审，特别是对拟提任正科的干部档案实行双重审核。对本年提任 28 人，全部实行干部档案审查，全县 120 名组工干部填报《组工干部个人有关事项报告表》。全县 14960 卷干部档案初步审核完毕，进入复查审核阶段，全县40个管档单位调整为8个。按照上级有关要求，结合实际，制定超职数配备干部消化方案，采用干部交流轮岗、先来后到、职务职级并行晋升职级、干部到龄退休等原则进行消化，全年消化超配科级干部174人，完成消化超职数配备科级干部工作任务，实现超配干部“零存量”。二是做好干部考核。健全完善镇级工作考核和驻村干部管理考核机制，制定出台《2015年五华县镇级工作考核评价实施方案》《五华县加强镇驻村干部管理的实施方案》《五华县镇驻村干部工作考核指导意见》和《五华县镇领导干部驻点普遍直接联系群众工作考核办法》。强化考评结果应用，从各项工作优秀乡镇中提拔各2人担任镇党委书记、镇长。全县驻点团队定点接访2万多人，走访入户率100%，解决群众反映问题1.5万多件，到省集体上访、进京上访人次对比上年分别下降31.1%、56.3%。加大乡镇本地干部调整配备力度，至年末，班子成员本土化比例达到30%以上的镇占81%，镇干部本土化比例达到30%的镇占94%，所有镇至少配备一名本镇籍干部担任专职副书记或常务副镇长。三是做好干部教育培训和人才工作。坚持“请进来、走出去”和“两头在内，中间在外”培训模式，大规模培训干部。制定下发《2015年干部教育培训计划》《农村、社区两委干部培训计划》《关于加强干部培训推进基层治理的工作方案》等，采取“分级、分层、分批”方式培训干部。全年举办各类培训班57期，参加培训2.36万人次。其中与县委党校举办干部培训班9期，参加人数871人次，组织53名农村、居委干部报读县电大农村经济管理大专班，全县参加广东省干部培训网络管理学院学习4207人，上送省以上培训3批3人，上送市培训15批96人。强化现有18名高素质人才管理考核，积极发动单位和企业上报2015年省“扬帆计划”项目申报。

【干部队伍建设】 2015年，在组工干部中开展“落实总书记要求，建设模范部门”教育实践活动和“讲担当，比奉献”主题活动，坚持从严治部，积极开展“三个什么”活动（进组织部是为什么，到组织部要怎么做、到组织部跟别人比什么），牢固树立“围绕中心，服务大局”意识，时刻保持清醒头脑、过硬本领和优良作风。不断健全完善部机关各项制度，扎实推进部机关规范化、制度化建设，严格执行中央“八项规定”，建立健全部内工作衔接与督办制度，增强部机关干部职工的凝聚力和团队精神。

在全县领导干部中，开展“三严三实”专题教育活动。围绕“三严三实”总要求，坚持严的标准、严的措施、严的纪律。全县领导干部以身作则，坚持把学习教育放在首位，讲好专题党课。参加专题教育的领导干部100%讲了专题党课。同时，结合专题民主生活会和组织生活会，组织开展领导班子和领导干部问题查摆活动，认真查摆存在问题，列出整改问题清单，制订整改措施，认真抓好整改。全县领导班子查找出37个问题，完成整改29个，领导干部个人查找问题92个，完成整改43个。（古善贵）

县委组织部2015年负责人名录

部　长：赖志侃（任至6月）
钟光振（6月任）

副部长：温献军　张祝平　严兰芳
李作华　钟祝莲

2015 年全县党组织、党员基本情况一览表

表二：　　　　　　　　　　　　　　　　单位：个、人

项目				数量	项目				数量
党组织	基层党委	合计		20	党组织	党支部	合计		1180
		其中	县委	1			县直机关企事业单位		379
							乡镇		801
			局党委	3			其中	行政村	414
								社区居委	34
			镇党委	16				镇机关企事业单位	334
	党总支部	合计		34	党员	总数			46027
		其中	县直机关企事业单位	25		其中	正式党员		45551
			行政村、社区居委	5			预备党员		476
			镇机关企事业单位	4		新发展	总数		385
							男		289
							女		96

机构编制管理

【行政审批制度改革】 2015 年 3 月，县机构编制委员会办公室根据梅州市人民政府办公室《关于贯彻落实〈广东省行政审批事项通用目录〉和清理非行政许可审批事项的通知》（梅市府办明电〔2015〕26 号）精神，加强全县行政审批事项目录管理和清理非行政许可审批事项工作，切实做好深化行政审批制度改革，组织各单位对照省《广东省行政审批事项通用目录》，对本地、本单位保留行政审批事项名称、实施依据等予以规范，并根据实际情况精简。经收集整理，对通用目录中县级行政审批事项提出 14 项补充意见，对县级公布目录涉及的 100 项非行政许可审批事项提出调整意见。12 月，完成清理规范非行政许可审批事项初审汇总后呈报市编办，至此，全县不再保留“非行政许可审批”这一审批类别。

【推进转变政府职能清理行政职权和编制权责清单】 2015 年 3 月，县机构编制委员会办公室根据《中共中央办公厅 国务院办公厅印发〈关于推行地方各级政府工作部门权力清单制度的指导意见〉的通知》（中办发〔2015〕21 号）和《中共广东省委办公厅

广东省人民政府办公厅关于印发〈广东省推行市、县政府工作部门权责清单制度工作方案〉的通知》（粤委办〔2015〕31 号）文件要求，全面推行政府工作部门权责清单制度。按照中央、省、市部署和要求，印发《关于做好全面推行政府部门权责清单制度工作的通知》（华办函〔2015〕72 号）。9 月，召开全县推行政府工作部门权责清单制度动员会，严格贯彻执行转变政府职能清理行政职权和编制权责清单工作相关规定和要求，紧张有序进行政府职能清理行政职权和编制权责清单工作。12 月，全面完成全县编制政府工作部门权责清单工作。

【机构编制实名制管理】 2015 年，按广东省机构编制实名制管理系统统计，五华县机关事业单位有 510 个，其中:机关单位 60 个（含乡镇 16 个），对比上年度减少 4 个（撤销卫生局和计生局，设立卫计局，减少 1 个；撤销经信局和科技局，设立科工商务局，减少 1 个；县委宣传部和文广新局合署办公，文广新局不计个数，减少 1 个；撤销民族宗教事务局和外事侨务局，设立民族宗教和外事侨务局，减少 1 个）；事业单位 450 个。全县机构编制实名制管理在编干部职工对比上年度在编干部职工减少 424 人。

【控编减编】 五华县自 2012 年始，严格按照省、市编委下发的各类控编减编政策文件的规定和要求，坚持实行机构编制“一支笔”审批制度，凡涉及管理体制变动，职能调整，机构、编制和领导职数增减，严格按照审批程序，报经机构编制委员会办公室审核后，提交机构编制委员会或党委、政府审批。未经机构编制部门审核的机构编制事项，县委、县政府不予审议。还将控编减编执行情况纳入党委、政府年度目标绩效考核内容，增强机构编制纪律刚性约束。县组织部门在任用干部、调配人员时应按单位空编和职数情况办理，严禁超编进人和超职数配备领导干部。县人社部门在调配、招考录用人员时应按机关事业单位的空编情况办理，严禁超编进人。县财政部门要制定政府在公益服务中更多地购买服务方案，推广养事不养人办法，减轻增编压力。2012—2015 年，全县机关事业单位在职人数减少 778 人。

【事业单位清理规范和事业单位分类改革】 2015 年，全县有事业单位 450 个，其中：财政核拨 353 个，财政核补 51 个，经费自理 46 个。县编办对全县 450 个事业单位进行分类，其中：行政类 2 个，公益性一类 386 个，公益性二类 51 个，公益性三类 6 个，经营服务类 5 个。

【抽借调人员清查整改】 2015 年，根据县编委《关于开展我县抽借调人员清查工作的通知》（华机编〔2015〕1 号）精神，加强对各单位抽借调人员清理和规范管理，厘清人员岗位与编制关系，夯实机构编制实名制管理基础，妥善解决因人员抽借调随意性，以致人员区域性、结构性不合理问题，确保全县机关、事业单位工作人员管理实现“编岗相符、人岗相适”。经清查，全县抽借调人员清查单位有 86 个，其中：到其他单位（包括下属单位之间）抽借调人员的单位有 35 个，涉及人员 446 人（经县组织、人社审批同意抽借调的有 53 人）。有抽借调人员的单位大部分都按《通知》要求提出分类自纠意见，其中有 28 个单位提出自纠意见，涉及人员393人（其中拟调69人、继续抽借用324人）；未提出自纠意见的单位有7个，涉及人员53人。同时，县编办还组织人力对个别单位进行实地抽查，各单位均能按照县编委印发《关于开展我县抽借调人员清查工作的通知》（华机编〔2015〕1号）文要求组织开展清理规范。一是非系统内人员抽借调基本上能按（华机编〔2015〕1号）文要求，经县组织、人社部门审批，办理相关抽借调手续，有89人（其中：县组织、人社部门审批53人），涉及28个部门，审批率59.6%；二是系统内人员抽借调入机关，除个别单位按（华机编〔2015〕1号）要求，向县组织、人社部门申报办理外，大部分都未按要求办理手续，清理规范，有200人，涉及13个部门；三是系统内下属事业单位抽借调人员有157人，涉及5个部门，未能严格按照（华机编〔2015〕1号）文要求贯彻执行，全部未办理抽借调人员审批手续。根据这一情况，县编委会研究决定：要求各单位需抽借调人员的，经单位党组研究后，一律要向编委报批，抽借调时间原则不得超过一年。各单位抽借调人员情况每季度向县组织、编办、人社部门报备一次。县组织、编办、人社、财政部门要加强沟通，坚持原则，对不支持配合的，冻结该单位人事调动，维护机构编制和组织人事管理严肃性。

【设置不动产统一登记机构和撤销县驻省会等城市办事机构】 2015年9月，县政府整合不动产登记职责，设立县不动产登记局，同时设立五华县不动产登记中心，加挂县不动产交易登记服务中心牌子。10月，县政府撤销五华县人民政府驻广州、深圳和惠州办事处。

【事业单位登记管理】 2015年，全县事业单位应提交年度报告257个，提交250个，年检率97.3%。全年全县新设立事业单位4个，变更事业单位登记54个。县编办对全县提交年度报告的250个事业单位，全部进行公开，接受社会监督。切实加强社会公众对事业单位监督，推动事业单位登记管理工作转型升级，增强登记管理机关监管事业单位有效性和针对性。

【中文域名注册常态化建设】 2015年，县编办根据中央编办和省、市、县要注，推进全县党政机关、事业单位中文域名常态化管理建设，提高党政机关网站安全防护水平，维护党政机关在互联网上合法权益，保证党政机关网站权威性和严肃性，要求全县机关事业单位按上级要求做好网站开办审核、资格复核和网站标识管理。本着以中文域名管理和网站挂标管理为主线精神，继续做好宣传和培训，督促尚未加入中文域名注册的机关事业单位注册中文域名、缴费到期单位继续续费并进行资格复核，开通使用机构网络红页，全面建立党政机关、事业单位网站标识制度。年末，全县完成中文域名注册的单位90个，提交开办审核和资格复核的单位74个，领取标识的网站65个。

【机构编制日常管理】 2015年，机构编制日常管理工作严格执行机构编制管理“三个一制度”（涉及机构编制审批事项，由编委及其办事机构一个部门承办，由党委、政府主管机构编制工作的领导“一支笔”签批，由编委及其办事机构一家行文）和“五不准”（不准超编进人、不准擅自设立内设机构和提高内设机构的级别、不准违反领导职数配备的有关规定、不准越权审批机构编制、不准上级业务部门干预下级的机构编制）原则，切实维护机构编制管理政策法规严肃性和权威性。全年制发机构编制管理文件 47 个。

（李俊尧）

县机构编制委员会办公室 2015 年度负责人名录

主　任： 曾繁活
副主任： 古汉琴
黄伟元（任至 5 月）
曾维强（11 月任）

老干部工作

【政治待遇落实】 2015 年，县委老干部局认真落实老干部政治待遇。一是坚持向老干部通报工作制度。2 月 10 日，县委、县政府组织召开通报会，县委主要领导向老干部通报全县政治、经济社会发展情况，广泛征求老干部对发展意见和建议。二是坚持走访慰问制度。坚持老干部生病住院慰问与平时走访慰问相结合。做到“病时必探”，对生病住院老干部送去慰问金和慰问品。开展对企业离休干部进行普遍走访慰问活动，对病痛较多、生活困难的企业离休干部给予医疗特困补助。坚持重大节日慰问制度。9 月 1 日，老干部局负责人带队走访慰问抗日入伍的 2 位离休干部，送上纪念抗日战争胜利 70 周年纪念章和慰问金。9 月 8 日，县委主要领导专门走访慰问赴京参加纪念抗日战争胜利 70 周年活动的政协原副主席谢华老同志。老人节前夕，县老干部局分成 4 个工作小组走访慰问县五套班子老领导、抗日入伍老干部、90 岁以上离休干部、部分离休干部及患重病的老干部 100 多人。三是坚持征订报纸杂志制度。动员全县各单位积极为老同志征订《秋光》杂志 1220 份和《2015 年广东省老干部政治理论读本》100 份，为老同志送上精神食粮。

【生活待遇落实】 根据“国办发〔2015〕3 号文”精神提高离休干部基本离休费，正处级每人每月增加 570 元，副处级每人每月增加 460 元，科级每人每月增加 350 元。根据“华人社字〔2015〕12 号文”精神提高离休干部的生活补贴标准，正处级每人每月增加 660 元，副处级每人每月增加 620 元，科级每人每月增加 580 元。定期组织老干部体检制度，老人节前夕，组织县五套班子离退休干部、行政科发工资老干部和企业离休干部等 100 多人进行健康检查，并及时将检查结果汇总后反馈给老干部。企业离休干部管理服务中心每月向县财政局报送离休费表，使老同志每月能按时足额领到离休费。为 7 位因病长期生活不能自理的老干部办理特殊护理费手续。协助离世的 12 位老干部家属处理善后事。还认真负责做好老干部来信来访工作。

【老干部活动】 2015 年 3 月 19 日，邀请梅州市人大常委会原主任周刚老领导为老干部讲授养生保健知识，有 200 多人参加保健知识讲座，并赠送养生保健书籍。9 月 23 日，县老战士联谊会在县老干部活动中心召开会员代表大会，县老联会会长李振通总结县老联会工作情况：县老联会在县委、县政府的领导下，在有关部门关怀与支持下，做了力所能及的工作，得到上级充分肯定，被梅州市委组织部、梅州市委老干部局评为先进集体荣誉称号；离休干部魏华润被广东省委组织部、广东省委老干部局评为先进个人荣誉称号；90岁的抗日入伍离休干部谢华老同志以抗日支前模范身份光荣赴京参会，接受国家领导人检阅。9月30日，县老干部局组织部分老干部到蒲丽顶参加县委、县政府举办的五华县公祭烈士活动，老领导李振通代表全县离退休老干部向革命烈士纪念碑敬献花篮。

（曾贵明）

县委老干部局2015年度负责人名录

局　长：钟祝莲

副局长：周钦良

关工委工作

【关工委自身建设】　2015年，全县16个镇均建立关工委组织，412个行政村建立关工委组织365个，占总数的88.6%；县直机关各系统关工委全部建立。各级关工委把建设“学习型、创新型”工委作为加强自身建设目标要求，争取党委和政府的重视和支持，巩固和发展好基层关工委组织；健全学习制度，自觉加强理论学习和业务研究，积极探讨新形势下关心下一代工作特点和规律，提升自身思想和工作水平；增强创新意识；增强工作创造性，促进工作内容创新，着力打造一批具有本地特色的工作经验和工作品牌；改进作风，围绕“三百”（百老帮百少、百小尊百老、百业助百校）活动、基层建设、农村青年创业和青少年思想教育等热点、难点问题，加强调研，推动工作协调发展。还积极向省、市、县报刊投稿，认真编辑出版好每期《工作通讯》及《关爱园地》宣传墙报。

【青少年思想道德教育】　2015年，全县各级关工委深入开展社会主义核心价值体系教育，用社会主义核心价值体系引领青少年。各级关工委开展各项宣讲教育活动和校外教育活动215场，受教育人数10.75万人。其中，县关工委与教育局关工委联合组织宣讲组，分别到华城、河东、岐岭、水寨、梅林、华阳、龙村、横陂镇等镇的中小学校进行《开展社会主义核心价值观教育活动》宣讲；各镇关工委和学校关工委举办一年不少于三场的青少年宣传教活动。开展“牵手你我·携梦人生”书画创作活动，全县选出17幅书画作品送省关工委评选，其中有6幅被“牵手你我·携梦人生”粤台少年儿童书画作品联展集锦收藏并获奖。

五华县关工委宣讲组到水寨镇华强中学“开展社会主义核心价值观”宣讲报告会

【开展“三百”活动】　2015年，县关工委在深入开展“百老帮百少”“百小尊百老”“百业助百校”活动中，主动与相关部门合作，采取行之有效办法，积极为广大青少年办实事、做好事、解难事、送温暖；组织和引导各校学生志愿者把“尊老”侧重点放在为当地敬老院、福利院和社会孤寡老人、残疾老人、贫困老人、“空巢”老人以及爷爷奶奶和父母关爱上，开展一些力所能及“感恩”活动；广泛发动各行各业、海内外乡贤、民营企业家、民间社团和社会各界热心人士，为培育下一代健康成长伸援、献爱心。继续把助校的侧重点，放在革命老区、贫困山区和农村基层薄弱学校的资助上，力所能及、有的放矢地扶助加强基础设施建设，改善教学条件，营造全社会崇文重教、优化育人环境良好氛围。争取“广东省雁洋公益基金会”支持，全县 88 名学生得到“叶剑英基金”助学金资助，每人 2000 元，发放资金 17.60 万元。全年扶持孤儿和特困家庭学生 12 名，给予每人 2000～3000 元不等的扶助金。全年参加“三百”活动的“五老”人员和青少年志愿者有 2684 多人；五年间，参加“三百”活动的“五老”人员和青少年志愿者有 10783 人，为老人和弱势群体做好事实事 1593 多件（次），发动社会力量办学捐资等 1233 万元。11 月，到水寨镇澄湖村上门看望慰问大坝中学患白血病女教师杨琼华，并向其送上 2000 元慰问金。

2015 年 11 月，县关工委上门慰问大坝中学患白血病的女教师杨琼华

2015 年度“叶剑英基金”助学金发放仪式

【农村创业青年培训】2015 年，各镇关工委主动配合，广泛宣传，认真动员，按培训条件积极协助选派好培训学员，加强农村创业青年的培训，为农村青年扎根农村创业发展提供精神和技术知识支撑，掌握更多先进农业科技知识和先进生产经营方式，为发展提供更好平台。坚持走专业合作化道路，提升农业产业化，积极配合有关部门对农村创业青年进行指导和帮助，做好跟踪指导和服务工作，尽力协助解决其在创业过程中所碰到问题。建立一批“关工委农村创业青年培训示范基地”，进一步整合、开拓关工委农村创业青年培训资源，创新培训模式和方法，提升培训工作水平。树立优秀创业青年榜样，激励更多创业青年积极发挥“双带”作用。通过农村青年培训，培养造就出更多立志扎根农村创业，致力带动周边农户脱贫奔康带头人，为五华经济发展做贡献。全年县、镇、村举办培训班 38 期，培训人数 2660 人，其中县办柚果

专业培训班、板栗专业培训班、油茶专业培训班3期，参训学员152人。县关工委常务班子成员还分别到华峰水果种植专业合作社曾红军、河东镇协和村养猪专业户周标洪、柱山糖梨专业合作社张金星、横陂镇章联村柚果种植专业户李育环、河东镇柚果、加工业高国雄、棉洋镇七畲径茶场李等祥、双华镇养鱼、种柚专业户陈远添、陈想添等专业合作社进行调研，提出有针对性建议，并协助其解决一些创业中的问题和困难。

（张宏君）

县关工委2015年度负责人名录

主　任：陈　耿

副主任：钟祝莲　陈锡彝

宣传工作

【学习型党组织建设】　2015年，县委宣传部重点抓好领导干部理论学习，带动全体党员干部学习活动。分类制订学习计划，提出学习专题、要求和时间安排。3月，县委办印发《关于印发2015年中共五华县委中心组理论学习计划的通知》，县委宣传部印发《2015年五华县党员干部理论学习计划的通知》，重点学习中共十八大和十八届三中、四中、五中全会精神，学习习近平总书记系列重要讲话精神，学习省、市、县重大决策部署精神。其中，县委中心组全年组织专题学习16次，各镇、县直各单位每月开展学习活动1次以上，党员干部完成专题学习任务11个。组织“学习贯彻党的十八届五中全会精神”县委宣讲团到各镇、县直各系统宣讲28场，受众6800多人次。举办学习讲坛，邀请上级专家教授来县授课3次。4月，组织以振兴五华发展为主题的理论研讨活动和开展产业发展情况专题调研，推荐4篇论文参加梅州市研讨会，其中钟华清论文《突出“四个抓好”大力促进五华文化旅游产业开发》获梅州市人民政府颁发“梅州市第十次（2012—2013年度）哲学社会科学优秀成果”三等奖。5月，龙村镇睦贤村被市社科联验收达标，成为五华第一个“市社科普及教育示范基地”。12月，结合开展“三严三实”专题教育学习任务，指导、协调和督促检查各镇、各单位开展理论学习。全年编辑出版《五华宣传》4期。

龙村镇睦贤村被梅州市认定为“梅州市人文社会科学普及示范基地”

【营造舆论氛围】　2015年，县委宣传部围绕县委、县政府中心工作，抓好加大新闻宣传力度，定期召开新闻宣传报道工作研判会，调动新闻办、广播电视台、《五华政报》、五华政府公众网、五华宣传政务微信等媒体主动性和积极性，宣传全县“十二五”期间各个阶段辉煌成就。充分利用重大节庆活动，组织各类主题宣传，开展爱国爱党爱社会主义宣传教育。抓好典型宣传引导，深入挖掘全县各行各业、各条战线先进典型开展宣传，激发全县创先争优、凝心聚力干事创业的热情。抓好对外宣传，加强与上级主流媒体沟通联系，与梅州日报社建立战略合作关系，依托更高更大更广平台，全方位、多角度、形式多样宣传推介五华。2014 年 12 月设立五华网络舆情信息中心，2015 年 3 月开通五华宣传微信公众号，加强新兴媒体宣传和网络舆情信息管理工作。

【文化惠民工程】 2015 年，县委宣传部深入实施文化惠民工程，积极组织文化惠民行动，深入开展创建文化先进镇活动。全县建成文化广场 10 个，村文化室 411 个，“农家书屋”412 个，创建市文化先进镇 11 个和农村文化俱乐部 16 个，广播电视“村村通”工程不断扩大。推进公共文化免费开放；加强文化市场管理，加大“扫黄打非”力度；精心组织创作文艺精品。群众文艺作品获省奖 30 件，获市奖 156 件；加强群众文化活动的指导协调，坚持不懈抓好“长乐大舞台”走基层活动，全年组织演出 12 场次。加强文化交流，五华提线木偶、采茶戏、山歌等分别到法国、新加坡、马来西亚、中国台湾地区等进行文化交流；9 月，组织提线木偶、采茶戏、山歌进校园活动，培养“非遗”技艺传承文艺人才。大力保护文化遗产，扎实做好省、市、县级文物保护单位保护工作，组织申报非物质文化遗产保护项目，全县有国家级“非遗”保护项目 1 个、省级“非遗”保护项目 6 个，省级文物保护单位 8 处、市级文物保护单位 10 处。

【文化体制改革】 2015 年年末，完成广播电视台网络改革重组工作，实现台网分离。至此，全县全面完成对新华书店、电影公司、采茶剧团、木偶剧团和广播电视台等单位文化体制改革工作。

【社会主义核心价值观建设】 开展“身边好人”“道德模范”“最美家庭”“最美孝心少年”典型推荐评选；大力加强未成年人思想道德建设；开展道德主题实践活动，加强阵地建设，全县已建成乡村学校少年宫 4 所。积极培育和践行社会主义核心价值观，充分利用媒体、网络、手机短信、户外广告、标语横额等，大力宣传社会主义核心价值观和“中国梦”内容，组织举办主题演讲比赛和宣讲活动，横陂镇小都村、五华县人民医院、广东辉胜达股份有限公司被列为梅州市培

2015 年 11 月 6 日，五华县召开创建“广东省文明县城”动员大会

育和践行社会主义核心价值观示范点。成功创建“广东省诗词之乡”，华阳中学、五华县第三小学获诗教先进单位称号。11 月，县委、县政府召开动员会，启动“广东省文明县城”创建工作。（钟华清）

县委宣传部 2015 年度负责人名录

部　长：张爱芳

副部长：杨　尚　谢　意　甘　平

党工委专职副书记：黄锡坤

精神文明建设

【实施道德文化建设工程，推进社会主义核心价值体系建设】　一是突出重点抓社会主义核心价值观学习宣传。把学习宣传践行社会主义核心价值观融入精神文明建设全过程。“讲文明树新风”公益广告、“图说我们的价值观”宣传及“遵德守礼”提示牌等社会主义核心价值观宣传列入精神文明建设工作要点，并作为各乡镇、县直各单位年度精神文明建设考评重要内容。全年投入 100 万元，设置大型宣传标语 10 面、文化墙 60 米、宣传栏 20 个、活动展板 80 块，印发“告别不文明行为、争当文明市民”“文明礼让斑马线”等市民宣传教育资料 5000 份，发动各文明单位利用宣传橱窗、LED 电子屏播发公益广告 1500 余条。组织开展公园命名征集活动，向社会各界公开征集琴江亲水公园的命名，得到全县人民和来自全国各地热心人士的广泛关注和踊跃参与，征集作品 651 份，征名 1943 条。经审核公示，结合五华实际和网络投票结果，“琴江公园”正式更名为“长乐公园”。二是潜心培育抓道德模范建设。2014 年 9 月 3 日，安流中学高中一年级学生邓国猛上学途经安流大桥时发现一名男子跳河，遂奋不顾身下河施救。在邓国猛救人过程中，热心群众古俊峰、冯潮鑫也下河参与救人，将跳河男子救上岸，并进行人工呼吸抢救至清醒状态，而邓国猛却不幸牺牲。邓国猛、古俊峰、冯潮鑫 3 人救人的行为被梅州市见义勇为评定委员会评定为“见义勇为”行为。出台《五华县道德模范帮扶和礼遇道德模范实施办法》，利用传统节日组织慰问道德模范，开展与生活困难道德模范结对帮扶活动，落实帮扶资金。五华政务微信公众平台“五华宣传”对五华“身边的好人”进行宣传，做到家喻户晓，倡导大家学习模范。三是精心部署抓“我们的节日”主题活动。突出“工业新城，宜居五华”主题，坚持抓好“长乐大舞台”文艺活动，重点抓好春节、元宵、清明、端午、中秋等传统节日活动；春节期间开展“义务挥春”“下坝迎灯”“元宵杯篮球赛”“球王杯足球赛”等丰富多彩文化体育活动；清明节期组织少先队员、团员青年、干部群众参加祭扫烈士纪念碑、参观博物馆、古大存故居，规划建设孙中山女婿戴恩赛纪念馆。8 月 6 日，由广州市委宣传部、广州市文学艺术界联合会和县委宣传部联合主办的“中国梦 五华情”——2015 年广州市委宣传部到县进行综合性文艺慰问演出，借助文艺形式传播文化、服务基层、奉献爱心，激发广大群众鼓舞士气，增强脱贫致富、建设幸福美好五华的信心和决心。四是突出长效抓志愿服务。县志愿者协会完善志愿服务招募系统，继续招募志愿者，至年末，全县正式注册登记会员 25213 人。各乡镇，各级文明单位全部组建志愿者服务队，贴近实际，贴近生活，贴近群众开展“三关爱”志愿服务行动。开展关爱他们志愿服务活动。由社区牵头开展邻里守望活动，为空巢老人，留守孩、残疾人打扫卫生，送医送药、慰问探访志愿服务行动，帮扶资金 8 万余元。开展关爱社会志愿服务活动。3 月，组织各级文明单位开展学雷锋志愿服务主题活动百余场，500 名志愿者参加；7 月，组织文明单位 80 多名公共文明引导员定期深入城区各主干道、主要交通路口、主要商业大街、广场（公园）开展公共文明引导，劝导不文明行为；“12·5”国际志愿者活动日，组织开展法律援助、免费义诊、环保行动等志愿服务活动，发放法律政策、文明交通指南、文明旅游等宣传资料 8000 份。开展关爱自然志愿服务活动。组织 200 名志愿者到蒲丽顶公园种植香樟、四季桂等苗木 3000 余株；10 月，县文明办、县旅游局开展诚信旅游志愿宣传活动，向游客发放各类文明旅游宣传品 5000 份；第四届世界客商大会五华县系列活动期间，团县委、县志愿者联合会组织 100 多人次志愿者在华城高速路口、五华国际大酒店、华侨酒店、迎宾楼等处设立志愿服务点开展服务，展现五华良好风貌和形象，为大会顺利举办贡献一分力量。

【全面启动省级文明县城创建】 2015 年 11 月 6 日，县委、县政府召开创建广东省文明县城动员大会，正式全面启动省级文明县城创建。创建项目 9 大项、36 项指标、117 个内容，涵盖经济、政治、文化、社会、生态、城市建设和党建等领域。

【实施未成年人成长关爱工程，推进未成年人思想道德建设】 一是实施道德素质提升工程。引导未成年人“心向党、爱劳动、有礼貌”为目标，以“做一个有道德的人”为主题，集中组织开展清明“网上祭英烈”、“六一”期间“学习雷锋、做美德少年”、“十一”期间“向国旗敬礼”三项网上签名寄语活动，全县 95%以上学生参与活动，收集各类优秀寄语 500 多条，开展小小志愿者服务 38 场（次），祭扫活动 26 场（次）。“中国梦”“日行一善”“节日小报”、中华经典诵读等活动常抓不懈，学校组织各类朗诵、演讲、画展、文艺等主题活动 30 余场次。长期坚持组织小小志愿者活动。3 月，组织开展学雷锋活动；“12·5”国际志愿者日期间，集中开展关爱自然、服务空巢老人、帮助同伴等志愿服务活动 36 场次，全面提升未成年人道德素质。二是实施文化环境洁净工程。加强对网吧和游戏场所督查力度,通过开展净化社会文化环境专题调研活动，及时总结推广未成年人教育成功经验。县文化、公安、工商等部门加大检查执法力度，取缔无证经营书刊、音像制品店、游商、地摊等，为未成年人健康成长创造良好社会环境。结合“创卫”工作规范校园周边经营秩序，对辖区内网吧、娱乐场所进行集中执法检查 160 余次，出动执法人员 800 余人次，发出责令整改文书 300 余份；各类维权讲座、反邪教科普宣传、法制报告进校园 65 场次。三是实施青少年活动场所建设工程。得到中央专项彩票公益金支持，在河东镇黎塘小学新建乡村少年宫项学校，为推动打造富有地方特色的乡村学校少年宫建设品牌建设添砖加瓦。至年末，全县建立乡村少年宫 4 间，且日常活动均正常开展。推进五华县心理健康辅导站工程推进，从组织机构、师资队伍、活动内容、工作制度、心理危机预防与干预、经费保障等方面不断推进其良好运转。四是实施特殊群体关爱工程。开展“留守儿童”关爱行动，组建“留守儿童”互助小分队，对“留守儿童”学习、生活方面给予关心帮助；广泛开展“留守儿童”与外出务工父母的“亲情通话”和“给父母的一封信”活动；召开外出务工人员返乡家庭教育座谈会，强化父母和临时监护人对未成年人教育、保护意识；广泛开展“爱心妈妈”“代理家长”结对帮扶活动。各级文明单位积极参与，开展帮扶结对活动，全县有600名“爱心家长”与1200名留守儿童结对。

（李浩）

县文明办2015年度负责人名录

主　任：周惠雄

副主任：钟华清

统一战线工作

【民主政治建设】 一是拓宽党外人士参政议政、服务大局渠道。充分发挥党外人士界别优势，围绕县委、县政府中心工作和社会广泛持续关注、关系人民群众切身利益热点难点课题，组织相关人员广泛开展主题调研。二是加强党外干部培养力度。通过加大对党外干部走访、考察，完成全县各镇党外干部统计、建档，对各镇各单位优秀党外干部，坚持以岗位培养人才、以舞台锻炼干部，通过创新培训方式，不断丰富学习内容，选派优秀党外干部参加各类学习培训，提升党外人士综合素质和能力水平。三是注重党外代表人士选拔举荐。通过多层次多途径选拔使用优秀党外代表人士，把综合评价作为党外代表人士推荐使用必经环节，有针对性地在人大、政府、政协、人民团体等积极推荐使用；同时，注重从基层选拔党外干部，让更多的与基层群众有密切感情、群众认同度高的党外干部充分发挥自身特长和优势。

【非公有制经济领域工作】 一是积极开展主题活动。引导工商联认真开展以“守法诚信为重点”理想信念教育实践活动，推进理想信念教育实践活动，引导非公有制企业在经济新常态下加快转型升级。二是积极配合做好第四届世界客商大会系列活动。引导工商联牢固树立“一盘棋”思想，切实围绕客商大会系列活动目标，做好宣传造势、营造氛围，信息对接、沟通联络等各项准备工作。三是大力推进行业商会协会建设。动员全县非公有制经济人士、五华籍在梅州市独资和合资兴办企业的自然人积极参与“梅州市五华商会”，全年推荐会员企业60多家，使商会组织成为联情结谊、信息交流、资源共享的平台。四是积极引导参与光彩事业。引导全县非公有制经济人士自觉践行社会主义核心价值体系，自觉履行社会责任，踊跃参与光彩事业，支持县重点项目建设。

【港澳社团工作】 一是扎实做好港澳和海外联络工作。充分依托港澳地区五华籍杰出乡贤众多、社团力量雄厚优势，健全和完善海联会工作机制，通过“走出去，请进来”，加强与港澳客属社团及各界人士联络。全年开展外出交流活动30多批次。其中，县政协副主席、统战部部长甘飞鸿先后于3月14—15日，应邀参加在珠海市南油度假村举行的澳门地区梅州各级政协委员联谊会；10月，应邀参加香港“港区梅州市各级政协委员联谊会会员大会暨庆祝国庆联欢晚会”；10—11月间，多次往返香港，与香港五华同乡总会等各级社团交流、召开旅港乡亲座谈会等，加强与港澳社团、乡贤联络联谊。全年接待港澳和海外来宾 40 多批 1200 多人次。其中，4 月 18 日，香港嘉应商会副会长张庆华率商会成员考察团一行 90 多人，到县参观考察；5 月 14—17 日，香港五华同乡总会会长曾庆胆率同乡总会成员一行 100 多人到县开展客家文化寻根体验之旅，考察家乡经济社会发展情况和投资环境；10 月 28—30 日，香港新界打鼓岭乡事委员会参访团到五华开展参观考察活动；11 月 6 日，县政协委员、香港五华同乡总会副会长陈长有率香港大埔黄宜坳村公所五华学校访问团一行 34 人到县开展考察慰问活动；11 月 7—10 日，香港傅氏宗亲一行 70 多人回乡拜祖、开展交流活动。全年港澳和海外乡贤为五华各项事业捐资 1000 多万元。二是开展对台经济、对台交往交流、对台宣传等各项工作，积极为台胞排忧、解难、办实事。组织台北市梅州同乡会参访团到五华县参观、交流活动；协助台资企业做好世界客商博览会台湾馆建设。全年接待回乡台胞 200 多人次，解决协台问题 30 多人次。5 月 15—22 日，县政协副主席、统战部部长甘飞鸿参加由市委统战部组织的考察团赴台湾参访；4 月 24—25 日，以台北市梅州同乡会理事长张世伟为团长、7 个县（市、区）理事、干事为成员 36 人组成的参访团到县参观，开展交流活动。

【民族宗教事务】 一是积极开展抵御境外宗教渗透专项整治。以宗教政策法规学习月为契机，积极开展以“教风”为主题的和谐寺观教堂创建活动，整治违法违规设立功德箱等借教敛财问题，对全县宗教组织渗透情况进行全面摸排清理。二是积极协调宗教界矛盾纠纷，保护宗教界合法权益。完成全县宗教活动场所主要教职任职备案专项工作，规范全县宗教活动管理。三是引导宗教界人士积极开展扶贫济困活动。积极开展“宗教慈善周”活动，倡导全县宗教界人士参与社会各项事务，弘扬传统教规教义，大力开展扶贫济困，赈灾助残等慈善事业。发动宗教界人士为全县扶贫济困捐资 10 多万元，筹资 3 万多元于用植树造林。

（廖孟中　曹 敏）

县委统战部 2015 年度负责人名录

部　长：甘飞鸿

副部长：古共和

古寿森（任至 11 月）

张霞英（11 月任）

台湾事务工作

【贯彻落实新形势下对台政策】 2015 年，中共中央召开全国统战工作会议和颁布《全国统一战线工作条例（试行）》。县委台办结合五华的实际，组织全体工作人员进行认真贯彻学习，认真领会习近平总书记在会上作重要讲话精神，明确研究在新形势怎样巩固和发展统一战线等重大问题，凝聚人心，汇聚力量，全面做好五华对台统战工作。

【开展暖企行动】 2015 年，县委台办按照市、县对台工作会议部署，理清工作思路，坚持走访工作制度，由主要领导带领工作人员每月走访调研台资企业，加强联谊，主动服务，提供政策信息，及时了解台资企业生产、经营状况，积极协助解决碰到困难。县政府印发《五华县鼓励扶持企业利用资本市场发展壮大实施意见的通知》后，县委台办会同有关单位到各台资企业认真做好文件精神宣传贯彻落实，鼓励企业充分把握有利政策，利用资本市场，把企业做大做强，为五华经济社会做出更大贡献。

【对台交流交往】 2015年4月24—25日，台北市梅州同乡会理事长张世伟率7个县（市、区）理事长、理事、总干事、干事成员36人参访团到五华参观、交流；5月15—22日，县政协副主席、统战部部长甘飞鸿参加市委统战部考察团赴台参访。还做好对台接待。清明期间，接待回乡拜祖台北五华同乡会理事长魏保章、蓝伟添等人；协助广东井得电机有限公司副董事长黄明菘接待台湾苗栗县黄氏乡亲一行46人回梅林镇尖山村拜祖。全年接待回乡台胞320多人次。

【开展涉台调研】 2015年，县委台办经常深入基层了解各项涉台工作开展过程中碰到的新情况新问题，为上级台务部门对各项涉台工作作出正确决策提供可靠依据。全年撰写涉台信息报告3篇，在省、市台办网站发表。

【为台胞台属排忧解难】 2015年，县委台办积极为县定居台胞解决生产、生活中碰到各种困难；依法积极维护在县台资企业及台属企业合法权益，引导和帮助其通过合法途径开展维权活动；重视做好台胞台属来信来访接访及调处；积极为台胞台属提供各种咨询服务。全年到县委台办咨询涉台遗产继承、在台各种补偿（补助）申领、涉台婚姻、因私赴台、涉台赡养收养、回大陆定居、到大陆投资、出境入台手续办理等问题25人次，均得到满意服务。梅州举办第四届世界客乡大会期间，台商钟耀青到县寻根问祖，经调查走访，确定其祖地为华城镇铁炉村。9月17日，台胞钟耀青回到老祖居地与其亲人圆梦会面。同时还做好回乡台湾居民慰问，在纪念抗日战争暨世界反法西斯战争70周年期间，县委台办陪同台湾桃园荣民服务处及台湾魏东荣律师事务所工作人员慰问在五华的3位台湾居民曾远山（河东镇）、古开宗（棉洋镇）和刘汉强（梅林镇），为老人送去县委、县政府关怀和祝福。

【联心联谊】 2015年，县委台办充分发挥台北市五华同乡会联系两地乡情、亲情、友情重要桥梁，两地交流交往、咨询、协作重要平台作用，加强日常沟通和协作，积极发动该会支持家乡事业建设，为20名取得优异成绩高考学生获得每人1000元希望工程奖学金。做好第四届世界客乡大会对接，按照县委、县政府安排，全程对接台商黄明智先生，认真做好引导服务；推荐和协助有关台资企业积极参加世界客商博览会台湾馆建设。（魏新华）

县委台办2015年度负责人名录

主　任：陈德荣

副主任：汤伟平

直属机关工委工作

【思想建设】 一是开展党的“三严三实”专题教育活动。采取个人自学、集中学习和专题研讨相结合方式，系统学习《三严三实要求》《为政莫忘“三严三实”》和习近平总书记关于推进作风建设的“三严三实”讲话和相关文件，包括《习近平总书记在兰考县调研指导党的群众路线教育实践活动时的重要讲话精神》《关于在教育实践活动中学习弘扬焦裕禄精神、践行“三严三实”要求的通知》，组织全体干部职工观看影片《焦裕禄》等。县直工委领导上辅导课3次，集中收看收听专家讲座2次。二是抓好政治理论学习。根据县委中心组理论学习安排，县直工委制定学习计划，组织党员干部认真学习《“三严三实”要求》、《厉行节约，反动浪费》重要论述摘编和新起点，新发展》等读本。三是开展党风廉政教育。按照县委、县纪委统一部署，认真开展纪律教育学习月活动，系统学习《党员干部违纪违法典型案例警示录》和省纪委《反腐倡廉（2015）教育读本》，组织干部职工观看省纪律廉政教育影片《“红包”之祸》等，还专门召开民主生活会和组织生活会，找准领导班子及其成员在推进发展、促进和谐、改革创新、为民务实、清正廉洁等方面存在突出问题，理清开展机关党风廉政建设思路和方向。

【组织建设】 一是严格培训考核，把好党员入口关。认真做好入党积极分子教育培训、发展党员工作。9月，县直工委在县委党校举办为期4天县直机关企事业单位入党积极分子培训班，县直12个系统党工委推荐的80多名优秀青年参加培训学习，发放各类学习书籍、学习资料80多份。县直各系统党工委严格按照《中国共产党发展党员工作细节》中提出“控制总量、优化结构、提高质量、发挥作用”十六字方针要求，落实“三个坚持”，严格组织发展程序，发展吸收预备党员。二是开展纪念建党94周年庆祝活动。6月30日，在县干部招待所组织县直12个系统65多名新党员面对党旗进行庄严宣誓；还给县直机关五十周年以上党龄的16名老党员颁发纪念章，使老党员同志倍感光荣。三是召开县直机关党建工作座谈会。6月25日，召开县直机关党建工作座谈会，包括县委组织部和县直工委领导、县直12个系统党工委专职副书记在内的20多人参加会议，座谈会上，就机关党建工作经验和方法进行广泛交流，对机关党建存在问题进行深入剖析，提出意见和建议，共同推动机关党建工作上新水平。四是开展好党代表活动，搭稳党群沟通连心桥。县直机关党代表工作室精心组织开展各级党代表调研、视察活动，各级党代表主动深入到生产一线，收集民情民意，倾听群众诉求，积极为群众解决解答各类问题。

【作风建设】 一是抓好评议活动，推进机关作风建设。县直机关工委本着对县直单位和人民群众高度负责精神，精心设计方案，认真组织实施，注重收集来自社会各界的各种声音，确保公平、公平、客观评议单位。在评议活动中，县评议办把县直和省、市属驻华单位80个，分为A、B二类列入评议对象。广泛发动社会各界人士统一按“优秀”“满意”“基本满意”和“不满意”四个档次进行评议，评选出16个机关作风建设先进单位报县委通报表扬。二是开展机关作风明察暗访，坚持惩防并举，力促机关作风转变。按照《关于对全县各级机关作风情况实行暗访的暂行办法》，县直机关工委组织人力，重点查访行政执法机关、行政审批机关和“窗口”服务部门机关及其工作人员在履行公务时工作状况和精神状态。实行“五查”：一查工作落实：主要查县委、县政府安排部署主要工作、阶段性重点工作、领导批示和交办重要紧急工作，以及群众要求解决热点难点问题。二查工作纪律：主要查上下班考勤、人员去向、在岗工作状态（上班看视频、炒股票、打游戏等不良行为）和工作中餐饮酒、公共场所打牌“带彩”等问题。三查服务质量：主要查服务企业、基层和群众的质量和水平，查是否存在“生、冷、硬、顶”现象和蛮横粗暴等问题。四查办事效率：主要查是否有行政不作为、慢作为、乱作为现象，查是否顶着不办、推诿扯皮、敷衍应付和违反服务承诺、限时办结规定等问题。五查廉政行为：主要查是否执行厉行节约规定，是否存在铺张浪费、相互吃请、大操大办行为，是否存在到企业和基层“吃、拿、卡、要”等问题。全年明察暗访单位（含乡镇)68个，发现机关作风存在问题单位4个，涉及责任人7名。对涉及问题4个单位主要负责人都进行了诫勉谈话，责令当事人向县委作出书面检讨，个别问题严重的作出党纪政纪处分，并要求落实整改，整改率100%。三是严肃党内组织生活，力抓党支部基础党建工作。对县直机关企事业单位基层党组织的基础性党建工作实行“三要求”：要求严格执行党支部“三会一课”制度，坚持每月召开一次支委会和党小组会、每季度召开一次支部会，每年由党支部书记为全体党员上一堂党课；要求党支部内重大事项、大额财经往来由支委会或支部会讨论决定，并做好会议记录，杜绝单位一把手大包大揽一言堂现象；要求坚持开好支委班子民主生活会和支部党员组织生活会，民主生活会要求各个支委写好发言材料，会上做发言并作批评和自我批评，坚持做好年终民主评议党员，并作好民主评议党员情况记录。

【其他工作】 一是做好人武工作。按照上级有关人民武装工作建设各项方针、政策和指示，注重发挥机关武装部职能，圆满完成好2015年度民兵集训和征兵任务。7月，征兵工作正式启动，经多方宣传发动，县直机关有38名青年应征报名参军；9月，经过体检、政审、摇号等一系列程序，有22名双合格青年走进军营，光荣加入中国人民解放军行列。二是做好防洪抗灾工作，确保城区安全。5月，县直机关工委牵头组织23个县直单位做好防汛器材准备工作，确保县城人民群众工作、生活安全。三是做好计划生育工作。把教育县直机关党员干部带头实行计划生育列为党员教育的重要内容，作为评先评优重要条件之一，确保无违反计划生育行为的人和事，有效推动县直机关计划生育工作健康发展；出资1万元扶持挂钩村做好计生工作。四是抓好《工会法》学习贯彻。认真做好特困干部、职工调查慰问，全年60人得到工会组织慰问关心。五是积极投入创建“广东省卫生县城”活动。极参与到县“创建卫生县城”活动工作中，在县创卫办指导下，定期在干部职工中开展健康教育活动；与县住房公积金管理处、县社工委组成创卫工作驻村小组进驻水寨镇大岭村上蓝队开展创卫包村工作，协助该村民小组完成创卫各项任务，3个挂扶单位为上蓝村民小组投入资金5.2万元用于完善创卫工作设备设施。

（蔡文淮）

县直属机关工委2015年度负责人名录

书　记：张丽红（任至11月）

江少林（11任）

副书记：曾利联　张政浪

保密工作

【简况】 2015年，县保密局紧紧围绕县委、县政府工作部署和上级保密部门工作要求，以确保国家秘密安全为核心，突出工作重点，加强保密管理，努力提升全县保密工作水平。加强保密工作组织领导，健全充实保密领导机构，召开县委保密委员会全体成员暨全县保密工作会议，贯彻落实中央和省、市保密工作会议精神，部署全县保密工作。加强保密宣传教育工作，组织县五套班子全体成员、法检两长、县直部委办局和省市属驻五华单位领导到市观看保密技术演示，举办县保密专题教育培训，会同纪检监察部门联合在纪教月活动中开展保密法纪宣传教育，加强保密法规宣传教育，增强党员干部保密防范意识。加强保密要害环节的管理，突出重点单位、重要部门，依法加强保密管理，对全县“三密”文件、电报全面清理清查，开展对非涉密网络和电子政务平台检查，做好国家统一考试试卷保密管理。加强硬件建设，提高保密技术防范能力。

（曹贵彬）

县保密局2015年度负责人名录

局　长：古坚祥

政策研究

【文稿服务】 2015年，县委政研室坚持围绕中心、服务大局，把文稿起草作为中心任务，以提高文稿思想性、针对性和指导性为目标，认真领会领导意图，聚焦牵动全局、影响长远的大小事情，强化对工作实践总结提炼，着力提高文稿撰写效率和质量，为县委决策和实施决策提供全面、深入、细致服务。全年撰写各类汇报材料100多篇，会议讲话材料300多篇、80万余字，向省、市报送材料100多篇。其中，编报《全力加快振兴发展、全面提升治理水平》等文稿被省、市刊发。

【调查研究】 2015年，县委政研室围绕全县经济社会发展热点难点问题，选定方向性、全局性、战略性调研课题，采取到一线工作法和实地调查法摸清县域经济社会发展基本情况，深入了解社情民意，积极协调组织各职能部门开展综合调研，前瞻性、针对性地做好调查研究工作。全年围绕交通建设、城市建设、园区建设、旅游产业发展、基层执法和教育等工作，走访30多个县直机关、16个乡镇及100多个村（居）进行一系列调查研究，撰写出一批质量较高的调研文章，提出务实管用、推动工作的政策建议，为县委决策提供可靠依据和科学参考。

【督办检查】 2015年，县委政研室围绕县委、县政府确定的79项重点工作，加大督办检查落实力度，组织开展各类督查活动，特别是针对县委决策、重点工作部署及县委领导交办事项及时进行督查，并针对督办具体问题，有针对性提出解决措施和办法，促进县委各项决策部署和领导批示、交办事项的落实。全年组织开展专项督查活动10次；办结省、市交办督查事项40多件，办理县委书记批示件130多件；完成阶段性工作汇报、专题汇报40多次。

（凌文娟）

县委政策研究室2015年度负责人名录

主　任：陈志文

副主任：张志军

新闻工作

【简况】 2015年，县委新闻办认真贯彻落实中央、省、市、县宣传工作会议精神，围绕县委、县政府中心工作，积极扎实做好新闻宣传报道。全年在光明网、央广网、中国日报网、中国新闻网、广东新闻网和《南方日报》《羊城晚报》《广州日报》及中央人民广播电台等省级以上主流媒体发表稿件200多篇，《梅州日报》发表226篇，梅州电台发稿92篇。同时，向五华政府网、《五华政报》《五华宣传》《五华年鉴》等提供一大批文字信息和图片。还协助上级媒体做好相关采访工作。

【突出中心宣传】 2015年，县委新闻办围绕县委、县政府中心工作，突出重点，加强宣传。先后采写《坚持工业引领，建设长乐之乡》《五华：建设工业新城长乐之乡》《推动工业集聚做强实体经济》《突出两园建设对接集聚带》《五华全面开展十大专项整治》《梅州抽水蓄能电站拿到开工令》《聚焦主导产业强力招商引资》《一个项目一套班子一跟到底》《五华变身连接珠三角桥头堡》《产城联动交通发展引五华蝶变》反映县委、县政府加快“三大抓手”等重点工作有力措施。《改善人居环境惠及城乡百姓》《完善公共服务全力改善民生》等，反映五华继续谋划抓好民生实事的工作落实；《五华琴江景观大道动工建设》《投资45亿元实施30个交通项目》，反映加快交通基础设施建设，着力改善交通出行环境的不懈努力；《五华做好水文章两年治水天地新》《五华最长断桥重建通车》《五华教育发展通过创强考核》《五华工业园纳入省级产业园管理》《以项目带动县域经济加快发展》《五华工业园力争产值达55亿元》等，全面反映县域经济社会发展的建设热潮和成果。

【反映城乡变化】 2015年，县委新闻办先后采写《今年上市春茶达370吨》《850万斤李果盼君来》《深山小香猪钱景诱人》《五华阿里巴巴农村淘宝项目启动》《五华县城之变》等，全面反映五华城乡环境的持续改善，以及城乡居民的生活变化。

【基层典型人物报道】 2015年，县委新闻办先后采写反映五华各行各业典型人物可歌可泣的精神面貌，弘扬社会正能量。如《搞侦察传纸条硬汉扶贫见真情》《行医44载从不收出诊费》《钳电工痴迷创制养生茶》《退休返聘再上扶贫岗》等新闻稿件。

【反映乡贤企业发展历程】 2015年，县委新闻办结合五华乡贤企业全力支持工业经济发展的实际，先后采写《厂回迁人回乡钱回流》《五华建工厂广州做业务》《增资扩产与台资掰手腕》《仁隆电子不断扩大生产规模》等。从乡贤企业回乡发展壮大中从一个侧面反映全县加快工业经济发展举措。

【干部驻点联系工作开展报道】 2015年，县委新闻办先后采写《446个驻点解决问题逾2100件》《带着办法驻点切实为民解忧》《把群众关注热点纳入工作重点》等，反映党员干部普遍直接联系群众工作、为民解忧所付出的努力和取得的成效，密切干群关系。

【足球事业报道】 2015年，县委新闻办全面反映五华足球振兴发展的努力和成效先后采写《五华少年足球队载誉归来》《五华长乐足球志愿杯赛启动》《五华足球小将出征瑞典》《打造产业链振兴足球事业》《重拾球王精神振兴梅州足球》等。

【办好县域新闻专栏】 2015年，县委新闻办根据县委与梅州日报社的合作协议，《梅州日报》每个月为五华开设2个专栏。充分利用这一宣传阵地，认真挖掘题材，精心准备，图文并茂，全方位，多角度宣传报道经济社会建设情况。

（张炳锋）

县委新闻办2015年度负责人名录

主　任：张炳锋

党校工作

【干部培训】 2015年，县委党校围绕县委、县政府中心工作，按照工作职责要求，发挥阵地作用，努力办好各类培训班次，扎实推进干部培训、轮训工作开展。全年举办主体培训班次66期，培训总人数22994人。1月，采取“送课下乡”形式，与县委宣传部联合举办“学习贯彻党的十八届四中全会精神”专题培训班，对各镇机关党员干部，企事业单位党员干部，村委（居委）党支部书记、主任、干部，县直部委办局和省市属驻华单位党员干部1.1万多人次参加学习培训。4月22—30日，举办五华县党务工作者专题培训班。全县各镇组织委员，各系统工委专职副书记、党办主任，部分单位人事股长60人参加培训班。6月30日—7月2日，与县财税系统合作举办全县财税系统学党史党情专题培训班,100名财税系统党员干部参加培训。9月16—18日，举办五华县女干部素能提升专题培训班，各镇妇联主席、县直各系统妇工委主任、县直单位正股职女干部104人参加培训。10月28—29日，举办第一期全县村书记、主任专题培训班，全县基层党组织工作比较落后的156名村书记、主任到党校进行为期两天专题培训。11月20—21日举办第二期全县村（居）党支部书记、主任培训班，127人参加培训。12月16—17日，举办第三、四期村（居）党支部书记、主任培训班，232人参加培训。10月30日，举办“全县镇党委组织委员、县直单位政工人事干部专题培训班”，培训对象为各镇党委组织委员、县直系统党工委办公室主任、县直单位政工人事干部102人。12月，采取“送课下乡”的形式，与县委宣传部联合举办“学习贯彻党的十八届五中全会精神”专题培训班，对各镇机关党员干部，企事业单位党员干部，村委（居委）党支部书记、主任、干部，县直部委办局和省市属驻华单位党员干部，1.1万多人次参加学习培训。

【教学科研】 一是抓党校教学改革。3月15—20日，常务副校长江少林和张志强老师参加市委党校组织的全市党校系统骨干教师赴北京市委党校业务培训班。4月13—17日，黄敬德老师参加全省党校（行政学院）系统党性教育师资培训班。11月15—28日，张志强老师参加市委党校举办“新晋科级干部专题培训班”。11月30日—12月4日，钟爱娜老师参加全省党校（行政学院）系统学习贯彻党的十八届五中全会精神师资培训班。选派老师参加“2015 年全市党校系统骨干教师集体备课会”，徐琴老师讲授专题课《谈新常态下领导干部的担当精神》荣获分校类教师代表试讲第三名，同时该专题被安排在市委党校举办的全市中青班上授课。曾伟文老师讲授专题课《用好用足“苏区政策”助推五华大发展》在党史党建学科组中荣获第四名。在市委党校组织的打造精品党课研讨中，张志强老师代表五华党校作《不断提高自身素质 着力打造精品党课》专题发言，受到好评。在“五华县创卫演讲比赛”中，徐琴老师代表党群系统工委参赛荣获三等奖。二是抓好备课、授课环节。要求教师在认真钻研教材、吃透教材内容和重点、难点，搜集、掌握有关资料基础上，详细写好教案，授课时要突出重点，讲清难点，理论联系实际，参加各类培训班授课老师均得到学员好评。三是积极开展科研活动。遵循“科研兴校”原则，积极鼓励老师参加各类研讨会，全体教师积极开展科研调研工作，并积极撰写理论文章。全年专兼职教师备有各专业题课 20 个，撰写较高质量科研理论文章 16 篇。（黄敬德）

县委党校 2015 年度负责人名录

校　长：邓伯锦（任至 11 月）
傅国强（11 月任）
常务副校长：江少林（任至 11 月）
张丽红（11 月任）
副校长：陈雨新　李启智

五华县人民代表大会及其常委会

【县十四届人大五次会议】 2015 年 3 月 11—12 日，五华县第十四届人民代表大会第五次会议在县城水寨召开。会议应出席代表 333 人，出席 317 人，占代表总数的 95%。非代表的县五套班子领导成员、县武装部政委，出席、列席县政协九届五次会议人员，县直部委办局和省市属驻五华局以上单位主要负责人，各镇党委书记、镇长、人大副主席，高（完、职）中校长列席会议。特邀请担任过县人大常委会主任、常务副主任的老领导出席大会开幕式。大会议程：1.听取和审议五华县人民政府工作报告；2.审议五华县 2014 年国民经济和社会发展计划执行情况与 2015 年计划草案的报告，批准五华县 2015 年国民经济和社会发展计划；3.审议五华县 2014 年预算执行情况和 2015 年预算草案的报告，批准五华县县本级 2015 年预算；4.听取和审议五华县人大常委会工作报告；5.听取和审议五华县人民法院工作报告；6.听取和审议五华县人民检察院工作报告；7.其他。

【监督工作】 2015 年，县人大常委会严格贯彻实施监督法，认真制订监督计划，加强和改进人大监督工作，确保监督取得实效。

依法行政监督全面覆盖。一方面，听取

和审议县政府关于公安、农业、卫生和计划生育、经信等 4 项工作报告。在监督形式上，采取分管领导带队，挂钩联系工委负责方式，进行更全面了解情况的监督，发现问题及时反馈和通报，督促整改落实。另一方面，按照《五华县人大常委会评议政府组成部门年度工作暂行办法》规定，组织对县发展和改革局等 23 个县政府组成部门 2015 年年度工作情况进行评议，并根据评议结果，确认各评议对象的评议等次进行通报，实现对所有政府组成部门监督全覆盖。

财经审查监督全力加强。积极贯彻新预算法，全面推行对政府全口径预决算审查监督，加强对预算草案审查，提高预算编制工作科学性。加强对计划、审计和预算执行情况监督。分别听取和审议县政府财政、计划、审计工作等报告，并作出相应决议。通过严格对计划、财政预算编制和执行进行审查监督，督促政府依法理财、依法用财、依法治财，促进经济社会健康发展。

民生热点监督全程跟进。常委会持续关注民生热点问题。从监督题目选定开始，坚持事中调查研究，全程跟进落实。全年组织部分组成人员和县人大代表视察县城饮用水源水质安全保护、食品安全和药品管理、粮食安全等工作情况。在推进民生热点监督过程中，常委会要求相关工委深入实地开展专题调研，提出建议意见。在听取有关情况汇报和视察、督查后，常委会及时综合意见建议，提交政府处理，并加强与有关部门沟通协调，确保提出的问题及时得到解决，收到良好效果。

信访案件监督全面规范。常委会严格依照国家《信访条例》和《广东省信访条例》有关规定，按照《五华县人大常委会机关贯彻实施〈广东省信访条例〉暂行办法》，对信访事项的提出、受理、办理，信访情况综合分析，信访责任和监督，信访秩序维护作出明确规定。全年受理群众来信 285 件，接待群众来访 359 人次，接待并妥善处理群体上访 6 件。为保障人民群众合法权益，促进社会和谐稳定做出努力。

【法治建设】 2015 年，县人大常委会围绕县委依法治县中心工作，通过协助县委研究起草《五华县 2015 年依法治县工作要点》，积极推进实施《法治广东建设五年规划（2011—2015 年）》，认真落实《中共梅州市委关于全面推进依法治市的实施意见》，加快法治五华建设。

注重问题导向监督法律实施。对《义务教育法》实施执行情况进行检查，坚持问题导向，找准法律实施过程中存在的问题，及时反馈相关部门，督促整改落实，推动《义务教育法》贯彻落实。

注重程序规范维护司法公正。听取和审议县政府关于公安工作情况专项报告，有效推进公安机关强化队伍建设，严明纪律、严肃警风，规范执法行为，打击违法犯罪，维护司法公正，优化治安环境。组织部分常委会组成人员视察检察工作，督促检察院强化法律监督，确保法律正确、公正实施，维护社会公平正义。

注重内化于心推动普法宣传。督促政府及有关部门适时组织法律宣传和学法考试，结合“一村（居）一法律顾问”工作，不断加强全民普法教育，增强公民法治意识，努力提高广大公民尤其是各级领导干部学法、用法自觉性，营造全社会尊法、学法、用法、守法的良好氛围。

注重报道创新宣传人大制度。认真办好常委会《会刊》和《文件汇编》，创新会议报道和经常性工作宣传。常委会办公室密切与新闻单位联系，对人大视察、执法检查等活动及时进行报道。认真收集总结各级人大代表先进事迹，进行深化宣传。

【人事任免工作】 2015年，常委会根据地方组织法和《广东省各级人民代表大会常务委员会人事任免办法》规定，认真贯彻落实《党政领导干部选拔任用工作条例》，严格遵循党管干部原则，做到既充分相信党委向人大常委会推荐干部，保证党委意图实现，又充分尊重人大常委会组成人员意志，严格程序，坚持任前法律学习考试制度和现场颁发任命书仪式，增强被任命人员的光荣感、责任感和使命感，提高依法行政和接受人大监督的自觉性。全年依法决定县人大常委会代主任1名，决定任命县政府代县长1名、副县长4名，接受县人大常委会主任1名、副主任1名、组成人员2名、市人大代表1名、县人大代表3名的辞职请求，接受县政府县长1名、副县长3名的辞职请求，任免政府职能局局长7名，任免法院、检察院干部4名，人民陪审员6名。

【代表工作】 2015年，县人大常委会拓宽代表履职渠道。一是注重提高代表素质。采取集中培训、分组培训、以会代训、边活动边培训等方式抓好新一届代表培训，提高对人民代表大会制度的认识，明确代表权利和义务，增强履职自觉性。坚持为代表订阅《人民之声》等刊物，为代表们学习相关法律和人大业务知识创造条件。二是着力拓宽代表履职渠道。组织代表在不同层面，以不同形式参加常委会专题调研、视察法院庭审等活动；推荐代表担任行风政风监督员，拓宽代表履职渠道，支持代表参政议政；组织代表参加县政府举行的有关经济工作情况通报会，代表知情知政渠道进一步畅通。三是周密筹划代表活动。围绕发展与民生两大主题，关注大局，关注民生，精心制订代表视察活动方案。受市人大委托，组织五华的省人大代表到梅江区和蕉岭县就城市建设和美丽乡村建设开展专题调研；组织部分生活（工作）在五华的市人大代表专题调研、集中视察五华河东工业区和琴江生态景观大道建设情况。同时，委托各镇人大组织县人大代表开展至少1次以上小组活动。

推进代表议案建议办理工作。县十四届人大五次会议代表提出意见建议30件。为办好这些意见建议，及时召开交办会议，落实好承办单位，由对口联系工委每月跟踪督查办理情况，按时将办结情况书面答复代表。

加强与镇级人大联系和指导。常委会关注镇人大建设，坚持和完善常委会负责人联系和指导镇人大工作、镇人大专职副主席列席常委会会议制度，加强与镇人大的联系沟通，指导开展监督工作，增强镇人大工作实效。根据《人大代表联络室工作办法》，各镇均设立人大代表联络室，作为人大代表密切联系群众的场所，促进人大代表依法履行职责。各镇人大坚持在党委的领导下，积极组织代表开展活动，与县人大常委会工作形成良性互动。

坚持和完善代表密切联系群众。根据《关于五华县人大常委会主任会议组成人员联系县人大代表和县人大代表密切联系人民群众的意见》，主任会议组成人员各直接联系5名代表，通过走访、电话、参加小组活动等方式密切与代表联系；县人大代表通过人大代表联络室、专题调研、小组活动等多种渠道，听取群众意见，反映群众诉求，履行职责；常委会机关和各镇人大为代表联系群众提供服务保障，重视并及时处理代表反映的意见。

【常委会及其机关自身建设】 2015年，县人大常委会强化理论武装，适应新形势要求，坚持和完善常委会中心组学习、主任会议学习、专题辅导等制度，深入学习贯彻中共十八大、十八届三中、四中、五中全会和习总书记系列重要讲话精神，深刻理解、准确把握新时期党的一系列新思想、新观点、新举措，吃透、悟准精神实质，把思想和行动统一到中央和省、市、县的决策部署上来。认真学习宪法法律、人大制度理论知识，增强推动人大制度理论和实践创新的责任感和使命感，提高依法履职能力。

开展专题教育，树立机关新形象。按照中央、省、市、县统一部署，深入开展“三严三实”专题教育活动，做好集中学习、专题党课、专题研讨、查摆整改工作，聚焦“不严不实”问题，开好专题民主生活会和组织生活会。通过专题教育，弘扬严和实的精神，推动作风转变，实现领导干部践行“三严三实”制度化、常态化、长效化。

努力服务基层，做好中心工作。按照县委部署，组织常委会领导和机关干部职工做好创建卫生县城、平安建设、安全生产、扶贫开发等工作，积极为挂钩村民小组解决创卫工作中卫生清洁经费困难等问题，落实网格化管理工作，每周组织一次卫生责任区大扫除；帮助挂钩扶贫村提高集体经济收入，推动各工作任务完成；向挂钩后进党支部派出干部担任“第一书记”，加强村党组织建设，扭转后进局面，筹资为村民办好事实事。

（林国标）

县人大常委会2015年度领导名录

主　任：张映平（任至9月）
　　　　幸小明（9月始任代主任）
常务副主任：幸小明
党组副书记：李伟华（12月任）
副主任：徐建雄　李启洪（任至10月）
　　　　曾冬云　李永浩　张群典

县人大常委会办公室负责人名录

主　任：何枢球
副主任：谢兰花　林国标

县人大常委会农村工作委员会负责人名录

主　任：魏少洲
副主任：高东贤

县人大常委会财经工作委员会负责人名录

主　任：谢运新

县人大常委会教科文卫工作委员会负责人名录

主　任：黄叨明
副主任：曾小霞

县人大常委会法律工作委员会负责人名录

主　任：冯志强

县人大常委会选举联络人事任免工作委员会负责人名录

主　任：张建城

县依法治县工作领导小组办公室负责人名录

主　任：魏晓斌
副主任：陈宏忠

五华县人民政府

重要会议、活动简述

1月8日，梅州市2000公里山区中小河流综合治理暨冬春水利建设现场会在横陂镇召开，市长谭君铁宣布开工。会议要求，各级各部门要抢抓水利工程施工有利时机，集中资源，统筹谋划，全面掀起冬春水利建设热潮。

1月14日，广东省教育强县暨义务教育发展基本均衡县督导验收专家组一行到五华，对五华创建广东省教育强县和义务教育发展基本均衡县进行督导验收。市有关领导对五华的创强工作作推荐。县委书记张映平致辞，县长范宜军介绍五华县推进教育创强的主要做法和成效，并对照《广东省教育强县督导验收方案》和《县级人民政府推进义务教育均衡发展工作复核评估指标体系》要求进行自评报告。省督导验收专家组通过听取汇报、召开座谈会和实地检查，认为五华县各项教育指标基本达到省教育强县和义务教育发展基本均衡县标准，同意通过验收及评估。

1月27日，县政府召开无偿献血工作会议，对2014年无偿献血工作进行总结，部署2015年无偿献血工作。县长范宜军出席会议并讲话，强调各级各单位要加强宣传发动，建立长效机制，确保完成采血任务，保障用血需求。

△县政府召开争创“省双拥模范县”工作推进会。县长范宜军出席会议并讲话，要求各成员单位要认真对照工作职责和考核指标，及时整改落实，确保成功创建“省双拥模范县”。

1月29日，省发展改革委党组书记、主任李春洪一行到扶贫开发“双到”帮扶点转水镇畲柯村指导帮扶工作并开展春节慰问活动。

△省卫计委党组书记骆文智、主任陈元胜分别率队到挂钩帮扶村潭下镇光华村和转水镇下潭村开展扶贫慰问活动。

1月30日，梅州（五华）抽水蓄能电站项目2015年第一季度联席会议在广州蓄能大厦召开。市、县领导丁文、张映平、范宜军等参加联席会议。

3月11—12日，五华县第十四届人民代表大会第五次会议在党政大楼大会堂召开。县委书记、县人大常委会主任、大会主席团常务主席张映平主持开幕大会，县长范宜军向大会作《政府工作报告》。

3月11日，省林业厅厅长张育文到安流镇双径村碳汇造林点义务植树。

4月14日，县委、县政府在县党政大楼大会堂召开全县“三防”工作会议，全面部署“三防”工作。县长范宜军在会议上要求，各镇各部门要切实树立守土有责的意识，绷紧防汛这根弦，落实好防汛各项措施，确保安全度汛。

6月16日，省工商联组织民营企业家经

贸考察团到五华县考察投资环境。市、县领导陈丽霞、范宜军陪同。

6月23日，县召开“创卫”迎接市考核验收会议。县长范宜军要求各级各单位要认真对照考核验收标准，迅速查缺补漏，抓好整改落实，确保顺利通过验收。

6月29日，县在党政大楼大会堂举行全县2015年“广东扶贫济困日”活动启动仪式，县五套班子领导现场捐款。

△省卫计委领导骆文智、陈元胜率队到五华开展扶贫济困日活动。

7月17日，县政府召开“十大专项整治”工作推进会，县长范宜军在会上提出：再升温、再鼓劲，正视问题、敢于碰硬，确保“十大专项整治”行动取得实效。

8月25日，广东省地税局党组书记吴紫骊率省市县地税局和部门负责人，到棉洋镇罗城村开展对口帮扶工作。

9月17日，县政府召开全县森林防火工作会议。县委副书记、代县长吴晖出席会议并讲话，强调要吸取经验教训，强化措施，全面提升森林火灾防控能力，确保森林防火各项任务落到实处，全力巩固造林绿化成果，为全县加快振兴发展提供良好的生态环境保障。

9月30日，全国人大代表、民建广东省委员会副主委刘伟率民建省委员会考察团到五华县考察。市、县领导张丽霞、吴晖等陪同。

10月12日，省发改委党组书记、主任何宁卡率队到转水镇畲柯村调研扶贫“双到”工作。

10月12—13日，第四届世界客商大会五华县系列活动在五华举行，来自全国各地的200多名五华乡贤、嘉宾和企业家应邀参加。现场签约12个项目计划投资52.05亿元；还分别举行30个项目动工建设或竣工揭牌仪式，计划总投资208.84亿元，涵盖工业、交通、城建、服务业等领域。

10月28日，省卫计委主任陈元胜率检查组一行，到扶贫“双到”挂钩帮扶的转水镇下潭村和潭下镇光华村，检查挂钩帮扶工作开展取得的成果。代县长吴晖等陪同检查。

10月29日，梅州市长谭君铁率队到横陂镇调研足球文化旅游工作。县委书记范宜军等县领导陪同调研。

10月30—31日，中国足球文化建设高峰论坛暨纪念球王李惠堂110周年诞辰学术研讨会在梅州举行。国家体育总局文化发展中心有关负责人和来自海峡两岸30多所高校的专家学者等参加研讨会。县委书记范宜军、代县长吴晖等参加相关活动。

11月25日，五华县代县长吴晖作客“梅州发布”微访谈，以建设“工业新城，长乐之乡”为主题，就五华紧紧围绕省、市工作部署，推动五华县经济社会发展的工作进展情况及网民关注的民生问题，与广大网友在线交流。

11月26日，县政府在华城镇召开基层公共服务平台建设暨村级服务群众代办业务工作推进会。代县长吴晖，县委副书记邓伯锦等参加。

12月7日，省林业厅厅长陈俊光到五华调研林业工作。强调要由大规模造林向高标准管护转变，确保新一轮绿化广东大行动造林绿化成效。

12月10日，五华创建“广东省卫生县城”工作通过省考核验收。

12月31日，县政府在县党政大楼召开“五华县足球改革发展工作会议”。代县长吴晖参加会议。

五华县人民政府 2015 年度领导名录

县　长：范宜军（任至9月）
吴　晖（9月始任代县长）

副县长：吴　晖（9月任）
温浩泉（任至11月）
曾光华
吴庆松
吴泽桐（2月挂任）
邓秋香
宋学希（任至11月）
傅国强（任至11月）
詹庆东
刘敬东（12月任）
赖　勤（12月任）

县人民政府办公室工作

【办文、办会、办事】　一是严把公文办理关，切实提高公文质量。全年发出县政府文件 425 件，其中华府 56 件、华府报 57 件、华府函 133 件、华府工纪　117 件、华府常纪 14 件、县长办公会议纪要 6 期、内部情况通报 5 件、华府案 9 件、华府行决 4 件、华府行复决 15 件、华府规备字 9 件；办公室文件 239 件，其中华府办 39 件、华府办函 195 件、督办通报 3 件、华府办公开 2 件；收发处理传真 1100 件，处理上级来文 1600 件；处理群众来信来访和上级批转信件 329 件。二是认真做好文件、材料及会场会务安排等工作。全年制定上级来人接待、调研活动等方案 350 个，组织县政府、县府办名义召开的会议 396 场次。三是认真办好每一件事，力求做到领导满意、机关满意、基层干群满意，有力维护县府办公室“窗口”形象。

【调研、综合、信息工作】　2015 年，县政府调研室积极开展专题调研，撰写好调查报告，认真起草县政府领导发言稿；做好资料收集综合工作，加强与各镇和县直部门沟通联系，及时了解掌握各镇各部门工作动态，汇总上报给县政府领导。及时收集、综合、整理全县重要的社情、民情，为领导掌握下情提供保障。对社会经济发展变化趋势进行认真分析、综合，为领导的决策提供信息服务。及时向上级报送全县重要社情、民情、灾情、突发事件。全年向省府办公厅、市府办公室报送信息 102 条，其中被上级采用 6 条。《五华政报》编辑出版 23 期，刊登稿件 1000 多篇，发行 7 万多份。

【行政服务中心工作】　一是推进行政审批服务提速、提质、提效。2015 年，县行政服务中心办理业务 94760 件，县网上办事大厅办理事项 15151 件，按时办结率和群众满意率 100%。二是推进县镇村三级便民服务体系建设。全县 16 个乡镇全部建成便民服务中心，开通网上办事站，32 个居委网上办事点正式开通运行。三是做好“12345”政府服务热线工作。全年受理和回复工单 890 张，按时回复率 100%。

【人防工作】　认真贯彻落实《人防法》，继续加大对有关法律、法规的宣传教育力度。严格做好“结建”工作，规范人防易地建设费的管理使用。全年办理人防报建 154 宗，收取人防易地建设费 847.8 万元，竣工验收 2 宗，验收人防地下室面积 1.55 万平方米。搞好服务，严格按收支两条线管理人防易地建设费。加强通信警报建设，认真做好县城防空警报试鸣工作。结合县城总体规划修编，将人防工作规划纳入其中，力促县城建设与人防工程建设同步。

【打私执法工作】 采取印发《工作简报》、设立五华打私网站，加大打击走私工作宣传力度。完善联席会议制度，组织开展全县重点项目建设和冻品市场、油站油库、港货店等关键环节的摸底、调查，坚持开展节日期间打击应节商品走私联合行动，开展烟草走私、大米等农产品走私、冻品走私和非法改装小货车非法销售成品油等专项治理行动。全年组织综合突击检查36次，营造良好打私执法环境，维护全县市场经济秩序。

【督查工作】 2015 年，县府办突出以人大代表建议议案、政协委员提案、《政府工作报告》中政府主要工作、上级督查、领导批示、民生工程和会议决定事项等方面为督查重点，转变督查方式，完善督查措施，督查内容不断深化。全年办理领导批示件 108 件、人大代表建议 31 件、政协委员提案 37 件，督促落实县长工作会议、县政府常务会议纪要 11 次，决定事项 20 项，编发落实情况通报 13 期。

【信息中心工作】 一是充实完善县政府网站内容，及时发布县内新闻动态，实行重大事项及时公开，县政府网站获全市政府网站排名第 1 名。同时，不断提升政府网站安全性，对网站进行实时同步备份，容灾能力大幅提升。二是积极推进政务公开及重点领域信息公开，督促各镇各部门按省、市要求完善政府信息公开目录系统及政务公开的各项工作。三是积极做好政府大院网络及电子政务网络的管理及维护，保证网络的畅通，确保五华新闻及时传输到县政府网站服务器。

【应急管理工作】 2015 年，修订编制专项应急预案 5 个，指导 20 个预案演练。成功组织“广东省百人百场应急知识宣讲活动”，完善《五华县应急管理示范区建设标准》，开展应急督查工作和突发事件风险隐患排查和整改工作，对应急平台数据库进行完善，连接县林业局护林员外勤管理系统、县水务局的三防指挥系统、县气象局部分气象信息资源，实现县指挥中心可以指挥到镇及村级护林员。

【金融业管理协调】 2015 年，五华县金融机构各项存款余额 221.3 亿元，比年初增长 17.3%。积极扶持企业发展，通过“助保贷”基金为中小微企业放贷 5002 万元。积极推进政策性水稻种植保险和农村小额人身保险。做好打击非法集资宣传工作和专项排查。省农村普惠金融试点县工作全面完成。继续做好小额贷款公司监管。

县政府办公室 2015 年度负责人名录

主　任：谢国泉

副主任：宋国强　温　锋　李　权　张思伟

党工委专职副书记：邓瑜文

党组成员：黄永红　张　勇　张云中

民族宗教和外事侨务

【机构设置】 2015 年 11 月，根据《中共五华县委、五华县人民政府关于印发〈五华县人民政府职能转变和机构改革方案〉的通知》（华委发〔2014〕4号）精神，县委、县政府组建五华县民族宗教和外事侨务局，与县委统一战线工作部合署办公，为县人民政府工作部门，将原县外事侨务局和县民族宗教局的职责划入新组建的民族宗教和外事侨务局。内设4个股室：办公室、民族宗教股、外侨股、联络股。核定行政编制9名，领导职数设局长1名、副局长3名，正股级领导职数4名，后勤服务人员1名。

【联心联谊】 2015年，县民族宗教和外事侨务部门先后接待到五华县访问、观光华侨、港澳同胞团体7批263人次。1月28日，香港以马内利基秀计划组成员、以马内利机构有限公司副主席郑继昌一行3人到五华中学开展助学活动；2月10日，香港政协委员廖广铸、陈长有等25人出席五华县政协九届五次会议；4月18日，香港嘉应商会副会长张庆华、叶志明等率领访问团一行90多人到县参观考察；5月14—15日，香港五华同乡总会曾庆胆、陈长有、廖广铸、李国华等一行105人到县考察；6月10日，香港以马内利基秀计划组郑继昌主席一行3人到五华中学举行助学活动座谈会；8月11—20日，外事侨务局张霞英随市外事侨务局组团，出访英国、荷兰、法国，拜访客属社团、联络侨情、通报乡情；10月1—8日，县政府副县长宋学希随市人大代表团赴澳大利亚参加第八届“世粤联会”，赴新西兰拜访客属社团，通报乡情，共商促进两地经贸交流合作；10月11日，香港五华同乡总会创会会长周树菁、会长曾庆胆等3人回乡参加梅州市第四届客商大会；11月6日，五华县政协委员、香港五华同乡总会副会长陈长有率香港大埔黄宜坳村公所五华学校访问团一行34人到县开展慰问考察活动；11月18—20日，县民族宗教和外事侨务局局长张霞英与县侨联会副主席梁国平拜访香港五华同乡总会等旅港社团，进行港情调查，并商讨2016年度五华—香港青少年交流合作项目事宜；12月19日，代县长吴晖，县政协副主席、统战部部长甘飞鸿，赴香港出席香港梅州社团总会在港成立暨首届会董会就职典礼。

【捐资引资】 2015年，县民族宗教和外事侨务局依托香港五华同乡总会和海外社团，发动侨胞、港澳同胞为支持家乡社会各项事业慷慨解囊，无私奉献，全力助推五华加快振兴发展，捐款总额253.5万元。如华南美国商会会长哈利及部分代表团成员，到转水镇长源村开展慰问活动，向村民、学生和贫困户送上价值118万元衣物、学习用品等帮扶物资；旅新西兰华侨、广东省瑞华集团有限公司董事长兼总经理卓定华出资85.5万元奖学助学（2015年考上大学的171名学生，每人奖励5000元），还捐款50万元奖励在高考中取得优异成绩的学校。

【为侨服务】 2015年，县民族宗教和外事侨务局主动到归侨侨眷家中开展走访慰问活动，分别到华城等镇深入李国明等10户困难归侨、侨眷家中，开展春节慰问活动，发放慰问金、慰问品。落实2015年度贫困归侨扶贫救助补助金，落实符合条件的归侨困难户48户、发放专项资金11.5万元。聘请县律师事务所律师为法律顾问，为归侨侨眷、海外侨胞提供无偿、专业法律援助。重视涉侨信访工作，热情接待来访华侨、港澳同胞和归侨侨眷，为他们排忧解难，对提出的相关诉求，组织人力，查找有关档案依据，协调、督促有关职能部门及时解决，做到件件有登记，事事有落实。全年受理侨界来信5件（国内2件、国外3件）来访5批11人次，全部给予回复或办结。如对龙村镇塘湖村归国华侨钟祝辉、钟芳辉来信请求政府认定其父钟志宏参加革命的身份，并依法退还钟志宏为其父母祝寿而建的四角楼信访案，县民族宗教和外事侨务局信访工作小组对其父身份确认问题，咨询相关部门，并查阅有关资料，无法确认其父参加革命身份，最后向他们兄弟做详细解释并得到谅解。又如横陂镇西湖村东风队村民李峰反映琴江公路建设拆迁补助偏低，要求侨务部门按政策对归侨增加补助问题，县民族宗教和外事侨务局信访工作小组查核相关法律、法规、规章，并到有关部门了解情况，对当事人李峰作详细答复解释，使公路建设拆迁得到当事人的理解和支持。

【创建和谐寺观教堂】 2015年，县民族宗教和外事侨务局按照上级开展以“教风”为主题的和谐寺观教堂创建活动要求，继续开展和谐寺观教堂创建第三批达标场所考评。全县各宗教活动场所积极响应，踊跃参与，认真按照创建活动要求积极推进，加强场所内部管理，不断完善各项规章制度，涌现出一批在爱国爱教、知法守法、教风端正、场所安全等方面表现突出的宗教活动场所：佛教主要有妙善庵、紫云寺、福安寺；天主教主要有天主教长布堂、天主教水寨堂；基督教主要有基督教双华堂、基督教横陂堂、基督教梓皋堂。

【依法管理宗教】 2015年，县民族宗教和外事侨务局按《梅州市民族宗教局关于全面开展宗教活动场所教职任职备案专项工作的通知》（梅市民宗字〔2015〕7号）要求，认真组织学习，加强宣传培训，并通过召开动员会议、印发学习材料等多种形式，将宗教活动场所主要教职任职备案专项工作总体要求、目标任务、工作措施等宣传到全县每一个宗教活动场所。经各宗教爱国团体、宗教活动场所共同努力，全县宗教人员备案工作基本完成，为规范全县宗教活动管理打下坚实基础。积极开展抵御境外宗教渗透专项整治，对专项整治工作重点——基督教安息日会，通过约谈、提出问题及修改意见进行耐心细致说服教育，纠正与境外宗教组织交往中出现不规范行为。对开放的宗教活动场所进行严格管理，帮助和指导宗教团体建立健全对外交往相关制度，不接受境外宗教组织提供以渗透为目的的捐赠、援助和出访邀请；对境外宗教界提供的无条件纯属宗教习惯大宗捐赠，按规定报批之后才予接受。开展违法违规设立功德箱等借教敛财问题专项整治；积极开展教风建设活动，全县各宗教场所未发现安全隐患问题，在财务管理上没有发现混乱现象，财务全部实行民主管理。（冯少达　邓浩）

县民族宗教和外事侨务局2015年度负责人名录

局　长：张霞英（11月任）
副局长：古寿森（11月任）
张丽阳（11月任）
吴英祥（11月任）

县归国华侨联合会2015年度负责人名录

主　席：古寿森（11月任）
副主席：梁国平

政协五华县委员会

【县政协九届五次会议】 2015年3月10—11日，中国人民政治协商会议五华县第九届委员会第五次会议在县城召开。县委书记张映平、县长范宜军等县委、县人大、县政府、县纪委全体领导以及县武装部部长、县人民法院院长、县检察院检察长及县直有关单位负责人出席开幕大会和闭幕大会。县政协主席张建华代表政协五华县第九届委员会常务委员会作工作报告，县政协副主席李清昌代表政协五华县第九届委员会常务委员会作提案工作情况报告；会议听取并讨论县长范宜军所作的政府工作报告；会议审议通过政协常委会工作报告和提案工作报告，协商并赞同县政府工作报告及其他报告。会议号召，全县政协各参加单位和全体政协委员，在中共五华县委领导下，着力在园区建设、基础设施建设、县城扩容提质、生态文明建设、重点民生保障等方面，切实履行政治协商、民主监督、参政议政职能，凝聚强大力量，为建设“工业新城，长乐之乡”、实现全县经济社会加快发展而努力奋斗。

【理论学习】 2015年，按照中央和县委统一部署，县政协深入开展“三严三实”专题教育，通过狠抓学习教育，增强践行群众路线自觉性和坚定性；通过注重找准问题，明确整改方向；通过抓好廉政建设，不断推进“学习型、工作型、服务型、落实型、廉政型”机关建设。

【队伍建设】 2015年，县政协加强制度机制建设，修订完善工作制度，不断推进政协履行职能制度化、规范化、程序化建设，提升服务保障水平。政协机关被县委、县政府评为“2015年度机关作风建设先进单位”。

【民主协商】 2015年，县政协常委会围绕县委、县政府工作中心，对交通基础设施建设、宜居城乡建设等进行重点协商；对园区建设和招商引资、“卫生县城”创建、重点项目推进等通过主席会议进行专题协商；对基层治理、“十三五”规划等通过专委会进行对口协商。全年召开协商议政活动6场（次），书面协商3次；召开全委会议1次，常委会议5次，主席会议8次，提出各类意见建议16多条。

【调研视察】 2015年，县政协围绕振兴发展主线，聚焦“工业新城，长乐之乡”建设，围绕县委、县政府工作中心，分别组织委员开展园区建设和招商引资、城区扩容提质、交通公路建设、“卫生县城”创建等视察调研活动，并召开专题调研议政，形成开展系列调研视察报告5篇，提出意见建议16条，专送有关领导和部门，得到县委、县政府肯定和县政府职能部门采纳。同时，积极配合做好上级政协领导来华调研视察活动3场（次）。

【提案督办】 2015 年，县政协提案委员会收到县政协委员提案 35 件，认真审查立案 30 件，及时召开提案交办会议予以办理。县委、县政府、县政协主要领导带头领衔督办重点提案，各承办单位认真办复政协提案。提出提案的委员对提案办复结果表示满意和基本满意的均占 100%。2015 年，五华县政协提案办成率在全市排名第三，积极发挥提案在服务五华经济社会发展中的重要作用。

【民主监督】 2015 年，县政协积极发挥委员行风监督员作用，先后为政府相关部门推荐特约监督员 12 名，组织 10 名委员对“窗口”单位进行民主评议；组织 10 名委员积极参与、见证县法院审判、执行现场评查活动和检察院检察工作，提名推荐 50 名政协委员参与县行政服务中心行风监督。

【联情联谊】 2015 年，县政协积极参加港澳和珠三角等发达地区五华商会举办的联谊活动，并以此为契机，向在外乡亲通报家乡发展情况，介绍县委、县政府发展思路和工作重点，广泛凝聚共同推动振兴发展思想共识。依托港区五华同乡会，做好港澳台侨联络，拓宽港澳委员知情议政渠道，调动委员履职积极性。加强与县工商联等群团组织团结合作，邀请其参加政协组织重要会议和活动，为其履行职能搭建平台。注重引导发挥宗教界人士和信教群众积极作用，促进社会和谐稳定。注重加强与兄弟县政协联系交往，学习兄弟县政协先进工作经验。开展“下基层·访委员”活动。

【文史工作】 2015 年，县政协充分发挥文史资料“存史、资政、团结、育人”作用，修编《五华文史》丛书，汇编出版《五华政协》，打造独具特色文化作品。协助省、市政协做好史料征集。协助省、市政协做好“广东改革开放一千个率先”“三亲”史料征集工作，被省政协建议采用项目 1 个。

（古胜奎）

县政协 2015 年度领导名录

主　席：张建华（8 月退休，主持工作至 11 月）
　　　　邓伯锦（11 月任县政协党组书记、主席候选人）
副主席：李胜文　胡高云　周国富
　　　　甘飞鸿　李清昌　胡荣华
秘书长：颜定文

县政协机关各科室 2015 年度负责人名录

办公室副主任：古胜奎
联络科科长：温怀浩
文史室主任：郑　斌

中共五华县纪律检查委员会

【落实“两个责任”】 2015 年，县纪委、监察局将本年度党风廉政建设和反腐败工作 35 项重点工作任务分解落实到 31 个责任单位。印发《关于严格落实党风廉政建设党委主体责任强化责任追究的通知》，以清单形式明确党委（党组）领导班子、党委（党组）书记、领导班子成员主体责任。印发《关于严格落实党风廉政建设纪委监督责任的通知》，实行监督责任清单制度，明确纪委和派驻机构监督责任。积极转变监督方式，由过去“办案”转变为“执纪审查”，由“案件线索”转变为“反映党员干部问题线索”，由以办大要案论英雄转变为是否把纪律挺在前面论得失。开展“述责、述廉、述德”工作，组织5名镇和县直单位党政“一把手”在县纪委十二届五次全会上分别进行“三述”并接受评议。开展党风廉政建设责任制落实情况检查考核，对考评结果为“较好”“差”等次的单位和个人，列为本年度党风廉政建设责任制重点管理对象。全年，县纪委监察局与下级党政主要负责人谈话36人次，对因工作重视程度不够、工作进展缓慢的9个单位主要领导进行诫勉谈话，责令其全面整改。

【宣传教育】　2015年7—9月，全县开展以“守纪律、讲规矩、作表率”为主题的纪律教育学习月活动，编印关于5宗先进事迹和6起典型贪腐案例的宣传小册子发给各镇各单位；邀请市纪委领导给全县200多名领导干部作“三纪”专题报告会；在县委党校举办全县村（居）委党支部书记、主任培训班3期，由县纪委主要领导上反腐败斗争形势的专题辅导课，培训村干部500多名；举办“双集人员”培训班1期，各镇、各单位负责人事、财会工作的350多名干部参加警示教育课；县纪委派出两个讲课组，采取“送课下乡”形式，对全县镇村两级干部开展为期10天法纪教育轮训，培训4500多人。注重拓展廉洁文化阵地，以县城长乐公园、蒲丽顶森林公园廉洁法治景观石为依托，进行绿化和修缮完善，把廉洁法治教育与文体休闲活动有机结合，成为党员干部“八小时以外”提高廉洁法治文化意识的文体休闲场所。协调相关部门编排廉政教育戏下乡演出39场（次）。开展“举报贪腐·共创廉洁”专题宣传活动，加强纪检监察信访举报工作宣传。抓好纪检监察信息和宣传报道，向市纪委编报信息79期，在市级以上主流媒体发表反腐倡廉题材稿件75篇（次）。

【案件查处】　2015年，全县纪检监察组织受理信访举报314件（次）；处置线索306件，初步核实问题线索182件，对比上年下降39.5%；立案125件125人，对比上年上升11.6%；结案120件，对比上年上升6.2%；给予党纪处分117人，政纪处分18人（其中双重处分15人），涉及副科级以上党员干部18人；挽回经济损失230多万元。全县16个镇自办案件43件43人，每个镇均有2件以上自办案件，实现连续15年镇镇有自办案件。严格执行“三个区分”原则，对受到错告、误告、诬告的198名党员干部予以澄清保护，对有轻微违纪违规、尚不够纪律处分的7名党员干部给予诫勉谈话或批评教育。加强办案人员安全教育，严格落实执纪审查安全责任制，修订完善办案工作监督管理制度，实现执纪审查安全“零事故”。

【开展线索排查】　2015年，全县摸排问题线索512条，涉及政府专项资金管理使用问题线索219条。重大问题线索转立案118条，结案107件，查办虚报、截留、贪污强农惠民资金案件的农村基层党员干部31名，涉案金额150多万元。建立“一比对一梳理两走访”排查机制，制定《镇村重点问题线索排查表》《集中排查走访表》，由各镇纪委、村“两委”组织每月逐一核查比对汇总上报。结合直联活动干部挂村驻点等工作，广泛听取群众反映热点难点，延伸排查触角。各镇组织1200多名干部驻点进村，走访群众3800多户，接到投诉285件（次），提供有价值线索50多条。有8个镇纪委对20名镇村党员、干部进行约谈或诫勉谈话。牵头制定《农村基层党员干部违纪违法行为专项整治实施细则》，组织农村党员、干部开展自查自纠活动和城乡低保专项清理清查活动，全县有2175名村（居）“两委”干部参加，其中45人对存在问题进行自查自纠。全年清查低保救助对象23693户、70191人，取消不符合条件的低保救助对象2681户、8417人，占清查总数11%。

【机关作风、效能监察】 2015年，县纪委、监察局开展加强党员领导干部“八小时以外”活动监督管理试点探索，郭田镇被市纪委列入党员领导干部“八小时以外”活动监督管理试点镇。县成立2个督查工作组，采取突击查访、不定期暗访、电话查岗等方式开展镇干部住镇、值班制度执行情况专项督查18次；针对改进机关作风、落实中央八项规定精神、开展“创卫”工作等重点内容，先后组织作风暗访小组深入到16个镇和40个县直单位开展明察暗访，发现机关作风问题11个，问责干部7人。对县直39个窗口服务单位的356项行政审批事项、59项非行政审批事项和91项社会事务服务事项实施在线监察。全年受理行政效能投诉21件，办结率100%，群众满意率100%。

【队伍建设】 2015年，县纪委、监察局加强全县纪检监察干部业务培训，组织专题业务学习培训6期，选送干部14人到市纪委陪护跟班学习、10人到省纪委培训学习、2人到中纪委培训学习，组织全县16个镇纪委书记到市纪委参加培训班学习，提高纪检监察干部队伍综合素质和履职能力。10月，按照市纪委部署要求，完成县纪检监察机关第二轮内设机构调整，将机关原有的11个室调整为10个室，其中纪检监察室5个，实现人员、办公场所和职责落实“三到位”，使县纪检监察机关监督执纪问责力量占人员编制80%以上。强化队伍的监督管理，制订、完善文印管理、外出请示报告、公文办理等管理制度22项，用制度明确各室、组、镇工作目标和任务；班子成员与干部职工层层签订“规范日常行为的管理责任书”，强化层级管理，加强“八小时以外”活动监督。

（李振杰）

县纪委2015年度领导名录

书　记： 杨斌宗（任至6月）
　　　　梁英浩（6月任）
副书记： 陈奋娣　钟湘衡
常　委： 庞文华　叶汝强　温远华
　　　　陈旭良（5月任）

县监察局2015年度负责人名录

局　长： 钟湘衡
副局长： 叶友放　魏宇华　李军松

县纪委监察局2015年度各室（组）负责人名录

办公室主任： 陈旭良（任至5月）
　　　　李振杰（5月任）
第一纪检监察室主任： 廖水清
第二纪检监察室主任： 温　曦

第三纪检监察室负责人： 孔 君
第四纪检监察室负责人： 陈汉庭
第五纪检监察室负责人： 邓清华
组织宣传室负责人： 张进友
案件审理室主任： 李剑忠
信访室负责人： 何昭辉
党风政风监督室主任： 钟政辉
第一派驻纪检监察组组长：刘应靠
第二派驻纪检监察组组长：张群标
第三派驻纪检监察组组长：古专标
第四派驻纪检监察组组长：彭干军
第五派驻纪检监察组组长：邹展强
第六派驻纪检监察组组长：张阳春
第七派驻纪检监察组组长：李林兴
第八派驻纪检监察组组长：邹志军

人民武装

【政治工作】 一是周密组织“三严三实”专题教育整顿。3月始，按照上级统一部署，认真对照“整顿思想、整顿用人、整顿组织、整顿纪律”整顿要求，按照学习教育、专题民主生活会、清理整治、督查执纪、巩固提高等步骤和“四个见实效”目标，严密组织“三严三实”专题教育整顿。进行“立足本职岗位、努力作为有为、力戒松庸懒贪”专题党课辅导，组织观看《裂变的战友情》《网络迷途》录像片。5月，组织召开专题民主生活会，着力对照军区明确的“坚定理想信念、匡正用人风气、强化组织功能、加强纪律建设、肃清徐才厚案件影响”五个方面内容和本部需要重点解决的五个方面问题，以及“五个说清楚”情况等，进行批评和自我批评，做到勇于揭短亮丑、刀口向内、见筋见骨，坚持党性原则，提出问题直截了当、坦诚敞亮，整个过程充满“党味”“辣味”，达到整顿预期目的。二是协调组织“双百拥军行”活动。4月下旬，协调县政府在人武部营区内组织“双百拥军行”活动，组织有关单位和企业为驻五华部队捐赠物资，以及义诊、书法进军营等活动。三是组织国防教育进学校暨征兵宣传、现场报名活动。5月上旬，到水寨中学组织“军民共建单位”揭牌仪式，组织班子成员与水寨中学贫困优秀学生结成“一对一”助学对子，并请邀请越战老兵（广州军区军交运输部原党委书记李文辉）进行国防教育辅导授课，还组织征兵政策宣传咨询和现场报名活动。四是推荐抗战支前模范参加阅兵活动。7—8月，县人武部通过广泛挖掘、深挖素材，把92岁的谢华作为抗战支前模范向省军区推荐。9月3日，抗日老战士谢华作为全省7名代表之一，在北京参加“纪念抗日战争胜利70周年大阅兵活动”。五是及时组织第一书记任职命令宣布大会。9月上旬，县委书记调整到位后，县武装部组织安排进行第一书记任职命令宣布大会，强化第一书记管武装、支持武装意识。六是协调组织县委常委专题议军会议。9月下旬，积极协调县委召开县委常委专题议军会，传达学习省委议军会主要精神，对征兵工作情况、仓库土地置换事宜、专武干部有关工作以及随军家属就业等问题进行专题汇报，相关工作获得县委支持解决。

【军事工作】 一是训练水平有明显进步。5月11—23日，分两批组织72名专武干部和民兵营长，对队列基础训练、队列组织与指挥、军事理论和民兵常识学习、民兵整组和征兵工作组织与实施、轻武器射击等课目进行集训，专武干部和民兵骨干军事训练水平和遂行任务能力持续提升。5月4—15日，组织轻舟分队30人进行操作训练，5月16日参加军分区组织轻舟分队骨干集训考核，五华县轻舟分队取得个人技能和机组安装综合技能两个第三名成绩。10月12—23日，组织森林防火分队进行强化训练（合计67人，其中林业局教练员5人、常驻应急分队30人、各镇森林防火骨干32人），提高抢险救灾能力。防火期间，应急分队完成森林扑火任务3次。10月19日—11月17日，组织应急队员30名、职工12名进行迎考强化训练，11月18—19日参加军分区组织的评比性考核，职工队伍取得总分第一名、应急分队取得总分第四名。二是民兵整组进一步规范。3月，组织召开民兵整组动员部署会，明确民兵整组标准和要求，对整组重点内容、关键环节及上级政策要求组织业务培训，并整理下发《民兵整组工作学习参考资料汇编》，使基层武装部开展工作有章可循。4月初，对各基层单位整组情况进行逐一检查，对少数单位存在标准比较低、编组欠合理、台账不齐全、器材不规整等问题，要求立即整改，基层四个基本建设水平进一步提高。三是征兵工作质量有较大提升。征兵期间，对体检站进行更加严格管理，对体检医生提出更高要求，分别与各镇签订征兵责任书，征兵工作秩序进一步提升。四是按要求组织作战能力评估自查自评。上半年，按照《军事斗争准备检验评估实施细则》，逐条逐项进行自查自评，依托地方有关部门进行国防潜力调查，组织力量对照《细则》进行逐项整改。7月下旬，分区工作组组织专项检查，及时指出存在问题。

【清理整治有序推进】 一是严格组织财务大清查。对2013—2014年度财务凭证和票据进行彻底清查，清查凭证280余份，发票1900余张，并按要求组织对不合理票据进行清理清退。二是深入组织肃清郭伯雄、徐才厚案件影响和社团清理。清理涉郭伯雄、徐才厚文电、资料，组织上专题党课，干部职工思想认识统一，拥护中央决策；按要求及时开展社团清理，以及清查现役干部地方证件信息、干部职工办理护照、通行证等情况。三是严密组织安全管理整治。注重保密管理，要求涉密载体统一保管，秘密文件及时归档保存，从严控制借阅、复制等，防止出现失泄密问题。省军区《关于整治保密管理几个突出问题的通知》文件下发后，专门组织专项整治，针对存在管理松懈情况进行及时纠治。按要求组织用频装备普查、通信设备清查、消除安全隐患清理整治等活动，确保安全稳定。四是加大营区整治力度。集中经费保障中心工作完成，全年投入经费20多万元，修缮会议室、作战值班室、兵器室、文印室和基地外墙，更新办公设备一批，提升战备硬件、办公条件和正规化水平。组织民兵武器装备搬运至分区中心库，有序推进仓库土地置换，提前终止大岭山庄租赁项目，解决历史遗留问题。投入31万元，在营区内建设一个标准塑胶篮球场、单双杆训练场、乒乓球台、内教外宣文化长廊及国旗台、旗杆，设置8位英模人物宣传灯箱，既丰富官兵生活，又拓展训练场地空间。

【双拥共建】 2015年，县人武部发挥桥梁纽带作用，协调安排2名随军家属就业安置，协调解决4名现役干部战士家庭涉法问题，解决其后顾之忧。主动参与地方创卫工作，投入5万元，制作创卫宣传牌，为创卫挂钩村完善硬件设施，清理臭水沟；每周五组织干部职工和应急队员，清扫网格化管理责任街道。春节和扶贫济困日前夕，组织对帮扶挂钩的潭下镇金石村进行慰问，给贫困户送去大米、食用油和慰问金。班子成员还和水寨中学5名优秀贫困学生结成“一对一”助学对子，每名班子成员均赠送1000元助学金。积极为争创“双拥模范县”做贡献，主动协调武警、消防和华城油库等驻军单位，按照争创实施方案，落实有关共建制度，完善共建资料，积极协助地方政府做好相关准备工作。

【仓库土地置换】 2015年6月，县人武部组织将武器装备搬运至军分区中心库，留下一个建制连的轻武器存放于兵器室内。由于民兵仓库土地位于县经济开发区内，安全系数不高、不符合备战要求。县人武部会同地方有关部门，勘选转水镇枫林塘村的一处5.67公顷地块作为拟定仓库用地，采取“以地换地、以房换房”方式，由县政府建设一个与五华县人口大县相适应的集民兵训练、武器装备管理、国防教育、征兵体检、学生军训等“五位一体”的综合性国防训练基地，改变五华县无综合性国防训练基地的历史。此项目被列入2015年度县委、县政府重点工作。（刘威）

县武装部2015年度负责人名录

部　长：徐保宁

政治委员：杨兴会

副部长：罗兹洪

人民团体

县总工会

【维护职工合法权益】 2015年，全县各级工会切实加强维权机制建设，维护职工合法权益。一是加强厂务公开民主管理，维护职工知情权、参与权和监督权。县总工会印发《2015年五华县厂务公开民主管理工作要点》至各基层工会，加大非公有制企业推行厂务公开民主管理力度，全县国有、集体企业均100%建立职代会和厂务公开制度，建立工会组织非公有制企业厂务公开率90%。二是继续广泛开展“安康杯”竞赛活动。动员基层工会积极参与开展“中国梦·劳动美——我的安全家园”征文活动，发放安全知识教材300本和职工竞赛专用试卷500份。组织16家企业参加全国“安康杯”竞赛活动，全县有45家企业234个班组12357人参加“安康杯”竞赛活动。三是认真做好工会信访，维护职工合法权益。县总工会指定保障等部门热情接待来信来访，细心解答疑问，切实为职工排忧解难，做到事事有记载、件件有回复，及时有效参与化解矛盾，维护职工队伍和社会稳定。全年受理职工来信来访4宗，解决4宗。四是做好工会律师团担任企业工会法律顾问工作。配合省总工会制定《关于聘请工会律师团律师担任企事业工会法律顾问的工作制度》，挑选2间律师事务所3名律师组成的律师团担任9家上规模企业法律顾问，帮助企业工会规范动作，充分发挥工会律师团作用。五是开展调查研究，为上级工会决策提供科学依据。分别开展“单独二孩”政策和女职工权益保障情况调研，并形成书面材料报市总工会，为上级工会工作提供科学决策依据。六是积极参与县政府及有关部门组织安全生产检查、安全事故调查、安全生产宣传服务咨询活动和整治非法用工打击违法犯罪专项行动，维护职工合法权益。七是依法推动企业普遍开展工资集体协商和劳资调解，维护职工经济利益。八是提高企事业单位民主管理工作水平。落实省市总工会年度培训计划，于10月23日举办全县职工代表师资培训班，各有关单位工会主席和工会负责人80多人参加培训。还组织全县15家100人以上企业工会主席、镇工委会专职主任、副主任、园区工委会负责人等28人参加市总工会举办的工资集体协商指导员培训。新签企业集体合同3家，续签千人企业工资集体协商合同2家，续签行业性集体合同1家，覆盖企业20家；新签区域性工资集体合同5份，覆盖企业289家，职工24466人。

【开展送温暖活动】 2015年，全县各级工会切实发挥工会自身优势，以民生为重，加强对困难职工关怀，让职工群众共享发展成果。元旦、春节期间，坚持深入基层，做好困难企业、困难职工调查摸底，为开展送温暖活动提供依据。县委、县政府牵头协调有关部门筹集送温暖资金80万元分别到县城监中队、县食品公司等单位和特困职工家中进行慰问，送上慰问金。全县各镇各单位也积极筹集资金165.6万元开展送温暖活动，其中：县政府协调资金80万元，各有关单位和基层单位自筹85.6万元，为487家单位和3215名困难职工、27名困难劳模送去党政和工会关怀。同时，积极开展多种形式帮扶，全年发放帮扶款37万元，受助对象420人，其中：发放生活救助11.7万元惠及247人；发放医疗救助11.05万元惠及72人；发放助学救助款14.22万元惠及104人。帮扶救助困难劳模41人；办理女职工安康互助保险906份，办理赔付2人3万元；做好职工医疗互助保障计划和职工住院医疗综合互助保障活动宣传发动，对发生赔付参保对象给予及时有效帮助。全年参加职工医院互助保障计划单位有7家，其中新参保单位6家参保职工118人。参加住院医疗综合互助保障单位14家参保职工760人。参加住院津贴单位3家参保职工42人；住院医疗续保单位1家参保职工33人。至本年末，全县为16家单位36人办理住院医疗综合互助保障赔付，合计资金3.41万元。为符合条件的398名在档困难职工办理住院二次医保，还为210名符合条件的职工办理半自费二次医保。与广东康奇力药业股份有限公司联合开展夏日送清凉慰问活动，发放清凉食品价值4万多元，慰问一线职工2000多人。各基层工会根据自身实际做好夏季高温天气职工劳动保护，有效预防和控制中暑及各类安全事故发生，保障职工身体健康和生命安全。按照上级“规划到户，责任到人”扶贫开发工作要求，有针对性开展挂钩帮扶，全年筹集资金3万元帮助挂钩村发展有关项目。

【开展劳动竞赛】 2015年，全县各级工会紧紧围绕发展第一要务，团结动员广大职工广泛开展“当好主力军、建功‘十二五’、和谐奔小康”竞赛活动，继续推进职工群众性经济技术创新工程深入发展。全县各行各业广大职工充分发挥聪明才智和积极性、创造性，积极参加以提高企业经济效益、优化五华投资环境、扩大招商引资等为主要内容竞赛活动，一大批技术尖子和标兵脱颖而出，有效发挥工人阶级在经济社会建设中主力军作用。开展劳模评选活动，评选表彰全国劳模1人、省级劳模1人。同时，积极弘扬劳模精神，在县电视台积极宣传有关劳模先进事迹，使之成为激励广大职工投身改革和经济建设的强大动力。

【工会固本强基工程】 2015年，县总工会按照“组织起来，切实维权”工作方针和“两个普遍”（依法推动企业普遍建立工会组织；依法推动企业普遍开展工资集体协商）目标要求，认真开展“广普查、深组建、全覆盖”活动。全县新建基层工会数7家（其中非公有制企业6家，会员280人），会员1280人。人数为25人规模以下企业106家（其中农民专业合作社72家、快递行业10家、家政服务24家），会员1861人。大力推进“农民工入会集中行动”，全县发动8361名农民工入会，其中基建项目6294人、农民专业合作社1446人、家政行业260人、快递行业155人、新建企业280人。加强非公有制企业数据库管理录入工作，全县入库农民工有10926人，其中农民工会员10446人。做好基层工会民主选举，至年末，基层工会民主换届有39家，其中非公有制企业有28家。做好评优评先工作，全县评选出广东省模范职工之家2家，市先进职工之家7家，市优秀工会工作者4名，市优秀职工之友4名，申报全国优秀工会工作者1名，申报全国“模范职工小家”1家。广泛开展“工会组织亮牌子，工会主席亮身份”“双亮”活动，全县100人以上企业40家有13家企业开展“双亮”活动，其中7家作为示范点单位。女职工工作不断发展，推荐广东兴安医药有限公司为广东省女职工工作先进集体。工会财务工作不断加强，顺利完成工会经费收解任务。加强工会经费和财产管理审查监督。投入资金3万多元支持广大职工参与各种有益文体活动。

（李慧珠）

县总工会2015年度负责人名录

主　席：徐建雄

副主席：张文平　黄仅鹏　江裕珍

共青团五华县委员会

【夯实团建基础】 2015年，共青团五华县委员会着力夯实基层团组织建设扎实做好镇（街）团组织格局创新，落实市县两级财政团工作经费，将乡镇团工作经费纳入团县委工作预算范畴，召开五华县乡镇团工作会议暨志愿乡村工作动员会，采取“项目+资金”形式，由乡镇团委向团县委申报志愿活动项目，团县委审核通过后直接下拨活动经费，确保乡镇团工作“人员、经费、活动”三保障，促进乡镇团工作活力。继续实施乡镇大团委建设，2015年新建镇直属团组织48个，全县累计镇直属团组织366个，覆盖团员8661人。贯彻落实市第六次团代会精神，召开五华县团委第十六届委员会第二次全体会议。联合县委组织部成立“五华县青年干部成长交流会”，通过开展读书交流、青年干部论坛、亲青访企、志愿服务、联谊等活动形式强化青年干部学习。召开五华县青少年网络文明志愿工作动员会，运用“两微”平台推广“五华青年”动态，打造掌上共青团，强化团属宣传阵地。

【丰富青少年活动】 2015年，共青团五华县委员会发挥团委引导青年、组织青年、服务青年积极作用，先后开展“同享爱心压岁钱、共筑幸福中国梦”广东省红领巾爱心压岁钱捐赠活动；开展第二届“亲青绿色五华”公益植树活动，公开招募100多组以家庭、情侣为组合的公益人士参加植树活动；联合县移动公司、县信用联社、县体育局举办第二届“移动信合杯”五四篮球邀请赛，丰富基层团干生活；联合县教育局、县体育局举办五华县“彩票公益金杯”中小学生乒乓球、羽毛球赛；联合交警、医院等部门在中小学校开展“关爱生命 交通知识进校园”“保护眼睛 远离近视”青少年眼保健进校园等十多场“益青”活动，丰富青少年业余生活，促进青少年全面健康发展。4月，由团县委、县教育局、县体育局联合选派的五华县U12少年足球队代表广东参加全国“斯凯孚”杯希望工程足球邀请赛获得冠军；7月，该足球队代表中国前往瑞典参加有小世界杯之称的“斯凯孚”杯世界青少年足球赛。

【志愿服务事业】 2015年，共青团五华县委员会坚持以县志愿者联合会为载体，不断完善机制，加强志愿事业组织管理，全县志愿者各项志愿献爱心服务丰富开展，影响持

开展志愿服务活动

续扩大。五华县中学生志愿乡村活动、五华县“医药下乡”志愿服务活动再次入围“益苗计划”——广东志愿服务组织成长扶持行动暨志愿服务项目大赛，被列入持续扶持项目。县志愿者联合会党员志愿服务队、关爱务工子女志愿服务队列入全国民政部城市流动人口社会融入志愿服务示范项目。组织志愿者服务创卫、创文、中甲联赛五华主场赛事等重点工作。开展 “大手拉小手·党心暖童心”“携手同行——关爱务工子女志愿服务”和“情暖山区——关爱留守儿童”主题活动，与留守儿童、务工子女家庭结对帮扶。开展“志愿助残”活动，组织志愿者前往县儿童福利院、县特殊学校、县残疾人康复中心开展志愿助残活动。连续五年组织志愿者前往县儿童福利院与小朋友共度元旦佳节。组织志愿者前往安流、水寨、华城、转水等镇看望慰问 10 多名特困青少年。开展“暖阳行动——关爱抗战老兵、退伍老兵”活动。依托华城镇志愿者协会，每月组织志愿者将致敬金和慰问金送到 12 位抗战老兵的手中。

【服务青少年群体】 一是做好重点青少年群体管理服务。按照《关于开展全市重点青少年群体摸底排查专项行动的通知》（梅市综治办〔2015〕1 号）要求，召开重点青少年群体专项行动工作会议，明确各“预青”成员单位职责，依托团省委重点青少年群体信息系统掌握辖区内五类重点青少年信息。组织志愿者、社会爱心人士不定期到学校、留守儿童家中开展关爱重点青少年群体活动。二是做好“展翅计划”对接。认真做好展翅计划岗位开发，组织县直机关团组织、乡镇团委、企事业单位等 25 个用人单位开发 104 个实习岗位给予大学生实习，提升大学生综合能力。召开展翅计划座谈会，了解实习大学生基本情况及诉求，为更好地服务青年奠定基础。三是深入开展贫困助学和帮扶特困青年。继续抓好“希望工程卓定华助学基金”“梅州市扶助特困学生上大学”等工作，做好贫困大学生摸底调查和扶助金发放。发动梅州市东方屹实业发展有限公司、井得电机有限公司等县内爱心企业资助 30 多名贫困大学生。发动社会爱心人士、爱心企业筹资 30 多万元帮助“无肠女孩邹丽霞”“80 后白血病患者谢文锋”“坚强患癌孕妇戴小霞”等特困青年家庭。联合广东微公益服务队、兴宁小鱼义工前往棉洋镇看望慰问特困青少年。四是扶持青年创新创业。建立大田柿花协会等县级青年创业示范基地，以点带面辐射带动青年回乡创业。做好“圆梦计划”工作，依托长乐烧酒业有限公司、辉胜达实业有限公司等企业团支部，积极发动和帮助务工新生代产业工人实现“一天一块钱”上大学梦想。稳步做好“广东青年之声”注册登记，积极推广“粤团聚”交友平台，组织开展单身嘉年华活动，为广大单身青年婚恋交友搭建平台。

【学校团队建设】 一是加强青少年思想引领。积极组织开展红领巾基金筹集、红领巾相约中国梦、少代会红领巾小心愿、小建议征集、纪念少先队建队 67 周年等活动。鼓励辖区内少先队组织创新活动载体。如南山小学举办第一届校园文化节、梅林镇第一小学开展清明祭扫、各少队组织举办元旦会演等活动，培育少先队员德智体美全面发展。二是加强队伍培训、表彰。借助全市团队工作会议平台，4月，对全县少先队辅导员进行系统化培训，提高少先队辅导员工作能力。以少先队建队日为契机，通过集体推荐，对优秀少先队辅导员进行表彰，增强少队工作者归属感、荣誉感及责任感。三是加强团队阵地建设。全年新建希望家园3家。全县有省市县级希望家园51家，遍及全县16个乡镇。发挥希望家园阵地作用，组织辖内少先队组织开展“幸福手拉手”红领巾牵手行动、关爱留守儿童、慰问特困学生和“传承雷锋精神共建长乐家园”学雷锋等活动。

【新媒体运用】 2015年，共青团五华县委员会通过下发文件、召开会议、组织培训等一系列有效措施扩大共青团工作影响，安排专人管理团县委网站、五华共青团QQ群、五华县志愿者联合会网站、五华县志愿者活动信息管理系统、“幸福五华—共青在线”官方微博、“五华青年”微信公众平台等新媒体，打造掌上共青团。动员青少年积极参与到五华共青团工作大讨论中，吸引和凝聚更多青少年关注和加入，有效促进团工作顺利开展。

（钟惠娴）

团县委2015年度负责人名录

书　记：黎辉文

副书记：戴天平　杨　文

县妇女联合会

【激发妇女创业就业活力】 2015年，县妇联帮助五华县彩云百香果专业合作社申报“全国巾帼现代农业科技示范基地”，负责人谢思云获得全国“巾帼建功”标兵称号；“彩云”百香果、“凤达园”赤灵芝孢子粉被评为省名牌产品；五华县红山然农业发展有限公司经理张春梅获得省“三八红旗手”称号；五华县国家税务局纳税服务股获得省“巾帼文明岗”称号。协助做好梅州市女企业家协会年会相关工作，推动女企业家不断发展。10月9日，梅州市女企业家协会五华分会挂牌，促进了妇女企业之间的经济交流和信息资源的整合。积极争取省财政和省妇联支持，获得扶持妇女小额贷款财政贴息项目资金8万元，为符合条件22名妇女发放贷款资金78万元，帮助妇女发展生产，创新发展巾帼现代农业。全年收回贷款资金66户207万元，回收率100%。

【妇女依法维权】 2015年，县妇联在“三八”妇女节期间，以“建设法治中国·巾帼在行动——万家联动　送法到家”为主题开展普法宣传教育活动，发放《妇女维权宣传系列》等宣传资料3000多份，提高妇女自觉学法、守法、用法意识和能力。“六一”儿童节期间，深入到河东镇第二小学等学校开展安全知识讲座，充分利用“6·26”国际禁毒日、“12·4”法制宣传日等节日，深入开展妇女法制和“防邪教知识”宣传教育活动，加大普法宣传力度。耐心细致做好信访维稳工作，及时收集妇女群众反映热点难点诉求；热忱对待群众来信、来电、来访，杜绝“门难进、脸难看、事难办”现象。全年接到群众来信、来电、来访案件 51 件（次），调处率 100%。争取把妇联组织纳入土地确权工作领导机构，配合农业部门开展好全县土地确权登记颁证工作。把“两纲”（妇女发展纲要和儿童发展纲要）实施放在突出位置，切实推进“两纲”目标实现，顺利通过市“两个规划”（妇女发展规划、儿童发展规划）中期监测评估。

【同创共享精神文明建设】 2015 年，县妇联积极开展最美家庭、优秀书香之家、五好文明家庭创建、评选活动，弘扬家庭美德。寻找出张育萍、张海华等 21 户“最美家庭”，安流镇肖移保等 7 户“五好文明家庭”，梅林镇甘新文等 7 户“优秀书香之家”，其中胡彩云家庭、邓菊香家庭被评为广东百户“最美家庭”，詹祝英被评为广东百名慈母。做好“平安家庭”创建活动，做好、做足、做活小家庭平安大文章，水寨镇大沙村被评为 2015 年广东省“平安家庭”创建活动示范村（社区）。深入开展廉洁文化进家庭活动，依托“妇女之家”，向全县广大家庭、广大妇女发出以“树廉洁家风”为主题“廉洁文化进家庭”倡议书 1000 份。举办 “弘扬优秀传统文化，步入家风家教新常态”专题讲座，全县 600 多名干部职工聆听讲座。切实做好省妇联家庭教育“送教到基层”五华专场活动，创建五华亲子微信群，推广家庭教育基本知识、提高家长教育能力、拓展社区家教。积极响应县委、县政府创卫工作部署，及时向群众宣传县委、县政府“创卫”工作，组织开展庆“三八”妇女卫生健康义诊咨询暨创建“广东省卫生县城”宣传活动和“你我齐心创卫，共建美丽家园”演讲比赛。主动做好挂钩村大布村卫星村民小组和责任区域创卫，坚持深入到村到户开展大扫除和宣传活动。申报实验幼儿园、示范幼儿园、长乐幼儿园及河东中心幼儿园 4 间幼儿园为“巧伶珑”童书馆项目。河东镇牛石村被评为梅州市儿童友好社区。

【扶弱助困关爱工程】 2015 年，县妇联在“六一”儿童节期间，积极争取社会爱心人士支持，筹集 5 万多元，为 85 名困境儿童送去节日问候和慰问金；为全县 70 名孤儿发放援助孤儿生活项目款 7 万元；帮助转水镇五星村陈文周继续学业，每月资助其 300 元，直至高中毕业；实施“叶剑英基金”助学活动，为全县 180 名贫困中、小学生每人送上 1000 元慰问金；开展“爱心父母”牵手困境儿童结对活动,资助 78 人共 2.7 万元。开展“两癌”防治知识讲座，帮助农村妇女增强自我保健意识和疾病预防知识。依托“集思公益 幸福广东”——支持妇女计划获得项目“扬起‘双丝带’，女性健康齐参与”资助 10 万元，为 200 名农村妇女免费提供“两癌”筛查。与县地税局联合举办优孕优生优育知识讲座，普及再生育知识。争取省扶贫基金会和省妇女儿童基金会支持，资助 4 名贫困单亲母亲“两癌”患者每人 1.5 万元。组织实施单亲特困母亲安居房援建帮扶行动，发放 4 户 2014 年度安居房款 4 万元，并做好 2015 年的申报工作。

【妇联干部队伍建设】 2015 年，县妇联认真学习贯彻中共十八大以来会议精神和习近平总书记系列讲话精神，严格遵守工作纪律，切实转变工作作风，以良好精神面貌展现妇联干部形象。开展全方位多层次培训。全年有 35 人次参加省市举办各类培训。联合组织部、党校成功举办为期 3 天的妇女干部素能提升专题培训班，各镇妇联主席、各系统妇工委主任以及县直各单位正股职女干部 100 余人参加培训，培训内容丰富，形式多样，使广大妇女干部掌握现代女性礼仪、心理调适等知识，解放了思想、提升了素养。顺利召开五华县妇女第十三次代表大会，各镇、各系统进行换届选举，县政法、财税系统召开首次妇女代表大会。以“12 · 5”国际志愿者日为依托，实施“邻里守望 · 姐妹相助”巾帼主题志愿服务，组建巾帼志愿者队伍。

（陈兰婷）

县妇联 2015 年度负责人名录

主　席：张玉珍

副主席：刘梅英

县工商联合会

【发挥参谋助手作用】 2015 年，县工商联加强学习，组织引导全县非公有制经济人士和工商联干部认真学习领会《中共中央关于全面深化改革若干重大问题的决定》《中共中央关于全面推进依法治国若干重大问题的决定》和中央经济工作会议精神，准确把握全面深化改革和全面推进依法治国的关系。开展非公有制经济人士理想信念教育实践活动，并把学习教育实践活动同贯彻落实市委六届五次、县委十二届五次全会精神结合起来，紧紧围绕全县经济社会发展大局，把促进全县经济社会发展与引导非公有制经济健康成长紧密结合起来，找准结合点，牵线搭桥，加强服务，做好非公有制经济代表人士的服务和引导，引导非公有制经济人士学法懂法守法用法，引导非公有制经济人士依法治企、依法经营、依法维权。积极参与全面推进依法治国实践，坚定发展信心，充分发挥聪明才智，加快转型升级，在创业创新中发挥更大作用。

【开展理想信念教育活动】 2015 年，县工商联根据省、市要求，认真研究教育实践活动，调整领导小组，制定《五华县开展以守法诚信为重点的非公有制经济人士理想信念教育实践活动总体工作方案》《五华县开展以守法诚信为重点的非公有制经济人士理想信念教育实践活动意见》，并会同县经济开发区党工委专门召开企业党支部书记会议，进一步推进理想信念教育实践活动，要求企业党组织大胆引导非公有制企业在经济新常态下加快转型升级，积极引导非公有制经济人士做到政治上自信、发展上自强、守法上自觉，为全面深化改革和全面推进依法治国做出新贡献。

【积极投身第四届世界客商大会系列活动】 2015 年 10 月 12—13 日，第四届世界客商大会五华县系列活动在县城举行。县工商联牢固树立“一盘棋”思想，围绕客商大会系列活动目标，尽力做好宣传造势、营造氛围，信息对接、沟通联络等各项准备工作。县工商联主席周国富在客商大会系列活动中，紧紧围绕大局，率先把县委、县政府“三个一批”活动当作自身企业做大做强的分内事。其中，“富胜实业有限公司数字电视组装项目”就是动工一批的项目之一，该公司在河东工业区建设数字电视组装项目，用地面积 6.67 公顷，总投资额 3.5 亿元，固定资产投资 3 亿元。

【积极参与“暖企”行动】 2015 年，县工商联积极开展“暖企”活动，围绕企业“进得来、留得住、快发展、能壮大”要求，在加大招商引资责任制考核，落实县领导挂钩重点企业责任制落实的同时，巧用金融杠杆撬动和“互联网+”优势，打出扶持实体经济发展“组合拳”。一是举办政银企对接会。通过政府搭建平台，促进银企合作，强化银企对接，构建长期稳定银企关系，促进地方经济和金融事业互惠互利、共同发展。二是开展“引智强企”活动。“引智强企”是市委、市政府深入实施产业振兴三年行动计划的重要举措，实现政府创新服务方式、助推企业“强身健体”、转型升级的“暖企行动”。县工商联积极组织民营企业积极参与其中，借助国家级专业技术机构人才、技术及检测资源等优势，全面提升企业管理水平和产品质量，加快推动五华工业经济振兴发展。

【努力服务企业】 2015 年，县政府为解决中小微企业融款难、融资贵，融资渠道不畅等问题，按照国务院和省政府文件精神，专门出台《信贷风险补偿基金管理暂行办法》和《信贷风险补偿基金工作方案》，明确由政府首期投放 2000 万元，设立“信贷风险补偿基金池”，发挥财政资金杠杆效应和导向作用，并作为鼓励和促进金融机构加大对全县中小微企业信贷支持力度的政府引导性专项资金，筹资 2000 万元撬动逾 2 亿元信贷融资额，切实缓解企业融资难、融资贵问题，助力中小微企业持续健康发展。县工商联积极充当好作为政府联系、沟通企业的桥梁和纽带角色，主动为企业服务，帮助全县 7 家规模以上企业实施技术改造转型升级项目，总投资 2.4 亿元。

【大力推进行业商会协会建设】 2015 年，县工商联一方面积极参与梅州市五华商会筹备组建工作，动员五华非公有制经济人士、五华籍在梅州市独资和合资兴办企业的自然人积极参与“梅州市五华商会”，推荐会员企业 60 多家，使商会组织形成浓厚氛围，更好地履行办会宗旨，致力于搭建联情结谊、信息交流、资源共享的平台，更好地引导会员企业发挥产业优势，积极参与社会投资和项目建设；同时，投身支教助学、扶贫济困等活动，共商发展，同惠桑梓。另一方面，发挥行业协会自律规范作用，会同主管部门认真做好规范行业协会依章程开展业务活动，独立管理会务事务。积极参与“五金制品行业协会”“电子商务协会”“个体劳动者协会”“私营企业协会”等建立民主选举、会员大会、理事会、监事会、财务管理、印章文件管理等相关制度，引导行业协会制定职业道德准则、诚信自律行为等，对会员执业状况、纳税状况、财务管理状况以及人民群众信誉评价等都登记管理，杜绝出现商业贿赂、假冒伪劣、侵害消费者合法权益等行为。

【动员社会能人办好光彩事业】 2015年，县工商联积极引导全县非公有制经济人士自觉践行社会主义核心价值体系，履行社会责任，积极参与光彩事业，支持县重点项目建设。动员梅州市五华商会向五华县捐赠61.8万元贫困生助学金；在第四届世界客商大会五华县系列活动举行期间，积极动员本县乡贤和企业家捐款850万元，支持五华青少年足球事业发展。还通过搭建活动平台，引导会员企业、外地商会开展扶贫济困、捐资助学、善待员工等活动，积极投身光彩事业，勇于承担社会责任，展示非公有制经济人士良好社会形象。

【宣传报道工作】 2015年，县工商联以《五华统战信息》为载体，做好非公有制经济人士、非公有制企业“两个健康”宣传报道工作，撰写、刊登信息9篇，为企业快速发展营造氛围。先后对梅州市长兴建筑工程公司、梅州市创达建筑有限公司、大昌燃气有限公司等会员企业进行调研，了解企业发展情况，了解非公有制经济人士思想动态，撰写《非公有制经济人士的思想引导问题研究》调研文章。

（黄文象）

县工商联2015年度负责人名录

主　席：周国富

第一副主席：钟作宏（任至10月）
李剑文（11月任）

副主席：曾崇辉（10月任）廖清果
陈水莲　张瑞兴　曾水方
邹　宏　李培安　周辉权
曾　钧　高　淞　刘旭勇
陈桂雄　张发巨　古庚端
李仁安　张志宗　李耀民
黄　海　周妙文　邓华添
温庆坤　戴伟权　李景友

法治

政法委及综治工作

【简况】 2015年，县委政法委与县综治办、县委610办公室、县维稳办实行四块牌子、一套人马、合署办公。县委政法委内设办公室、研究室、执法督查室。县委610办内设综合业务股、调研指导股。县委维稳办内设维护稳定工作股。县综治办未内设机构。有在职职工18人，其中公务员16人，工勤人员2人；离退休人员10人。中共五华县政法系统工作委员会负责公安局党委、检察院党总支、法院党总支、政法委机关党支部、司法局党支部党建工作。2015年末，县政法系统党工委辖党委1个，党总支2个，党支部40个，党员823人。

【维护社会稳定】 2015年，县委维稳办牢固树立“稳定压倒一切”意识，切实加强领导，落实工作责任，有效维护社会稳定。一是着力源头预防，强化主动稳维。针对因土地、山林、资源开采等方面引起矛盾纠纷较为突出实际，切实加强不稳定因素收集、研判，及时预警有关部门做好化解，牢牢掌握维稳主动权。二是完善工作机制，积极化解历史积案。依托广东政法网社会矛盾纠纷台账管理系统，规范、完善矛盾纠纷排查、调处、督办、销案、建档等工作机制。对排查出来的问题，严格落实领导“包案”制，成立专门工作组迅速开展调处化解工作，确保化解一宗、巩固一宗、销案一宗。全年化解社会矛盾纠纷650多件次，调解率95%，参加重点信访突出问题研判会5场次。

【社会治安综合治理暨平安建设】 2015年，县综治办紧紧围绕打造“平安五华”，构建和谐社会目标，认真贯彻落实中央和省市综治委各项重大决策部署，扎实推进社会治安综合治理和创建“平安五华”。一是着力加大创建“平安五华”宣传力度，提高平

2015年6月30日，县平安办联合棉洋镇举办“创建平安棉洋”宣传活动

安建设知晓率。全年发出宣传围裙 1 万多条，公开信 5000 多份，宣传卡片 1 万多份，悬挂横幅标语 200 多条，与县城门店签订协议，在店门口的 LED 显示屏滚动播放平安建设宣传广告，大力营造城市、农村齐抓共建，各行各业共保平安良好氛围。二是着力推进基层治理和专项整治。围绕基层治理和全县“十大专项整治”任务，成立专门工作组，制定《政法委整治黑恶势力实施方案》《基层法治建设工作计划》，积极协调参与单位，严厉打击农村基层组织、宗族房姓、社会不良势力参与利益纷争、损害群众利益违法犯罪行为。三是着力推进“平安细胞”创建。积极引进梅州科聚通科技有限公司创建智慧平安校园管理系统，充分发挥综治成员单位职能作用，联手共创平安村居、平安社区、平安医院、平安校园、平安铁路、平安企业，以平安小细胞推动平安大五华建设。四是着力推进基层社会治理（便民）服务中心建设。全面推行上年度先行试点做法和经验，督促水寨、河东、转水、岐岭、潭下、郭田、横陂、棉洋、梅林、华阳等 10 个镇在年底完成创建任务，实现社会治理一站式办公一条龙服务。五是着力推进防控体系建设。推进广东政法网工程二期三、四级网络建设和应用，启动政法委政法网涉密机房建设，推进综治手机版软件信息化和视频联网建设，推动政法各单位信息共享和业务协同，提升主动防控水平。六是指导综治滞后单位进行整改。指导县房管局等 7 个单位制定整改方案，狠抓整改措施落实，如期摘掉综治“黄牌警告”帽子，达到整改目的。七是加强镇级综治基层干部队伍教育培训。分别对全县 16 个镇和县直单位分管领导及工作人员进行业务培训，提高综治和平安建设队伍业务和政治素质。八是加大铁路护路联防、预防和减少青少年违法犯罪、预防和减少严重精神病患者肇事肇祸、物流快递管理等工作力度，确保综治各项措施落到实处。九是加大综治工作与平安建设考评力度，严格执行综治“一票否决”制度。年终，县综治委组织对全县各镇、各部门的综治与平安建设工作开展考评。水寨镇、县委办等 34 个单位被评为先进单位，县畜牧局被“一票否决”，棉洋镇、扶贫开发局被“黄牌警告”，长布镇、梅林镇、农业局、卫计局被“提醒注意”。

【防邪反邪】　2015 年，县委 610 办强化源头管控，全力做好防范和处理邪教。一是加强对重点人员防控和帮教。对重点场所和重点部位加强巡查监控，向有关镇发放《帮教工作手册》，协调配合各镇对“法轮功”邪教组织重点人员和“全能神”邪教人员进行定期回访、跟进教育，积极帮助在册邪教人员解决实际问题。二是加强反邪教警示教育宣传力度。印制 9000 份反邪教宣传贴图，分发到全县 445 个村（居）进行张贴；在县广播电视台反复播放反邪教专题片；联合县司法局、普法办制作反邪教宣传栏在旅游景点、文化广场等人口密集场所悬挂宣传。三是积极开展“三个五”无邪教创建示范工作。成立创建示范工程活动领导小组，强化领导责任机制，层层签订《无邪教创建活动目标责任书》。建立健全《防范和处理邪教工作职责》《会议制度》《信息员工作制度》《奖励制度》《反邪教应急工作预案》等制度，以规范制度保障无邪教创建示范工作稳步开展。

【执法督查】 2015年，县委政法委强化工作措施，通过到政法各部门召开座谈会，抽查案件卷宗，走访县人大、政协、纪委等，加强对政法各家执法监督检查；加强组织督导，深入开展“坚决纠正涉法涉诉中损害群众利益行为”专项整治行动；认真贯彻落实中共中央办公厅、国务院办公厅印发《领导干部干预司法活动、插手具体案件处理的记录、通报和责任追究规定》和中央政法委出台《广东省领导干部干预司法活动、插手具体案件处理的记录、通报和责任追究实施办法》，迅速启动机关统计工作，定期向上级政法机关报告进展情况，促进政法各部门严格、公正、文明执法。同时加强涉法涉诉信访工作，积极化解社会矛盾，全年接待涉法涉诉群众来信来访35批人次，转办、督办信访件7件，召开案件研判协调会3场次。

【党建工作】 2015年，县政法系统党工委发挥职能作用，采用各种措施，强化政法各党组织“不抓党建是失职，抓不好党建是不称职”思想认识，全面落实党建工作责任制，有力推进党建工作上水平。一是组织推动政法各级党组织认真落实中心学习制度，扎实推进社会主义核心价值观、“三严三实”等主题教育活动，加强机关党的思想建设。二是在政法系统广泛深入开展岗位练兵、岗位建功活动，推动机关党的组织建设。三是创新机制，切实落实“三会一课”（定期召开支部党员大会、支部委员会、党小组会，按时上好党课）制度，严格发展党员程序和手续，推进机关党的制度落实。2015年，发展预备党员5人，批准预备党员转正6人。四是督促各级党组织层层签订廉政建设责任状，指导各党组织开好组织生活会和民主生活会，推行阳光党务，实行党务公开，自觉接受党内党外监督，加强机关党风廉政建设。五是深入了解掌握干部职工思想动态，于“七一”前后及春节期间走访慰问困难党员及离退休党员，组织开展篮球、乒乓球、足球等丰富多彩文体活动，夯实党建基础工作，稳定政法系统干部队伍。2015年，政法系统足球队参加县“国沅杯”运动会，取得县直十二大系统足球比赛第三名的好成绩。六是组织指导政法各党组织扎实开展机关联系基层、干部联系群众“双联系”工作，以挂点帮扶贫困村、整顿软弱涣散基层村党组织为契机，组织专门工作组进村入户，切实帮助解决挂点联系村存在的突出问题。积极参与打造3万亩群山森林围城工程，投入资金20多万元完成县级森林公园星湖岭植树造林任务。围绕县委创建省级卫生城市工作目标，多次召开协调会，积极筹措资金，在挂点大布村集中开展卫生治理和整顿，圆满完成所包村卫生达标任务。

2015年8月4日，五华县法学会成立大会暨第一次会员代表大会

【**成立五华县法学会**】 2015年8月4日，五华县法学会在县党政大楼召开成立大会暨第一次会员大会。会议表决通过《五华县法学会章程》，选举产生五华县法学会第一届理事会理事39名、常务理事20名、会长1名、常务副会长1名、副会长7名、秘书长1名。县委常委、政法委书记叶天泉当选为法学会会长。法学会主要职责是：组织指导全县法学理论研究；参与地方规范性文件的草拟、论证；对立法、司法、执法等实践活动中的重大问题提出咨询意见、建议和对策；开展涉法涉诉个案研究；参与法制宣传和法学教育；负责开展对外法学交流活动。

（廖素媚）

县委政法委2015年度负责人名录

书　记：叶天泉

副书记：赖　勤　毛嘉鹏　黄明仰　甘桂源　李佰青（任至6月）　曾焕章　彭思鹏

政法委委员：黄永响（4月任）　廖素媚

系统党工委专职副书记：廖素媚

县综治办2015年度负责人名录

主　任：甘桂源

副主任：陈汉强　曾少廉

县"610"办2015年度负责人名录

主　任：曾焕章

副主任：朱幼雄　邹林茂（4月任）

县维稳办2015年度负责人名录

主　任：李佰青（任至6月）

副主任：邹林茂（任至4月）　黄国雄

法治政府建设

【**行政规范性文件草拟、审查、修改**】 2015年，县政府法制局在县重点项目建设、城市规划、工业园区建设、公路建设、土地储备管理、计育管理、教育管理、招商引资、环境保护、安全管理、河道管理等方面草拟、审查、修改县政府及其部门的规范性文件等133件（其中上报市政府备案的规范性文件6件）。重点把好出台规范性文件程序、政策、法律关，努力提高文件质量，确保规范性文件合法、适当、可行；严格按照规范性文件备案工作要求，对符合《梅州市规范性文件制定程序规定》的规范性文件，能及时报送梅州市人民政府备案，做到上报材料齐全、规范。

【**清理行政权责和编制权责清单**】 2015年，县政府法制局对27个单位"清理行政权责和编制权责清单"工作进行认真审查、指导，为全县依法行政工作推进夯实基础。

【**行政复议、行政应诉**】 2015年，县政府受理不服镇级政府、县级部委办局作出具体行政行为而申请行政复议案件39宗（其中山林、土地纠纷案件占90%）；立案39宗；

审结 39 宗，（其中维持 18 宗、自行纠正 20 宗、撤销 1 宗）。同时，受县政府和有关部门委托，县法制局参加一审、二审法院行政应诉案件 20 宗，经审结 20 宗、维持 16 宗、撤诉 3 宗、撤销 1 宗，审结维持率 95%。使人民群众切实感受到法治政府带来公平正义，政府依法行政形象更加深入民心。

2015 年，根据行政机关负责人出庭应诉规定，县政府分管法制的工作领导到梅州市中级人民法院出庭参加诉讼案 1 宗，审结维持。

【行政经济法律服务】 2015 年，县政府法制局紧紧围绕县委、县政府招商引资，促进县域经济发展中心工作，切实做好法律方面，为县政府建言献策，为招商引资工作顺利开展提供法律保障。如河东生态工业区、人民公园、奥园、琴江公路建设等征地、拆迁问题；高速公路五华段建设征地、拆迁，特别是与承建方的谈判工作及与征地、拆迁户的法制宣传。在创建广东省卫生县城中，积极主动为县委、县政府政府整治脏、乱、差提供法律支持。为此，县法制局领导与有关部门负责人深入基层，调查了解情况，用实际行动化解矛盾，解决工作中碰到系列问题，使县委、县政府重点项目建设得以顺利推进。

【领导干部学法】 2015 年度，为更好适应全面建设小康社会新形势和依法治国进程，更加扎实、有成效推进五华县依法行政，县法制局局长陈兆祥在第九次县政府常务会议上对《中华人民共和国行政诉讼法》和《行政主体之授权与委托》进行授课；各单位主要负责人反映良好，对在执行党的方针政策上受到较好启发。

【行政执法监督检查】 2015 年度，县政府法制局加强行政执法监督检查力度：一是以省、市对县依法行政工作检查为契机，强化对全县有关行政执法部门培训，并在执法依据、执法主体、执法行为方面督促检查落实；二是及时规范行政执法流程图，并要求在政务公开栏上墙公布。

【协调、指导、调处纠纷案件】 2015 年，县法制局继续探讨完善行政复议与行政诉讼、信访工作衔接机制，加强部门协调配合，积极化解行政争议和维护社会稳定。根据县委、县政府领导指示，县政府法制局领导积极参与处理信访案件突出问题，在调查了解案件事实基础上，注重把握好法律、政策关，努力为领导决策提供优质法律服务。如协助县信访局做好周江镇部分村民反映在老宅基地使用过程中双方发生冲突纠纷案件以及铁道兵上访补偿问题等，经法制部门参与研究后，17 宗复杂疑难信访案件均能按法律途径得到解决，有效缓解信访案件矛盾的激化，为维护社会稳定发挥应有职能作用，得到县委、县政府领导充分肯定。

【申领、换发《广东省人民政府行政执法证》和县人大议案、建议及县政协提案督办、协办】 2015 年，县法制局在全县 16 个镇行政执法人员办理执法证基础上，完善个别单位申报换发行政执法证工作。对部分政执法人员因行政执法证件已到期或因工作变动，利用网上申报办证平台，及时向省政府申报换发行政执法证，使执法人员均能做到持证上岗。对县人大、政协议案、建议和提案办理和答复能做到件件有着落、事事有回音，较好提高办理质量，代表、委员对办理结果满意率有显著提高。

【法制队伍建设和依法行政考核评价】 2015年，经县委、县政府领导批准调编四名工作人员，其中两名在县内遴选，两名向社会公开招录。分别派出业务骨干参加全国政法学院和广东省法制办举办的法制业务培训。积极落实依法行政工作考核评价工作，考核结果被评为良好。（李文）

县法制局2015年度负责人名录

局　长：陈兆祥

公安工作

【简况】 2015年，县公安机关准确把握新形势下公安工作特点和规律，主动适应新常态，围绕中心服务大局，坚持“一手抓政治一手抓业务”，推进公安队伍正规化建设和公安事业创新发展；按照市公安局“三个注重”（即：注重创新、注重实效、注重民生）要求，扎实做好反恐维稳、防控管理、打击整治、服务群众等各项工作，全面深化“平安五华”建设，确保全年未发生重大恶性刑事案件、个人极端暴力犯罪、暴力恐怖犯罪活动和重特大涉校园、涉枪涉爆等安全事故，打击整治工作实现破案绝对数、“盗抢”破案数、涉毒查处数、强制戒毒数、逮捕数、起诉数上升和命案、“八类严重暴力犯罪”案件、治安案件数下降的“六升三降”目标，再次取得“3+2”“客都民意警务”工作综合考核全市第一优异成绩，蝉联全市“双料冠军”。

【维护政治社会稳定】 2015年，县公安机关围绕全国“两会”和元旦、春节、“4·25”、“6·4”、“9·3”和世界客商大会、中共十八届五中全会等敏感节点，狠抓各项维稳安保措施落实，严格落实“大排查”“大调解”工作机制，重点针对公共基础设施、重点工程建设、征地拆迁、特殊群体和涉法涉诉引发的社会治安问题，强化情报预警，狠抓源头稳控，发挥派出所调解作用，最大限度把矛盾纠纷化解在萌芽状态，有效维护五华县政治社会稳定。同时，有针对、有重点地加强对易肇事肇祸精神病人、吸毒人员等高危群体管控，严密组织反恐应急处突演练，严防发生重大恶性刑事案件和个人极端暴力犯罪案件，确保全县未发生重大恶性刑事案件、个人极端暴力犯罪和暴力恐怖犯罪活动。

【严打工作】 2015年，五华县公安机关围绕群众反映强烈、影响社会治安稳定和经济发展的突出治安问题，在全县范围内开展“3+2”（“涉毒、涉黑恶、涉盗抢”和“涉赌、涉诈骗”）专项打击整治行动，同时根据五华县委、县政府2015年重点工作安排，深入开展基层治理、“十大专项整治”行动，刑侦、治安、禁毒、经侦、网警和各派出所积极回应，强化警种协同作战、跨区域作战，坚持如实立案、大案快破、小案多破，严厉打击各类违法犯罪，全力保平安护民生。全县立刑事案件1763宗(含交警案件)，破986宗，抓获作案成员1047名，抓获逃犯225名（网上追逃223人），提请逮捕445人，起诉658人，比上年立1544宗、破954宗，立案数和破案数均上升。其中：命案发5宗，破5宗，破案率100%（包括故意杀人案件发4宗破4宗）；立盗抢类案件1125宗，破568宗，比上年同期破案数上升49.1%，打掉“双抢双盗”团伙10个43人，含2个跨区域团伙案件；立诈骗案件176宗，比上年同期下降12.9%；成立打黑除恶专项工作专班，重点打击强迫交易、寻衅滋事、敲诈勒索等涉恶9类案件，立涉恶类案件97宗破80宗，刑事拘留152人，抓获涉恶犯罪嫌疑人中被检察院批准逮捕79人，被公诉209人，被判决168人。查处黄赌案件483宗，抓获涉案人员635人，行政拘留235人、刑事拘留189人，提请逮捕133人，行政处罚328人，取保候审52人，收缴赌博游戏机98台和其他赌博工具一批，全年“3+2”涉赌专项打击整治工作全市考核排名第二。查处吸毒人员693人,其中强制戒毒174人，对比上年分别提高21.37%和24.43%，破获涉毒刑事案件61宗、刑事拘留61人、提请逮捕48人，刑拘、提请逮捕数对比上年同期分别增长144%和140%，查获甲基苯丙胺（冰毒）305.22千克、氯胺酮（K粉）46.37克，全年“3+2”涉毒专项打击整治全市考核排名第一。查处网络违法犯罪案件12起，提请逮捕6人，行政处罚25人，抓获逮捕在逃人员4人，查处涉网络赌案件9宗，配合其他部门破案30宗，配合外地公安机关办理案件案8宗6人，出具电子数据鉴定数量137份，排查掌握网络信息970条，检查网吧175间次，处罚违规经营网吧10间次。受理各类经济案件共20宗，立14宗，破12宗，提请逮捕5人，取保候审7人，移送起诉12人,挽回经济损失300多万元，抓获各类经济案件网逃人员6人。

【治安管理】 2015年，五华县公安机关着力夯实基层基础，加强社会治安防控体系建设，把警务触角延伸，继续推进集“宣传员、信息员、治安员、调解员、服务员”“五员合一”群防群治服务队建设，发挥群防群治示范点作用，充分调动人民群众参与社会治理积极性和主动性。至年末，全县建成群防群治服务队416支、队员2150名。继续完善重点场所、重点部位安全防范和治安综合治理，对治安问题突出地区、部位进行排查整治。继续加强对旅馆业、旧货业、娱乐服务业、废品收购业等重点行业管理，加强枪支弹药、烟花爆竹等危爆物品安全管理。全年检查旅馆业、歌舞娱乐场所393间（次）；重点金融单位、学校、医院286间（次），排查整改92项，发出整改书92份；收缴枪支205支，管制刀具69把，查处涉枪案件22宗，立刑事案件8宗，刑事拘留8人，检查涉爆单位29间，检查公务用枪189支。继续以城乡视频监控系统建设与应用为突破口，推进全县“平安五华”“平安乡镇”“平安乡村”建设及应用工作协调发展，在全市率先把平安监控覆盖到每一个镇，率先启动并快速推进“平安乡村”建设，率先建立多渠道、多层级、多技术的实战应用及维护管理制度。至年末，“平安五华”“平安乡镇”工程新增高清监控点548个，其中球机300个、枪机218个、智慧监控30个，初步实现对县城及各乡镇重点单位、重要区域、关键路段和主要出入口“全覆盖”，织牢社会防控体系。全年治安大队审核审批户口迁入4557人；主项变更更正1841人；补录户口185人；恢复户口1126人；注销户口1342人；办理居民身份证104642张；制发临时居民身份证18780张；办理居住证964张。清理核查和纠正户口登记项目差错11843条；注销户口5586人；完成人相比对任务4294个，清理16岁以上人口信息无相片人员18707人。县城城区登记门楼牌20157块。办理民用爆炸购买、运输许可证1721份，开具烟花爆竹运输等证件331份，审批审核有效印章1947枚。

【道路交通管理】 2015年，县公安交警大队大力开展“无牌无证驾驶、超速超载超限运输、不戴头盔驾乘摩托车”专项整治、农村地区交通违法行为专项整治和整治县城交通秩序创建卫生（文明）城市、组织5个波次集中行动开展“打非治违”等工作，交通秩序明显好转。全年发生交通事故93宗，死亡32人，伤112人，财产损失76870元，其中立刑事案件81宗，刑事拘留39人、取保候审60人，提请逮捕21人，查处超速行驶17693起，违法停放10989起，冲红灯、不按车道行驶41410起、不戴安全头盔18728起等各类违法行为，查扣违法机动车4579辆，查处酒驾103人，查处无证驾驶663人，查处假套牌报废车辆728辆，行政拘留119人，印发各类宣传资料16万份。

【出入境管理】 2015年，县公安局出入境管理大队以“出入有境、服务无限”工作理念，全面推行“微笑服务”，打造文明窗口名片。全年受理各类申请材料（含网办）88152人次，其中因私护照12985人次、往来港澳通行证及签注63387人次、前往港澳通行证294人次、往来台湾地区通行证及签注2960人次、台湾居民往来大陆延期签注10人次；组织清理“三非”外国人行动6次，查处“三非”案件3起11人，办理国家工作人员信息资料变更2万人次，法定不批准出境报备195人次，撤销69人，抓获网上逃犯2名。

【指挥中心工作】 2015年，县公安局指挥中心充分发挥辅助决策、授权指挥、组织协调、服务督导“四大职能”，做好接处警、视频监控、信息报送、警情分流、信息查询、机要收发、短信平台、情报平台、卡口平台、金融报警台、文秘档案、通信保障等工作。全年“110”报警台接报有效警情14625起，其中：刑事警情1378起、治安警情1296起、交通警情4461起、求助警情901起、火警188起、其他警情6401起。收集整理各类要情737条。

【队伍建设】 2015年，五华县公安局紧密结合队伍实际，坚持政治建警、依法治警、素质强警、从严治警方针，深入开展“三严三实”专题教育，开展“抓党建、带队伍、促工作”主题活动，注重选树典型，加强公安队伍正规化建设，铸造忠诚警魂，科学管理队伍，提升公安机关履职能力和水平。加强对执行政治纪律和组织纪律监督检查，坚决查处违纪行为，确保政令、警令畅通，重点整治涉及“枪酒车赌毒”等多发问题，有警不处、有案不立等影响群众安全感和执法公信力问题。全年接受群众投诉、检举、控告 36 起，查实 1 起，检查单位 140 个次，出动警力 552 人次，发现并纠正问题 47 个，制作明察暗访纪录片 9 期，检查车辆 167 辆（次），发出督察通知书 10 份，抽查警情 1240 宗，视频督察 138 次，维护民警正当执法权益 2 起。

【宣传工作】 2015 年，五华县公安局以“唱响公安主旋律、推进民意警务主战略”为抓手，大力构建“人人都是宣传员，人人都是形象代言人”大宣传格局，各警种、各部门多渠道多角度开展形式多样的宣传活动，选树典型，为各项专项整治行动营造氛围，从中塑造和推介警队形象。全县开展禁毒知识宣传教育活动 140 多场次，联合电影公司在全县范围内播放专场、随场禁毒宣传电影 5000 多场次，各种宣传活动接受群众咨询 87000 多人次，派发禁毒宣传资料 22 种 93000 多份，制作悬挂横幅展板 170 块，张贴宣传通告、标语、海报、小册子 67500 张，发放禁毒特色生活用品 35 种 17000 件，收到群众举报线索 112 条，形成禁毒宣传教育“常态化、全覆盖、影响大、实效显”浓厚氛围。指挥中心宣传部门通过传统媒体和新兴媒体加大宣传力度，通过网上网下平台积极组织开展警民互动活动，促进和谐警民关系建设。全年在县以上各级媒体发稿 1358 篇（条），其中：中央级 31 篇，省级 506 篇，市级 449 篇，县级 372 篇；在官方微博上发布微博 505 条。　（朱腾）

县公安局 2015 年度负责人名录

局　长：赖　勤
党委副书记：吴展基（任至 9 月）
　　曾幸辉
副局长：吴展基（任至 9 月）
　　汤岸辉　张治标　张维健
　　古新华　张长安（任至 9 月）
　　曾患鑫（任至 9 月）
　　刘柏青　曾繁龙（挂职）
党委委员：陈幼文　曾国辉　陈克彪
　　冯云开　张炳忠

检察工作

【简况】 2015 年，五华县检察院紧紧围绕五华经济社会发展大局，忠实履行宪法和法律赋予职责，着力强化法律监督、强化自身监督、强化业务建设、强化队伍建设，各项检察工作继续保持良好势头，为推进五华“工业新城、长乐之乡”提供有力司法保障。全年工作呈现出如下几个特点：一是围绕“平安五华”建设，依法打击各类刑事犯罪，加大查办职务犯罪案件力度，深入开展职务犯罪预防工作，执法办案工作有新成效。二是围绕公平正义，切实加强诉讼监督，切实加强监管场所和民事行政检察监督工作，切实发挥控申窗口职能作用，法律监督工作有新的进展。三是围绕阳光检务工作，检察公信力有新提升。四是围绕抓纪律抓制度，加强班子建设，积极开展检察业务培训，抓好日常制度管理，加强文化育检建设，扎实开展“五个一”活动，同时做好从优待检工作，队伍整体素质有新提高。

【打击各类刑事犯罪】 2015年，县检察院受理公安机关提请逮捕案件385件611人，经审查后批准逮捕271件440人，不批准逮捕113件170人；受理审查起诉案件512件683人；经审查后决定起诉481件633人。

【社会矛盾化解】 2015年，县检察院注重运用法治思维和法治方式化解矛盾纠纷，深化刑事和解、检调对接等工作，主动做好隐患排查、风险防范和矛盾化解，全年办理刑事和解案件10件。加强司法救助，办理刑事被害人救助案件1件。受理刑事申诉案件2件（其中立案复查1件、审查结案1件），完善执法办案风险评估预警和检察长接访、下访巡访等制度，依法妥善解决群众合法合理诉求。控申部门受理群众来信来访136件，检察长接访24次，接待群众25批66人次，有效化解社会矛盾，为经济社会发展创造良好社会环境。

【检察室工作】 2015年，县检察院协助开展职务犯罪侦查和预防，全年收集职务犯罪线索6件，协助自侦部门查办案件3件，开展廉洁宣传和职务犯罪预防专题讲座35场次；加强行政执法和刑事执法监督，对公安派出所等执法单位提出监督意见10次，对国土所、林业站等部门提出监督意见5次，对人民法庭的审判活动监督4次，加强与民行联络员沟通，提供行政违法线索1件，民行科立案并发出检察建议1次；配合开展综治维稳工作，协助开展社区矫正监督3次，受理群众来信来访81件，接受咨询135人次，参与调处化解各类矛盾纠纷31件。坚持从严管理、规范管理，制定考核细则、年轻干警挂职锻炼及办理轻型案件等方面制度，促进规范化运作。

【查办贪污贿赂犯罪】 2015年，县检察院认真贯彻中央关于反腐倡廉决策部署，坚持有贪必反、有腐必惩、有案必办，“老虎”“苍蝇”一起打。全年受理贪污贿赂案件线索7件，立查贪污贿赂案件10件16人，立案人数比上年上升23%（其中科级干部2人），通过办案为国家挽回经济损失100多万元。突出抓好查办和预防涉农领域职务犯罪等专项工作，集中力量查办大案要案，立案查处人民群众反映强烈、与民生密切相关的扶贫、农村社会保障等领域的一批案件。全年反贪部门立查涉农职务犯罪案件7件11人，

2015年9月8日，五华县人民检察院举办以“感受阳光检察，预防涉农犯罪”为主题的“检察开放日”活动

立案人数对比上年升 37.5%。

【反渎职侵权工作】 2015 年，县检察院严肃查处滥用司法权、行政执法权、行政审批权给国家和人民利益造成重大损失的渎职犯罪。全年受理渎职侵权案件线索 7 件，立查渎职侵权案件 7 件 7 人（其中正科级 1 人、副科级 3 人），立案数对比上年上升 16.7%，副科级干部的查处人数对比上年上升 50%，通过办案为国家挽回经济损失 26 万元。

【职务犯罪预防】 2015 年，县检察院开展预防调查 7 次，受理行贿犯罪档案查询 1477 次，开展预防宣传和警示教育 26 场次，受教育人数 7000 多人。发挥预防职务犯罪警示教育基地作用，接受廉政教育干部 900 多人，警示教育基地已成为全县廉政文化宣传阵地和公职人员增强拒腐防变观念重要课堂。积极保障政府投资安全，对兴华高速公路五华段等 5 个重点工程项目实行同步预防。将预防工作延伸到基层，在安流、河东、华城、周江 4 个镇设立预防涉农职务犯罪警示教育宣传栏，推动预防工作深入开展。

【"两法衔接"工作】 2015 年，县检察院走访行政执法单位 26 家，查阅行政执法案卷 300 多件，接受备案审查 5 件，监督行政执法机关移送涉嫌犯罪案件 14 件，公安机关立案侦查 8 件，批捕 8 人，8 人获法院有罪判决。推进与行政执法机关信息共享平台建设，积极拓宽立案监督案源渠道，完善立案监督事后跟踪机制，依法监督公安机关撤案 3 件 3 人。加强法律引导，对案情重大、复杂案件，及时派员提前介入，确保案件顺利查处，全年提前介入案件 7 件。

【侦查活动监督】 2015 年，县检察院严格执行审查逮捕阶段讯问犯罪嫌疑人规定，及时发现违法行为，向公安机关发出《纠正违法通知书》6 份，改变案件定性 6 件 9 人。对需要补正、完善的证据通过退回补充侦查予以完善。全年退回补充侦查 107 件 180 人，其中二次退查 14 件 23 人。

【刑事审判监督】 2015 年，县检察院运用纠正违法等手段，重点监督纠正有罪判无罪、无罪判有罪、量刑畸轻畸重以及程序违法影响公正审判等问题，向法院提出口头纠错 5 次。加强对量刑环节监督，开展量刑建议，向法院发出量刑建议 302 份，采纳率为 90.5%。加强与法院联系沟通，严格落实检察长列席审委会例会制度，审判监督实效明显增强。

【民事行政法律监督】 2015 年，县检察院积极探索行政违法检察监督工作，针对在国土、林业、食品药品监督管理中发现的问题向行政机关发出检察建议 6 份，督促其依法履行职责、规范执法行为，有关单位均采纳建议。

【刑罚执行和监管活动监督】 2015 年，县检察院开展监管场所安全防范检查，消除安全隐患 2 件，妥善处理重大安全事故 1 件。加强对羁押期限监督，预防超期羁押 7 件 7 人。核查刑事案件诉讼期限 293 件次，依法向办案单位提前告知催办案件 7 件 7 人。立案查处看守所辅警邓某涉嫌帮助犯罪分子逃避处罚案，是全市基层院监所部门查处的唯一一宗案件。强化社区矫正法律监督，跟踪考察监外执行罪犯 803 人次。

【案件管理】 2015年，县检察院受理分流各类案件736件1053人，结案移送668件980人，监管涉案款物412件，发出口头办案期限预警12次，接待律师阅卷36件、群众查询35人次。

【信息、调研、宣传工作】 2015年，县检察院编发信息44期，简报8期，动态45期，上报后被上级党政机关和省、市检察机关采用136篇次。组写宣传稿件200篇，被各级新闻媒体采用180篇（次）。开通“两微一端”，提高五华检察公信力和亲和力。

【检察队伍建设】 一是突出抓好思想政治教育。以“五个一”活动为载体，每周一坚持召开党组会，认真组织、深入学习中共十八大、十八届三中、四中全会和习近平总书记系列重要讲话精神，坚定道路自信、理论自信和制度自信。加强机关党建工作，坚持“三会一课”制度，不断健全党组织生活，增强党员组织观念，督促党员发挥先锋模范作用，努力提升党建工作水平。扎实开展“三严三实”专题教育活动，通过专题学习研讨、领导班子为干警上党课等形式，筑牢检察事业正确的发展理念和执法理念。二是狠抓纪律作风和自身反腐倡廉建设。扎实开展规范司法行为专项整治，认真落实党风廉政建设“两个责任”，持续开展检务督察。严格执行中央“八项规定”。全面落实从严治检要求，坚决把纪律和规矩挺在法律前面，积极开展纪律教育学习月专项活动，利用正反两方面案例，加强干警思想品德教育，坚持严肃教育、严明纪律、严格管理，抓早抓小，塑造形象。严格执行“一案三卡”制度和《执法档案制度》，加强对干警八小时外的监督管理，构筑院、家庭、社会“三位一体”防范网络。2015年初，该院被县委、县政府评为“2014年度机关作风建设先进单位”。三是加强文化育检。聘请音乐、书法老师为干警授课，开展足球、篮球、羽毛球、拔河等形式多样的业余文体活动，活跃机关生活，努力培育干警的“精气神”。该院足球队参加县“天威龙”贺岁杯足球邀请赛获第三名；篮球队获2015年“五四”“信合移动杯”篮球邀请赛季军。一名干警出版个人第三部著作，一名干警在国家级散文作品征文活动中获优秀奖。

【检察工作亮点】 一是执法办案工作良性发展。全年批捕271件440人，起诉481件633人，审理的刑事案件总数对比上年增加22.99%。立案侦查贪污贿赂案件10件16人，渎职侵权案件7件7人，立案人数对比上年分别上升23%和16.7%。二是警示教育基地成为品牌。五华县预防职务犯罪警示教育基地设在检察院，成为全县廉政文化宣传阵地和公职人员增强拒腐防变观念的重要课堂，预防工作影响面不断拓展，实现关口前移、有效监控，减少公职人员犯罪率。三是法律监督成效显著。在立案监督、侦查活动监督、审判活动监督等方面卓有成效，成绩突出，特别是在行政违法检察监督工作方面，作为全市试点单位，大胆探索，扎实工作，全年向行政机关发出检察建议6份，行政机关均采纳建议。四是派驻检察室工作有新突破。作为全市设立派驻检察室最多的基层检察院，派驻检察室坚持每天驻室办公，在协助开展职务犯罪侦查和预防方面取得一定成绩。特别是在加强对基层执法司法活动的法律监督方面成效明显，对公安派出所、国土所、林业站和对法庭的审判活动进行监督，均取得良好效果。五是队伍整体素质不断提升。大刀阔斧抓好队伍建设，严肃教育、严明纪律、严格管理，队伍整体素质得到较好的提升，文化育检有声有色，干警人心齐，形象好，扎根山区，默默奉献。

【表彰荣誉】　2015 年 12 月，五华县检察院分别被广东省检察院、梅州市检察院评为“全省先进基层检察院”“梅州市检察机关先进基层检察院”。县反贪局、办公室被梅州市检察院记集体嘉奖一次，李金惠、李永强、李伟东、刘志忠、赖鸿斌、邹育标、陈锡清、张智文、张文军等 9 名干警被梅州市检察院记个人嘉奖一次。（王君娜）

县检察院 2015 年度负责人名录

检 察 长：黄明仰

副检察长：曾添香　彭　宙

李培军（兼反贪局长）

法院工作

【刑事审判】　2015 年，县人民法院坚持罪刑法定和罪刑相适应原则，严格把握宽严相济刑事政策，该严则严，当宽则宽，罚当其罪。全年受理各类刑事案件 499 件 652 人，对比上年增加 133 件 183 人；结案 490 件，对比上年增加 126 件 174 人，收结案对比上年分别上升 36.3%和 39%。针对全县山林失火案件频发问题，县人民法院依法从严、从快审理此类案件，审结失火案件 24 宗 24 人，集中对 3 宗失火案件进行公开审判，市、县电视台应邀全程录音录像进行宣传报道。

【民商审判】　2015 年，县人民法院坚持“当判则判、能调则调”原则，充分发挥司法能动作用，以“案结事了”为目标，妥善处理化解各种民商事纠纷。全年受理各类民商事案件 1793 件，对比上年增加 195 件，上升 12.2%。审结 1663 件，对比上年增加 92 件，上升 5.9%。其中调解结案 431 件，

2015 年 11 月 5 日，县委书记范宜军到五华县人民法院调研开展结对帮扶交流学习活动

占 26.2%，撤诉 542 件，占 32.9%，调解撤诉率 59.1%，民事一审服判息率 91.14%。

【行政审判】 2015 年，县人民法院坚持以“事实为依据，以法律为准绳”审查行政行为合法性，公正、及时审理行政案件解决行政争议，既依法保护公民、法人和其他组织合法权益，又监督行政机关依法行使职权。全年受理行政案件 18 件，对比上年减少 1 件，下降 5.9%；审结 18 件，对比上年增加 1 件，上升 5.9%。通过行政协调与和解，其中 4 件案件由原告主动撤诉，案件和解撤诉率 22.2%。

【执行工作】 2015 年，县人民法院坚持“和解为主，强制为辅”执行理念，加大主动执行力度，最大限度实现裁判文书所确认的当事人权益。开通并运行全国法院“总对总”网络查控系统，着力解决被执行人财产难查、难控问题。完善失信被执行人黑名单制度，在五华县人民法院官方网站和微博设立曝光台，将 108 名失信被执行人列入黑名单进行曝光，有力助推社会信用体系建设。全年受理执行案件 587 件，对比上年增加 62 件，上升 11.8%；执结 572 件，对比上年增加 47 件，执结率 94.69%，实际执行率 55.59%。

【立案信访】 2015 年，县人民法院重视立案信访和人民法庭建设，加强诉讼服务中心建设，开通诉讼绿色通道，提供多种方式司法救助，让老百姓真正感受到方便、快捷、受尊重的司法服务，以热情文明的服务传递司法温暖。信访窗口创新工作方式，实行部门中层以上领导在信访大厅轮流值班接访，营造依法信访、共创和谐良好氛围。设置远程视频接待室，实现全国四级法院远程视频接访互联互通。通过远程视频，最高人民法院法官接访五华当事人 2 人次。为当事人办理缓减免交诉讼费 6.38 万元，处理各类来信 20 件，接待群众来访 36 人次。

（甘焕东　徐冰琪）

县人民法院 2015 年度负责人名录

院　长：毛嘉鹏

副院长：张国渊　曾伟平　孔建明

司法行政工作

【普法宣传教育】 2015 年，县司法局在加强蒲丽顶森林公园、县经济开发区、琴江亲水公园 3 个“法治文化园”原有基础上，增设法治文化亭、法治文化宣传牌、法治文化宣传栏等；在琴江河上坝两堤，设置法治宣传格言，架设普法宣传牌，逐步形成“三园三基地三走廊、一江二堤、一街”法治宣传教育平台；及时更新省道水华线、水安线法治文化宣传长廊内容，让广大群众及时了解到最新法律法规；选取全县人口最多、区域最大的安流镇、龙村镇为试点，进行重点镇普法工作，使民主法治水平不断提高；开通普法专用网络账号，每周定时定量为全县干部职工发送普法知识，提高领导干部职工依法行政水平。利用“3·8”妇女维权周、“3·15 消费者权益保护日”、“6·26 国际禁毒日”和“12·4 全国宪法日”现场咨询活动等形式，组织协调配合有关部门，开展各种主题法制宣传活动，重点宣传《妇女权益保障法》《产品质量法》《消费者权益保护法》等相关法律知识，营造良好法治环境，为群众发放各种普法资料 12 万多份（册）。

【人民调解】　2015 年，县司法局发挥县局人民调解指挥中心潜能，对全县人民调解工作进行指导，下发《关于进一步加强人民调解工作的实施意见》，建立办案补助机制，实行县局人民调解指挥中心成功调解纠纷案件 1 宗，补助 600 元；基层司法所成功调解纠纷案件 1 宗，补助 200 元，并建议当地党委政府给予补助 300 元以上作为办案费用。采取部门联动，共同调处办法，与县房管局、县信访局成功调处某实业公司和 68 户预订户商业纠纷，为当事人挽回经济损失 1370 万元；基层股、社矫股及 16 个司法所各配备一个执法记录仪，既方便一线司法工作人员执法取证，又便于群众监督。全年调解各类矛盾纠纷 3765 宗，调解成功 3758 宗，调解履行率 100%，调解成功率 99.7%；预防群体性械斗事件 21 宗涉及 480 人，预防群体性上访 103 件 1046 人，防止民转刑 63 件 323 人，发挥维护社会稳定“第一道防线”作用，把矛盾化解在基层，为五华和谐稳定做出应有贡献。

【社区矫正和安置帮教】　2015 年，县司法局充分调动社区矫正管理人员积极性，以解矫通知书为统计数字，经审核程序正确、手续完备、档案齐全、措施得力的每一例解矫档案，给予社区矫正股加班补助 50 元，基层司法所 100 元，并于年终进行分类总结考核。加强两个“八小时”教育管理，严格按照《社区矫正实施办法》相关规定，组织社区服刑人员每季度至少开展集中教育学习活动及集体公益劳动活动各一次。结合律师进村（居）列入五华县 2015 年“十项民生实事”之一，把对社区矫正人员帮扶列入律师进村（居）重要内容，并实现有机结合，共同推进。严抓社区矫正工作网络监控系统，开设专门办公室，安排两名干部坐班管理，实现专人专干，并以监控手机为平台，定时定量发送管理教育信息，实现社区矫正网络监控、手机监控平台双管齐下。全年接收社区服刑人员 2179 人，解除矫正 1369 人，

2015 年 6 月，华城镇公共法律服务中心挂牌

在管 810 人，接收刑释解教人员 210 名，安置 210 名，其中重点帮教对象 25 人，达到有效稳控重点管理人群目标。

【律师、公证、法援工作】 2015 年，县司法局紧紧围绕县委、县政府中心工作，动员和组织律师、公证、法律工作者等团体，为重点项目建设提供及时、周到、全方位法律服务；以一个县级（司法局）、一个镇级（华城司法所）和一个村级（水寨镇大沙村）为示范点，有序推进全县公共法律服务中心（大厅）建设，实现公共法律服务县镇村三级全覆盖。律师队伍担任常年法律顾问县直机关 15 家，镇政府 16 家，代理刑事诉讼案件 12 件，民事诉讼案件 98 件，行政诉讼案件 25 件，法律援助案件 146 件，非诉讼案件代理 253 件，提供法律咨询 20870 人次，挽回经济损失 500 多万元。公证处办结各类公证 1400 件，涉港澳台公证 310 件，接待来访 2340 多人次，核实公证书复函 14 件，收取公证费 30 万元，为困难群众减免公证费用 5 万多元，实现公证业务“零”投诉，“零”复查，“零”赔偿。全面推进“一村（社区）一法律顾问”工作，全县村（居）法律顾问接受 23500 人次咨询，协助调解纠纷 815 宗，开展法律讲座 720 场次，审查合同 76 件，出具法律意见书 420 件，代理文书 47 份，协助谈判签约 55 宗，参与法律援助 50 件，举办社矫人员座谈 360 人次等。

2015 年 11 月 5 日，县委书记范宜军到司法局调研司法行政工作

【司法队伍建设】 2015 年，县司法局积极引导并督促干部职工坚持学以致用，开拓创新，建设一支信念坚定、执法为民、敢于担当、清正廉洁过硬司法行政队伍。采取激励机制，为干部成长进步创造条件、提供机会、增添动力；积极培育法律专业人才，为准备司法考试干部职工开通“绿色通道”，准假期参加培训学习，并给予司法考试通过者一次性奖励 5000 元。深入开展纪律教育月学习活动，提高全体党员干部职工廉洁意识，从思想根源上预防腐败。

（县司法局办公室）

县司法局 2015 年度负责人名录

局　长：黄永响

副局长：谢炳泉　吕淑萍　周洪杰

经济

综合管理

计划和物价管理

【机构整合】 2015年11月，根据《中共五华县委 五华县人民政府关于印发〈五华县人民政府职能转变和机构改革方案〉的通知》（华委发〔2014〕4号）精神，五华县物价局并入五华县发展和改革局，其职责划入县发展和改革局，单位名称仍为五华县发展和改革局。设10个内设机构：分别是办公室、规划综合股、投资管理与行政审批股（加挂县重点项目领导小组办公室牌子）、农村经济股、产业协调股（加挂县中央苏区振兴发展工作办公室）、工交能源与资环股、社会发展股、价格调控管理股（加挂农副产品成本调查队牌子）、收费管理股、项目稽查和价格监督检查股（加挂价格监督检查所牌子）。直属事业单位3个：国民经济动员办公室（副科）、重点项目办公室、价格认证中心。有干部职工33人，其中：行政编制（含参公管理人员）21人，事业编制12人。

2015年1月29日，省发展改革委主任李春洪到五华县调研基层发展改革工作

【计划编制】 2015年，县发展和改革局根据省、市、县决策部署，结合职责职能抓好年度计划编制。组织嘉应学院相关专家、人员召开座谈会，深入各产业园区、重点乡镇、重点企业考察，广泛听取意见和建议，让“十三五”规划编制过程成为集中群众智慧、协调各方利益、形成社会共识的过程。在此基础上编制完成《五华县国民经济和社会发展第十三个五年规划纲要（草案）》。经县委、县政府审定后，提交县十四届人大六次会议审议通过，并向社会公开发布“十三五”规划纲要。认真做好调查、分析、研究基础上，形成《五华县2015年国民经济和社会发展计划执行情况与2016年计划草案的报告》，提交县十四届人大六次会议审议通过。积极做好《关于进一步加快粤东西北地区发展的决定》《赣闽粤原中央苏区振兴发展规划》及梅兴华丰产业聚集带工作。

【固定资产投资管理】 2015年，县发展和改革局围绕国家产业规划、市场需求，在编制“十三五”规划过程中，注重

2015 年 10 月 12 日，省发展改革委主任何宁卡到五华县调研扶贫“双到”工作

与国家和省市重大项目对接，充分发掘五华资源优势，力争以充分的项目储备在国家和省、市专项资金安排上得到更大份额。“十三五”期间规划建设的重点项目 5 个大类 191 项，总投资 1301.79 亿元，“十三五”期间投资 1064.69 亿元。加强对重点项目的监督、管理，及时协调解决项目建设进展中遇到的困难和问题，使项目尽快实施，发挥效益。总投资 120 亿元的梅州（五华）抽水蓄能电站项目涉及 27 个专题送审全部完成，该项目于 7 月 29 日获得省发改委核准并于 9 月 30 日正式动工建设；总投资 4.66 亿元的国电电力五华龙狮殿风电场项目于 10 月 26 日获省发展和改革委核准，项目建设规模 49.9 兆瓦；多次与中铁设计咨询有限公司沟通衔接，积极争取“双龙”（龙川至梅州至龙岩）高铁在五华县境内经过并在县内设站。2015 年，全县列入重点项目 26 项，总投资 212.5 亿元，年度计划投资 34.2 亿元，实际完成投资 47.7 亿元，完成投资计划 139.7%。

【争取项目资金】 2015 年，县发展和改革局把争取项目和资金作为工作重中之重，及时掌握项目投资信息，有重点、有针对性地筛选项目，组织项目上报，争取上级更多项目资金投入到五华县，推动县域经济社会发展。全年争取到中央项目资金 1.15 亿元，其中：棚户区改造项目中央专项建设基金 5000 万元。还联合其他部门向中央和省积极争取项目、资金支持五华各项建设。用足用好用活政策，结合实际，积极谋划，争取更多项目进入中央和省政策笼子，确保重点建设项目持续推进；做大做强主导产业，抓好银企合作、金融合作等项目的跟进落实，鼓励民间资本采用 PPP 模式参与重点项目建设，扩大民间投资规模，激发投资活力。主动与农发行、国开行做好对接工作，用足用活政策性银行政策支持，争取更多项目获得国家专项建设基金支持和优惠贷款。

【规范和简化办事程序】 2015 年，县发展和改革局深入学习贯彻习近平总书记系列重要讲话精神和国家、省、市、县有关文件精神，加强干部队伍建设和机关作风建设，把思想和行动统一到县委、县政府决策上来。扎实开展“三严三实”专题教育活动，上好党课，确保不出现干部不作为、乱作为问题。规范和简化办事程序，增强服务意识，提高办事效能。全年依法办理项目立项审批 241 个、项目备案 22 个，所有办结项目实现无投诉、无违法违规。扎实开展公车改革，完成公车定编、封存，全县机关单位车改补助开始发放。

【物价调控与管理】　2015 年，县发展和改革局围绕县委、县政府“两新两特两重点”、惠民生、促和谐、强队伍发展思路，充分发挥价格杠杆作用，促进全县经济结构调整和经济有效增长。一是认真做好粮、油、肉等 31 项重要商品市场价格监测、监管，及时掌握市场价格动态，确保价格基本平稳。二是深化医药卫生体制改革，切实落实 3 家县级公立医院综合改革医疗服务价格，充分发挥公立医院公益性和主体作用。三是精心做好价格调节基金征收。全县价格调节基金缴纳入库 38.3 万元。四是以办好“稳价惠民”为抓手，大力推进蔬菜大棚、冷藏设施、平价商店“三项建设”，扎实推进各项价格惠民举措，全年建成蔬菜大棚项目 1 个、应急储备冷藏设施项目 1 个、平价商店配送中心项目 1 个、平价商店 10 个。扎实开展农产品早晚稻、烤烟、生猪和肉鸡等农产品成本收益调查，为上级制定农产品价格政策提供决策依据。

【收费管理】　2015 年，县发展和改革局认真做好清费治乱减负工作，规范行政机关、事业单位收费行为。涉及本县的取消和暂停收费项目 8 项，对小微企业免征收费项目 21 项，放开收费项目 23 项，实行市场调节价，减轻企业和群众负担。做好收费综合年审，严格执行收费政策，及时发现并纠正个别单位在收费和财务管理方面存在问题。按照核发、换发“收费许可证”办理程序，认真审核各项收费项目、标准，切实做到手续完备、程序合法，严格把好办证关，使收费单位持证收费、阳光收费。

【物价监督检查】　一是抓好专项检查。重点组织开展教育收费专项检查，涉企收费检查，处罚违规收费 1 宗，上缴入库 40.4 万元，有效规范全县收费行为。二是开展市场巡查。在春节、清明、“五一”等节日期间，组织检查人员深入辖区内超市商场、农贸市场、农村集市、商品房销售、车站售票点等重点行业和重要领域进行价格巡查，确保节日市场价格稳定。三是开展河砂价格整治。按照县委、县政府要求，对全县河砂市场销售价格开展日常巡查，在明码标价、合理定价、守法经营等方面进行检查和督导，预防经营者之间串通操纵河砂价格，全县河砂市场价格稳定。四是积极稳妥受理价格举报投诉。坚持群众利益无小事原则，对群众投诉举报坚持热情服务、严格执法，做到事事有回音、件件有落实。全年受理价格举报投诉 37 宗，办理“12345”热线等各级转办举报投诉 26 宗。

【价格认证服务】　2015 年，县发展和改革局坚持公平、公正开展涉案物品价格鉴定业务，为公、检、法、司和行政执法部门提供准确价格依据。全年价格认证评估案件 1330 宗，价格鉴定总额 2.92 亿元。

（周威恒）

县发展改革局 2015 年度负责人名录

局　长：钟冠寰

副局长：温钦想　赖爱云　李　明

汤汉高　廖建平　李裕强

计划系统专职副书记：张建勋

工商行政管理和质量技术监督

【体制调整及机构改革】 2015 年 2 月 10 日，五华县质监行政管理体制调整交接仪式在县党政综合大楼召开，标志着五华县质监系统正式由省质监局划转移交五华县政府进行管理，成为五华县政府工作部门。3 月 30 日，五华县举行工商行政管理体制调整交接协议签订仪式，标志着全县工商行政管理体制正式由省以下垂直管理调整为分级管理。11 月 13 日，五华县工商和质量技术监督局职责合并，组建县工商和质量技术监督局。新组建的工商和质量技术监督局全面承接原工商、质监部门的日常监管和行政执法职责，对全县范围内的生产、流通、消费环节实行集中统一监管。内设 16 个机构：办公室（信息中心）、人事监察股、政策法规股、登记注册股（行政审批办公室）、市场监管体系建设协调股、企业监管股、便利营商促进股（个体私营经济监管股）、市场规范管理股、网络交易监管股、商标广告监管股、消费者权益保护股、经济检查股、质量股、标准化股、计量股、特种设备安全监察股；设有 2 个事业单位：机关服务中心、消费者权益保护委员会（“12315”投诉举报中心）；设有 1 个社会团体：个体劳动者私营企业协会；另有 1 个直属机构：稽查大队。下设 17 个工商和质监所（西河所、河东所、大坝所、双华所、横陂所、转水所、华城所、潭下所、长布所、安流所、棉洋所、梅林所、华阳所、龙村所、郭田所、岐岭所、周江所），均为县工商和质量技术监督局派出机构。全系统有 416 人，其中在职干部职工 238 人（公务员 220 人、工人 18 人）；离退休 163 人（其中离休人员 3 人、退休人员 160 人）。

2015 年 3 月 30 日，五华县工商行政管理体制调整交接协议签订仪式

2015 年 11 月 23 日，五华县工商和质量技术监督局举行揭牌仪式

【登记注册管理】 2015年，县工商和质量技术监督局深化以“先照后证”为主要内容的商事制度改革，于9月1日起启动“三证合一、一照一码”登记制度改革，简化登记手续，缩短办事流程，企业平均办结时限由原来的1个月缩短至3个工作日。至年末，全县市场主体总数有30678户，对比上年增长17.6%。其中，新登记各类企业538户，从业人员13220人、注册资金19.69亿元，累计全县各类企业有2867户，从业人员56811人，注册资金109.09亿元，分别对比上年增长18.7%、23.3%、18.1%；新登记个体工商户3943户，从业人员5575人，资金数额2.25亿元，累计个体工商户总户数27119户，从业人员33850人，资金数额7.45亿元，分别对比上年增长14.5%、16.5%、30.3%；新登记农民专业合作社102户，成员总数1858个，投资总额2.18亿元；累计农民专业合作社有622户，成员总数8859个，投资总额8.47亿元，分别对比上年增长16.3%、21%、25.7%。

2015年9月1日，为五华县捷瑞实业有限公司颁发五华县首张“三证合一、一照一码”营业执照

【企业监督管理】 2015年，县工商和质量技术监督局抓好企业信息公示年报及抽查，全县有4.89万户（次）市场主体报送公示2013年度、2014年度报告，两年度年报公示率均取得排名全市第一成绩；对1377户（次）市场主体开展企业即时信息抽查、出资信息定向抽查、企业年报抽查、个体工商户和农民专业合作社年报抽查，将未按时年报、通过登记住所无法取得联系以及通过抽查发现问题的363户企业以及154户农民专业合作社列入经营异常名录，将109户个体工商户标记为经营异常状态。6月中旬，开展为期一个半月的查处无照经营专项整治行动，清查出无照经营户数580户，引导办照278户，立案查处无照经营案件45宗，发出行政指导通知书142份。抓好安全生产监管，开展安全生产大检查行动，加大对成品油市场等涉安涉危行业及商场、超市、宾馆等人员密集场所的安全隐患排查力度，全年排查并整改各类安全隐患86处，查处取缔各类非法加油站点34个。

【市场规范管理】 一是开展“红盾护农”工作。以“经营行为规范、农资商品质量合格、执法规范高效”为目标，加大对农资市场监督管理，查处农资案件8宗，罚没入库6.98万元。二是开展“守合同重信用”活动，根据国家工商局制定的“守合同重信用”企业六条标准，在全县工商企业中开展“守合同重信用”单位认定活动，评选出2014年度“守合同，重信用”企业83家。三是开展动产抵押登记及拍卖监管，全年办理动产抵押登记35份，抵押贷款1.45亿元；对9场公开拍卖会进行监督，拍卖标的价值1745.38万元。

【商标广告管理】 2015年，县工商和质量技术监督局帮助、指导广东长乐烧酒业有限公司的“长乐牌”酒商标、广东井得电机有限公司的“莲花牌”汽车发动机商标成功申报续期“广东省著名商标”；帮助、指导本地企业申请注册商标30件，续展5件，变更5件；查处商标违法案件38宗,罚款10.65万元。做好新《广告法》贯彻实施，组织执法人员及广告经营者进行学习培训；开展户外违法违章广告清理行动。全年监测、清除违法违章广告 200 多条次,办理户外广告登记243件；查处广告违法案件24宗，罚款4.83万元。

【质量监督管理】 一是抓好名牌产品培育，推荐广东辉胜达电器股份有限公司的电烤箱产品列为2015年广东省名牌产品（工业类）评价目录，积极培育该企业参加市政府质量奖的评审。二是抓好质量监管，对人造板、服装和水泥等24家24批次重点产品进行专项抽查，合格率100%。协助广东冠华传导有限公司和五华县眉山水泥两家企业申领生产许可证。2015年，全县取得全国工业产品生产许可证企业有4家，对比上年增加3家，增长率300%，通过ISO 9000质量管理体系认证企业6家，对比上年增加1家，增长率20%。

【标准化建设】 2015年，县工商和质量技术监督局协助6家企业新办商品条码、6家企业续展商品条码;新办机构代码证921套，变更356套，换证460套，废置94套。完成1家企业1个标准备案，帮助3家企业进行标准登记，免费为3家企业产品标签审查服务。对广东康奇力药业有限公司申报“标准化良好行为企业”复评做好跟踪服务，并顺利通过省专家组验收取证；培育鑫华铁塔、客属酒业等2家企业创建“标准化良好行为企业”。推动广东冠华传导有限公司等3个企业采用国际标准和国外先进标准。积极与国家、省、市局沟通协调，认真做好长乐烧酒地理标志保护产品申报各项后续跟踪服务工作。

【计量监督管理】 2015年，县工商和质量技术监督局完成广东佰仕伟业饮料有限公司等4家企业的三级计量保证体系确认和长乐烧酒厂等1家企业二级计量保证体系确认工作。对全县气库、眼镜店、加油站和重点耗能企业等48多家企业进行计量器具监督检查，发出责令整改指令2份。开展计量器具强检，全年强检工作计量器具1736台（件）；对全县16个镇27个集贸市场、29所卫生院、10个计生服务站的1836台（件）计量器具进行免费检定，免征及减免费用59.79万元。

【特种设备安全监察】 一是抓好特种设备安全宣传教育，联合茂兴钢材开展起重机械应急救援演练，增强企业安全责任意识和安全防范能力；组织全县60多家特种设备维保、使用单位负责人和安全管理人员参加《广东省特种设备安全条例》和《广东省电梯使用安全条例》宣贯培训班，发放各类宣传资料1600多份。二是抓好特种设备隐患排查治理，巡查特种设备使用单位156家，检查特种设备603台(套),巡查率达92.5%。检验设备525台（套），全县在用特种设备定期检验率100%，巡查发现各类事故隐患48处，整改48处，整改率100%。全县特种设备安全监察工作实现事故零目标的成绩。三是抓好特种设备专项整治，开展电梯、气瓶“两站”、起重机械和特种设备安全大检查专项整治行动，立案查处2宗电梯维保单位维保质量不符合技术规程案件，拆除“简易电梯”1部；检验气瓶18353个，报废气瓶7255个。

【查处违法违章经济案件】 2015年，五华县工商和质监系统查处各类违法违章案件510宗，罚没入库146.14万元，执法办案工作在全市工商系统中排名第一。其中，查处反不正当竞争案件19宗，罚没入库11.92万元；查处特种设备、计量案件共4宗，罚没入库3.35万元。

【消费者权益保护】 在“3·15”期间，深入开展“携手共治 畅享消费”年主题活动，并举办消费者投诉、咨询和服务活动现场会，接受消费者咨询近300人次，向消费者派发宣传资料3000多份。发动全县90家工商企业悬挂标语横幅123条、标语350张，遍及县城和各乡镇主要街道，并专门制作专题节目在电视台播放。对在执法行动中依法查处没收的假冒伪劣爆竹、红酒、矿泉水、洗发水等假冒伪劣及“三无”产品，在五华县垃圾处理厂举行假冒伪劣商品销毁活动，销毁假冒伪劣商品标值28.3万元。全年，五华县消委会、“12315”投诉举报中心办公室接受消费者投诉案件79宗，解决79宗，解决率100%，为消费者挽回经济损失6.94万元。

【个体劳动者私营企业协会】 2015年7月9日，县个体劳动者私营企业协会与中国邮政储蓄银行五华县分行开展“阳光送贷”行动，协助有关会员企业在邮政储蓄银行贷款20多笔1000多万元。加强与银信部门协调沟通，帮助企业融资1亿多元。还积极引导会员致力慈善事业、践行社会责任，开展“扶贫济困日”、“八一”慰问、“光彩服务日”、节前送温暖等系列活动，累计捐赠物资20万多元，得到社会各界一致好评。

（蓝坚华　陈冬连）

2015年12月30日，五华县代县长吴晖（右一）调研指导县工商和质监工作

县工商和质监局2015年度负责人名录

局　长：傅培强

副局长：魏洪群　刘万群　古盛森　江辉林　李志中

国土资源管理

【土地规划】 2015 年，全县土地规划调整工作有序开展。 全年完成省级用地预审项目 2 宗，分别为广东梅州抽水蓄能电站项目和国电电力五华龙狮殿风电场项目；完成县级交通、教育、水利等部门用地预审和选址意见项目 52 宗。高标准基本农田建设工作顺利实施。

【耕地保护】 2015 年，县国土资源管理局坚持以政府为主导，加强与公安、法院、检察、监察、规划、环保、电力、财政、信访等相关部门联动，形成共同监控、齐抓共管国土资源违法违规行为长效机制，保持严管、严查、严处高压态势，对国土资源各类违法违规行为从严从重进行打击，最大限度减少国土资源违法违规行为发生。至本年末，全县耕地保有量面积 4.16 万公顷，其中，基本农田面积 3. 67 万公顷，均高于 2020 年规划期末的耕地保有量和基本农田保护任务，耕地保护责任目标得到较好落实,市对县耕地保护责任目标履行情况考核连续多年排在全市的前列。

【地籍管理】 2015 年，全县颁发土地使用证 2636 本，其中初始登记 478 宗、变更登记 422 宗；商品房分摊转让 1460 本，集体土地使用证 276 本；办理抵押登记 40 宗，基本实现土地使用权跟踪管理。更新各类土地调查数据库，对 2014 年发现 404 个监测图斑，面积 220.41 公顷土地完成外业核实和现场拍照，通过省级审核检查和国土资源部内业检查验收。

【不动产统一登记】 2015 年，县编委研究出台《关于五华县不动产统一登记机构设置的通知》（华机编〔2015〕17 号）的机构整合文件，并将县房地产管理局的房地产权登记、林业局林地产权登记、县农业局农村土地承包经营权登记等不动产登记职责划入县国土资源局，设立不动产登记局和不动产登记中心。该机构整合后，在 2016 年 6 月 28 日起颁发新的不动产登记证。

【土地利用】 2015 年， 全县整理上报农地转用及征地报批 11 个批次面积 147.13 公顷。办理国有土地使用权网上拍卖 56 宗，面积 95.74 公顷，成交价款 4.94 亿元。土地征储 61 宗，面积 91.50 公顷；城乡建设用地增减挂钩拆旧区复垦复绿全面完成。

【土地市场】 2015 年，全县办理国有土地使用权交易 863 宗，其中转让 729 宗，面积 7.53 万平方米；划拨土地补办土地出让 134 宗，面积 1.55 万平方米，补交土地出让金 649.19 万元。

【“三旧”改造】 2015 年，全县实施完成原体育活动中心旧城镇改造、原汽车电器总旧厂房改造等“三旧”（旧城镇、旧厂房、旧村庄）改造项目 3 宗，面积 4.72 公顷。

【矿产资源监管】 2015 年，县国土资源管理局严格落实安全生产“一岗双责”，认真开展“安全生产月”“安全生产大检查”“安全生产检查日”等活动。印发《五华县国土资源局关于进一步加强矿产资源开发管理的通知》，县与镇、镇与村分别签订《加强矿产资源管理责任书》，全面建立预防非法开采死灰复燃的长效机制。强化现场监管，明确巡查监控主体、监控内容和监控方法，矿产资源开发秩序持续好转。

【地质灾害防治】 2015 年，县国土资源管理局发布地质灾害气象风险预警信息 39 次，接收 255450 人次；争取到省级地质灾害专项资金 183 万元，分别对龙村镇留畲小学山体崩塌、河东镇桂田村山体滑坡和周江镇蓝坑村田西山体滑坡进行搬迁治理，消除地质灾害隐患点 17 个，最大限度确保人民群众生命财产安全。

【执法监察】 2015 年，县国土资源管理局全面落实国土资源保护责任，使国土资源违法违规行为得到有效监控，确保国土资源违法违规案件及时发现、及时制止、及时查处，国土资源违法违规行为得到有效遏制。全年拆除违法占用耕地建筑 211 宗，拆除面积 4.17 公顷，复耕 7.99 公顷、复绿 6.60 公顷；查处非法占用农用地案件 7 宗 11 人，法院判决 5 人，追究刑事责任 6 人，并处罚金 104 万元；查处非法买卖土地案件 4 宗。

拆除河东镇平西村违法砖厂

【开展专项执法行动】 2015 年，县国土资源管理局围绕耕地保护和土地市场建设，开

李远青副市长（右一）到五华检查 2014 年度卫片执法情况

展专项执法活动，重点查处破坏耕地和基本农田、土地非法交易、集体土地非法入市等土地行为。探索建立与纪检监察、检察、公安等部门联合办案机制，增强国土资源执法监察能力。抓住典型案例严肃查处，既查处违法行为，又查处违法责任人，做到查人与查事相结合。结合国土资源领域改革，落实部、省、市有关精神，完善执法监察体制，加强执法队伍建设，建立一支敢于执法、善于执法监察队伍。

【土地矿产卫片执法检查】 2015 年，县国土资源管理局全面完成 2014 年度土地矿产卫片执法检查各项工作，并顺利通过省政府检查验收组实地检查验收。至年末，2015 年省下发第二季度监测图斑 169 个、第三季度监测图斑 382 个，均顺利完成查处整改和核查。

【**涉土涉矿信访案件**】 2015 年，县国土资源管理局妥善处理涉土涉矿信访案件 243 宗（其中：来信 141 宗、电话举报 38 宗、接待来访 32 批 76 人）和土地纠纷案件 8 宗，有效维护全县经济社会稳定。

【**测绘工作**】 2015 年，县国土资源管理局全面稳妥推进测绘工作。“数字地理五华空间框架”建设工作完成机房安装，数据整合和设备调试有序进行。按照上级部门统一部署安排，扎实推进年度土地变更调查等基础业务数据整合建库项目、国土资源管理“一张图”“一村一镇一地图”建设成果推广应用、土地调查数据库的更新等工作，为政府决策，为社会经济发展提供服务。

（严鹏）

县国土资源局 2015 年度负责人名录

局　长：曾清华

副局长：邓庆扬

李定华（6 月任）

温浪文

张惠明（2 月任）

执法监察大队大队长、党组成员：叶朝阳

纪检组长、党组成员：张育鑫

县征地和土地储备中心主任、党组成员：张建国

审　计

【**简况**】 2015 年，五华县审计局有干部、职工 17 人，内设人秘股、财政金融审计股、行政事业审计股、经济责任审计股、经贸审计股、固定资产投资审计股，下设事业单位绩效审计所。4 月，设立中共五华县审计局党组，党组书记田爱平。全年完成审计项目 58 个，完成本年度审计计划任务 47 个的 124%，查出主要问题金额 8.23 亿元，其中：违规金额 66 万元（处理上缴财政 66 万元），管理不规范金额 8.22 亿元。在《五华政报》、县财税系统党工委网站等相关媒体刊载信息简报 2 篇。

【**预算执行审计**】 2015 年，县审计局对 2014 年度县本级预算执行和其他财政收支情况、2014 年度教育经费收支情况等进行审计。在审计中发现横陂镇人民政府、华阳镇人民政府、长布镇人民政府分别在人力资源市场建设中，虚报工程套取财政专项资金 20 万元、20 万元、4.48 万元。对上述 3 个镇套取的财政资金 44.48 万元，作出如数上缴国库的审计决定，同时对县财政局、县教育局在审计中发现的存在问题分别提出审计建议 3 条。

【**经济责任审计**】 2015 年，县审计局对 11 个单位主要负责人进行任期经济责任审计（其中任中审计 4 人、离任审计 7 人），发现违规金额 12 万元，处理上缴财政 12 万元。提交审计报告和审计结果报告 22 篇，提出审计建议 16 条，被采纳 16 条。

【**财政财务收支审计**】 2015 年，县审计局对县卫计局下属 28 个基层卫生院和县妇保院、慢病站、疾控中心、皮肤院、采血点、卫校等 6 个事业单位 2013—2014 年度财政、财务收支及债务情况进行审计。经审计发现主要问题有：至 2014 年年末，30 个医疗单位未经批准长期离职人员 387 人；违规计提发放职工奖金 3319.45 万元；30 个医疗单位

未按医疗收费项目规定标准收费，多收费480.31万元；工程建设未按规定办理项目审批等手续。对以上四项违规事项作出移送县卫计局处理的审计决定。

【民生资金审计】 2015年，县审计局完成审计署定项目1个：五华县2014年城镇保障性安居工程（包括廉租住房、公共租赁住房、经济适用住房、限价商品住房和各类棚户区改造）投资、建设、分配、运营等情况进行跟踪审计。审计发现主要问题有：未按规定支付工程进度款，按施工合同约定多支付工程进度款40.92万元；挪用保障性住房租金收入28.80万元；不符合公共租赁住房保障条件的家庭14户享受公共租赁住房保障待遇。对2012年、2013年跟踪审计发现的7个问题，至2015年3月全部整改到位，整改率100%，对存在问题提出审计建议2条。审计县定项目8个：五华县2013年度社会保险七项基金收支管理情况，五华县2012年、2013年度农业综合开发存量资金土地治理项目资金，五华县2013年度郭田镇、双华镇、河东镇、梅林镇、华阳镇相关村高标准基本农田建设项目专项资金，五华县山洪灾害防治非工程措施项目竣工决算等。对五华县水务局违规使用财政补助资金10万元作出全额上缴财政的审计决定，同时对民生资金管理及使用中存在问题提出审计建议12条。

【县属国有企业审计】 2015年，县审计局对县房地产公司转制和县机电排灌管理总站资产、负债、损益情况等进行审计，并如实出具审计报告，为县委、县政府解决企业转制及其他问题提供决策依据。

【协助上级审计机关及县直相关部门的专项审计】 2015年，县审计局抽调业务骨干1人协助省审计厅对饶平县委书记、县长任期经济责任审计；抽调业务骨干3人，协助县财政部门开展“三公经费及小金库”专项检查；抽调业务骨干4人，配合县纪检监察、财政、人社等部门对全县80多个行政事业单位规范津补贴发放进行专项检查；抽调业务人员2人，配合县政府、县住建局等单位对五华县农村危房改造进行核查验收。

（张番卡）

县审计局2015年度负责人名录

局　长：田爱平

副局长：陈朝霞　魏松才　曾海强

总审计师：江琼新

统计管理

【统计执法检查、统计法制建设】 2015年，县统计部门根据省、市统计局《关于开展统计执法检查的通知》精神，结合实际，在全县开展一年一度统计执法大检查。深入开展国务院新修订、颁布《统计法》和《广东省统计法实施条例》宣传、贯彻，加大新《统计法》及《条例》宣传，并就全县机关、事业、企业单位分类，在自查基础上按一定比例各自抽取6个单位进行统计执法检查；根据全县“六五”普法工作要求，制定《2015年度统计普法计划》；开展《广东省统计法律事务告知办法》工作，对全县“四上”企业使用《统计法律事务告知书》。全年结合统计业务培训及各种会议共举办统计法制培训班10期，增强全县各级领导干部和统计人员的法律意识。

【统计从业人员继续教育培训及专业技术资格考试】 2015年，县统计部门根据省统计局、人社厅及市统计局、人社局有关《通知》精神要求，结合实际，对各镇、省市驻华单位，县属各有关机关，社会团体、企事业单位统计在职从业人员进行继续教育培训，对《统计法》及统计专业技术资格考试工作进行宣传、动员、部署。通过《统计法》和统计人员统计业务知识系统学习、继续教育培训，提高统计人员知法、守法的自觉性和对统计工作重要性认识，提高统计人员业务水平，为确保统计数据质量，提供法律保障和坚实业务支撑。9月，组织参加全国统一的统计从业资格考试。

【全国1%人口抽样调查】 2015年，根据《全国人口普查条例》规定，国务院办公厅决定开展全国1%人口抽样调查，调查工作时间于11月1日零时正式启动。2月，县政府成立抽样调查工作协调小组，各镇也相应成立抽样调查机构。在全体调查人员共同努力下，按时、按质圆满完成各阶段工作任务。

【抽样调查】 2015年，县统计部门完成2014年度各项统计年报和2015年各专业统计定期报表，认真完成上级布置各项专项统计调查任务：农业专业开展粮食产量调查和6个镇70户的主要禽畜监测调查和生猪调出大县15个样本点300户生猪调查；住户专业开展13个点130户城乡住户抽样调查；工业专业对工业价格调查、企业景气调查、规模以下企业成本与费用调查、规模以下工业抽样调查、能源统计调查和基本单位调查；商业专业开展对限额以下企业和个体户抽样调查；县人口调查队完成人口和劳动力调查，为各级党政对抓好人口与计划生育工作目标提出合理化建议。通过各项专项调查，弥补全面统计报表不足，提高统计数据质量。

【人口调查】 2015年，县人口调查队对全县人口变动、城镇劳动力等统计工作开展专项抽样调查，并协助县公安局开展人口统计。通过人口统计调查，及时向各级党政提供真实、客观、准确人口与社会等相关方面的统计数据，对抓好人口与计划生育工作提出合理化建议，有效发挥人口调查工作人口预警与监督职能作用。

【纳入联网直报73家企业的日常管理】 从2011年下半年开始，根据国家统计局统一部署，规模以上工业，资质以上建筑业，房地产开发经营企业，限额以上批发、零售、住宿、餐饮业及重点服务业必须在企业一套表系统进行联网直报。按照上级的要求部署，县统计部门高度重视，分批分专业进行业务培训，确保企业统计人员全面掌握操作流程。在日常工作中，各专业人员加强与企业统计人员沟通联系，及时帮助解决碰到各种问题，确保73家企业都能按时、按质上报数据。

【统计服务】 2015年，县统计部门本着为经济社会发展和党政决策、民众需求提供优质服务的态度，为各级党政领导、有关部门、社会各界及社会公众提供大量统计信息。搜集整理、编辑出版《2015年五华县统计年鉴》；及时发布《五华县关于2015年国民经济和社会发展的统计公报》。不定期出版《五华统计》信息刊物28期；每月定期编印《工业总产值统计表》《五华县统计月报》和《全县主要经济指标完成情况统计表》。及时、准确、全面搜集整理统计资料、统计数据，为县委、县政府进行科学宏观经济规划提供决策依据和参谋作用，有效发挥统计信息、咨询、监督整体功能，对促进国民经济和社会发展起到积极推动作用。

（古伟良　魏益平　谢幼琼）

县统计局2015年度负责人名录

局　长：何红球

副局长：魏广犇　邓小坚

人口调查队队长：庄旭源

食品药品监督管理

【“四品一械”安全监管】　2015年，五华县食品药品监管局扎实开展食品、药品、保健食品、化妆品及医疗器械（简称“四品一械”）领域安全监管，先后开展县城食品安全创卫专项整治、中秋国庆食品安全专项联合检查、糕点制品专项检查、农村食品安全专项整治、食用植物油专项整治、学校食堂餐饮食品安全、避孕套质量安全专项检查等一系列专项整治，强化节假日应节食品以及学校食堂及周边餐饮、食品经营单位食品安全监管，全年出动执法人员3324人次，检查规范食品药品生产经营单位5638间次，发出《监督意见书》1634份，发出《责令改正通知书》34份，查办“四品一械”各类案件107宗，涉案货值7.49万元，罚没款30.02万元。

【“四品一械”行政许可及管理】　2015年，五华县食品药品监管局办理“四品一械”行政审批事项1833件，其中“药品经营许可证”审批事项194件、“保健食品经营企业卫生许可证”审批事项70件、“餐饮服务许可证”审批事项644件、“食品流通许可证”审批事项925件。上述行政审批事项均在县行政服务中心窗口审批办理，全部在承诺期内办结，实现行政受理“零推诿”、服务方式“零距离”、服务过程“零障碍”、服务流程“零差错”、服务结果“零投诉”。

【食品安全综合协调】　2015年，五华县食品药品监管局积极履行综合协调工作职责，一是制定《五华县2015年食品安全工作要点》，组织召开全县食品安全工作会议，县政府副县长邓秋香出席会议并代表县政府与县直单位、镇政府代表签订《五华县食品安全工作责任书》；组织开展春节、中秋、国庆食品安全专项联合检查。二是结合不同时段工作状况，对食品安全进行宣传，在县电视台、《五华政报》、县政府网站报道或刊发食品安全工作36篇次，利用中国移动短信服务平台发布食品安全知识短信8000余条次。三是组织开展食品安全宣传周活动，发放宣传材料4000余份，接待咨询人数1000余人。

【创卫工作】　2015年，县食品药品监管局全力推进创卫工作深入开展，印制创卫宣传册3500本、创卫倡议书2000多份，发送手机宣传短信8860条，悬挂宣传标语163条，发布创卫工作动态信息46篇；对创卫区域采取网格化管理，将干部职工分成15个小组，任务分解到每个工作组，责任落实到个人。全年出动执法车辆5238车次，派出执法人员13095人次，发放食品安全档案盒

2213 个、台账登记本 5891 本、张贴禁烟标识 10000 多张，发放创卫宣传物品 1800 套，为县城部分贫困企业免费办理健康证 900 多份。督促各餐饮服务单位统一张贴《五华县餐饮服务食品安全公示栏》及区域标识，完善索证索票、台账记录、“三防”设施。落实示范路段创卫工作，投入资金 30 多万元，拆除该路段所有违规广告牌、招牌、违规水龙头，清理下水道，并对门店进行统一门面装饰，地面重新铺设地砖、划定摩托车停放点，重新改造损坏的花池，“脏乱差”现象得到明显改善。做好包干村民小组创卫工作，投入资金 8 万多元，组织召开村民代表座谈会，制作宣传栏 8 块、宣传单 3000 份、环保袋 2000 个，对杂草杂物进行全面清除，对部分老粪坑进行填平绿化，对村民小组 200 多米污水沟进行清理、疏通、封盖。

【日常抽验监测】 2015 年，县食品药品监管局进行药品监督性抽样 119 批次，其中不合格 65 批，靶向命中率 54.6%；抽验保健食品 2 批次，抽验化妆品 5 批次、医疗器械 3 批次，均合格；上报药品不良反应 407 例，其中，新的严重报表数 145 例，占总报表数 35.63%。

县食品药品监督管理局 2015 年度负责人名录

局　　长：李相明（任至 6 月）
　　　　　曾召辉（11 月任）
副 局 长：张载良　赖俊香
党组成员：曾祥发

2015 年 5 月 15 日，五华县食品药品监管局举办创卫培训班

建设·环保

城市规划建设

【县城规划】 2015年，县住建局组织编制县城中心城区和琴江新区40.52平方公里控制性详细规划。至年末，县城中心城区完成成果修改，提交县规委会审议；琴江新区完成初步方案。启动《五华县新型城镇化规划（2014—2020年）》编制工作。完成五华县《“三旧”改造专项规划》初步方案和《生态控制线保护规划》。完成《高速公路对五华县域发展的影响研究》和《五华县城市雕塑专项规划》。积极配合县重点项目规划设计工作，完成莲洞堤、人民公园、公园路等市政建设规划和奥园、碧桂园二期等房地产项目规划报建管理。配合做好县经济开发区和河东生态工业园各项规划建设工作，完成胜大科技、罗湖安置区等用地测绘和控制性详细规划。全年，累计完成工业、医疗、学校、商住楼等专项规划测绘面积188.97公顷、规划面积112.3公顷，市政道路及综合管线测量5635米。

【县城建设】 2015年，县住建局按照县委、县政府决策部署，全力加快重点项目建设步伐，针对各项目实际，专门召集分管领导和部门负责人，认真研究制定加快项目落地思路和举措，明确项目责任领导、责任部门、工作目标和完成时间。局领导经常放弃节假日休息时间，深入工地一线，与项目参建各方一起，解决征地拆迁、施工安全等困难和问题，确保各个重点建设项目如期推进。其中：于2013年10月动工的长乐大桥，桥梁总长170米，宽22米，引道长1558米，总造价1.79亿元，工程进展顺利，至年末，累计投入资金1亿多元，完成工程量约79%。公园路升级改造，全长2100米，建设内容包括完善道路设施、路面铺设沥青、安装路灯、绿化等，总投资约3373.39万元。于2015年7月动工，至年末，投入资金2000多万元，完成工程量的66%。莲洞堤升级改造，全长1861米，采取生态式防洪堤建设模式，设计路幅16米（其中行车道10.5米、两边人行道5.5米），总造价5200万元。于2015年9月开工，年末建成通车。人民公园，总面积约21.27公顷（含水域面积11.55公顷），投资6800万元，分两期建设，首期建设于2015年9月20日动工，主要进行污水净化系统及环湖路建设；至年末，完成工程量约60%。水寨大道“严管示范路”，工程分两期建设，首期从五华大桥南端至水寨派出所，于2015年8月启动，总投资1275万元，主要对人行道路面、沿街绿化及临街建筑物的立面装饰广告牌匾进行升级改造，并利用原高压走廊建设一个街心花园；至年末，完工并投入使用。琴江广场，位于琴江河下游，与县城华兴大桥相邻，总规划面积6.33公顷，总投资1635万元，于2015年9月30

日动工；至年末，完成工程量95%。碧桂园二期，占地2.33公顷，计划建设3幢商品房（2幢18层，1幢24层），并配套建设1家幼儿园，于2015年5月动工，示范区于9月22日建成并对外开放；至年末，商品房基本售罄。奥园首期，占地7.53公顷，总投资额10亿元，含城市综合体、街铺、别墅、写字楼和少量洋房建设，于2015年3月动工；至年末，有3幢商业楼提前封顶并开盘售罄，5栋别墅完成封顶，商业综合体正在进行基础施工。长乐大桥、公园路、莲洞堤顺利建成，有效打通县城关键节点，解决城区交通不畅问题，构建"四通八达"路网骨架。人民公园、街心公园、琴江广场投入使用，进一步提升县城公共服务水平，增强县城综合承载力和辐射带动能力，为打造"工业新城，长乐之乡"奠定基础。

【规划管理】 2015年，县住建局认真宣传贯彻《城乡规划法》，发挥县规委会职能作用，全年组织召开规划评审会3场、审查项目39个，从源头上加强对重点地段、重点项目审查把关，提高县城规划建设水平。加大工程建设项目管理力度，开展房地产开发中擅自变更规划专项治理，及时发现并处置一批超规划建设行为，切实维护规划的严肃性和权威性。全年发出通知书820份，强制停工49宗，拆除20多宗1500多平方米，督促补办手续18宗1256平方米，收扣施工作业工具86件。

工程建设管理

【简况】 2015年，全县完成规划报建项目391个，建筑面积63.7万平方米，投资10.3亿元（其中，公建项目117个，建筑面积56.2万平方米，投资9.7亿元）；施工报建项目74个，建筑面积33.6万平方米，造价6.1亿元；工程档案预验收项目25个；竣工验收备案项目59个，建筑面积47.6万平方米，造价5.8亿元。

【建筑市场】 2015年，县建设工程交易中心加大投入，筹措资金更新完善招标场所录像监控设备，提高建设工程招投标透明度；组织学习招投标法律法规，严格规范办事程序，优化有形建筑市场环境。全年完成房屋、市政、交通、水利建设工程交易项目132项，交易金额11.1亿元，应进场率和公开招标率均达100%。

【建筑质量和安全】 2015年，县住建局坚持安全生产例会制度，组织开展安全生产月、质量月等活动，营造安全生产、安全发展浓厚氛围；落实安全生产动态管理办法，抓好每月安全隐患排查治理工作；开展"五一"、国庆、元旦、春节等重大节日前建筑施工安全生产检查工作，确保全县建筑施工安全。同时，抓好工地创优，县咸水坜保障房通过市"双优"工地考评验收，县中医院综合大楼通过省"双优"工地初评验收。全年签订安全生产责任书65份，组织安全生产大检查12次，出动检查人数145人次，检查在建项目169项（次），发出整改通知书169份、整改意见385条，整改安全隐患110处，整治县挂牌督办安全隐患12宗。

【文明施工管理】 2015年，县住建局按照县委、县政府关于开展县城在建工地施工专项整治工作部署，先后由局主要领导、分管领导带队，组织局建工股、质监站等部门工作人员，对照《实施方案》中有关施工围挡、施工现场、临时用房和市容环境等方面标准要求，对县城在建工地进行地毯式、拉网式检查，对整治中发现的问题，要求受检单位定人、定时、定措施进行整改，有效推进专项整治工作并取得明显成效，提升县城建筑文明施工管理水平。县城东苑新城、中医院外科综合大楼等2个“创卫”抽查项目通过省考核验收，为五华“创卫”起到积极作用。至年末，组织专项检查20多次，出动人员100多人次，受检项目60个，发出整改通知书19份，整改意见80条；督促沿街建筑工地实行砌墙围挡22宗，拆除不规范围挡15宗；督促挂设安全防护网25宗，搬迁和清理乱堆放建筑材料260多宗，查处工程车辆运载无遮挡、扬尘、洒漏等50多宗。

【工程计价管理】 2015年，县造价管理部门认真落实工程量清单计价办法，严格工程造价审核把关，规范工程造价管理。同时积极配合做好县城莲洞堤、公园路等重点建设项目估价、预算和招标代理等工作。全年完成送审项目18个，送审造价3.4亿元，核减造价6053.3万元，核减率26.4%。

【勘察设计市场】 2015年，勘察设计单位严格执行《建设工程勘察设计管理条例》《建设工程质量管理条例》等法规和强制性条文，科学设计，力求精品，确保设计制图标准达到规范要求，提高建筑设计水平。全年完成建筑设计项目50个，建筑面积16.6万平方米。

村镇建设

【村镇规划编制】 2015年，县住建局组织启动安流、华城2个中心镇总体规划修编调整，优化周江、长布镇总体规划。完成龙村、梅林等15个镇卫生院和龙村中学、县城第六小学等13间中小学校测量规划。开展全县历史建筑普查，其中安流镇光辉楼等20处被评为市第一批历史建筑。组织编制夏阜村中国传统村落保护规划。加强农村危房改造，组织完成全县16个镇危房改造户核查确认和信息录入，同时加强督促指导，采取倒排工期等措施，加快工程进度，完成全县4413户农村危房改造任务，通过国家和省、市检查考评，其中由省人大委托第三方评估机构评估1次，由住建部、财政部、国家发改委组织的全国农村危房改造绩效评估验收1次，均得到上级领导和有关方面充分肯定。加强圩镇规划区建设管理，完成全县村镇报建项目152个，报建面积11.4万平方米，报建投资1.5亿元（其中：公建项目34个，报建面积7.8万平方米，报建投资1.2亿元）。

【镇村垃圾整治】 2015年，县住建局发挥牵头单位作用，主动和相关部门沟通联系，督促各镇开展生活垃圾整治大行动，要求对辖区生活垃圾进行强力整治。同时，加强业务指导和检查，组织对国道、省道、县道两旁、圩镇、河道、房前屋后垃圾清运处理情况，以及农村生活垃圾长效管理机制建立情况进行重点督查，发现问题及时督促整改，有效遏制镇村生活垃圾“脏乱差”现象，城乡文明程度明显提升。至年末，全县投入整治资金1383万元，出动人力3.2

万多人次，车辆 2300 台次，清理生活垃圾 13 万吨。安流、华城等镇污水处理设施基本建成，垃圾无害化处理场建设进入前期筹备工作。

建筑业

【企业资质】 至 2015 年年末，全县有本地建筑施工企业 29 家，其中：一级企业 3 家、二级企业 4 家、三级企业 22 家，另有驻五华建筑企业 39 家。

【业务实绩】 2015 年，县住建局加快推进建筑业转型升级，研究制订《五华县建筑企业资质晋级补助办法》，推动企业资质升级，加快五华建筑业协调持续发展。全年，全县建筑施工企业，完成建筑安装总产值 12 多亿元，创税 8000 多万元（含县外税收），创历史新高，为县域经济振兴发展做出积极贡献。其他施工企业均保持稳步发展态势。

房地产业

【简况】 至 2015 年年末，全县有房地产开发企业 49 家，其中：三级 6 家、四级 25 家、暂定 18 家。

2015 年，县住建局贯彻执行房地产法律法规，加强开发企业资质审核关，及时上报房地产市场开发经营情况，促进房地产业健康发展。全年，审核项目 20 幢，完成投资 6.2 亿元，在建商品房面积 22.6 万平方米；待售商品房面积 22.5 万平方米，均价 4436 元/平方米。同时，大力抓好住宅小区综合验收，督促建设单位完善小区配套设施，相继建成碧桂园一期、东方花园等大型住宅小区，成为县城住宅小区新亮点。

（陈绍师　李宋文）

【住房保障建设】 2015 年，县房管部门围绕市下达五华住房保障目标任务：一是抓项目建设。全年新开工建设保障性住房项目 2 个，开工套数 200 套，建筑面积 1.05 万平方米；竣工验收 100 套，面积 5462 平方米，完成投资 778.7 万元。完成棚户区货币补偿任务 446 户；咸水埗安置区配套基础设施建设项目完成挡土墙 50 米，完成投资 180 万元；完成廉租住房租赁补贴任务 60 户，发放租赁补贴资金 7.2 万元。二是抓资金筹集。积极向中央争取保障性住房和棚户区改造资金 453 万元，向省争取保障性住房专项资金 163 万元，向国家发改委争取保障性住房（咸水埗安置区）配套基础设施资金 1800 万元，向中国农发重点建设基金有限公司申请基金投入项目资本金 5000 万元，缓解建设资金紧张局面。三是抓部门协调。先后召开“十件民生实事”相关项目推进会、棚户区改造和保障性住房建设用地及配套基础设施建设工作协调会、加快推进棚户区改造和保障性住房建设工作会议，解决实际困难，督促工作落实。

【直管公房管理】 2015 年，县房管部门重点抓好房租提租和维修工作，对全县房租租金过低、转租等现象进行清理清查，重新签订房屋租赁合同，全年房租收入 263 万元，对比上年增长 21.3%。规范公房维修程序，按照先急后缓原则做好公房维修管理工作。

【房地产权产籍管理】 2015 年，县房管部门按照《房屋登记办法》和《房地产登记技术规程》等规定，依法依规开展房地产权登记工作。全年办理房地产初始登记发证1672份，面积34.5万平方米；办理房地产抵押登记发证2229份，面积73.38万平方米；办理转移登记1570份，面积49.3万平方米；办理商品房预告登记826份，面积9.54万平方米；移交档案4250宗，整理档案4236卷，办理查询出具证明份数10111宗。

【房地产市场监督管理】 2015年，县房管部门加强商品房预售管理，严格按规定发放预售许可证，规范销售行为，9月始,对商品房预售全部实行预售资金监管，严格按工程进度拨付预售监管资金。全年发放商品房预售许可证26份，预售面积32.9万平方米，预售套数2548套。抓好房地产交易，全年办理房地产交易1860宗，交易面积25.74万平方米，其中一手房交易1451宗、面积20.1万平方米，存量房交易409宗、面积5.64万平方米。抓好房地产评估，全年完成交易评估454宗，面积6.45万平方米，其中课税评估118宗；完成抵押评估2781宗。抓好物业管理,全年发放物业资质许可证3份，备案登记1份。

【房屋测绘管理】 2015年，县房管部门严格按照房屋测绘规范，全面实行房地产权登记发证电子绘图工作，全年完成测绘1062宗，测绘面积84.1万平方米。

【房屋安全管理】 2015年，县房管部门全方位履行房屋安全监管职能。在房屋安全鉴定方面，严格按照房屋安全鉴定受理程序和鉴定标准出具房屋安全鉴定结论，全年出具鉴定报告74宗，面积5.8万平方米。在白蚁防治方面，全年完成新建房屋白蚁预防52宗，面积31.3万平方米。在住宅专项维修资金管理方面，归集11个新建住宅小区住宅专项维修资金133.1万元。

【县重点项目建设】 2015年，县房管部门认真做好县重点项目建设。一是抓好“创卫”工作。投入资金90多万元，集中人力抓好卫生责任地段、网格化管理责任区、县城居民小区、挂钩帮扶村民小组的宣传管理和整治工作，印发宣传资料5000多份，发出整改通知1200多份， 更新创卫宣传栏12块，悬挂横额4条、宣传标语120条，拆除网格化责任区门店广告46块，整治乱搭乱建500多处，清除卫生死角345处，清理垃圾50多吨。二是抓好“创文”工作。成立工作领导小组，制订工作实施方案，明确“创文”指导思想、创建目标、工作任务及时间步骤、工作要求等。三是抓好房屋拆迁工作。会同县畜牧局、水寨镇政府实施原耕牛改良站房屋拆迁，拆除门店20间、套房18套，建筑面积4338平方米。 （温善法）

县住建局2015年度负责人名录

局　　长：周铁伟

副 局 长：邓菊香　严彩忠　戴俊贤

系统党工委副书记：罗远辉

纪检组长：黄伟靖（任至8月）

总工程师：李　波

县房管局2015年度负责人名录

局　长：李少基

副局长：张乃清

曾松林（5月任）

李海昌

公共事业服务

【市容市貌秩序管理】 2015年，县公共事业服务中心以县委、县政府创建“广东省卫生县城”工作为契机，不断加大对县城市容环境管理力度，严格按照职责，积极开展县城市容市貌专项整治工作。一是整治乱停乱放，维护城区车辆停放秩序。对县城华兴路、华一路、交通路等主要路段车辆停放进行画线，联合执法队对乱停放车辆进行综合整治。执法人员对违法占道停车的车辆提醒告知，并要求车主立即将车移至规定的停车位。对一些车主不在场或不听劝告情况，执法人员对车辆进行拍照、开出罚单或强制拖移。联合执法队纠正车辆乱停放961宗，拍照268张，暂扣乱停放车辆36部。二是整治占道现象，维护县城道路畅通。以清理取缔占道经营为重点，突出治理各类违章占道问题。对县城占道经营行为采取疏堵结合，疏导为主管理机制，引导流动商贩进店经营。对仍然占道商贩，坚决予以取缔。全年收缴太阳伞65把，电子秤39台，条称16把，落地广告牌625块，蔬菜、水果等物品一大批。开展主干街道占道设置空调主机整治清理，发出限期拆除占道设置空调主机通知书129份，督促拆除占道设置空调主机88部，强制拆除9部。加大对城区内装修、在建工程建筑材料、杂物的堆放和车辆违章倾倒建筑渣土、运输洒漏、车轮带泥等污染城市道路行为的整治管理力度。检查督促建筑工地、砂石料场违章运输建筑渣土案件168宗，沿街占道堆放132宗，有效遏制县城乱堆放和运输车辆违章倾倒、运输扬尘、运输洒漏、车轮带泥等污染城市道路行为的现象发生。三是加强户外广告管理，维护县城整洁。对县城重点地段，卡楼下设置影响市容的户外广告进行整治清理，发出限期拆除通知456份。对逾期未拆除的户外广告组织人员进行集中整治清理，拆除户外广告牌688块。加大户外广告清除力度，积极组织人力，对县城主要街道的“牛皮癣”及非法野广告进行清除，清除“牛皮癣”及非法野广告1688余条，拆除横幅标语329条。四是开展小区和沿街主干道饲养家禽（畜）整治。五是加强县城规划建设管理力度。依照《中华人民共和国城乡规划法》《广东省城乡规划条例》等法律法规，加大对县城规划区内未取得建设工程规划许可证或违反规划许可证进行建设工程管理，做到该停工的停工，该强制拆除的坚决予以拆除，强制停工310户，拆除61宗，有效遏制两违建筑增长势头。对前进市场、华裕市场、长乐农贸市场进行升级改造并投入使用。

市容分队规范管理沿街乱摆卖

【环境卫生管理】 2015年，县城区清扫保洁面积135万平方米，县城有居民住户1.5万多户，已纳入上门收运服务1万多户，日清理清运150多吨，管理维护城区公共路灯5000多盏。县公共事业服务中心切实加强环境管理：一是狠抓道路清扫保洁，努力做到作业地段无盲区、无盲点。强化城区重点地段道路保洁、垃圾清收，及时清除路旁垃圾和杂草，努力做到清扫到边、到角、到底、巡回保洁。二是坚持城区居民生活垃圾上门收集制度，优化生活垃圾运输系统；强化垃圾收集清运量化管理，提升环卫车辆业务水平和服务质量。三是县城主街道实行不间断保洁。严格做到“三班”（早上清扫班、白天保洁班、晚上垃圾收运班）交接无缝隙和机动三轮车流动收集保洁不间断，每天下午对主要街道和重点地段再进行冲洗，确保保洁时间达 16 个小时以上。同时加大对淤泥垃圾的清理清运。每天出动小型铲车和2辆东风车，全年清理县城淤泥垃圾800多车。四是扎实推进“创卫”工作，对全城残破果皮箱进行更换100多套，在示范路新安装双桶式果皮箱175套。在华兴路、水潭西路、华一路等地段建沉砂池 43 个，清理沉砂池162 个。修复华侨直街、五华宾馆等地段路面、人行道173多平方米。清理华新中学、华一路水沟 300 米，修水沟 40 米。更换华一路、妇保院等地段水沟盖板 36 块。完成全城摩托、单车停放线5800平方米。对全城“牛皮癣”治理落实梅州市润源实业有限公司进行专业承包。五是积极推进县城生活垃圾无害化处理场项目建设。该工程于2012 年 12 月开工建设，总投资2900 万元。至年末，已完成总工程量的 90%。填埋区铺膜接近尾声，正在进行建设渗滤液处理设备的基础设施（设备车间）。六是坚持夜间巡灯制和领导巡查制。路灯按季节变化调整亮、熄灯时间，减少用电量，路灯管理所坚持每周巡查3次以上，节庆和重要活动期间每天巡查1次，发现问题及时处置，保证亮灯率达96%以上。新建和改造LED公共路灯2000多盏，提升县城品味。

【公共事业工程建设】 一是强力推进环卫基础设施建设。加快垃圾中转站、“三位一体”环卫设施建设力长，至年末，建成“三位一体”（中转站）环卫设施12座，其中投入使用6座，结束县城无垃圾中转站历史。积极推进县城派系生活垃圾固废处理场项目建设，服务范围为五华县城区及周边乡镇，该项目于2015年10月开工，建成后可日处理垃圾600吨。努力完善生活垃圾收运体系建设、环卫保洁机械化。二是加强市政道路工程改造，先后完成华兴北路、华园路道路提档改造工程，对前进市场、华裕市场，建设上新市场、华园市场、大坝市场进行了改造。至年末，前进市场、华裕市场，上新市场、华园市场投入使用。三是做好路灯维护管理。加大对县城8000多盏路灯，27 台时控控制箱，25个景观照明控制箱，200多公里线路进行维护管理，全年维修灯具 908

水寨大桥和下坝堤夜景

盏，更换上 LED 灯 780 多个。处理路灯突发事故、交通事故及地下线路故障 28 处，更换地下电缆 3580 米；处理交通撞坏灯杆事件 19 多起；保证县城亮灯率在 98%以上，设施完好率为 95%，确保路灯设备的正常运行。四是提升县城绿化水平。推进公园、城区主要街道口绿化补植；加强绿化养护管理。人民公园、琴江广场、狮山公园、街心花园等建成开放同，大力提升单位庭院、开发小区的绿化面积和水平，努力打造绿色生态五华。五是加大县城市政道路部分破损路面、下水道和排水沟等的修复力度，确保县城市政基础设施安全。全年修复砼路面 2029 平方米，新建水沟 280 米，更换水沟盖板 149 块，清理水沟 1084 米，修复路沿石 308 米，改造沉砂池 1249 座，清理沉砂池 1475 座，修复步行砖 3738 平方米，修复沥青路面 1490 平方米，修复人行道石板 430 平方米，修复绿围栏 420 米。

【数字城管开发和运行】 2015 年，县公共事业服务中心做好数字城管系统的开发和运行，健全工作例会制度。监控像头覆盖全城 60 多处，同时加快数字化城市管理系统建设，形成部门联动机制，提高城市管理水平。城市数字化管理系统的建立，形成政府监督指挥、部门协调运作、市民广泛参与，各司其职、相互配合城市管理新局面。实现职能部门力量整合、管理信息共享、行政执法联动，及时、妥善解决、处理人民群众关心的热点、难点问题及突发事件。

（陈治文　詹喜赞）

县公共事业服务中心 2015 年度负责人名录

主　任：张雄辉

副主任：曾永辉　丁金浪

缪千军（10 月任）

环境保护

【建设项目环境管理】 2015 年，县环保部门按照《环境影响评价法》和《广东省建设项目环境保护管理条例》有关规定，认真履行环保前置审批权职责，坚持发展经济和保护环境并重，严格把关，防止重污染企业进入五华。对已经审批的项目，加强建设期监管，坚持执行"三同时"（同时设计、同时施工、同时投产使用）制度落实，把住环保设施竣工验收关，有效控制新污染源产生。全年审批建设项目环境影响评价项目 134 个，其中环境影响报告书 5 个、环境影响报告表 57 个、环境影响登记表 72 个。建设项目竣工验收 54 家。

【主要污染物总量减排】 2015 年，县环保部门根据五华县政府与市政府签订的《"十二五"主要污染物总量减排责任书》，与相关职能部门建立总量减排工作机制，确保减排措施落实到位，按期完成减排任务。县城污水处理厂二期工程（2 万吨/日）在规定时间内建成并投入运行。

【加强环境执法和信访调处】 2015年，县环保部门组织开展环保专项行动，打击环境违法行为，维护群众环境权益。全年出动927人次，检查企业207家次，排查环境安全隐患13宗，发出行政执法责令改正书28份，查处环境违法行为2宗，处罚额4.2万元。环保"三同时"执行率100%。受理环境污染投诉案件435宗，查处理污染纠纷435宗，调处率100%。

【扎实推进污染防治】 2015年，县环保部门联合畜牧、农业等部门对全县52家规模化禽畜养殖业加强监管，加大工程治理减排，对10家规模化养殖畜禽养殖场废水进行治理。对全县持有放射源单位、产生固体废物、危险废物的单位加强监督检查，确保环境安全。严格按照《广东省排污许可证使用管理条例》规定，严把排污许可证的发放和年审关。全年新办排污许可证16家，换证13家，变更9家。严格执行国家统一机动车环保分类标志管理制度，发放环保标志14314份，其中黄标465份。

【环境监测】 2015年，县环境监测站环境监测能力和环境信息能力建设大幅度提升。对县城环境空气自动监测站进行更新建设，县城空气质量实行24小时在线监测，城区环境空气质量保持优良。认证监测项目83项。全年获得各类有效监测数据3315个，为全县环境决策和污染治理提供准确、可靠依据。

【露天焚烧秸秆专项整治】 2015年，开展禁止露天焚烧秸秆专项整治是县政府部署的十大专项整治工作之一。县环保局作为牵头单位，制定《五华县禁止露天焚烧秸秆工作方案》上报县政府审批后印发到各部门；县政府印发《五华县人民政府关于在全县范围内禁止露天焚烧秸秆的通告》，明确各镇作为秸秆禁烧工作的责任主体，要求各镇制定工作方案，与各村签订禁止露天焚烧秸秆责任书，明确具体责任人。在夏秋两季农作物收割期间，县环保局成立督查组和巡查组，分片包干，到各乡镇巡查，确保工作落到实处。全县发放宣传资料11850份，出动执法人员2380多人次，禁止露天焚烧秸秆专项整治工作取得一定成效。

（刘湘源　李丹娜）

县环保局2015年度负责人名录

局　长：张伟强

副局长：李锡泉　黄远华

张惠明（任至2月）

刘丽霞（2月任）

科工商务管理

综述

【机构整合】 2015年，根据《中共五华县委 五华县人民政府关于印发〈五华县人民政府职能转变和机构改革方案〉的通知》（华委发〔2014〕4号）精神，县政府整合五华县科学技术局（五华县知识产权局）、五华县经济和信息化局工作职责，组建五华县科工商务管理局（五华县知识产权局），为县人民政府工作部门。此次整合，有关职责划转如下：将原县经济和信息化局酒类流通监督管理职责，划入县食品药品监督管理局；将原县经济和信息化局节能减排综合协调职责，划入县发展和改革局；将原县经济和信息化局生猪定点屠宰管理职责，划入县畜牧兽医局。11 月，原县科技局和县经信局完成整合，五华县科工商务管理局正式运行。内设 14 个股室：办公室、政策法规综合股（行政审批股）、科技股、知识产权办公室、信息化股（加挂科协办公室牌子）、运行监测股、规划与产业政策股、技术与质量股（挂县无线电管理办公室牌子）、资源电力股、工业园区股、外资与外贸管理股、贸易促进管理股（电子商务股）、市场规划调节股、人事监察股。

【简况】2015 年，县科工商务管理局抢抓番禺区对口帮扶五华和原中央苏区、粤东西北地区振兴发展政策机遇，按照市委、市政府“一区两带”部署要求，围绕打造“工业新城、宜居五华”目标，突出“三大抓手”，主动融入“广东梅兴华丰”产业集聚带建设，全力构建“一核两区三组团”县域发展新格局，有效促进科工商务各项工作加速发展。全县实现工业总产值 59.04 亿元、增加值 13.21 亿元，分别对比上年增长 17.4%、15.2%。其中航威斯电子、润兴生物科技、眉山水泥、立信织造、爱时达钟表、裕福工艺 6 家新增规模以上工业企业，上报省、市统计部门。全县 26 家规模以上工业企业中，呈正增长的企业有 19 家，增长 20%以上的有 11 家。

科技业务

【省、市专业镇申报】2015 年，县科工商务管理局引导水寨、安流、岐岭、长布、棉洋、转水 6 个省级专业镇产业结构调整优化，促进专业镇转型升级。对全县广泛开展调查摸底，了解各镇的经济、科技和产业发展等情况，帮助潭下镇向省科技厅申报油茶专业镇。与水寨、转水两个专业镇到省进行项目申报答辩，并成功争取到 200 万元的专业镇项目资金。

【省科技计划项目申报】2015 年，县科工商务管理局结合实际积极调研，按时向上级申报项目 6 个。同时积极引导其他科技部门、工农企业，创新中心，科研单位，为经济发展进行攻关，推动科技创新。

【科技平台建设】 2015 年，县科工商务管理局大力培育发展高新技术企业，协助广东万山土壤修复技术有限公司和广东省辉胜达电器股份有限公司申报国家高新企业认定和培育入库，成功获得国家高新技术企业，成为五华首批国家高新企业。加强辉胜达省级重点实验室、省级工程技术中心建设，协助申报项目，争取资金完善基础设施建设。根据五华企业发展状况，指导企业做好项目申报软硬件建设，认真商量争取上项目。引导其他科技部门、工农企业、创新中心、科研单位，为经济发展进行攻关，推动科技创新。

【科技进步奖项目评审】 2015 年，县科工商务管理局认真做好科技进步奖评审，申报的项目获市科技进步三等奖 3 项；县科技进步一等奖 2 项、二等奖 2 项、三等奖 3 项。

科普活动

【科技下乡】 2015年，县科工商务管理局创新科普活动方式，组织开展“科技、文化、卫生”三下乡和“科技进步活动月”“全国科普活动日”等活动，直接受益群众18多万人次。开展科技下乡和科技咨询活动，全年组织有关学会开展咨询活动4期，接受咨询人数3200多人次。举办科技知识培训讲座，发放科普资料，出版科普长廊，利用科技信息网站等媒体开展科普宣传。

【青少年科技教育】 2015年，县科工商务管理局积极开展青少年科技创新大赛，联合县教育局，组织发动全县青少年参加省第31届青少年科技创新大赛。开展科普进校园和科技咨询活动，联合广东省科学馆、市科协、县教育局在县二小和县五小联合举办2015年“关爱青少年.共筑科技梦”科普进校园活动，营造良好的校园科技文化氛围，培养青少年爱科学、学科学、用科学习惯，增强青少年应急避险技能，激发青少年科学兴趣和创新能力。

【社区益民计划】 2015年，县科工商务管理局积极实施“社区益民计划”，对全县的社区、农技协会、科普示范基地进行摸底调查后，组织选送，参加全国、省、市评选。以此为契机，有效促进全县农村科普示范基地、农技协会、农业龙头企业和现代农业产业体系建设，为新农村建设做出应有努力。水寨镇府前社区被评为“全国科普示范社区”。

【知识产权】 2015年，县科工商务管理局利用“4·26世界知识产权日”活动，采取发放资料，街头设咨询点，开设培训班，设讲座等形式多种形式，积极开展知识产权法制宣传教育，进一步提高全社会对知识产权法律法规认知度，增强知识产权法律意识和观念，努力提高全体公民知识产权法律知识，营造浓厚的知识产权法制环境和氛围。同时进行专业产品检查，对重点门店，重点产品检查，及时发现假冒产品，及时纠正。对个别申请专利人，讲清申请做法、程序、作用，专利执行过程义务、权利。全年申报国家专利222例、授权151例，比上年增27.97%，其中发明专利申报6例、授权3例。

科技服务

【“信息直通车”示范】 2015年，县科工商务管理局采取得力措施，落实专人负责，切实加强安流镇福龙村、水寨镇中洞村、大田柿花协会、益塘林果场、棉洋黎洞村、华阳镇社径村、岐岭镇华源村等22个“信息直通车” 示范点建设。采集科技致富信息110条，发布产品信息150条，辐射带动农户12万多户，直接受惠群众25000人。同时以示范点作为“信息直通车”工作阵地，推进柿花、荔枝、烤烟、养猪、沙田柚、三华李、甜玉米、百香果等20多个专业协会信息站建设，使192个会员专业户获得实用技术和产品供求信息，并影响带动9800个农户发展种养等生产。

【网络信息中心管理】 2015年，县科工商务管理局网络中心依照机房规章制度严格控制进出人员，确保机房硬件和存储信息安全，做好机房安全保卫工作，定期查杀病毒，优化系统，维护好服务器，保证网站正常运转；经常检测路由器、交换机、线路，确保信息畅通，保证网上办公；及时更新“五华科技信息网”内容、图片，访问量不断增加，对比上年增 5%；上报、查阅、接收、下载等科技信息、科技情报 220 条，制作编排科技资料 9 万多字，访问量对比上年增加 15%。同时，认真做好单位计算机软件正版化和网络安全保密工作。

【地震测防】 2015 年，县科工商务管理局加强地震科普知识宣传，定期到观测点检查，加强水寨、安流、华城、郭田、周江、岐岭等 6 个地震观测点建设，加强防震抗震测防，为震情汇商提供依据。严把设计、设防质量关，推进地震安全农居示范村、示范户建设。

【白蚁防治】 2015 年，县科工商务管理局做好业务技术培训，普及白蚁防治知识，开展建筑、古树、树木白蚁危害情况测试普查，建立分户和综合档案，促进白蚁防治工作深入开展。

工业企业

【工业企业发展】 2015 年，县科工商务局围绕全年目标任务，深入开展暖企服务活动，通过深化政策帮扶、合力帮扶、服务帮扶，健全完善领导挂钩联系企业制度，落实各股室挂钩联系重点企业责任制，扶持生产企业通过增资扩产、转型升级，加快工业企业发展。全力推进万山土壤、井得电机、富胜实业、辉胜达电器、冠华传导、宝汇环保等企业完善上市前期工作。万山土壤修复技术有限公司和辉胜达股份有限公司获国家高新企业认定，成为五华首批国家高新企业。3 月，眉山水泥厂年产 100 万吨水泥粉磨站技改项目顺利投产。

【产业园区集聚】 2015 年，县科工商务局抢抓广州市番禺区对口帮扶机遇，深入贯彻粤东西北地区和原中央苏区振兴发展政策，以广州番禺（五华）产业转移工业园纳入省级产业转移工业园管理为契机，成功竞得 1.7 亿元的扩能增效专项扶持资金，加快广州番禺（五华）产业转移工业园基础设施建设，增强园区基础设施建设后续能力。全年完成工业投资 34.21 亿元，其中技改投资 13.94 亿元，分别对比上年增长 56.6%、13.8%。协助辉胜达、宝汇环保、富胜实业、康奇力药业、冠华传导等企业申报技术改造资金(第二批)贴息、梅州市产业振兴三年行动计划专项资金、节能减排财政政策综合示范、省政府相关重点工作专题、股权投资、县增资扩产等项目资金，获得专项资金 1421 万元。

【节能降耗】 2015 年，县科工商务局围绕节能降耗任务，强化节能管理，开展节能专项监察，完善企业能耗监督管理及考核制度，确保全年节能目标任务完成。全县万元 GDP 能耗为 0.45 吨标准煤，单位工业增加值能耗为 0.13 吨标准煤/万元，单位 GDP 能耗下降 4.47%，单位工业增加值能耗下降 10.26%。

【信息化建设】 2015 年，县科工商务局围绕落实网络优势再造、流量经营突破、全业务运营、企业管理变革等目标，全县信息基础设施建设不断推进。到年末，全县光纤接入用户 5.2 万户，开通光纤入户（住户）业务行政村 206 个；城市用户、农村镇区光纤接入能力分别达到 50Mbps、20Mbps。光缆长度 11801 公里；通信基础设施投资 14269 万元；公众移动通信基站累计 1429 座，基站站址累计 768 个；公共区域 WLAN 热点累计 95 个，无线访问接入点（AP）累计 349 个。县城和 16 个行政镇主要居民区实现光纤宽带接入，县城区域及乡镇圩镇区域 4G 网络信号全覆盖，农村区域覆盖率 60%，信息基础设施建设取得初步成效。

商贸服务

【外贸进出口】 2015年，全县外贸进出口实现1.93亿美元，完成市任务的105.2%，对比上年增长15.28%；合同利用外资完成5205万美元，完成市任务的100.1%，对比上年增长0.37%；实际利用外资完成533万美元，完成市任务的28.35%，对比上年减少57.36%。

【商贸流通】2015 年，县科工商务局积极履行职责，规范民爆经营、典当、拍卖企业等市场流通秩序。组织辉胜达、永艺餐具等企业参加广交会，抢抓订单，积极开拓国际市场。组织辉胜达电器有限公司、广东井得电机有限公司和海宴酒业有限公司等 3 家企业 20 多个产品参加第四届世界客商大会参展展示活动。指导协助县城华园农贸市场改造，合理规划市场布局。积极衔接阿里巴巴“农村淘宝”进驻五华，发动五华特色农产品进入梅州市客天下农电商产业园，扶持县内电商加快发展。全县实现社会消费品零售总额 81 亿元，对比上年增长 10.50%。

【成品油市场】 2015 年，县科工商务局积极履行成品油品安全监管职能，加强安全专项检查。全年完成全县 54 间证照齐全和 11 间保留资格加油站 2014 年度年审各项材料上报；协助 20 多家加油站网上申请换领新“成品油零售经营批准证书”。对全县各加油站（点）的油品质量和安全生产进行多次专项检查，清理整治非法销售成品油，取缔非法加油点 17 个，没收柴油 0.62 吨、汽油 0.59 吨，没收储存、销售成品油工具一批，封存加油机 2 台，规范全县成品油市场经营秩序，消除安全隐患。

职能监管

【安全生产】 2015 年，县科工商务局每季召开安全形势分析研判会议，认真做好民爆企业经营资质年审工作，制定创建平安民爆企业实施方案，组织民爆企业、加油站开展应急消防训练，不定期进行民爆经营储存安全检查，确保民爆经营企业安全运营。与下属各间企业签订《安全生产责任书》与《消防安全工作目标管理责任书》，着重做好对下属 2 个矿山炸药购买、储备、使用、报废回收、放爆时间、爆破工证件等进行逐一登记、排查，扎实抓好企业安全生产，确保矿区安全。

【其他工作】 2015 年，县科工商务局圆满完成县委下达扶持整顿软弱涣散基层党支部、扶贫“双到”和创卫等中心工作，其中整顿软弱涣散基层党组织和创卫工作均被县评为“先进单位”。完成水寨镇榕树村、安流镇石门村软弱涣散基层党支部整顿任务，村容村貌根本上得到治理转变，村级工作逐步走上制度化、规范化、组织化正常轨道。做好水寨镇莲洞村、安流镇上布村第二轮三年扶贫“双到”工作，筹集各类帮扶资金868.01万元，通过产业帮扶、救济帮扶、智力帮扶、实施基础设施和农田水利设施等扶贫项目建设，扶贫村贫困户脱贫目标基本实现。全年投入创卫资金9万多元，重点抓好县城卫生网格化责任地段、居民小区和挂钩村小组卫生创建，为成功创建“广东省卫生县城”做出应有贡献。

重点行业发展

【制酒业】 2015年，全县主要有广东长乐烧酒业股份有限公司、广东海宴酒业有限公司、梅州市客联酒业有限公司、梅州市神农酒业有限公司、梅州市五稻酒业有限公司、五华县元生堂酒业有限公司、五华县客属酒业有限公司、五华县溢群酒业有限公司、五华县华东酒厂等制酒企业9家；形成了以生产米香型白酒为主，主要以长乐烧酒业为龙头，以海宴、客属、客联、元生堂、溢群等为骨干的制酒业。2015年度，长乐烧酒业完成产值1亿元，实现纳税518万元。

【制药业】 2015年，全县主要以康奇力药业为龙头，以康和药业为骨干，南药生产基地已形成雏形，利用本市各县适合种中草药资源，逐步与科研单位合作研发生物制药，延长产业链。2015年度，康奇力完成产值5.8亿元，实现纳税283.2万元；康和药业完成产值3260万元，实现纳税57.7万元。还引进香雪制药等一批优质项目。

【五金电器制造业】 2015年，全县主要有辉胜达电器、富胜实业、环兴电力、冠华传导、源瑞电子、仁隆电子、中奥实业、辉骏科技、天力通讯、永艺餐具、鸿益实业、杰成通讯等12家规模以上五金电器制造企业。2015年，辉胜达电器产值13.96亿元，对比上年增长35%，上缴税金412.6万元；富胜实业产值2.02亿元对比上年增长3%；环兴电力产值2.84亿元，对比上年减少15%；冠华传导产值3.67亿元,对比上年增长30.1%；源瑞电子产值3352.5万元，对比上年增长17.5%；仁隆电子产值4314.8万元，对比上年增长3.3%；中奥实业产值1.04亿元，对比上年增长10.7%；辉骏科技产值3478.9万元，对比上年增长21.2%；天力通讯产值3363.3万元，对比上年减少26.9%；永艺餐具产值7710.0万元，对比上年增长38.7%；鸿益实业产值2601.8万元，对比上年减少13.4%；杰成通讯产值5261.6万元，对比上年减少6.5%。

【汽车配件业】 2015年，全县主要有广东井得电机有限公司、梅州华扬汽车配件有限公司等汽车配件制造企业。2015年，井得电机产值8637.7万元，对比上年减少45.4%，上缴税金518.6万元；华扬汽配产值1.27亿元，对比上年增长25.3%，上缴税金60万元。

【工艺品制造业】 2015年，全县主要有凸版艺彩、洋京塑胶制品、茂达工艺、学兴工艺、宏浩盟等工艺品制造企业。凸版艺彩隶属于全球500强之一的凸版印刷，主要生产玩具类儿童启蒙书籍、立体书籍、特色相簿、精装记事簿等纸类制品，2015

年实现产值 6279.7 万元，对比上年减少 56.3%；上缴税金 1022.6 万元，对比上年增长 32%。

【新能源及再生资源业】 2015 年，全县主要有创盛工贸、康力新能源、梅州（五华）抽水蓄能水电站和风电开发等项目，主要分布在龙村镇和县城工业区。2015 年，五华大力发展新能源及再生资源业，加快重点项目建设。充分利用国家鼓励新能源发展产业政策，以推进抽水蓄能水电站建设、国电电力风电项目、华润电力新能源开发等为重点，加快地热资源开发利用，推进全县新能源产业快速发展。创办再生资源产业园，加大可再生资源回收利用项目招商引资力度，引进一批可再生资源优质项目，大力发展可再生资源回收利用产业。加强对重点企业技术改造扶持力度，扩宽创盛工贸、康力新能源等资源综合利用和废品再生利用产业链；支持创盛工贸上市，企业规模实现“绿色产业”升级，公司实现产值 7.30 亿元，对比上年增长 7.8%。（朱连辉）

县科工商务管理局 2015 年度负责人名录

局　长： 刘冠鹏（11 月任）

科协主席、副局长： 周志浩（11 月任）

副局长： 廖旭标（11 月任）

曾晓东（11 月任）

胡伟雄（11 月任）

缪伯腾（11 月任）

翁凯荣（11 月任）

黄燕珍（11 月任）

系统党工委专职副书记： 古永元

党组成员： 温颂英

中小企业（民营经济）

【简况】 2015 年，县中小企业局深入基层调研企业发展现状、了解掌握企业需求，积极开展暖企服务活动，努力帮助企业排忧解难，引导企业用好用足中央和省、市、县出台扶持中小微企业发展系列政策措施，助推全县中小微企业平稳较快发展。至年末，全县民营企业 30463 家，从业人员 161421 人。其中：中小微企业 2956 家，对比上年新增 640 家（含分支机构和专业合作社），增长 27.63%；个体工商户 27507 户，对比上年新增 3717 户，增长 15.62%；农民专业合作组织 707 个，对比上年新增 89 户，增长 14.4%。规模以上民营工业企业 25 家，产值 55.26 亿元，对比上年增长 18.1%；增加值 12.17 亿元，对比上年增长 16.5%。

【优化服务体系平台建设，助力企业健康发展】 2015 年，县中小企业局围绕企业转型升级和创新发展，不断优化中小微企业综合服务体系建设平台功能，助力企业健康发展。一是不断完善中小企业服务体系建设。全力推进五华县中小企业综合“窗口”服务体系建设和中小企业公共服务平台网络、电子商务平台建设；全力支持服务中心打造的国家中小企业综合“窗口”服务平台顺利通过专家组的验收，以及被省认定为“中小企业综合服务示范平台”。优化五华县中小企业服务网功能架构，为全县中小微企业“技术创新、信息发布、政策咨询、人员招聘、形象宣传、产品展示推介、网上在线交易”等提供宽领域、多层次优质高效服务，在推动企业逐步增强自主创新能力，优化产品结构，加快转型升级步伐，促进发展中发挥积极作用。通过网络平台将国家和省、市、县扶持中小微企业发展的相关政策和成功案例、创业经验及优秀项目事迹材料及时上传发布和宣传报道 585 条（篇），其中：省服务网及网络平台 30 条（篇），市服务网 24 条（篇），《梅州日报》13 条（篇），《五华政报》及县政府公众网、电视台 18 条（篇），自建网络平台及微博、微信公众平台 500 条（篇）。协助广东科聚通科技有限公司参加广东“双创之星”竞选。二是优化电商交易平台，助力企业拓展销售渠道。全力支持县中小企业服务中心和县五金制品行业协会，优化升级电商交易平台，创建微信公众平台及其微商城，发布产品信息 1000 多条，开展网上营销专项服务活动 100 多期（次），全方位把客家名优特产品、五金汽车配件搬上互联网进行宣传和展示展销，扩大影响力，拓展产品市场空间，延伸“客家制造”品牌辐射力。组织企业及产品积极参加中博会、广交会等多种形式的展销博览活动，加强对外交流合作 。申请上线企业实现 30 家，上架产品 300 多个规格品种，客户阅读数 30 多万次，形成在线交易 2000 多批（件、次），形成线上交易额 100 万元，店铺信誉达“四钻”级别，带动线下互动形成交易 350 多万元。

【扩宽融资渠道，破解企业发展瓶颈】 2015 年，县中小企业局发挥财政资金杠杆效应和导向作用，以缓解企业融资难、融资贵问题。通过多种方式深入调研、学习借鉴外地经验做法和广泛征求意见，促成县政府出台《五华县中小微企业信贷风险补偿基金管理暂行办法》《五华县中小微企业信贷风险补偿基金工作方案》融资优势政策，设立“五华县中小微企业信贷风险补偿基金池”，并与邮储等 3 家银行签订《信贷风险补偿基金贷款业务合作协议》。修订完善《五华县中小微企业信贷风险补偿基金管理暂行办法》。经审查相关材料、资信调查、信贷风险评估、审核等程序，全县有 16 家企业纳入重点中小微企业池，为航威斯电子等 14 家企业发放贷款 6422 万元。推荐广东创盛工贸、广东华鼎新维设计工程等 2 家企业纳入梅州市信贷风险补偿基金重点中小微企业池，协助亚细亚股份、登云嶂云雾茶叶、新发五谷虫草鸡养殖获得广州股权交易中心颁发“注册展示证书”。积极争取中小微企业发展专项资金的项目扶持，向国家和省申报的《五华县完善中小微企业“一站式”服务能力建设》《五华县电子商务综合服务平台建设》等项目

2015 年 10 月 13 日，五华县电子商务产业示范园、五华科技创业孵化基地举行揭幕仪式

6 个，申请资金额度 5430 万元，到位资金 607.5 万元，另有 317.5 万元资金按项目进度下拨。协助广东元生堂酒业申报《中小企业融资风险补偿平台等专题—小微企业贷款贴息》项目，获得 35 万元资金扶持；为广东科聚通科技争取获得“梅州市优秀创业项目”奖励 20 万元。会同县财政局组织企业申报、评审 2014 年县中小微企业发展专项资金项目，全县有 26 家中小微企业获 330 万元县财政专项资金扶持。

【大力开展素质培训活动，提升企业现代管理模式】 2015 年，县中小企业局先后举办《五华县春节电商沙龙活动》《在新常态下，“互联网＋”给制造业带来的机遇专题研讨会》《网上店铺运营与策划》《多层次资本市场与企业融资》《“互联网+”企业发展创新模式专场座谈会》《五华县“农村淘宝”村级服务站招募合伙人培训会》《五华县“农村淘宝”村级服务站合伙人岗前培训启动会》《微信营销——抢占互联网制高点专题报告会》《让梦想走进农村——五华县第二批合伙人招募会》等多场学习培训活动，全面提升中小微企业现代化管理水平和市场开拓及电子商务应用能力。

【五华县电子商务产业示范园项目建设】 2015 年，县中小企业局全面完成第四届世界客商大会五华县相关活动“三个一批”项目之一的“五华县电子商务产业示范园”建设任务。该项目投资 1300 万元，总建筑面积 1.5 万平方米，其中：电商大厦建筑面积 8640 平方米；物流配送仓库 2 栋，建筑面积 6360 平方米。投入运营后，主要创新四大服务功能：吸引国内外电商来华开展电子商务运营、在线交易、物流配送等专项服务活动；依托“互联网+”等新技术、新模式构建广泛的创新平台，孵化和培养创新型企业；统筹引领电子商务；构建企业形象宣传、产品展示平台，设有总面积 900 多平方米的产品展示厅 2 个和全彩 LED 企业形象宣传演播厅 1 个，产品展示厅设有工业产品、土特产、酒类产品和 O2O 模式网上汽车 4 个展区，参展企业 50 家，展示产品 500 多个规格（型号）品种。至年末，引进入驻服务机构和电商企业 30 家，注册资本 1.41 亿元，通过线下线上互动、平台在线接单形式，形成交易额 1882.75 万元，解决就业 100 多个。同时加强“农村淘宝”项目建设，引进阿里巴巴农村淘宝项目，打通由县城到农村物流和信息通道，让农民足不出户就可以通过电子商务平台将农产品卖出去，并买到价廉物美的日用品、农资产品等。至年末，全县完成 82 个“农村淘宝”村级服务站建设及认定，并

2015 年 10 月 8 日，由五华县中小企业局在五华电商大厦多媒体电教室举办“微信营销——抢占互联网制高点”专题报告会

投入试运营，形成在线交易10.57万单，金额1160多万元，成为广东省首个村点数突破100个、广东省月成交额最高和广东省合伙人人均收入排在前列的县域。此外，接受线下能力测试待认定的村级服务站准合伙人18个，解决就业200个。

【统筹兼顾，力促各项工作顺利开展】2015年，县中小企业局围绕县委、县政府部署的各项中心工作，认真制定2015年度重点工作、重点项目计划，并逐项细化落实责任。一是认真履行县安委会成员单位职责，督促企业认真贯彻落实《安全生产法》和上级文件要求，树立安全生产观念。二是投入资金2万多元，抓好“创卫”挂钩村和网格化管理责任区的卫生环境整治及常态化管理。三是深入河东镇三田村“扶贫双到”和岐岭镇再下“后进村”挂扶工作，投入资金3万多元，帮助开展挂扶村开展村务活动、基础设施、贫困户脱贫致富、民生实事和支部建设等各项工作。四是做好梅州民声信访答复。对《关于慎提发展电商的建议》《关于我们五华有没有扶持农业电商创业的政策》和《农村淘宝的村级服务站，政府是否免费提供？》等6个群众信访问题，在规定时间内予以客观回复，得到信访群众认同。作客“县行风热线”，就群众关的热点难点问题进行回应和解答。五是培育上规工业企业2家，其中梅州市裕福工艺有限公司产值2590万元，上缴税收120万元；梅州市航威斯电子有限公司产值2624万元，上缴税收60多万元。（张矢群）

县中小企业局（民营经济发展服务局）2015年度负责人名录

局　长：邹国东

副局长：刘汉南　李伟东　钟定云

对外经济

广东五华经济开发区

【简况】 广东五华经济开发区位于五华县城西端，是由国家发改委等四部委核准的省级经济开发区，主要与广州市番禺区合作共建广州番禺（五华）产业转移工业园。2015年2月经省人民政府同意，省经信委批复，依托广东五华经济开发区建设的广州番禺（五华）产业转移工业园纳入省级产业转移园管理（以下广东五华经济开发区统称为广州番禺（五华）产业转移工业园）。该园区总规划面积20平方公里，首期计划开发12.2平方公里，已开发5.2平方公里。园区道路、供水、供电、排污、绿化和亮化等基础设施正加快完善，承载力不断提升。至年末，有进园企业87家，用工人数8500人，初步形成了五金机电、食品饮料、医药制造、再生资源利用等主导产业。

河东工业区是广东梅兴华丰产业集聚

带的重要组成部分，地处兴华高速畲江支线中段，距离五华县城中心城区 3 公里，距广州（梅州）产业转移园 14 公里，距规划建设的梅汕高铁畲江站 10 分的车程。该园区规划总面积 25 平方公里，首期 4 平方公里。于 2014 年着手谋划，2015 年开始启动首期建设。至年末，基本完成园区总体规划和控制性详细规划编制；加快推进征地拆迁和土地平整，完成征地 200 公顷、平整土地 66.67 公顷；区内长乐大道完成 2.3 公里路基平整；供水、供电、排污和通信等基础配套设施建设同步推进。园区规划发展先进装备制造业等主导产业，有广东富胜实业有限公司数字电视组装等 4 个项目签约落户，计划投资总额 16.6 亿元、固定资产投资额 15 亿元；拟签约落户有深圳市鸿益兴五金制品有限公司和惠州精密机械制造有限公司 2 个项目。

广州番禺（五华）产业转移工业园企业在建板块

2015 年，园区管理部门围绕县委、县政府工作部署，认真贯彻落实中央、省、市“两大振兴”政策精神，借珠三角地区产业转移、广州梅州产业对口帮扶和广东梅兴华丰产业集聚带规划建设之机，以党的群众路线教育为导向，以产业园区扩能增效为抓手，以效益园区管理为目标，依法建园、依法管园，全力以赴做好开发区规划拓展、设施建设、服务管理、项目落户、促建促产、队伍建设等工作，加快建成广东五华经济开发区，全面开发河东工业区。

【园区经济】 2015 年，广州番禺（五华）产业转移工业园实现工业产值 53.2 亿元，占全县工业总产值 58.2%，对比上年增长 18.5%，工业增加值 11.9 亿元，对比上年增长 20.2%，税收 1.1 亿元，对比上年增长 34.09%；吸纳用工 8500 人；园区新增规上企业（新口径）4 家，累计达到 17 家，规上企业工业总产值 39.6 亿元，对比上年增长 30.02%，工业增加值 8.92 亿元、对比上年增长 30.6%；园区 24 个在建项目，全年累计完成固定资产投资 20.13 亿元，其中完成设备投资 3.50 亿元；新签约进园企业 9 家，计划投资总额 102.7 亿元，固定资产投资额 95.8 亿元，园区累计进园企业达 87 家。河东工业区签约引进广东富胜实业有限公司数字电视组装等 4 个项目，计划投资总额 16.6 亿元、固定资产投资额 15 亿元。

【园区建设】 2015 年，园区管理部门通过财政自筹、申报省级产业园和园区基础设施建设竞争性扶持资金等多种方式，投入园区建设资金 3.73 亿元（其中河东工业园区投入 9667 万元），用于征地拆迁、用地平整以及完善园区道路、供水、供电等配套基础设施。在园区载体建设方面，全年集约土地 291.73 公顷，平整用地 143.33 公顷，其中广州番禺（五华）产业转移工业园全年完成征地 91.73 公顷、平整土地 76.67 公顷，可供“三通一平”（通水、通电、通路和平整场地）用地 80 公顷；河东工业区全年完成征地 200 公顷、平整土地 66.67 公顷，可供“三通一平”用地 33.33 公顷。道路建设方面，产业转移工业园内工业一路、二路、三路、四路、五路、六路，三坑路，工业一横路、二横路、三横路、四横路、工业大道等基本建成，初步形成七纵五横的园区路网；进城大道、农科所板块路网、罗湖板块路网、工业大道北延线、工业大道东延线有序推进，形成内通各企业，外连省道 228 线、120 线，县道 034 线、环城大道和兴汕高速的道路交通网络；河东工业区完成园区内主干道路规划测设，长 10.6 公里的长乐大桥至园区连接线全年完成 2.3 公里道路路基平整。供电线路建设方面，建设 220 千伏的琴江变电站主供产业转移工业园企业用电；制定河东工业区 110 千伏变电站建设方案，进入立项程序。供水管网建设方面，完成从县城自来水厂接驳到河东工业区的主供水管网的规划和前期准备工作。

【园区招商】 2015 年，园区管理部门围绕省委书记胡春华 2013 年 8 月来五华调研时提出“至 2016 年三年内进园企业达到 100 家以上，年产值达到 50 亿元以上，年创税 3 亿元以上”目标，严格落实县党政领导招商引资责任，专门成立 3 支招商专业队，充分利用商会、节会加强与珠三角地区乡贤企业对接，紧紧围绕园区主导产业，强化产业链招商选资。全年签约进园企业 13 家，计划投资总额 119.32 亿元，计划固定资产投资额 110.8 亿元，进园企业累计 91 家，其中广州番禺（五华）产业转移工业园 87 家，河东工业区 4 家。河东工业区有广东富胜实业有限公司数字电视组装、五华县如翼实业有限公司五金机械、梅州市富鑫通实业发展有限公司精密机械设备、广东宇航精机科技股份有限公司智能精密机械等 4 个项目签约落户，计划投资总额 16.6 亿元、固定资产投资额 15 亿元；广州番禺（五华）产业转移工业园有梅州市胜大科技有限公司、梅州市兴旺源实业有限公司、五华县源参泰实业有限公司、广东香雪药业有限公司五华分公司、梅州市大汇实业有限公司（红木产业园）、五华县宝通

五华河东工业区用地平整现场

实业有限公司、梅州市诺德实业股份有限公司、梅州中农批农产品批发市场有限公司电商批发和广东同福堂药业股份有限公司等 9 个项目签约落户，计划投资总额 102.7 亿元，固定资产投资额 95.8 亿元。

【园区管理】　2015 年，园区管理部门严格按照省级产业园目标管理、动态监测、年度考核等工作要求，认真落实领导干部挂钩企业责任制、建立并完善“一企一档”台账；持续深入开展暖企服务活动，充分发挥园区建设管理联席工作会议和县行政服务中心办证服务平台，为企业办证、融资、用工、技改等工作提供“一门式”服务，确保完成年度考核任务。广州番禺（五华）产业转移工业园完成固定资产投入 20.13 亿元，其中设备投资 3.49 亿元，省下达的年度目标完成率 151.3%，在梅州市 2015 年度产业园区建设管理考评中获评“优秀”等次；充分利用省级产业园政策，获得 5000 万元省级产业转移园启动建设专项资金，成功争取省级产业转移园基础设施建设 1 亿元和招商选资 2 个项目各 1000 万元的竞争性扶持资金，广州番禺（五华）产业转移工业园全年获得 1.7 亿元政策性专项扶持资金。规范园区管理，建立健全园区环境卫生、设施管理、文明施工、安全生产等管理制度，深入开展“创建省级卫生县城”工作，加强园区环境卫生整治，加强绿化带、路缘石、路灯养护和管理，杜绝企业围墙随意开口行为；配合县“十大整治”活动，制定文明施工管理制度，全面规范园区施工管理，改善园区投资、生产、生活环境；强化园区管委会和企业的安全生产管理队伍建设，成立园区安监办，落实专人专责，全面做好生产企业和在建企业、施工企业安全生产监督管理。规范工程管理，严格按照国家工程管理相关法规，制定和完善园区工程招投标管理制度。对零星工程造价、土石方测算、工程造价预结算、工程招投标等系列工作，由财政审核中心、监察部门、纪检工作组等部门提前介入，全程跟进监管工作，共同把好园区土石方平整工程的土石方工程量、土石方比例和造价预决算的审核关，从源头上堵塞漏洞，确保工程规范化、透明化，把园区建设成阳光工程。

【园区谋划】　2015 年，园区管理部门科学做好园区规划和主导产业定位。积极推进园区总体规划和控制性规划编制，完成广州番禺（五华）产业转移工业园二期控制性详细规划和河东工业区总体规划，完善河东工业区首期 12.6 平方公里控制性详细规划。在明确园区土地利用、产业布局等主体规划基础上，委托广州科城公司对县内产业布局进行详细调研，形成《五华县产业发展规划研究》，明确广州番禺（五华）产业转移工业园发展以五金机电、食品饮料、医药制造、塑料再生资源制造业等为主导，河东工业区重点发展先进装备制造业，兼顾五金机电、新材料、农副产品加工为主导的产业格局。

【园区服务】　2015 年，园区管理部门强化促建促产，建立“企业服务联系卡”政企联系制度，密切领导干部与企业联系，帮助企业解决建设、生产过程中凸显各类问题。重新完善领导干部挂点企业责任制，落实一对一干部挂点企业和企业促建工作日跟踪、周汇报制度，力促松盛实业、天东通信等 21 家在建企业加快建设。全年新增立信织造、天东通信、明珠星钟表、鸿盛实业、兆余生物、雄裕实业、明达实业等7家投产企业。构建“一站式”服务模式，设立“一站式”服务中心，统一受理企业办理各项证照的申请，安排专人全程代理服务。通过部门协调解决永艺餐具、凸版艺彩（租用天悦实业）企业的土地使用证，合成纸业、永艺餐具的立项手续以及仁隆电子的消防验收等问题，为企业办证服务效率进一步提高。持续深入开展暖企行动，通过电视台、技校、网站、专栏、现场招聘等多种渠道，为园区企业解决1000名用工问题。领导干部深入企业，解决企业外来职工家属安置、子女就读等问题；通过采取线路检修、升级改造和园区制定应急预案等措施为海宴酒业、仁隆电子、富胜实业等企业保障了用电、用水问题。力促企业做大做强，围绕效益园区的管理目标，成立由县统计局、经信局、开发区管委会、地税局、国税局统计人员组成的工作小组，列出企业上规时间和数据上报计划工作，时间倒排，有序推进企业上规模，全年新增规模以上企业有4家，分别是梅州市航威斯电子有限公司、五华县立信织造有限公司、五华爱时达钟表有限公司、五华县润华肠衣有限公司，累计规模以上企业17家。（张育光 陈冬海）

广东五华经济开发区管理委员会2015年度负责人名录

主　任：赖伟胜

副主任：胡志明　钟　军　李柳明　何志辉（挂职）

党工委专职副书记：陈裕杰

招商引资和经济合作

【招商引资成效】 2015年，县招商和经济合作局围绕市下达五华县“全年引资70亿元以上，其中引进1个投资10亿元以上优质大项目”招商任务目标，切实增强招商引资责任感和紧迫感，细化工作措施，全力做好招商引资工作。全年签约落户项目32个，计划总投资153亿元，固定资产投资124亿元，其中工业项目15个，计划投资76亿元，固定资产投资60亿元；服务业项目7个，计划投资66亿元，固定资产投资59亿元；农业项目10个，计划投资11亿元，固定资产投资5亿元。计划投资10亿元以上的重点项目有3个，分别是梅州市大汇实业有限

2015年3月26日，书记张映平（左一）和县长范宜军（右一）调研园区建设和招商工作

公司、广东香雪药业有限公司五华分公司、梅州市中农批产品批发市场有限公司。

【招商引资宣传推介】 2015年，县招商和经济合作局紧紧抓住广州市番禺区对帮扶五华县的机遇，主动与广州市、番禺区相关部门对接沟通，及时掌握企业投资信息，承接产业转移项目。充分利用各种商会、协会、推介会等节会活动机会，积极推介五华招商项目。借助展示厅、招商网、微信公众号等平台，全面宣传招商政策、区位交通和人力资源等优势，吸引一批意向企业到县考察投资。先后组织人员参加中山、汕头、珠海、广州、广西等地举办的招商推介会和博览会，拜访广东客家商会、东莞客家文化研究会等协会，接待投资考察团50多个1400多人次。与深圳博思科特环境能源科技有限公司、广州市库林光学有限公司、意大利布莱奇服装（东莞）有限公司、广州市韶沈机械设备有限公司等20多家意向投资企业建立良好的沟通联系关系。

【招商引资责任落实】 2015年，县招商和经济合作局牵头制定《五华县招商引资责任制及管理工作实施意见（暂行）》，全面落实县五套班子成员、县驻外办事机构和各镇各相关单位的年度招商引资任务。出台《五华县鼓励社会各界人士参与招商引资奖励暂行办法》，调动社会各界人士参与招商引资积极性，鼓励他们为五华的招商引资工作牵线搭桥。成立3个招商引资专业队，分别派驻广州、深圳、东莞等珠三角地区，开展招商引资工作。

【“乡贤回乡投资兴业”工程】 2015年，县招商和经济合作局把“乡贤回乡投资兴业”工程作为开展招商引资工作的重要抓手，巧借第四届世界客商大会成功召开后所形成浓厚亲商氛围，积极与乡贤紧密对接。通过积极做好乡贤信息收集和整理，精心挑选符合产业布局的乡贤项目，整理汇总形成6批次86个对接联系项目，落实熟悉情况的领导干部实行“一对一”对接，成功引进梅州市大汇实业有限公司、中农批电商(北京)建设开发有限公司、广东香雪药业有限公司五华分公司等企业落户五华，取得较好对接成效。

【招商引资服务】 2015年，县招商和经济合作局着力从改变干部队伍作风入手，不断加强“学习型党组织”建设，实施干部队伍素质提升工程，整理汇编工商、发改、环保、住建、税务等部门的涉企知识，组织工作人员进行培训，不断增强协助企业解决困难和问题的能力。会同县工商局、开发区、环保局等相关部门积极协助梅州市大汇实业有限公司、广东香雪药业有限公司五华分公司、五华县宝通实业有限公司等公司办理工商登记注册、项目选址、用地规划等手续，促进落户企业加快动工建设。

【第四届世界客商大会五华招商推介会】 2015年10月13日，第四届世界客商大会五华招商推介会在国际大酒店举行。县委书记范宜军亲自做招商推介员，向来自五湖四海的200多位客商和乡贤企业家，推介五华发展的区位优势、产业优势和政务优势等日益改善的发展环境。推介会举行现场签约仪式，五华县与深圳市神牛摄影器材有限公

2015 年 10 月 13 日，第四届世界客商大会五华招商推介会在五华国际酒店举行

司、五华县润华肠衣有限公司、广州市九鼎包装材料有限公司等 12 个项目的投资合作协议，计划总投资 52.05 亿元。推介会上，五华还对回乡投资模范代表广东辉骏集团、广东长乐烧酒业股份有限公司、广东冠华传导科技有限公司、广东富胜实业有限公司和外来投资优秀代表凸版艺彩印刷（梅州）有限公司、广东井得电机有限公司、仁隆电子（梅州）有限公司以及总部回迁模范代表广东国沅建设工程有限公司等 8 家企业进行表彰。推介会结束后，五华县“三个一批”（竣工一批、开工一批、签约一批）中 16 个动工项目和 14 个竣工项目，正式动工建设或竣工投产，计划总投资 208.84 亿元，涵盖工业、交通、城建、服务业等领域。

（杨依杰）

县招商和经济合作局 2015 年度负责人名录

局　长：陈群添

副局长：魏　青　　曾奋凌

交通运输

交通建设与管理

【高速公路建设】　2015 年，县交通运输局协调配合高速公路建设部门做好相关工作。其中：汕湛高速（五华段）全长 39.84 公里，途经棉洋、梅林、华阳 3 个镇 16 个村，总投资 52.69 亿元，全程双向六车道，设计时速 120 公里/小时，于年末建成通车。平兴高速（五华段）全长 4.8 公里，途经转水镇青西村、三源村，总投资 2.87 亿元，设计标准为双向四车道，设计时速 100 公里/小时，于年末建成通车。江西瑞金至汕尾高速公路兴宁至五华段（含畲华支线）五华境内长 76.49 公里，途经转水、水寨、河东、横陂、安流、梅林等 6 个镇 50 个行政村，全线征地拆迁任务全面完成，8 个标段实现无障碍施工。2015 年，兴华高速（五华段）投入资金 13.31 亿元，开工后累计完成投资 18.97 亿元，占总投资 25.81%。大丰华高速（五华段）完成线路踏勘、工可评审，并进入 13 个专题研究阶段。兴宁至汕尾高速公路五华至陆河段正进行可行性研究工作。

【县养公路建设】 2015年，县交通运输局围绕打好交通建设硬仗，加强领导，加大投入，全面加强交通基础设施建设。全年投入公路建设资金8.95亿元，推进琴江生态景观大道（琴江公路）31.5公里、环城大道至琴江公路（东延线）2.46公里、水寨大道至环城大道（工业一路）1.3 公里、兴华高速五华互通至县城连接线（进城大道）2.6公里、汕湛高速华阳互通至龙村连接线（Y304线金龙公路）8.7公里、枫林至平安寺6.03公里、县道031横周线横陂至周江段28.96公里公路工程；完成环城大道 9.8 公里、热矿泥益生湖旅游专线公路15.22公里、县道032线河梅线公路（安流湫溪至吉程段）8 公里续建工程。

【水毁桥梁重建】 受2013年“尤特”“天兔”等台风影响，五华县普降大暴雨，造成49座桥梁受损，其中大桥23座、中小桥26座，涉及龙村、横陂等7个镇。2015年，县交通运输局按照“先干线后支线，先重点后一般，先急后缓”原则，制定《五华县农村公路和桥梁灾后重建实施方案》，按“一桥一策”要求明确每座桥梁的重建计划、建设责任单位等。积极争取上级政策和资金支持，动员在外乡贤和社会能人捐资建桥，拓宽资金筹措渠道。严把工程设计、招标、施工、监理、监督及验收等关口，做到工作到位、责任到人。至年末，全县投入1亿多元用于水毁桥梁修复重建，49座水毁桥梁完工40座（公路局承担建设2座），剩下9 座桥中，蓝田桥、梅山桥、三乐桥、吉祥大桥、独岭大桥和横陂琴江大桥等6座桥正在施工中，石凹大桥、玉磨桥、上坑桥等 3 座桥正在筹备中。

【县养公路养护管理】 2015年，县交通运输局坚持强化养护管理，提升养护管理质量，一是重点抓好县道034水烂线五星至烂泥塘段17.58公里、县道945坭大线7.59公里、环城大道（枫林塘至县经济开发区）8.01公里共33.18公里绿色廊道建设，全年投入资金1180多万元，砌筑水沟、护墙等9500立方米，种植秋枫、红花紫荆等乔木1.20万

2015年4月2日，市委书记黄强率（前排右二）队到五华县调研交通基础设施建设工作

多株，双荚槐、大红花等灌木2.80万多株，草皮、蟛蜞菊7.4万平方米。二是继续开展“农村公路管理养护年”活动，将乡道413双高线、271上东线等5条线路作为养护重点，专门派出技术人员驻点管理，加强日常巡查，及时清理路障、查处破坏公路绿化等违法行为，投入资金71.4万元，培育(平整)路肩23.8公里，种植秋枫、红花紫荆900多株，双荚槐、红绒球等灌木5000多株，蟛蜞菊2.8万平方米。

【县养公路路政管理】 2015年，县交通运输局积极利用电视、横额标语、宣传车、座谈会、派发宣传资料等形式对公路法律法规进行宣传，提高人民群众护路爱路意识。加强执法检查力度，全年上路巡查1560人次，清理路障620多处7300多平方米，拆除违章广告3000多块，纠正并处罚各类路政违章320多宗，有效保护路产路权，使公路实现畅、安、洁、美。（李孟飞　张威）

【运力与运量】 2015年，全县有营运客车220辆，客位8442座；营运货车905辆，核载3684吨。全年公路运输完成旅客运输量563万人，旅客周转量48522万人公里，完成货物运输量1366万吨，货物周转量153570万吨公里。

【综合行政执法】 2015年，县交通运输局加大对运输市场监控和管理力度，全年出动执法人员6083人次，出动执法车辆1607辆次，查处超限车辆166辆，卸货3892.6吨，非法营运车辆15辆，其他违反道路运输管理规定行为71宗，受理路政违章案件33宗，罚款141.82万元，有效维护全县道路运输市场秩序。

【交通行业安全管理】 2015年，县交通运输局坚持把交通行业安全生产工作放在突出位置，按照“安全第一、预防为主、综合治理”方针，以贯彻实施《中华人民共和国安全生产法》为主线，以建立安全生产长效管理机制为目标，以防范重特大事故为重点，加强交通行业安全管理。深入开展“安全生产年”活动，认真落实安全生产责任制，层层签订行业安全生产责任书，修订完善各级管理制度和应急预案。严格把好道路旅客运输安全、危货运输安全、营运车辆的安全例检等准入关，利用GPS等现代化车辆监控设备，对客运车辆进行动态管理。组织执法人员在全县范围内开展安全生产大检查，强化安全生产基础管理，着力构建安全生产长效机制，保证交通行业安全有序、健康发展。

【“创卫”工作】 2015年，县交通运输局加大“创卫”宣传力度，投入5万多元，更新宣传栏6个、宣传标语20多条，发放创卫宣传资料3500多份；组织网格成员单位对网格化责任区域进行整治，全年出动工作人员700多人次、铲车42辆（次）、垃圾运输车84辆（次），清理路边垃圾、沙石等障碍物1228平方米，农用车25辆（次），其他各种机械66辆（次），拆除灯箱广告牌35块，拆除人行道违规设置帐篷5个，纠正各种违章77起，使责任区卫生环境得到改善；完成挂点村七都村村道硬底化建设400米，种植红叶石楠100多株、双荚槐200多株、黄芯梅40多株，美化周边环境。

（李孟飞　张威）

县交通运输局2015年度负责人名录

局 长：邹志轩

副局长：刘南文 陈军华 曾 宏
李志勇（5月任）
廖宏伟（任至5月）

党组成员：钟云辉 叶定思 邓朝阳
曾志中 李雪辉

公路建设养护管理

【公路建设】 2015年，县公路局以迎接“十二五”全国普通干线公路检查为契机，紧紧围绕“三大抓手”战略部署，全力打好交通大会战，全年完成省道228线华城高速出口至河东段25.08公里一级路建设工程，总投资4.16亿元；完成省道238线五华周江至安流段灾毁路面大修工程12公里，总投资2626万元；完成省道120线五华东山至洋桃段路面改造工程8.17公里，总投资2710万元；完成省道239线华城圩镇段路面改造工程5公里，总投资1165万元。

【公路养护】 2015年，县公路局加强公路日常养护管理，采取切实有效措施，努力提高路况水平。一是将4个道班试行个人承包经营运作，探索公路养护市场化管理。二是在日常养护管理中弘扬“以班为家，以路为业”和“人在路上，路在心中”爱岗敬业精神，坚持实行“五定一落实”责任制（定人员、定路段、定任务、定投资、定标准，落实班长负责制）。三是突出抓好公路预防性、及时性、全面性养护，坚持雨前查隐患，雨中查排水，雨后查障碍的“三查”制度，确保公路安全畅通。全年完成人工、机械清扫路面13亿平方米，清除垃圾3.8万立方米，割路肩草385万平方米，疏通淤塞水沟159公里，修补坏烂路面、灌缝等（含柏油修补）4.83万平方米，刷白（修剪）路树19万株，清理塌方8.2万立方米，增设公路标线标志200多公里，道班值勤率97%、出勤率108%、优良路93%，完成修复省道120线金坑段、省道238线棉洋桥江段和安流大桥、梅塘桥、石坳桥、夏阜桥、横陂桥等维修加固工程，总投资1000多万元。

【公路绿化】 2015年，县公路局按照“低成本推进和自然化、多元化”原则，因路制宜，合理设计和制定公路绿化方案，种植耐

省道228线文明路县城段

干旱、耐寒冷、观赏性好、经济实惠、后期养护成本低树种，推动公路绿化良性循环发展。一是在植树节期间发动机关干部职工对新完成升级改造的省道120线进行义务植树，种植乔木1000多株。二是全年投入600多万元，种植香樟、紫荆花、黄槐等乔木1.7万株；种植夹竹桃、双夹槐、大红花、杜鹃等灌木3.16万株、植草2.4万平方米，公路宜植路段绿化率100%。三是积极做好路树管养，坚持三分种七分管，种好一段护好一段，并与当地镇村加强联系，减少人为损坏

路树现象，巩固公路绿化、美化成果，创造良好交通环境。

【公路路政管理】 2015年，县公路局根据上级“迎国检”工作部署，积极做好路域环境整治，由五华县普通干线公路路域环境整治领导小组牵头，组织县交通综合执法局、城监大队、应急大队、交警大队和水寨镇等单位80人，对省道120线进入县城段路域环境进行整治2次，突出解决国、省道普通干线公路两旁脏、乱、差和违章建（构）筑以及在公路用地范围内种植农作物等现象。路政管理坚持依法治路，依法行政，有效维护路产路权；平时每天巡路，发现问题，及时处理，提升全县普通干线公路通行能力、路况水平、交通安全系数和综合服务能力。全年路政部门上路巡查260天3110人次，巡查里程5.8万公里，清理路障2719立方米，整治污染公路车辆56辆次，拆除违章广告标牌565块（条幅广告47条），拆除违章建筑3处145平方米，告知综合执法局处理35宗，发出违法行为告知书35份，审理路政许可19宗，依法收取占用费及损坏路产赔（补）费16万元。

205国道文明路岐岭段

【公路安全生产】 2015年，县公路局强化安全生产意识，落实“一岗双责”制，坚持每季度召开安全生产例会，制订“安全生产月”活动方案，签订《安全生产责任书》80份，层层落实责任。一是抓好安全生产宣传教育。坚持安全例会和学习制度，制作悬挂安全标语横幅10条。二是坚持安全生产检查。全年组织安全检查20次，参加检查190人次，检查生产部门和道班154个次。三是加强安全生产治理。加大资金投入，治理安全隐患，预防发生重特大事故，投入450万元，整治全县桥梁隐患50处；投入5000元，更新购置灭火器；投入2万元，新购示警锥和施工牌。全年安全生产未发生重特大事故。

【扶贫双到】 2015年，县公路局结对帮扶华阳镇社径村。一是投入政府引导资金14.8万元，支持社径村用于文化广场建设和产业帮扶及合作医疗年度缴费。二是单位自筹资金26万元，支持社径村用于扶贫开发、水毁工程修复和森林防火等。三是争取县文广局支持，于5月下拨给社径村价值3万元的文化器材。四是争取上级支持，帮扶社径村完成5条村道共6公里硬底化建设，补助资金100多万元。五是采取融资入股方式壮大村集体经济，扶持水果专业合作社扩大三华李种植规模等项目，使村集体经济年收入6.50万元以上，村民人均年收入1.07万元，贫困户人均年收入8100元，基本实现脱贫。本年，县公路局被五华县委、县政府评为扶贫“双到”先进单位。

【"创卫"工作】2015年，县公路局采取有力措施，扎实推动创卫工作，并取得显著成绩，被五华县委县政府评为"创建广东省卫生县城"工作先进集体，党组书记、局长何伟雄获先进个人。一是加强领导，制定详细实施方案。建立健全领导机构，对工作任务、实施步骤、保障措施等一一落实，坚持按计划要求每周五下午打扫责任区环境卫生，每月进行除"四害"活动，确保责任区域卫生整洁。二是加强宣传，营造全民"创卫"浓厚氛围。制作固定创卫公益宣传栏，每季度更新宣传内容；在卫生责任区、机关办公楼大门口悬挂横幅标语28条；发放创卫宣传资料2000份。三是加大投入，确保完成目标任务。千方百计筹集资金，投入80万元用于责任区和网格化地段创建卫生县城，清理挂点的水寨镇七都村旧粪坑28口、破烂危房10间、污水沟500米、污水鱼塘10口和门坪2个，完善村道水泥路面30米，使挂点村美观、整洁，面貌焕然一新。对网格化管理地段"六乱"行为进行专项整治4次，清理垃圾、杂物160多吨，拆除户外广告牌103块。（杨木良　陈进群）

县公路局2015年度单位负责人名录

局　长：何伟雄

党组副书记、总工程师：游展航（9月任）

副局长：吴汉聪　钟　锋　曾泗庆

党组成员：谢永佑　杨木良　李超权

国有汽车运输

【简况】　2015年，五华汽车运输有限公司发出班车100797班次，运送旅客676375人次；完成客运量156.8万人，完成旅客周转量32412万人公里；总营收5966.8万元、实现利润1266.36万元，上缴税利325.43万元。安全行车2224万公里，没有发生重特大交通责任事故，四项安全指标均控制在市粤运公司下达的年度安全指标范围内，公司未发生治安和民事纠纷事件。

【生产经营】　一是节假日运输工作效益明显。认真总结以往节假日运输工作经验，根据各个节日的特点，主动贴近市场，灵活应对，精心组织，春运、"清明"、"五一"和"国庆"等节假日运输都取得较好的经济效益。二是主动适应社会发展新常态，贴近市场，采用自营、合作经营和股份经营等模式，严格"五统一"（即：统一技术标准、统一管理规程、统一采购、统一车辆维修和统一行车保险）管理工作，加强单车成本核算，进一步细化、量化油料考核，加强轮胎管理及日常易耗品使用管理等工作，有效降低运营成本，经济效益明显增加。三是积极拓展保险、小件行李等相关业务。四是加强公交车管理，扩大市场份额，实行便民措施，与五华县科聚通公司合作安装"公交一卡通"系统，方便五华市民乘坐公交车，并对60周岁以上城区户口人员和残疾人员免费办理乘车卡。同时，结合实际，适时调整区间班线和发车密度，服务人民群众便捷出行，取得较好社会效益。五是优化运力，提高服务质量，增强竞争力。全年，投入资金900万元，更新车辆15台，提高车辆新度系数；投入资金2万多元，完成公司整体网络改造，开通微信购票平台，实现全省微信联网售票，增设岐岭、双头两个乡镇电脑联网售票点，以创建卫生县城工作为契机，不断完善各站场的服务设施设备，美化站场环境，服务软件进一步增强。

【安全管理】 2015年，五华汽车运输有限公司以铁的手腕抓管理，安全生产形势日趋稳定。全年，投入车辆113台，总行驶里程2224万公里，发生重大交通责任事故1宗（负次责），安全行车四项指标分别为：责任事故率0.01次/百万车公里，责任死亡率为0.02人/百万车公里，受伤率为0，经济损失率2.25千元/百万车公里，四项安全指标均控制在上级下达的年度指标以内，安全管理水平有较大的提升，安全生产形势不容乐观。

【企业内部管理】 2015年，五华汽车运输有限公司进一步深化企业改革，完善企业各项基础管理工作，财务、人力资源、经营和法务等工作都上了新层次，有了新提高，为企业持续发展奠定良好的基础。

【精神文明建设】 2015年，五华汽车运输有限公司积极开展精神文明创建，推进企业文化建设，企业员工的凝聚力和向心力进一步提升。关心职工生活，建立职工书屋，扩宽员工增加业务知识渠道；积极做好“送温暖”和“六必访”工作。组织在岗员工进行体检，为职工购买团体意外保险和住院医疗互相保险，购买站场场所保险（中心客运站和公共汽车站），购置降温设施设备改善工作环境，职工发放清凉品等关爱员工各项措施得到有效落实，并较大幅度提高干部职工工资收入和福利待遇。（李运华）

五华汽车运输有限公司 2015 年度负责人名录

董事长、总经理：钟鸣荣
副总经理、董事：刘旭根 张东海 张治军（3月任）

邮政·通信

邮 政

【简况】 2015年，中国邮政集团公司广东省五华县分公司改善服务环境、提高服务质量，主动适应社会经济发展新常态，妥善应对各种风险挑战，企业运营实现总体平稳、稳中有进、稳中有好，经营发展保持中高速增长，主要目标全面完成，全年业务收入对比上年增长17%。人均劳产率29.5万元，位居全市第一；收入规模、收入增长绝对值、年度增长幅度三项指标均列全市第二。分公司获得“2013—2015年度广东省邮政先进集体”荣誉称号；分公司总经理李伟鑫荣获“梅州邮政系统2013—2015年度先进个人”荣誉称号。

【邮政基础能力】　2015年，中国邮政集团公司（简称“集团公司”）实施法人体制调整，将集团公司对各省（区、市）邮政公司管理体制，由原母子公司两级法人体制改为总分公司一级法人体制。实施法人体制调整后，五华县邮政局更名为“中国邮政集团公司广东省五华县分公司”；广东省邮政速递物流有限公司五华县分公司更名为“中国邮政速递物流股份有限公司广东省五华县分公司”，并于9月18日正式挂牌。全年，加大对营业网点、网络、信息技术及安防设施建设投入，对棉洋、锡坑、潭下等支局进行网点营业厅标准化整治改造；对华城、岐岭、双头、潭下、锡坑、平南、棉洋等支局办公室和会议室进行改造，改善服务环境，提高服务质量，促进企业发展。

2015年9月18日，中国邮政集团公司广东省五华县分公司和中国邮政速递物流股份有限公司广东省五华县分公司分别挂牌

【邮务类业务】　2015年，中国邮政集团公司广东省五华县分公司在报刊发行业务方面，重点发展党报党刊、竞争性报刊,积极推进校园报刊、农村报刊与畅销报刊，拓展自费订阅市场，全面实行投递薪酬改革，体现多劳多得原则，充分调动投递员积极性，全年发行业务收入对比上年增长5%。在函件、集邮业务方面，加强客户开发与维护，大力宣传邮政广告传媒业务（DM广告、网点视频广告、消防视频广告、短信业务、网信等）。推进邮政贺卡、集邮文化荟营销常态化，全年业务收入对比上年增长42%。

【金融类业务】　2015年，中国邮政集团公司广东省五华县分公司面对互联网金融、利率市场化等竞争日益激烈金融市场，积极推进金融业务转型发展。一是做好网点阵地营销和客户外拓活动，持续推动客户升级；二是以服务客户为中心，加快理财业务发展，加快客户结构、业务结构、增长方式转型；三是做好重点项目开发，实现邮政金融业务持续快速健康发展。

【速递物流业务】　2015年，中国邮政速递物流股份有限公司广东省五华县分公司以利润为核心，以质量为主线，以发展为重点，全力实现企业转型发展。突出发展国内标准快递业务，重点拓展电子商务类客户，以政务类客户为重点服务对象，做强做大政务类业务，以商务类客户为发展对象，积极参与市场竞争。严格落实执行各项运行质量考核指标，狠抓服务质量，增强行业核心竞争力，不断提升邮政“EMS”品牌形象。

【案件防控】 2015年，中国邮政集团公司广东省五华县分公司加强案件防控、落实案防责任，扎实开展“安全意识巩固年”活动，组织专项检查，狠抓问题整改，及时消除安全隐患。重点开展“加强内部管控、遏制违规经营和违法犯罪”专项活动，认真抓好审计检查、内控管理，严格执行“七不准”（即：不准以贷转存、不准存贷挂钩、不准以贷收费、不准浮利分费、不准借贷搭售、不准一浮到顶、不准转嫁成本）和“十严禁”（即：1.严禁使用服务忌语和不文明语言；2.严禁与用户发生争吵；3.严禁对用户不理不问；4.严禁在用户面前抓耳挠腮和打哈欠；5.严禁在营业厅内或生产现场内拨打或接听移动电话；6.严禁在营业厅内或生产现场内与同事交头接耳、闲聊或说笑；7.严禁在营业厅内或生产现场内喧哗；8.严禁在营业厅内或生产现场内随意起动；9.严禁在营业厅内或生产现场内吃零食；10.严禁做有损于企业形象和社会公德、职业道德的事）等规章制度，从流程控制、系统完善、制度修订、职责明晰等多个方面入手，防范化解风险。2015年，被省公司授予“广东邮政安全工作先进集体”荣誉称号。

【积极履行社会责任】 2015年，中国邮政集团公司广东省五华县分公司切实履行普遍服务义务，紧紧围绕县委、县政府中心工作，狠抓各项工作贯彻落实，助力五华社会经济跨越式发展。全年新建便民服务站20个、建设助农取款服务点100个、安装商易通254户、建设农村电商服务点18个。积极做好创建卫生县城、平安五华、“扶贫双到”等工作，切实履行企业社会责任，得到政府和社会认可。

【企业建设】 2015年，中国邮政集团公司广东省五华县分公司认真组织干部职工深入学习贯彻落实中共十八大、十八届四中、五中全会精神和习近平总书记系列重要讲话精神。规范党风廉政建设“主体责任”和“监督责任”工作落实，深入推进反腐倡廉建设，加强廉洁风险防控，切实增强全体党员特别是党员领导干部的廉洁自律意识，严格执行“三重一大”决策制度，重大事项坚持集体决策，按程序办事。坚持以人为本，做好员工思想政治工作，重视、关心基层员工生产生活，增强员工对企业归宿感，增强企业凝聚力和向心力，提升员工干事创业热情。（谢辉新）

中国邮政集团公司广东省五华县分公司2015年度负责人名录

总 经 理：李伟鑫

副总经理：李中军　张道雄

中国邮政储蓄银行股份有限公司五华县支行2015年度负责人名录

行 长：黄　彬

广东省邮政速递物流有限公司五华县分公司2015年度负责人名录

经 理：邱裕洪

电信通信

【基础网络建设】 2015年，五华电信按照国家“宽带中国”发展战略，投资3100万元用于宽带骨干网提速改造及光纤到户网络建设，全年新增光网端口3.2万个，累计光网端口容量5万个，基本实现县城及16个乡镇圩镇区域全光覆盖，为全县大部分家庭用户提供网速高达100M的光纤宽带接入服务。完成无线网及其配套工程投资800万元，新增4G无线基站80个，实现县城区域及乡镇圩镇区域的4G网络信号100%覆盖，农村区域覆盖率达60%，使无线网络覆盖和通信业务质量得到提升，城乡用户共享天翼高速4G网络。

【公共服务信息化建设】 2015年，五华电信聚焦以优质信息化服务助力地方经济跨越发展，主动积极支撑党政部门、职能单位、教育行业和中小企业的信息化需求，助力基层治理、经济发展。一是切实履行社会责任，助力“创卫”“平安五华”等项目实施。完善并大力建设平安项目，打造平安城市，投资250万元恢复因美丽城市、卫生城市、道路规划等原因临时拆除的图像恢复，并新建110路视频，累计开通548路图像视频，打造平安五华。积极争取省、市公司支持，投入1510万元全力配合华城环城街和东山街改造、省道120线河东段、水潭路进城大道、公园路、尚新一路、华园路、琴江公路、梅林至龙村、龙村至华阳、县城创卫和美丽镇村建设等市政工程、高速公路建设、公路改造的管线迁移。二是实施“互联网+”信息化战略，积极推进信息化应用项目。“互联网+政务”方面：完成县卫计局、交通局等单位的办公OA系统、视频会议系统项目建设及上线使用，提升日常办文办会、业务政策上传下达的效率，通过互联网信息化工具，降低日常行政成本。积极推进五华县基层公共服务综合平台电子政务承载网络建设，开通使用双华镇、华城镇、新一村、塔岗村、西区居委、矮车村等试点10M上下行对称电子政务承载网，实现市-县-镇-村四级完整统一、安全可靠政务专网。“互联网+教育”方面：积极推动水寨中学“三通两平台”（宽带网络校校通、优质资源班班通、网络学习空间人人通、教育资源公共服务平台、教育管理公共服务平台）信息化示范学校建设，加快推进全县各中小学教育城域网接入带宽提速、校园微信公众号使用、阳光厨房建设等，全面提升全县教育信息化应用水平，实现各级各类优质教学资源联网共享，弥补偏远学校资源不足，实现教育公平，助力五华县成为“广东省推进教育现代化先进县”。“互联网+医卫”方面：完善区域医疗卫生平台相关功能模块，逐步完成32个基层医疗单位电子病历、电子处方模块、居民健康信息档案的二次上线，实现医疗信息资源、医疗数据联网共享。“互联网+城市管理”方面：形成一套以城市卫生管理、视频监控管理、前端执法管理为主的数字化城市管理系统，通过建设60路城市管理视频图像、160户前端执法管理终端和城市管理平台，实现发现、处置、执法、监督、评价动态管理机制，实现对管理对象空间上、时间上和责任上的信息化管理，使城市管理“全方位覆盖、全时段监控、无缝隙对接”。三是为行业客户项目提供优质光纤专线和组网专线。为水务局砂场监控项目、电商大厦用户、惠民村镇银行等 73 个客户，开通光纤专线 79 条、组网专线 36 条，电信光纤专线速度快、安全、稳定及服务好，为行业单位提供专业网络支撑。

【客户服务】 2015 年，五华电信全面实现政企业务七天开通制，尽最快速度开通业务，为客户提供优质的信息化服务，全年完成五华宁华高速公路等 126 个新增光纤业务和 20 个搬迁项目，实现政企客户业务 0 投诉，七天开通率达 100%。实行政企客户专项走访服务工作，全年走访政企客户 110 多户，取得客户满意评价。落实 “宽带降价提速”政策，为客户提供物美价廉的优质信息化服务，对宽带用户实行多种优惠套餐，全面实施光纤网络建设、替代铜缆，为用户提供升级 100M 宽带；于 9 月 16 日始实行 3G/4G 用户当月流量不清零。

【绿色企业建设】 2015 年，五华电信通过网络优化、设备下电改造等节能技术，比上年节约用电 22.29 万元，下降率 6.85%，逐步推进传统交换缩容和其他老旧通信设备缩容及对空闲机架下电，全年完成 14 套 AD 节点设备、3 套老旧传输设备、5280 线的传统交换设备的关停下电，每月可节电约 4000 千瓦时，有效进行节能减排、降本增效明显。

（郑颂花）

中国电信股份有限公司五华分公司 2015 年度负责人名录

总 经 理：李志宏

副总经理：古育辉　陈伟伟

移动通信

【简况】 中国移动通信集团广东有限公司五华分公司（五华移动）是中国移动通信集团广东有限公司所属的县级分公司，全面负责中国移动通信集团广东有限公司数字移动电话网在五华县经营与建设，负责中国移动通信在五华范围内的移动的电话通信业务，以及信息网络的软硬件方面的专门服务，包括 IP 电话及互联网接入服务，从事移动通信、IP 电话和互联网等网络的设计、建设、维修以及与之相关的系统集成、计算、技术开发、技术服务、设备销售及出租。下设 4 个部门：综合部、市场部、政企客户部、网络部；另设有 10 个营业厅：华一路营业厅、华兴路营业厅、河东营业厅、横陂营业厅、安流营业厅、梅林营业厅、棉洋营业厅、长布营业厅、华城营业厅、岐岭营业厅。2015 年，该公司围绕县委、县政府的工作重心，以高度融合为生产力，以 4G 发展为主线，以流量经营为推手，夯实全业务基础，推进基础管理创新，实现用户数、业务收入稳步增长。2015 年，五华移动获得“广东省守合同重信用企业”（连续十四年）荣誉称号。

【市场业务】 2015 年，五华移动推动 4G 资费体系完善，推出 19 元、38 元等多种档次的融合套餐及 9 元、19 元流量王套餐，满足不同层次客户多样化需求，4G 客户数 17.8 万户，4G 流量增长率 458%。通过“装宽带送话费”等措施大幅降低宽带资费，移动宽带用户规模快速增长，比上年度提升 25%；继续加大数据专线建设，增投大量资源，使乡镇偏远学校实现光纤覆盖。

【信息基础设施建设】 2015年，五华移动积极推进4G网络建设，全年4G新建站点185个，累计建成4G基站403个，实现县城及所有乡镇100%覆盖。扎实推进光纤宽带建设，实现县城和15个行政镇主要居民区的光纤宽带接入，光纤覆盖数突破10万户；大力加强黑点整治，利用共享铁塔站点建设自维站点3个，直放站补盲建设64个，攻关逼迁站点8个，成功解决10万用户黑点盲点区域的信号问题。

【客户服务】 2015年，五华移动开展“为您服务 为我点赞”主题服务活动，深入贯彻落实“客户为根，服务为本”要求，持续做好服务质量优改，为广大用户提供更加专业、优质、便捷、安全的服务。

【企业管理及社会责任】 2015年，五华移动加强管理下沉，优化绩效考核机制，营造以业绩为导向的考核氛围，提升员工价值。加强员工关怀，把关注问题、解决问题和困难支撑工作下沉，切实为一线员工提供全方位物资支撑、精神关怀，形成员工为企业创造价值，企业全面关心员工和谐氛围。深入落实党风廉政建设主体责任，扎实推进反腐倡廉工作，持续提升廉洁风险防控能力。深入落实扶贫和创卫工作，开展挂钩扶贫村生活生产、基础设施建设帮扶，取得明显成效。加强防止电信诈骗工作，全力打击“伪基站”违法行为，保护用户权益。配合政府部门推动用户实名制登记，防范和打击不法分子利用非实名电话卡进行违法犯罪活动。

（钟秀容）

2015年度中国移动通信集团广东有限公司五华分公司负责人名录

总 经 理：黄伟华

副总经理：李波勇

总经理助理：张 彬（任至7月）

中国亮（12月任）

联通通信

【简况】 中国联合网络通信有限公司五华县分公司（简称五华联通）是中国联合网络通信有限公司在五华的县级分支机构，隶属中国联合网络通信有限公司梅州市分公司管理，负责中国联通在五华地区的综合电信业务经营、通信网络规划建设和网络运行维护工作。五华联通公司成立于2000年10月，从单一的移动通信业务发展到移动、固话、宽带、移动互联网等综合通信业务，网络规模、服务水平、内部管理等方面得到快速发展。2015年，开发智慧水利、数字城管、电子教学、电子商务、医疗急救、安防监控等众多信息化项目，在信息强政、信息惠民、信息兴业三个方面全力打造五华“智慧城市”建设。

【网络建设】 2015年，五华联通按照省市政府提出宽带中国发展战略，全力做好网络提速的4G建设。以实现城、乡高速网络覆盖为目标，开展“超卓网络建设”，加快光纤到户传输网建设，打造城乡一体化高速宽带网络，推动五华未来全网IP化信息发展。至年末，全县建成光纤线路2086公里，移动通信基站398个，其中4G网络覆盖城区、高速公路、国道和各镇圩镇，城区等重点区域建成150M精品4G网络，为客户提供手机高速数据业务。

【信息化发展】 2015 年 12 月，广东联通与梅州市人民政府签署《推进“互联网+”战略合作框架协议》，广东联通与梅州市政府合作建设梅州市智能产品云服务产业基地，并结合自身网络、资源、科研、技术等优势，共同推进技术和产品创新，搭建公共技术和服务平台，为企业提供一站式技术支持和解决方案，推动梅州市传统产业转型升级。五华联通积极组织技术力量，做好“互联网+”项目承接、落地等工作，确保有能力为五华智慧城市建设各领域提供高质、高效的信息化建设服务，为五华重点建设项目、综合通信保障、行业应用、企业综合通信解决方案等提供技术保障。在信息强政方面，构建电子政务发展新格局，为政府机构提供政务信息化应用，覆盖水利、交通、城管、农业等职能部门。信息惠民方面，通过整合教育、医疗、交通等服务资源，建设各类信息开放平台。信息兴业方面，推广行业信息化应用，树立行业标杆，助力企业转型升级。

【业务发展】 2015 年，五华联通聚焦移动业务流量经营，在大力推进 4G 移动网建设基础上，重点解决客户对手机高速上网、快速数据业务的实用体验。通过“个性化免费体验、手机上网技术指导、流量专属产品打包”等，引导用户专业用流量、放心用流量 。全年流量产品销售对比上年增长 80%，户均流量对比上年增幅 300%，市场发展效果良好，客户满意度显著提高。推进宽带业务社会合作化，扩大社会效益，加快公司业务发展。加快乡镇联通宽带业务普及，分别在华城、安流等乡镇搭建宽带建设社会化合作平台。至年末，全县有 14 个乡镇开通中国联通宽带业务，新增宽带用户 1 万户。综合性息化服务发展迅速。

【客户服务】 2015 年，五华联通在 4G 时代联通以追求卓越的服务为理念，方便老用户轻松使用网速更快、性能更稳定 4G 业务，向在网用户开放升级 4G。鉴于联通 3G、4G 均使用全球主流制式 WCDMA/FDD，用户可使用联通“双 4G 双百兆”极速 4G，客户不换卡、不换号即可完成办理。对服务渠道进行扩展和全面升级，使服务渠道能无缝覆盖到用户所能接触到所有终端，促进服务深度转型。联通服务渠道包括网上营业厅、手机营业厅、微信营业厅，以及方便快捷的迷你营业厅、自助终端等。 （钟碧云）

中国联合网络通信有限公司五华县分公司2015 年度负责人名录

总经理：汪成龙

农 业

农村工作

【简况】 2015年，县农业部门认真贯彻落实中央、省、市农业农村工作会议精神，积极推进“两新两特两重点”，转变发展方式，抓住工作重点，突破工作难点，提升服务水平，引导群众科学耕山致富，大力推进特色休闲高效农业发展，促进农业提质增效、农民持续增收、农村稳定发展。全县农业总产值实现49.25亿元，农村居民人均可支配收入10138元，分别对比上年增长4.1%和8%。

2015年8月6日，县长范宜军（中）到九霖生态农业开发有限公司茶叶种植基地调研

【粮食生产】 2015年，全县粮食生产稳中有增。全年落实种粮农资综合直补、种粮直补、良种补贴等惠农补贴资金5907.44万元，完成水稻政策性种植保险投保3.75万公顷，占总面积的77.2%，受理水稻保险理赔案件6宗，理赔金额4.22万元；以良种推广为手段，调整优化品种结构，全县水稻良种覆盖率96%；早、晚造分别在华城、横陂、河东、安流等镇创建万亩国家级粮食高产创建示范片，辐射带动全县粮食生产发展。全年全县粮食播种面积5.55万公顷，总产32.93万吨，总产对比上年增长3.1%，其中水稻播种面积4.64万公顷，总产28.68万吨，总产对比上年增长2.46%，全面完成市下达粮食考评任务。

【特色农业】 2015年，县农业部门积极引导、指导企业、合作社、种植大户引进优良品种，全县特色农业基地面积不断扩大。全县新种水果766.67公顷、茶叶200公顷，新增蔬菜种植153.33公顷，全县新增水果、茶叶、蔬菜等连片百亩以上基地47个。全年水果总产8.14万吨，茶叶总产1102吨，分别对比上年增长8%和15%。新引进推广台湾泥鳅、东北鲫、鸭嘴鱼等进行养殖推广，加大机械化养殖和健康示范养殖技术推广应用，水产养殖业持续发展，新增特色水产养殖基地9个。全县水产养殖面积3000公顷，水产品总产量1.82万吨，其中特色养殖面积

466.67 公顷，特色水产品产量 1600 多吨。

【农业基础】 2015 年，全县农业生产条件持续改善。大力实施国家级农业综合开发项目。在华城、安流 2 个镇 8 个村投资 968 万元，治理土地 433.33 公顷的国家农业综合开发高标准农田建设项目通过县级验收；总投资 880 万元在华城镇 5 个村实施的国家农业综合开发高标准农田建设项目施工建设中；投资 1161.3 万元在横陂、岐岭 2 个镇 16 个村，治理土地 1100 公顷的国家农业综合开发高标准农田建设项目组织进场施工；完成 2016 年度国家农业综合开发土地治理项目初步选点和前期准备工作。扎实抓好高标准农田建设项目。投资 2700 万元在棉洋、安流建设 1200 公顷高标准基本农田，完成建设任务 80%。大力推广农业适用机械。全年受理农户购机申请 1100 份，使用补贴资金 149.92 万元，补贴机具 1226 台（套），受益农户 1017 户。至年末，全县拥有农机总动力 25.3 万千瓦，机耕率 92.1 %，机收率 76.2%，机插率 8.91%，综合机械化水平 62.37%。扎实抓好渔政监管。审核办理年审捕捞许可证 110 本、种苗生产许可证 2 项、养殖许可证 2 项；采用网上申报方式，通过“一卡通”发放 2013 年度结算资金、2014 年度柴油补助 58 万元；开展增殖放流鱼苗 80 多万尾。

【农业产业化】 2015 年，全县农业产业化水平稳步提升，按照扶大、扶优、扶强原则，培育壮大一批起点高、规模大、带动强的龙头企业和龙头企业群。新增联发、云岐圣峰、华顺、强兴等省级农业龙头企业 4 家。至年末，全县有农业龙头企业总 66 家，其中省级 9 家、市级 22 家、县级 35 家；新增发展农民专业合作社 87 家，全县合作社总数 705 家，其中国家级示范社 2 家、省级示范社 23 家、市级示范社 7 家，县级示范社 24 家；注册成立家庭农场 45 个；松岗嶂、联发茶叶合作社标准化茶叶加工厂投入使用，松岗嶂绿色生态茶园入选“中国 30 座最美茶园”之一，是全省唯一入选的茶园；加大招商引资办农业力度，加强海峡两岸的农业合作与交流，实现台湾农民创业园挂牌。

【品牌建设】 2015 年，农业品牌效应逐渐呈现。全年组织 12 家企业、合作社申报无公害农产品认证，其中有 5 家获得无公害农产品产地认证，认证面积 295.6 公顷，新认证无公害产品 4 个。至年末，全县累计获得无公害农产品生产企业 27 家，产品总数 22 个，认证面积 871 公顷；松岗嶂、联发茶叶顺利通过“QS”产品认证；新增“登云金雀”绿茶、“彩云”百香果、“凤达园”赤灵芝孢子粉等 3 个省名牌产品，“七目嶂”牌柿花荣获“广东省名特优新农产品”称号。至年末，全县有省级名牌产品 11 个。发动组织松岗嶂绿色生态茶园等 8 家企业 12 个产品参加广东省第六届现代农业博览会；7 月，特色农产品展示中心建成开业，设立特色农产品、农业科技和茶叶展示 3 个展示区域，集中展示 400 多种农副产品，通过淘宝、QQ、微信等电子商务平台，把五华农产品推介销售到北京、上海、内蒙古、广西和珠三角等 20 多个地区，营业额 40 万元，拓宽产品营销渠道，提高产品知名度。

【农业服务】 2015 年，社会化服务不断提升。完成河东、岐岭等 7 个镇的办公、检测、培训场所改造建设，有效改善基层办公条件；深入实施“农业科技入户示范工程”，加强农民技能培训，重点实施“新型农民职业技能培训”“农村适用技术培训工程”等；建立科技示范户1000户（其中畜牧科技示范户160户）、科技试验示范基地4个，举办各种培训班、现场会40场次，培训农民技术员、种植大户3000多人次，印发技术资料15000多份，印发病虫情报8期、病虫警报2期、农业气象月报12期9000多份；重点开展农资打假、农业投入品执法监督、农机安全监理和渔业安全生产等专项行动。全年出动农业执法人员296人次，执法车辆47辆次，检查化肥、农（渔）药、种子等农资经营店282间次、蔬菜种植基地20个次，抽检杂交水稻种子样品10个、农药样品3个，立案查处农资违法案件3宗。加强拖拉机专项整治，出动执法人员29人次，查处拖拉机违规驾驶上路9宗，批评教育9人次，发出整改通知书9份，发放宣传资料250多份。缴获拆除电鱼工具3台套，警告1宗。全年发放宣传资料6500多份，签订依法依规生产经营使用农药承诺书和依法依规使用肥料承诺书650多份。配合做好省、市对五华农产品监督抽检和例行抽样检测，做好蔬菜日常检测监测和节假日期间农产品质量安全监管，全年抽取2588个蔬菜样品进行农药残留定性检测，检测合格样品2538个，合格率98.1%。检测成鱼14个、苗种6个、饲料4个，样品全部合格。抽检水产品64个，合格率100%。坚持“一岗双责”，扎实开展“安全生产检查日”“夏季消防检查”“2015年安全生产大检查”等专项行动，落实整改安全隐患9宗，未发生安全生产事故。驻县行政服务中心办事窗口被评为“文明窗口”，派驻工作人员多次被评为“服务之星”。

2015年10月16日，县政府召开全县农村土地承包经营权确权登记颁证工作动员暨业务培训会

【农村工作】 2015年，全县农村活力得到激发。扎实推进土地确权工作。10月，全面铺开农村土地承包经营权确权登记颁证工作，层层召开县、镇、村动员培训会，培训4450多人次，3家测绘服务单位16个工作组与镇、村实现对接，调解农村土地矛盾纠纷8宗。在10个镇、26个村实施“一事一议”项目27个，受益群众15万多人，至本年末，全县完成并验收项目10个，待验收项目11个。加强农民负担监测，设立河东、

横陂2个镇6个村30户农民负担监测农户，及时做好农户负担数据收集、汇总、分析和上报。

【其他各项工作】 一是全面完成扶贫“双到”任务。按照帮扶规划，整合各种项目资源和资金，加大帮扶力度，三年整合各种项目和资金600多万元，对3条村道6.7公里路面进行硬底化;修建黄金坑水库引水圳1400多米；扶持发展100公顷三红柚基地实现第一年挂果，总产量5.5万千克；帮扶危房改造54户，为贫困户、低保户参加农村合作医疗投保，集体经济年收入由原来不足1万元提高到7.4万元。二是农业科研场所建设顺利推进。农科所、鱼苗场土地、资产移交县政府用于重点项目建设，完成整体搬迁建设规划，完成第一期科研示范基地建设。解决县城居民“吃菜难、吃菜贵”民生问题，发挥示范农场农发蔬菜合作社作用，租赁横陂叶湖、西湖闲置荒地20公顷，开发建设大棚蔬菜基地8.67公顷，种植苦瓜、豆类、瓜类、叶菜等蔬菜供应县城，辐射带动全县蔬菜生产发展。三是扎实抓好秸秆综合利用。全年推广应用稻秆还田腐熟技术面积8666.67公顷，发放腐秆剂260多吨，涉及200多个村，受益农户30000多户，创建示范区3个，示范区总面积200公顷，有效带动引导当地群众实施稻秆还田应用腐熟剂技术。四是抓好农村能源建设。新建农村户用沼气池100多个其中五华县荣兴养殖场1000立方米的大型沼气工程完工；大力做好农产品产地土壤重金属污染防治农产品样品采集，完成农产品采样48个；填报《2014年全国农业资源环保信息统计表》。五是积极开展“创卫”工作。全年投入资金35.44万元，对“创卫”辖区内卫生死角垃圾清理和排污水沟改造，对水寨镇大岭村的团结、畲肚、老卡3个村民小组道路水泥硬底化640米，清理污水沟530米，清理污水塘2个，拆除老旧简易老粪坑36个，购买垃圾清运车1辆及垃圾桶一批，拆除清理不规范户外广告牌27个。六是加强农村信访维稳。深入推进农村矛盾化解，妥善处理涉农不稳定案件，大力做好信访维稳，全年妥善处理各类信访信件22宗，未发生重大上访事件。

（幸 娜 钟颖琼）

县农业局2015年度负责人名录

局　长：徐德兴

副局长：温妙初　唐妙坤　陈荣辉　魏华中　张育彬

系统党工委专职副书记：张奎导

党组成员：彭彩红　曾坤华　张天荣　温展开

畜牧业

【简况】 2015年，县畜牧兽医局围绕打造“工业新城,宜居五华”目标定位，扎实推进“两新两特两重点”，坚持群众路线，切实转变工作作风，扎实抓好动物疫病防控、畜产品质量安全、生猪屠宰监管、畜牧业生产发展、惠农政策落实、扶贫“双到” 和卫生县城创建等工作，全县没有发生高致病性禽流感等重大动物疫情和畜产品质量安全事故，保障全县畜牧业健康稳步发展和社会公共卫生安全。全县生猪饲养量102.18万头，存栏44.80万头，出栏57.38万头；能繁母猪存栏42138头；牛饲养量8.75万头；羊饲养量24979只；兔饲养量46.1万只；家禽饲养量 839.9 万羽。肉类总产量 57480 吨，畜牧业产值 14.14 亿元。

【重大动物疫病防控】 2015 年，县畜牧兽医局按照省、市、县有关重大动物疫病防控工作部署和县府办《关于做好五华县 2015 年动物防疫工作的通知》（华府办函〔2015〕24 号）要求，层层落实防疫责任制和责任追究制，实行局领导包片、各股（室）挂镇做法，加强对各镇做好动物防疫协调和业务技术指导，全力做好重大动物疫病防控。全年组织发放猪瘟疫苗 100.4 万头份，口蹄疫猪用疫苗 68 万毫升，牛羊用二价苗 9 万毫升，高致病性猪蓝耳病疫苗 91.8 万头份，禽流感 460 万毫升，鸡新城疫 350 万头份，小反刍兽疫 5000 头份以及其他防疫物资一批。抓好“H7N9”禽流感防控，组织人员在安流、双华等镇、村干部带领下，对养禽重点区域进行全面排查，入户了解家禽饲养、管理、疫病防控、疫情发生等情况，指导帮助解决养殖过程碰到问题，并与每户养禽户签订《五华县畜禽养殖户动物防疫责任书》，发放《致规模养殖禽户书》《病死畜禽无害化处理告知书》《畜禽实施强制免疫通知书》等宣传资料 300 份；发放高致病性禽流感疫苗、消毒药 0.5 吨。

【疫情监测】 2015 年，县畜牧兽医局积极开展疫情监测预警，密切掌握疫病动态，按时按质完成省、市下达五华县动物疫情监测任务。全年送省、市和开展自检禽流感病源学（泄殖腔/咽喉拭子）156 份，禽流感血清 1124 份，猪口蹄疫血清 500 份，牛羊非结构蛋白、亚洲 I/A 型血清 162 份，牛羊病源学（拭子/OP 液）60 份，猪 A 型抗体检测 36 份，猪瘟抗体血清 506 份，高致病性猪蓝耳病 335 份，小反刍兽疫病原学、血清各 200 份，检测结果均合格。

【惠农政策落实】 2015 年，县畜牧兽医局出动督查人员 62 人次，加强对 2014 年度 6 个生猪标准化规模场建设项目监督管理，发出整改通知书 18 份。

【畜产品质量安全】 2015 年，县畜牧兽医局加强生猪产地、屠宰检疫规范化管理监督和“瘦肉精”等违禁药物排查抽检工作，积极开展假兽药查处活动、兽药经营监督执法行动、放心农资宣传、生鲜奶专项整治和食品安全宣传周等专项行动。全年组织实施畜禽产地检疫 488.09 万头（羽）；屠宰检疫生猪 35.1 万头（只），检出病死、死因不明生猪 461 头，家禽 2483 羽；“瘦肉精” 养殖环节 15168 头份、屠宰环节 5978 头份，检测结果均为阴性；全年出动 548 人次，监督检查生猪屠宰场 18 个次、兽药饲料门店 213 家次、规模养殖场 152 个次，发放宣传资料 5000 份，发出责令整改书 5 份。出台《五华县病死畜禽无害化处理实施方案》（华府办函〔2015〕144 号），积极做好养殖环节病死畜禽无害化处理。全年出动督查、巡查人员 562 人次，发放《病死动物无害化处理告知书》1020 份，无害化处理养殖环节病死畜 2235 头、禽 12673 只。

【畜牧业生产发展】 2015 年，县畜牧兽医局积极推广黄牛冷精配种技术和生猪人工授精技术，大力发展饲养三元杂瘦肉型猪，推广饲养黑白花乳牛与本地黄牛杂交牛，以及发展五华三黄鸡、野杂猪等特色畜牧产业，提高养殖效益。全年黄牛冷精配种 175 胎、奶牛 41 胎。加强基层农技推广培训，举办培训班 12 期，提高全县农民养殖技术和动物疾病防治能力。加强畜牧业安全生产，出动 138 人次检查畜牧养殖企业 46 个，发现安全隐患 4 个，发出整改通知书 4 份，与规模场签订安全生产责任书 13 份。大力推广生态、环保养殖，组织实施《五华县 2015—2017 年养猪业污染防治工作方案》（华府办函〔2015〕143 号），全面完成市污染减排年度考核验收任务。

【生猪屠宰管理】 2015 年，县畜牧兽医局配合县政府完成县民生重点项目，投入 1500 万元，建成 1 个日宰 1000 头生猪的水寨肉联厂，并于 6 月 24 日正式投产运营。加强《生猪屠宰条例》宣传贯彻，出动 138 人次全力整治生猪屠宰活动，取缔私宰点 2 个。督促屠宰企业严格落实安全生产“一岗双责”制度，加强屠宰场制度建设，完善屠宰场设施设备，确保不出现安全生产事故。全年组织出动 25 人次，检查生猪定点屠宰场 1 个、小型生猪屠宰点 17 个，发现安全隐患 3 个并进行整改；县食品公司筹集资金 10 多万元更新双华、华城、岐岭等屠宰场的机械设备，保障生猪屠宰业务正常开展。

【卫生县城创建】 2015 年，县畜牧兽医局根据《五华县创建“广东卫生县城”工作实施方案》要求，结合实际，配合县政府扎实推进“创卫”工作。投入 5 万多元用于健康教育宣传、网格化责任地段管理、农贸市场整治、安全文明小区建设，以及支持莲洞村旭日、红日村民小组创卫等，确保如期实现卫生县城目标。

【扶贫“双到”】 2015 年，县畜牧兽医局严格按照省、市、县有关扶贫“双到”工作部署和要求，全力抓好长布镇长生村扶贫工作。协助筹集资金 120.22 万元，用于该村贫困户产业帮扶、技能培训、扶贫助学、长生桥建设、周江河长生段治理、美丽镇村创建等项目。全村 108 户贫困户全部实现稳定脱贫，年人均纯收入 8607 元，村集体经济年收入 6.36 万元。

【基层畜牧兽医机构改革】 2015 年，县畜牧兽医局继续推进基层畜牧兽医体制改革。8 月 27 日，县政府同意把原基层畜牧站 31 名退休人员工资补差经费纳入县财政解决，自 2016 年 1 月 1 日起纳入县财政预算。至此，彻底解决原基层畜牧站 31 名退休人员工资待遇问题。（宋玉胜）

县畜牧兽医局 2015 年度负责人名录

局　　长：魏军辉（任至 11 月）
　　　　　张景铮（11 月任）
副 局 长：郭崇明
党组成员：曾献涛

扶贫开发

【简况】 2015 年 10 月，县编委同意设立中共五华县委农村工作办公室，将县农业局承担的农村改革发展和农村综合协调的编制、职能和县扶贫开发局编制、职能整合划入县委农办，承担贯彻落实中央和省委、市委、县委有关农村、扶贫开发工作方针政策，研究提出全县农村经济与社会发展战略、规划和政策建议；调查研究全县农村改革和发展中的重大问题；综合协调县直涉农部门和中央、省、市属驻五华涉农单位的有关工作；制定并组织实施全县山区、贫困地区扶贫开发、老区建设的发展规划；协调组织产业化扶贫；组织、协调、服务省直、中直驻粤单位、广州市对口帮扶单位和市、县直机关单位挂钩扶贫；组织实施农村贫困家庭劳动力转移就业培训及种养技能培训，促进贫困劳动力向非农产业转移；负责全县贫困地区、老区建设项目资金的审核、申报和使用监督管理。设主任（局长）1名，副主任（副局长）2名；内设5个股室：人秘股、农村改革发展股、扶贫开发股、综合协调股、老区建设股（挂老区建设办公室牌子）。至年末，县委农办在职在编干部职工7人。

【规划到户　责任到人】 五华在本轮扶贫开发“双到”工作，全县有103个重点帮扶村、1.27万户贫困户、6.3万贫困人口；落实各级帮扶单位101个，其中省（中）直帮扶单位20个、广州市帮扶单位38个、梅州市直帮扶单位18个、县直帮扶单位25个，合计有驻村工作组103个，驻村工作人员133人。至2015年年末，各级帮扶单位累计投入资金6.84亿元，其中到村资金5.89亿元、到户资金0.95亿元。落实村集体项目2900个，落实户项目123688个，其中发展生产经营项目33948个、落实民生保障项目89740个；103个帮扶村集体经济年收入均达5万元以上，村集体经济年收入平均达到10.08万元，有劳动能力贫困户年人均纯收入8843元，对比上年增长20%。资助在校贫困学生9082人次，农技和非农技培训78211人次，实现转移就业6220人；为174191人购买新农合，为12135名符合条件的贫困老人购买新农保，符合低保条件的贫困户实现应保尽保；基础设施日趋完善，村容村貌大大改善。筹集资金4.21亿元，兴修三面光水渠376.69公里，修筑机耕路26.09公里，铺筑硬底化村道326.92公里，建设饮水工程312项，解决7734户贫困户饮水问题，建（安放）垃圾池（桶）3221个，建设村卫生室38个，建设村文体场所321个，安装路灯4819盏，103个帮扶村的办公场所和办公条件均得到改善。在省组织的扶贫开发“双到”工作三年总考核中，五华县获得108.3分，排名位居全省前列。

【老区建设】 2015年，县委农办扎实推进中央彩票公益金1000万元支持革命老区小型公益项目建设，扶持项目区梅林镇梅林村、郭田镇郭田村和双华镇矮畬村以水渠和道路为主的基础设施建设。

【“大禹杯”项目】 2015年，县委农办组织工作人员到各镇进行实地考察调研，认真编制项目申报材料，联合县财政局上报市、省评审。经过层层角逐，成功争取“大禹杯”专项资金，支持龙村镇塘湖村、周江镇联太村、水寨镇澄湖村的农田水利设施建设。至年末，3个项目建设均已完工验收。

【烟区新农村建设】 2015年，县委农办通过认真筛选，报县政府批复，确定华城镇西林村、岐岭镇华源村及横陂镇红光村为五华县重点烟区新农村建设示范村。至年末，3个项目均完成前期论证工作，主要包括项目可行性报告、县环保局环评意见和县国土局用地意见等。

（陈刚）

县委农办（扶贫开发局）2015 年负责人名录

主任（局长）：张景铮（任至 11 月）
朱建芳（11 月）

副主任（副局长）：吉瑞旖　黄培邦

林　业

【简况】 2015 年，县林业部门围绕"优生态、保资源 、增效益"工作思路，强化造林绿化，打造生态亮点，加强生态保护，发展林业产业，调处山林纠纷，支持招商引资和县重点项目建设，圆满完成各项任务，达到预期目标。森林覆盖率由 2014 年度 69.53%增长到 70.15%；活立木总蓄积由 2014 年度 748.35 万立方米增加到 783.13 万立方米。省山林纠纷调处现场咨询会在五华县召开，省林业生态县创建工作通过省验收组初步验收。

【强化造林绿化】 一是全面完成重点生态工程建设造林和封育任务。完成森林碳汇重点生态工程建设造林年度任务 1.09 万公顷（含省财政资金造林 8924 公顷，社会造林 2000 公顷），一般封山育林 4766.67 公顷；完成"四江"流域水源涵养林建设任务 2200 公顷，2011 年后结转未完成的森林碳汇重点生态工程造林任务 33.27 公顷。二是全面完成火烧迹地救灾复绿和林中空地补植套种。抢抓季节，整合并垫付资金，保质保量完成上一年度火烧迹地救灾复绿及林中空地补植套种面积 4333.33 公顷。三是发动义务植树。发动全县 60 万人次参与义务植树 200 多万株；发动 12 大系统党工委筹资 296.38 万元，在星湖岭县级森林公园进行林分改造 92.55 公顷。

【打造生态亮点】 一是加快森林进城围城步伐。利用社会捐资或整合资金完成对蒲丽顶森林公园两条登山道硬底化建设和边坡绿化，对公园核心区部分山脚建设生物防火林带，对重点地段疏残林进行补植套种，协助相关镇和单位完成两口山塘建设；规划并启动 2 个县级森林公园、8 个镇级森林公园、1 个湿地公园和 1 个县级自然保护区建设。二是建设生态景观林带。完成生态景观林带改造提升任务 31.8 公里，2011 年后结转未完成的生态景观林带建设任务 35.3 公里，新

2015 年 12 月 7 日，省林业厅厅长陈俊光一行到五华检查指导林业工作

建生态景观林带60公里任务已完成公开招标，落实两个工程队施工。三是建设生态镇村。筹资150万元，购买50万株地径2厘米以上、苗高1.5米以上的两年生以上袋苗，送到全县各镇，支持村庄绿化和镇级森林公园建设；完成乡村绿化美化工程建设54个（其中省级示范村5个、市级示范村3个）。

【加强生态保护】 一是狠抓森林防火。落实省、市工作安排，先后起草并落实《关于2014年进入森林特别防火期以来各镇落实森林防火工作责任制的报告》《关于开展县五套班子领导挂钩督查森林防火工作的通知》《五华县森林防火工作"创先争优"活动》等文件，及时做好上传下达；全方位、多角度、多形式进行森林防火宣传，提高群众森林防火意识；整治和规范野外用火秩序，正确引导生产性安全用火，严格管制非生产性用火，坚决查处在森林防火区域内的野外违规用火；严格执行领导带班值班制度，确保信息畅通；组织森林防火知识培训和安全扑救实地演练，掌握扑火常识及安全扑火技能，正确使用现代化扑火工具；细化各镇森林防火工作网格化管理责任制量化考核办法和问责实施办法，认真执行森林防火"一月一督查，半月一通报"制度，发现问题立即要求整改，并将情况及时向全县通报。二是加强林木采伐管理。严格执行林木采伐限额管理制度，严把审批关，坚持凭证采伐、收购、运输制度，严格按林农申请、镇村同意、伐前设计、审批公示通告、伐中监砍、放行验尺打印、伐后验收等程序采伐林木。三是加强林地保护管理。全县范围内开展清理非法征、占用林地专项行动，打击非法占用林地行为；对符合要求申请林地使用的，严把审批关，防止走过场。严格按照上级要求，全面开展林业生态红线划定工作。四是加强野生动物保护管理。开展野生动物保护行动，与经营单位和个人签订保护野生动物告知书158份，林政部门会同森林公安分局开展专项行动，将没收的野生动物放生。五是加强木材流通管理。充分发挥两个固定木检站和1个流动木检站作用，加强对木材流通检查。全年，检查车辆512次，查验木材5318立方米，半成品7877立方米；查处违规运输车辆29车次（其中属野生动物车辆1辆，没收并放生动物340多只），没收原木185.6立方米（其中桉树单板8立方米），折价款7.01万元；木材罚款3300元，野生动物罚款7.03万元；合计罚没款金额14.37万元。六是打击各种破坏森林资源行为。以"创建平安林区"为目标，以保护森林资源为核心，以开展打击乱征滥占林地、乱砍滥伐林木、乱采滥伐野生植物、乱捕滥猎野生动物以及森林火灾肇事等违法犯罪行为为重点，采取有效措施，切实维护林区社会治安秩序稳定。2015年，县公安局森林分局受理各类林业案件116宗，其中刑事案件91宗，判刑17人，刑事拘留16人，取保候审13人，监视居住2人；行政案件25宗，处理30人次，收缴木材26.63立方米，行政罚款33.53万元；县森林资源综合执法大队查处并办结行政案件11宗，罚款18.95万元。七是做好森林病虫害防治。贯彻"预防为主，综合治理"森林病虫害防治方针，做好预测预报，重点加强对松材线虫病和薇甘菊疫情防控，全面开展林业有害生物普查工作。

【发展林业产业】 2015年，县林业部门做好产业发展规划编制，及时准确掌握全县林业产业现状与发展情况，上报填写2014年林业产业相关基础数据材料；把发展油茶产业作为调整林业产业结构，打造绿色经济，增加林农收入的重大举措来抓。协助港航种植有限公司、宇锋农业发展有限公司、凯意达实业发展有限公司等3个公司争取财政拨款120万元；成立中央财政补贴试点工作领导小组，及时做好造林补贴试点工作，保质、保量完成项目造林任务；做好林区公路建设，向上级争取林区公路建设补助经费30万元。

【山林纠纷调处】 2015年，县林业部门坚持把“保稳定”作为调处山林纠纷工作的立足点，采取有效措施化解山林权属纠纷，力促林区社会和谐、稳定。全年调处山林纠纷案件14宗，回复群众来信来访48宗126人次。8月14日，全省山林纠纷调处现场咨询会在五华县召开。

【招商引资和县重点项目建设】 2015年，县林业部门积极配合县委、县政府做好招商引资和县重点项目建设工作，认真做好征占用林地报批手续。全年，向上级申请报批招商引资和县重点项目用地17宗，面积211.53公顷，其中，已上报省林业厅16宗，面积197.8公顷；上报市林业局1宗，面积13.73公顷。 （李展雄 刘向东）

2015年8月14日，广东省山林纠纷调处工作咨询活动在县府广场举行

县林业局2015年度负责人名录

局　长：龙谨平
副局长：张新辉　张锦清　林锦森　张育中
森林公安分局局长：李志环
纪检组长：李建斌（任至8月）
绿委办主任：万仕林（9月任）

水　务

【简况】 2015年，全县完成水利投资5.1亿元，对比上年增长21%。其中重点项目有：省级水利建设示范县项目，县城罗湖堤升级改造工程，7宗新增病险小型水库除险加固工程，双华河治理工程、蕉州河治理工程以及9宗山区中小河流治理工程，18宗农村水电增效扩容工程，“五沿”崩岗水土流失治理工程，华城、安流中心镇污水处理厂等；投入水库移民基础设施建设资金2300万元，改善移民生产生活条件。

【“三防”工作】 2015年，全县降雨量1309毫米，比常年同期减少两成，全县防汛形势基本稳定，未出现大的灾情和人员伤亡事故。基层“三防”能力建设不断加强，重新修订出台《五华县防汛防旱防风防冻应急预案》，组建镇级防汛抢险队伍，组织县民兵轻舟抢险分队开展技能和实战应急演练，举行村级防汛应急演练，提高抢险救灾能力。举办“三防”业务知识及山洪灾害防御培训班，完成山洪灾害调查，增强基层山洪灾害防御能力。加强防汛物资储备，筹资购置冲锋舟 2 艘以及救生衣、编织袋、钢管桩等防汛物资一大批。

三防演练（陈勇摄）

【水利建设示范县项目】 2015 年，县水务部门持续推进未完工的水利示范县项目建设，其中新田引水灌区、桂田水库灌区等 5 宗小型灌区全面完工，益塘水库灌区、岩前水库灌区、华城内涝整治工程完成总投资 90%，东方红水库灌区、安镇电排站、华城排涝泵站、岐岭内涝区整治完成总投资 80%。自 2012 年 1 月启动以来实施的 121 宗示范县项目完工 114 宗，累计完成投资 7.2 亿元，总体进度在全省 15 个示范县中居前列。

【县城水利项目】 2015年，由县水务部门承担负责的罗湖堤升级改造工程顺利推进，完成投资4600万元，占总投资80%，其中土方填筑、生态挡墙等项目基本完工，罗湖一桥、二桥接近完工，堤顶道路硬底化完成1.8公里，石栏杆、人行道铺设、绿化等项目已建成投入使用。主动服务县城扩容提质，新铺设县城供水管网5.8公里。五华河过江污水管网扩容工程铺设完成，并投入使用。

【中小河流治理】 2015 年，全县 9 宗中小河流治理工程快速推进，完成投资 2.25 亿元，占计划投资 92%，其中试点项目琴江河横陂段防洪专项整治工程全面完工；矮车河、新桥河、琴江河横陂上游段、小都河以及五华河河口段等治理工程基本完成主体工程建设；五华河转水段、五华河华城段以及北琴江华阳段治理工程形象进度为 90%。总投资 4.09 亿元的 2016 年度 16 宗中小河流治理项目扎实推进，完成设计监理和第三方检测招投标工作，有 10 宗工程完成初步设计上报，其中 7 宗工程通过现场审查。全县完成河道“三清”（清淤、清障、清违）156 公里，占任务数 80%。列入中央投资计划的双华河、蕉州河治理工程基本完工，完成工程投资 5650 万元。

2015 年 3 月 18 日，省水利厅副厅长王建成（右三）到县调研中小河流治理工程建设情况（陈勇摄）

【民生水利建设】 2015年，被县政府列入2015年度“十件民生实事”的华城、安流镇污水处理厂完工投入试运行。益塘水库农业水价综合改革示范项目顺利完工。益塘水库引水工程各项前期工作稳步推进，全县村村通自来水工程完成初步规划，华城、周江等5镇的规划勘测工作全面启动。洪湖、里江等7宗新增病险小型水库除险加固工程完成计划投资60%。“五沿”崩岗水土流失治理工程基本完工，18宗农村水电增效扩容工程进入收尾阶段。投入水库移民基础设施建设资金2300万元，改善6000多名移民群众生产生活条件。

【依法治水】 2015年，被县政府列入2015年度 “十大专项整治”的非法堆放经营河

2015年10月29日，市长谭君铁（右二）调研华城污水处理设施建设　　（陈勇 摄）

砂专项整治、非法抽取地下水专项整治顺利完成验收，清理非法堆放经营河砂点129家，115户非法取水设施全部查封或拆除。顺利完成年度17个河道采砂可采区公开招投标。通过成立镇级河砂整治专责工作小组、安装视频监控和GPS定位系统、实行过磅登记重量、实行4联票据管理、成立专责执法队伍、实行举报有奖制度、严加监督问责等“七条措施”，全面加强河道采砂源头管理，河道采砂秩序日益好转。打击和取缔河道采砂偷超采行为，全年取缔非法采砂点16个，立案查处违法采砂案件16宗，移送公安机关刑事处理3宗、15人。积极开展水土保持监督执法，调解水保纠纷8宗，制止水保违法行为10宗。强化小水电站日常监管，强制暂停6宗小水电站并网发电，积极开展小水电安全生产培训，确保电站安全运行。

【水利行业管理】 2015年，县水务部门认真落实最严格水资源管理制度，桂田水库供水水源地保护工程加快推进，益塘水库水源水质保护工程启动实施，取水许可管理日益规范。深入开展“水利管理年”活动，健全完善各项工程建设管理制度，规划设计、工程监理、质量监督等关键环节监管不断加强。县供排水管理中心正式成立，污水处理有效推进，全年完成县城污水处理量1272万吨，圆满完成年度减排任务。供水保障工作安全有序，县自来水总公司售水量1100万立方米，对比上年增加4%；农村饮水安全工程水质检测中心如期建成，农村饮水安全工程正常运行。

【水务队伍建设】 2015年，县水务部门深入开展“三严三实”专题教育活动，切实改

进作风，全面整改存在问题，有效解决联系服务群众“最后一公里”问题和基层单位热点难点问题。认真落实党风廉政建设主体责任和监督责任，严格执行中央“八项规定”，按时完成机关公务用车改革任务，“三公”经费对比上年下降50%。水务行政许可审批实现在县行政服务中心一站式办理，水利工程项目招投标、政府采购、资源开采等行为日渐规范。加强局属单位财务监督检查，强化水利专项资金使用管理，确保资金安全。

（陈勇 徐安诺）

县水务局2015年度负责人名录

局　长：张少凡

副局长：张德祥　李国青　黄敬阳
温友君（任至8月）
蔡　文

总工程师：何定标

党组成员：刘兴华

供　电

【简况】 2015年，县供电局深入践行南方电网公司中长期发展战略，全面落实科学发展观，坚持改革和创新，紧紧依靠广大干部和职工，社会效益和经济效益取得明显成效。完成购电量6.95亿千瓦时，对比上年增长6.84%；完成售电量6.42亿千瓦时，对比上年增长7.01%。线损率7.59%，对比上年下降0.15个百分点，当年电费回收率100%。综合电压合格率99.79%，对比上年提高0.11个百分点；用户平均停电时间6.01小时，对比上年增加2.71小时，关键战略指标得到圆满完成。

【安全生产管理】 2015年，县供电局始终坚持“安全第一、预防为主、综合治理”方针，按照“保人身、保电网、保设备”三大原则，认真落实“三个百分之百”（人员、时间、力量都要达到百分之百）要求，做好各项安全工作，积极开展安全月和安全教育培训活动，夯实安全生产基础。全年开展安全督查1401次，抽查进网作业证人数431人次，持证率97.4%，整改160处安全隐患，开展各种应急演练9次。严格落实各项保供电工作要求和措施，圆满完成春节及县两会、高考、抗战胜利70周年纪念活动和客商大会等期间多项保供电任务。全年未出现人身伤亡事故、责任性重大设备事故、大面积停电事故和消防火灾事故等，安全形势平稳，实现安全生产1461天。

【电网建设与改造】 2015年，县供电局电网规划建设得到省公司和梅州局高度重视和大力支持，建立完善电网建设工作机制，工作责任明确落实。努力推进促成110千伏狮潭（周江）输变电工程和110千伏枫林（转水）输变电工程建设，其中狮潭（周江）输变电工程开工建设，枫林（转水）输变电工程完成项目的招投标。全年基建配网工程投资8893万元，完成项目建设149个，有效解决农村电压质量低、供电可靠性差等问题；其中“转水所10千伏青西线H41祥生公变台区改造工程”被省公司评为本年度“安全、优质、文明”样板工程。高效率、高质量完成稳增长项目前期建设工作。

【优质服务】 2015年，县供电局牢固树立“服务永无止境”服务理念，坚持以“客户满意”为出发点、落脚点，为省、市、县重点规划、招商引资项目工程开辟业扩绿色通道，专门设立大客户经理全程跟进，采取边申报边实施办法，快速、高效满足客户用电需求。全面承接处理梅州局“95598”下发工单，工单及时办结率和回访率均达到 100%；每月对业扩新装用户进行 100% 电话回访，全年回访用户 6416 户。完成金泰华府、华维花园等 9 个小区客户资产接收设备验收并提出相关问题整改措施。多渠道宣传“微节电、大改变”理念，提高人民大众节能意识，节能服务在隆华塑胶制品（梅州）有限公司得到良好反映。积极配合县委、县政府做好河道“三清”专项整治、省道 228 线琴江大桥至华益汽车运输公司段和兴华高速公路沿途涉及的线路设备需要迁移改造，为地方经济建设做出应有贡献。

【企业内部管理】 2015 年，县供电局坚持向管理要效益，着力资金成本效益管理，全力保障生产经营、电网建设资金需求。加强资金全过程管理，合理安排提款计划和时间，为企业节约财务费用 64 万元。加强警企联合整治用电秩序，查获窃电补收电量 0.73 万千瓦时，补收电费 0.46 万元，违约金 1.37 万元；检查用户 13472 户，发现电价执行错误或部分电价执行错误用户 264 户，纠正电价执行错误行为 53 宗，补收违约使用电费 4.29 万元，挽回企业损失。线损率对比上年下降 0.15 个百分点，减少电量损失 120 万千瓦时，增加企业收益 50 万元。

【党建工作】 2015 年，县供电局全面落实从严治党责任，深入开展“三严三实”专题教育活动，全面梳理各业务领域“不严不实”问题 14 项，实行“销号式”管理。完成 20 个基层党（总）支部换届选举，16 个供电所全面实现“一所一支部”。重点学习习近平总书记系列重要讲话精神和新颁布《中国共产党廉洁自律准则》《中国共产党纪律处分条例》，做到宣贯及时、形式多样、效果明显，营造良好学习氛围。认真落实党风廉政建设“两个责任”，成立局党风建设和反腐败工作领导机构和协调小组，研究部署党风廉政建设和反腐倡廉重要情况和问题，层层签订《党风廉政建设责任通知书》，形成责任传递机制。大力查处供电所在业扩报装领域中设置障碍、拖延时间、体外循环等问题，实现信访核查率、办结率、整改完成率 100%。作风建设形成新常态，各类会议总数未出现上升趋势，发文数量对比上年下降 27%。

【队伍建设】 2015 年，县供电局扎实开展关键岗位交流和管理人员任用工作，优化干部队伍结构，实现人力资源优化配置，完成 14 名试用期满干部考核。组织 630 人进行安规和新安规模拟考试，合格率 100%。开展技能人员岗位胜任能力评价工作，成绩合格率 98.33%。在省公司组织的“岗位大练兵、技能大比武”中配电运行维护班比武取得第三梯队第一名好成绩；电力调度控制中心调度班获“梅州供电局党员示范岗（集体）”荣誉称号；水寨供电所所长获“梅州供电局党员示范岗（个人）”荣誉称号；横陂供电所所长入选梅州市 2015 年度十大新闻人物，企业发展更加和谐稳定。（刘炽辉）

广东电网梅州五华供电局 2015 年度负责人名录

局　长：曾建文

副局长：谢伟才 何新奎 曾向平
李焕标 田 康
李 根（任至6月）

气 象

【机构设置优化】 五华县气象局（台）是国家基本站，机构规格为正科级。2015年7月，根据《广东省气象局关于印发广东省梅州市国家气象系统全面深化气象改革机构优化调整实施方案的通知》文件精神，推进新型气象事业组织机构调整优化，全面深化气象管理体制改革。内设机构5个：气象灾害防御管理办公室（重大气象灾害应急指挥部办公室）、办公室（人力资源股）、站网管理股、预报股、发展改革与财务股；直属事业单位优化调整为3个：五华县气象公共服务中心、五华县气象公共安全技术支持中心、五华县气象机关服务中心；委托气象局管理地方气象机构1个：五华县突发事件预警信息发布中心。

2015年3月30日，县委书记张映平在县突发事件预警信息发布中心了解业务平台建设情况

【气候概况】 2015年气候特点：气温比历年平均偏高，降水量偏少，日照基本持平。

气温 年平均气温22.1℃，比历年平均气温偏高0.7℃。年极端最高气温37.6℃，出现日期在7月13日；年极端最低气温3.2℃，出现日期在12月18日。1—6月和9—12月气温偏高，其中2月、3月、6月和11月气温偏高1.0℃以上。7月和8月气温偏低，7月气温偏低0.5℃，8月气温偏低0.3℃。

降水 年降水量1458.8毫米，较历年平均偏少5%，其中汛期（4—9月）降水量1149.1毫米，占全年降水量的79%，其他月份占全年降水量的21%。降水分布不均匀，5月、8月和12月降水量明显偏多，分别比历年平均偏多5成以上；其余月份降水偏少，2—3月、6月和11月降水明显偏少，比历年同期少5成以上。

日照 年日照时数1875.3小时，与历年平均基本持平。5月、7月、10—12月日照时数偏少，分别比历年平均偏少1~5成左右；1—4月、6月和9月日照时数偏多，1—2月、4月和6月分别比历年平均偏多2成以上；8月日照时数与历年平均持平。

台风 全年影响广东的台风有3个，其中7月9日在汕尾市陆丰甲东镇沿海登陆的台风“莲花”是2015年度最早登陆广东

乡镇气象服务站气象信息显示屏

的台风。

【防灾减灾】 2015年，县气象局继续加大力度抓好防灾减灾安全监管，严格执行相关法律、法规，规范开展防雷减灾工作。加强与其他单位的沟通合作，联合安监、公安消防、住建、经信及教育等5个单位，组织在全县范围内开展气象灾害防御暨防雷安全生产执法检查行动；与五华县教育局联合发文《关于进一步加强学校防雷安全工作的通知》，加强全县中小学校的防雷安全工作。6月，全面完成突发事件预警信息发布中心的建设并通过验收。全面完成全县16个乡镇气象服务站的建设，安排技术人员赴各镇进行乡镇气象服务站的设备安装，设备包含业务终端、42寸气象信息显示屏和无线路由器，增强农村防灾减灾能力，充分发挥气象为农村改革发展服务的职能和作用。10月16日，县政府印发《五华县人民政府关于公布首批五华县气象灾害防御重点单位的通知》，强化对气象灾害防御重点单位的监督和指导。

【气象服务】 2015年，县气象局认真履行职责，毫不松懈地加强气象灾害监测预警，及时准确发布天气预报、气象灾害预警预报等，加强部门联动，做好气象灾害预报服务，圆满完成春运、春播期及汛期的气象服务工作。制作《重大气象信息快（专）报》34期，为县委、县政府科学决策提供依据。加强与县国土资源局合作，全面开展好地质灾害预警信息发布，全年发布地质灾害预警短信39次，短信受众255450人次。与农业局联合制作《农业气象月报》12期，为家庭农场、专业大户、农民合作社、产业化龙头企业等四大类新型经营主体提供直通式气象服务。开通微博、微信渠道服务，每天把最新的天气预报、气象灾害预警等信息及时发布。全年发布预警信号93次，其中台风白色预警信号1次、蓝色预警信号1次；高温黄色预警信号8次、橙色预警信号2次；暴雨黄色预警信号9次、橙色预警信号7次；寒冷黄色预警信号6次、橙色预警信号3次；森林火险黄色预警信号8次、橙色预警信号2次；雷雨大风蓝色预警信号41次；大雾黄色预警信号3次；灰霾黄色预警信号1次；冰雹橙色预警信号1次。

（黄媚）

县气象局2015年度负责人名录

局　长：赖富成

副局长：钟美英

烤烟生产

【简况】 2015年，五华县烟叶收购种植计划1975吨，全县有11个烟区镇（水寨、郭田、梅林、龙村、双华镇未安排种植）83个

县烤烟生产部门负责人下乡检查烤烟生产工作

烟区村种烟，与332户烟农签订烤烟生产种植收购合同，合同种植面积899.27公顷。因“4·20”“4·30”“5·4”强风暴雨冰雹灾害影响，全县有85.65公顷烟田受灾，44.73公顷绝收，上级为此调减收购计划120吨。全县收购烟叶1855吨，均价26元/千克，比上年均价25.12元/千克增长3.5%。烟农种烟收入4824.6万元，创烟叶税1061.4万多元，烤烟生产种植面积稳定，收益和烟叶税稳定提高。其中：种植面积较大，收购数量较多的镇有：安流、河东、岐岭、棉洋等镇。烤烟生产成绩突出，交售烟叶超过5万千克以上的村有：华源、联岭、荷梅、红光、吉程、太平、源潭、坪南等8个村。

【科技兴烟】 一是优化种植布局，调减边远山区种植面积，加大面积较大地段的种植计划，实行专业化、规模化种植，全县户均种植面积2.71公顷，专业化规模化种植继续保持良好发展态势，烟叶种植布局得到优化。二是加大实用技术应用。严格按照配套供应的肥料合理施肥，加大有机肥施用。全县供应复合肥749.84吨、硝酸钾230吨、地膜59.29吨、有机肥1079.12吨；严格落实标准化生产措施，包括：漂浮育苗、地膜覆盖、机械起垄培土、科学打顶、化学抑芽、成熟采摘、三段式烘烤、新式烟夹使用等技术。做好优化烟叶结构工作，剔除不适用下部鲜烟2片，销毁处理不适用鲜烟数量1097.26吨，平均每亩81.30千克，降低下低等烟叶比例。

【专业化服务】 2015年，县烤烟生产部门加强对烤烟生产专业化服务，把“烟农综合服务专业合作社”作为烤烟生产服务主体进行培育和指导。一是加强合作社专业化服务管理和作业调度，提升“育苗、机耕、植保、烘烤、分级”五个环节专业化服务水平。全年，合作社提供专业化育苗1618.68万株（配套种植面积 899.27 公顷）、机耕服务面积899.27公顷、植保面积64.53公顷、烘烤和分级烟叶 113.86 吨。二是积极拓展土壤改良、物资供应、地膜清理等服务功能，提高合作社内生动力，促进自我发展。指导合作社落实全县田间地膜清理899.27公顷、土壤生石灰改良 133.33 公顷、生物有机肥供应1185.76吨、农药供应11100瓶等。

【烟叶收购】 2015年6月19日，县政府召开全县烟叶收购工作会议，对烟叶收购工作进行部署。全县设烟叶收购站（点）5个，从6月25日始开磅收购，至8月21日结束。全县收购烟叶 1855 吨，其中：收购上等烟1048.46吨，占56.52%；中等烟752.66吨，占40.57%；下低等烟53.88吨，占2.9%。支付烟农烟叶交售金额4824.60万元。在收购

烟农用培土机进行大培土

过程中，各收购站（点）做到依时开磅收购烟叶，遵照国家烟叶收购规程，严格按烟叶种植合同收购烟叶，100%执行烟叶预检制度；坚持烟叶国家标准，实行挂样对样微机收购，做到“公平、公正、公开”收购，烟叶收购秩序良好，较好完成种植收购任务。

（张俊杰）

县烤烟办2015年度负责人名录

主　任：曾国清

副主任：张俊杰　　邓炼中

蓄能办

【移民安置实施方案】 2015年4月18日，五华县招投标中心确定中水珠江规划勘测设计有限公司为移民安置实施方案编制单位；22日，五华县与中水珠江规划勘测设计有限公司签订《移民安置实施方案合同书》，编制工作正式启动。8月28日，县蓄能办和龙村镇会同中水珠江设计院共同在黄狮村召开村民代表大会，听取村民代表意见。12月30日，中水珠江设计院完成移民安置实施方案修改。

2015年9月30日，广东梅州抽水蓄能电站开工建设动员大会在广州召开

【项目核准开工】 2015年，五华县加快推进梅州(五华)抽水蓄能电站项目专题送审，涉及项目申请核准的27个专题全部完成。其中，1月22日移民安置规划大纲取得省政府批准；3月6日移民安置规划报告取得水规总院审查意见，4月3日取得省水库移民局审核意见；3月21日可行性研究报告通过水规总院和省发改委审查，6月4日取得水规总院审查意见；5月20日节能评估报告通过广州市城市规划勘测设计院评审，7月3日取得省发改委审查意见；5月22日用地预审取得省国土厅批复意见；7月29日项目申请报告获省发改委核准批复；9月30日在广州举行开工动员大会，标志着该项目建设全面启动。

【移民安置区建设】 2015年8月25日，梅州（五华）抽水蓄能电站三坑和断掌凹移民安置区基础设施建设完成招投标。三坑移民安置区基础设施工程中标公司为广州市市政工程机械施工有限公司和广州市设计院，广州新珠工程监理有限公司承担工程监理，工程建设期为365天，其中勘察设计30天、施工工期335天，10月13日举行开工奠基仪式。断掌凹移民安置区基础设施工程中标公司为广东省基础工程集团有限公司和广州市设计院，广州新珠工程监理有限公司承担工程监理，工程建设期为300天，其中勘察设计30天、施工工期

270 天，11 月 3 日进场施工。

【签订征地移民安置协议】 2015 年，经五华县人民政府与调峰调频发电公司对建设征地移民安置协议（总协议）多次商谈，双方理清协议各项条款，明确各方职责，于 12 月 5 日完成建设征地移民安置协议签订。

2015 年 10 月 13 日，梅州（五华）抽水蓄能电站三坑移民安置区奠基仪式现场

【前期工程建设工作】 2015 年，梅州（五华）抽水蓄能电站项目年度投资计划 1.13 亿元，实际完成投资 1.38 亿元，超额完成 2496 万元，超过年度投资计划的 22%，主要增加部分为两个移民安置区基础设施（“三通一平”）的建设。梅州（五华）抽水蓄能电站前期工程“三洞两路”（通风洞、交通洞、自流排水洞、上下库区连接公路、下库右岸公路）完成征地 70.56 公顷，下拨征地费用 1200 万元。交通洞完成一级边坡开挖，完成土石方明挖工程量 2.8 万立方米；完成一级边坡支护锚杆 60%工程量；自流排水洞完成洞脸开挖，支护；完成洞口锚杆支护、进洞钢拱架制作；7#施工支洞完成洞脸开挖；完成下库右岸公路及沿线场地平整工程屋场坪开挖，上坪场地填筑至 396 高程，营子肚场地填筑至 417 高程，完成土石方开挖 60 万立方米；上下库连接公路工程 Ⅰ 标施工便道形成，施工毛路开挖 1200 米，Ⅱ 标施工便道形成，施工毛路开挖 950 米。至 12 月，前期工程已完成投资 1500 万元；土石方总开挖量约 150 万立方米，已完成 67 万立方米，前期工程“三洞两路”建设有序推进。

（周勇）

县蓄能办 2015 年度负责人名录

主　任：古伟炎

副主任：古子春　钟　威

国内贸易

供销合作社

【简况】 县供销合作社机关肩负着县政府赋予的指导、协调、监督、服务、培训等职能，下辖福华供销百货、华保再生资源、农资有限公司、烟花爆竹专营公司及基层供销社 19 个，中心基层社 2 个，全系统有干部职工 1032 人。2015 年，县供销社深入贯彻落实中共十八届三中、四中、五中全会，中发〔2015〕11 号文《中共中央国务院关于深化供销合作社综合改革的决定》及广东省实施意见精神，以习近平总书记对供销社工作重要批示精神为指针，坚持发展为第一要务，以全国总社建社 61 周年为契机，锐意改革增活力，创新经营谋发展，围绕“服务三农”思路，积极开展组建农民专业合作社建设，打造“四大网络”在促进农业增效、农民增收、农村繁荣，保持经济平稳较快发展工作中取得一定成效。各项经济指标完成呈平稳增长态势，全年完成商品总购进 6.02 亿元，对比上年增长 13%；其中：农副产品购进 5580 万元，对比上年增长 25%；完成商品总销售 6.89 亿元，对比上年增长 10%；其中：农业生产资料销售 2.83 亿元，对比上年增长 23%；完成利润实绩 45.86 万元，对比上年增长 22.65%。超额完成省、市社下达的各项经济指标。

【高起点高标准组建农民专业合作社】 2015 年，县供销系统发动 17 家龙头企业和农民专业合作社入驻市社电商平台，其中：横陂 3 家、安流 3 家、周江 3 家、华城 2 家；双华、岐岭、登畲、龙村、大坝、棉洋各 1 家；发动 4 家农产品企业或农民专业合作社入驻实体店，其中：华城、棉洋、岐岭、长布各 1 家。加强对专业合作社产权联结、项目扶持、业务指导、综合服务等方式，指导农民专业合作社对接国家扶持政策，强化供销社科学耕山致富带动能力。

【支持配合梅州市供销社电子商务平台建设】 2015 年，县供销合作社继续扎实推进农产品电子商务平台建设，积极发动农业龙头企业，特色农产品生产经营企业和农民专业合作社入驻市供销社电商平台，并将产品在电商平台线下实体店上架销售，拓展五华农产品销售，让广大农民足不出户就能从现代流通中受益，切实解决农民“卖难”问题，提升服务“三农”水平。按照市供销社关于做好电子商务平台网站要求，积极支持配合市供销社开展电子商务平台建设。切实服务供销系统企业、农民专业合作社农产品卖难实际问题，提升产品品牌影响力和知名度，由市供销社选定一批国家级、省级示范农民专业合作社在市社网站电子商务平台展示。发动全县 103 家供销百货大商场入驻市供销社电商平台，支持配合市供销社办好官方网站百家农民专业合作社示范社宣传栏目，加大宣传推介农民专业合作社力度，增强广大农民耕山致富信心;与市广播电视台服务900栏目合作制作专题视频2家，其中：龙村社、华阳社各1家。

【组建五华县安流中心基层供销社】 2015年7月，根据《国务院关于加快供销合作社改革发展的若干意见》（国发〔2009〕40号）和省供销合作社《关于加快我省供销社基层组织建设的指导意见》（粤供合函〔2013〕44号）文件要求，县供销社深化供销合作社组织体制改革，夯实供销合作社基层组织基础，加快供销社基层组织建设，经县供销合作社研究决定，梅林供销社并入安流供销社，组建安流中心基层供销社，组建后原梅林供销社的行政管理职能、人事、资产、经营等统一由安流中心基层供销社使用管理。

【开展“三严三实”专题教育实践活动】 2015年，县供销合作社党组在“三严三实”专题教育实践活动中，坚持到基层调研，并在调研中广泛听取干部职工意见，在交谈中发现问题，征求解决问题方法和措施。将教育活动的成效转化为推动供销社改革发展的持续动力，加强调查研究，帮助基层解决改革中矛盾问题。全面落实“两个责任”，建设好“防火墙”和“隔离带”，重点加强“三重一大”事故监督，做到公开透明。坚持守住底线，严防任何单位和个人借改革之机侵吞社有资产或牟取私利，切实维护供销社组织体系和社有资产的完整性。

【其他工作任务】 一是扎实抓好“创卫”工作。县供销合作社围绕县委、县政府提出2015年年底实现创建广东省卫生县城目标，把“创卫”工作当作一项重要工作来抓，在经济困难情况下投入2万多元添置工具、树立宣传牌、印刷宣传资料，帮助挂钩村（水寨镇上坝村 16 村民小组）拆除旧粪坑、清理卫生死角，清除道路两边杂草，聘请卫生保洁员（每月600元）并协调环卫部门落实华建街网格化管理，解决垃圾堆放和垃圾桶配置等问题；每周五下午组织县社和公司干部职工清理打扫西河街卫生责任区和县社大院环境卫生，较好完成“创卫”工作任务。二是筹资2万元支持帮助龙村镇营田村开展扶贫双到工作，完成计划生育和教育创强等任务。三是筹资5000元帮助支持龙村镇南中村软弱涣散基层党组织整顿治理，提高基层党组织战斗力，协助该村选强配齐村党支部班子。四是筹资3.6万元完成造林绿化任务。

（李菊娇）

县供销社2015年度负责人名录

主　任：李载斌

副主任：温寿聪　魏洪伟

粮食储备管理

【粮食安全生产】 2015年，县粮食局贯彻“安全第一，预防为主、综合治理”的方针，认真落实安全生产责任制，经常检查督促，发现问题，及时处理，确保安全。抓安全生产和消防安全教育，提高干部职工安全意识，干部职工严格遵守安全生产规章制度，遵照各项操作规程，遵守劳动纪律，确保安全。加强粮食熏蒸药剂管理，落实粮食熏蒸、消防和用电安全防护措施，明确消防安全责任区，责任到人，保障安全。

【粮食储备管理】 2015 年，县粮食局严格执行《广东省省级储备粮管理办法》《广东省省级储备粮仓储管理暂行规定》《广东省省级储备粮代储管理实施细则(暂行)》《梅州市地方储备粮管理办法》《五华县粮油仓储企业规范化管理规章制度汇编》和《储粮安全“一岗双责”》等规章制度，以制度管理员工，提高粮油仓储企业规范化管理水平。依靠科技进步，积极应用“双低”储粮、“熏蒸压线槽密闭线”、机械通风、电子测温、环流熏蒸等技术，提高粮食品质，减轻保管员劳动强度，节约保管费用，提高仓储效益。储备粮油做到专仓储存、专人保管、专账记载，账、卡、牌、簿和上报报表使用登记规范，库存账务规范，达到“一符三专四落实”（一符：即账实相符，要求做到会统账、实物账、保管账必须相符；三专：即对所存储粮油是否做到专人、专账、专仓管理；四落实：即品种、地点、数量、质量是否确保落实）管理要求。精心组织春秋两季粮油安全普查，通过省、市粮食局多次检查鉴定:本县库存储备粮油账务管理规范、准确，达到账账相符，账实相符，实现连续 35 年 “一符四无”粮仓县目标，确保各级储备粮油“储得进、管得好、调得动、用得上”。

【粮食轮换】 2015 年，县粮食局按照县级储备粮油轮换文件规定要求，做到有计划、有步骤、有措施，手续完备，规范管理。9 月 13 日，按时按质按量顺利完成粮食轮换任务。县级储备食用植物油按照每半年轮换一次要求，6 月和 12 月分别完成轮换县级储备食用植物油。

【新增地方储备粮】 2015 年，县粮食局根据梅市府函〔2015〕123 号《梅州市人民政府关于进一步加强全市地方粮食储备工作的通知》精神，结合实际，认真落实新的地方储备粮规模，精心组织，抓好落实夏粮收购。通过公开竞价采购交易会收购粮食，协调农发行五华县支行积极落实夏粮收购资金，严格把好粮食入库数量、质量关，按国家《稻谷储存品质判定规则》中“宜存”规定进行夏粮收购，于 9 月 13 日前顺利完成 2015 年新增规模部分粮食储备任务。

【落实粮食安全责任】 2015 年，县粮食局根据梅市粮〔2015〕15 号《关于做好全市粮食安全责任届满前评估工作的通知》精神，对 2013、2014 年度粮食安全责任落实情况进行认真对照检查，并自评上报，顺利完成五华县粮食安全责任届满前落实情况自评及新增地方储备粮完成情况上报工作。

【县人大代表视察粮食工作】 2015 年 12 月 2 日，县人大常委会组织部分人大代表视察本县粮食安全工作。视察组到横陂粮库进行实地察看，在县粮食局召开座谈会，听取粮食安全工作情况的汇报，并进行讨论。县人大常委会党组书记、代理主任幸小明代表县人大常委会对全县粮食安全工作给予充分肯定，认为县政府高度重视粮食安全工作，认真贯彻落实国家粮食方针、政策，加强领导、加大投入、细化责任；县粮食局能全面履行粮食行政管理职能，以确保全县粮食安全为己任，牵头协调好有关部门抓好粮食安全工作政府责任制的考评工作，扎实推进粮食种植、流通、储备、应急等各个环节工作开展，确保全县粮食生产、销售平稳安全。

【军粮供应】 2015年，全县军供工作担负着驻五华武警中队，消防大队、部队官兵的粮油豆面的供应，县粮食局认真贯彻执行国务院、中央军委和省、市、县军粮供应政策和规定，严格按照军粮供应管理工作要求，军供粮油质量达到安全标准，财务制度健全，保障供给，按时保质保量完成军粮供应任务。同时积极开展双拥共建活动，军粮供应工作受到驻五华部队一致好评，做到让部队满意、让政府放心。

2015年12月2日，五华县人大常委会组织部分人大代表到横陂粮库视察粮食安全工作

【粮食窗口管理】 2015年，县粮食局按照县行政服务中心窗口有关工作要求，抓好县行政服务中心粮食局窗口规范管理，窗口人员热情接受申请人办理“粮食收购许可证”咨询，讲明申请人的条件及申请人能通过粮食局窗口网上申请，并提交《广东省粮食收购资格申请（备案）表》和有关申请材料，通过受理、承办、审核、批准，最后通知办结，达到网上办理。

【粮食资产管理】 2015年，县粮食局全面掌握国有资产现状，认真做好清理核查和管理使用工作，加强对闲置资产的租赁管理，确保国有资产安全。（李志华）

县粮食局2015年度负责人名录

局　　长：曾志勇

副 局 长：陈春光

　　　　　朱　江

党组成员：饶建华　张秋霞

烟草专营

【简况】 2015年，五华县烟草专卖局（分公司）积极落实省局（公司）“1225”、市局（公司）“五个坚定不移”工作要求，主动适应经济发展新常态，扎实抓好各项工作任务落实，努力实现新常态下新发展。全年，

2015年3月16日，市烟草专卖局（公司）局长（总经理）谢平华到五华基层一线调研

局（分公司）实现销售总额 9.16 亿元，毛利 2.58 亿元，税利 2.50 亿元，其中：利润 1.99 亿元、税费 5133.92 万元（不含消费税），分别对比上年增长 10.51%、20.86%、26.75%。

【烟叶生产】 2015 年，五华县烟草专卖局（分公司）稳定烟叶生产规模，优化生产布局，种植面积落实到 11 个镇 53 个村，与 332 户烟农签订烤烟种植收购电子合同，合同种植面积 899.27 公顷（其中：水田 894.67 公顷，旱地 4.6 公顷）。严格按照市局（公司）统一配套标准和价格，把各类烟用物资足额供应给合同种植农户。全年向合同种植农户供应复合肥 749.84 吨、硝酸钾 230 吨、地膜 59.29 吨、有机肥 1079.12 吨。抓好烟叶标准化生产，落实优化烟叶结构工作措施，加强漂浮育苗、烟田备耕、土壤改良、平衡施肥、覆膜栽培、中耕培土、病虫害防治、科学打顶、化学抑芽、成熟采摘、密集式烤房“三段式”烘烤、新式烟夹使用等关键环节技术指导服务，扎实抓好优化烟叶结构措施落实，提高烟叶等级结构。全年处理不适用烟叶面积 899.27 公顷，销毁处理不适用鲜烟叶 1097.26 吨。克服“4·20”“4·30”“5·4”强风暴雨冰雹袭击灾害影响，抓好抗灾复产。全县受灾面积 85.64 公顷，减产 120 吨。加强烟农综合服务专业合作社建设，提升育苗、机耕、植保、烘烤、分级五个环节专业化服务水平。升级烟叶管理信息系统，实现烟叶生产、收购、经营全过程管控、全流程服务。全力抓好烟叶收购工作，全县收购烟叶 1855 吨（其中：收购上等烟 1048.46 吨，占 56.52%；中等烟 752.66 吨，占 40.57%；下低等烟 53.88 吨，占 2.9%），调拨烟叶 1854.66 吨，完成烟叶收购调拨任务。抓好烟基建设任务，全年密集烤房设备维修更换 7 座、购置烟草农用机械 5 台（套）、育苗设施 201 棚。推进烟叶工作点建设，安流、潭下、横陂 3 个烟叶工作点项目被广东省烟草专卖局列入全省 2015—2018 年烟叶工作站（点）建设规划。

【卷烟营销】 一是积极培育行业重点品牌。持续提升重点品牌销量占比，全力助推重点品牌做强做大，特别是省产双喜，采取有效措施，促进双喜品牌转型升级；积极培育区域性特色品牌和低焦油创新性品牌，做好低焦创新性品牌的消费引导工作，促进低焦创新性品牌销售稳定增长。全年省产双喜品牌总销量 9.28 亿支，占卷烟总销量的 55.26%。二是积极推进现代卷烟零售终端建设。严格按照规范流程，按月度计划推进零售终端建设。至年末，零售终端总户数 610 户，占有效总户数 22.05%。三是抓规范经营，

2015 年 6 月 2 日，县长范宜军（左四）到潭下镇调研指导烟叶工作点建设项目选址工作

开展“非烟外流”整治、防控。把好等级测评关，确保客户测评结果与其实际经营能力相符；切实加强对客户经营指导，使客户真正实现落地销售，落地消费；与专卖、内管部门联手加强对客户规范经营监管，确保经营户规范经营。四是加强卷烟配送安全管理。以配送管理系统为着手，抓好配送流程和日常安全管理；以严格规范的车辆操作、货物保管、货款缴存工作流程为保障，确保人、车、货、款安全。全年累计销售卷烟16.79亿支，完成目标任务100.99%，对比上年增长1.30%；实现卷烟销售收入（含税）9.59亿元，销售毛利2.27亿元，分别对比上年增长12.12%、25.65%。

【专卖管理】 一是加大宣传力度，营造良好烟草专卖执法氛围。全年出动宣传车辆70辆次、人员488人次，发放宣传单5750多份，举办现场咨询会1次，在全县400多个行政村安装打假宣传牌。二是优化证件办理流程，严格审批时限，加强后续监管，严把市场主体关。至年末，全县持有烟草专卖零售许可证2778户，其中新办97户，变更36户，延续326户，补办2户，歇业42户，注销81户。三是保持卷烟打假高压态势。坚持以“端窝点、断源头、破网络”为重点，充分发挥“地方政府负责，打假办指导、协调，相关部门协同作战，群众积极参与”打假长效机制，主动联合公安、工商等部门开展联合执法检查，定期或不定期地采取全面清查与集中打击相结合方式对废旧厂房、果园林场等复杂区域进行排查，严厉打击制售假卷烟违法活动。1月22日，市、县烟草专卖局会同市、县两级公安部门在龙村镇睦贤村成功捣毁一个卷烟制假窝点，现场查获制假烟机1台（套）、烟支14万支、烟丝1.78吨及制假原辅材料一批。全年出动执法人员4540多人次，排查废旧厂房、果园、养殖场等容易滋生制假窝点、中转储运走私卷烟窝点85处。四是始终保持非烟整治高压态势，严防非烟流入、流出。实行非烟防控工作挂点督导制度和一线稽查人员的挂户包干责任，充分发挥“四员互动”（即：当好“参谋员”“宣传员”“督办员”和“协调员”）工作机制，加大对卷烟配送监管力度，加大对辖区非烟交易情况摸底调查，切实加强对重点市场、重点区域、重点监管户及物流集散中心等的监控，采取蹲点与灵活机动、交叉检查、例行检查和有针对性地突击检查相结合形式，严厉查处违规经营真品卷烟活动，规范卷烟市场经营秩序。五是抓好市场管理，提升卷烟市场监管水平。将日常监管与专项整治有机结合起来，采取“八小时内”与“八小时外”“工作日”与“节假日”、蹲点与灵活机动、属地管理与交叉检查相结合形式，定期和不定期地会同公安、工商等部门开展卷烟市场清理整顿行动，严厉查处违法经营卷烟行为。六是加大“两烟”生产经营各环节监管力度，扎实推进内部专卖管理监督，大力排查内部违法违规线索，促进“两烟”生产经营持续、稳定、健康发展。全年查获各类涉烟案件315宗（其中：非烟案件309宗，查获非法渠道购进卷烟193.76万支，涉案金额92万元；销售非法生产卷烟案件5宗，涉案卷烟1.12万支，涉案金额0.59万元；制假窝点案件1宗，涉案金额70.83万元）。

（江钦飞）

县烟草专卖局（分公司）2015 年度负责人名录

局长（经理）：温思胜（2 月任）

副局长：温思胜（任至 2 月）

江锦扬

副经理：何茂科　李远东

盐　业

【盐政法规宣传】 2015 年，五华县盐务局（公司）狠抓盐政法规和食盐加碘防治碘缺乏宣传。5 月 15 日，县政府办组织县卫生局、盐务局等 10 个相关部门在县城工商银行门口开展以“科学补碘，重在生命最初 1000 天”为主题的“五华县第 22 届防治碘缺乏病日活动”。活动内容：加碘盐知识问答、缺碘的危害和科学补碘防治碘缺乏病，辨别真假碘盐知识等，向消费者派发澳洲湖盐、低钠盐等宣传小单张、盐罐、环保袋和张贴宣传海报，摆放易拉宝，扫描二维码添加关注宣传等。活动派发碘盐常识宣传小单张 600 多份、宣传海报 200 多张、盐罐 60 个、环保袋 200 个、各类加碘食盐 400 包，现场咨询 250 人参加加碘盐知识问答，多人参加扫描二维码。

【食盐市场整治】 2015 年，五华县盐务局（公司）坚持抓市场监管一刻不放松原则，大力整顿和规范食盐市场秩序，认真做好食盐市场调查，切实进行巡查访销，制订整治工作方案，明确任务要求，争取市、县各有关部门支持，部署开展市场整治行动。全年查获涉盐案件 9 宗，结案 9 宗，查获非碘盐 1070 千克。（华盐办）

县盐务局（盐业公司）2015 年度负责人名录

局长（经理）：曾伟南

副局长（副经理）：林欢东

财政·税收

财　政

【简况】 2015 年，全县财政工作积极落实县委、县政府各项工作部署，围绕建设“工业新城、长乐之乡”总目标，扎实推进“两新两特两重点”，坚持“勤勉工作、公平待人、公正办事、廉洁理财”工作理念，加强收入组织，强化支出管理，深化财政体制改革，坚持依法理财，财政运行积极稳健，全面完成财政各项工作任务。县本级一般公共预算收入完成 5.55 亿元，对比上年增长 28.81%；全县一般公共预算总收入完成 62.22 亿元，对比上年增长 29.58%。全县一般公共预算支出 57.07 亿元，对比上年增长 40.31%。全县一般公共预算支出加上解支出、安排预算稳定调节基金和债券还本支出，支出总计 57.53 亿元。收支相抵，年终滚存结余 4.69 亿元。

【收入组织不断加强，财税收入大幅增长】一是财税收入实现快速增长。县财政部门积极加强与县国税、地税等部门沟通协调，着力加强对重点行业、重点企业和重大项目税源监控和稽查，挖掘增收潜力；强化非税收入管理，依法征收，应收尽收，确保县本级一般公共预算收入快速增长。二是上级支持收入明显增加。紧紧围绕中央苏区县和省振兴粤东西北地区发展战略两大政策，及时分析把握财政分配动向，积极争取上级支持。通过反映财政运行特殊困难，向上争取一次性财力补助 3155 万元；做好基础数据上报，争取协调发展奖补资金 1.85 亿元；依托原中央苏区县政策，争取补助资金 3662 万元。2015 年，一般性转移支付和可支配财力对比上年增加 2.59 亿元。三是融资工作取得扎实成效。紧跟国家融资政策动态，适时调整融资思路，多渠道推进融资。以县城及周边乡镇土地整治项目为载体，通过市场化、企业化运作方式，向农发行争取新农村建设贷款 5 亿元；注重“PPP”项目跟进落实，全力对接“PPP”项目投资企业集团，通过琴江生态景观大道“PPP”项目融资 11.58 亿元。四是土地储备收入大幅增长。积极经营国有资产资源，不断探索土地资源收储出让有效途径，促进土地集约利用，全力保障土地收储经费。全年筹集 8910 万元收储土地 55 宗面积 85.26 公顷；出让土地 35 宗面积 54.05 公顷，全年实现土地出让收入 5.25 亿元。

【发展投入持续增加，重点建设全面推进】一是加大投入推进工业园区建设。按照“工业新城”发展定位，全力支持办好县经济开发区和河东工业园区，完善园区基础设施建设，推动扩容提质。拨付 2.03 亿元推动广州番禺（五华）产业转移工业园完成征地 86.67 公顷平整土地 76.67 公顷；支持河东工业园区完成征地 200 公顷平整土地 40 公顷。投入 2.70 亿元，用于县经济开发区和河东工业区完善道路、绿化、供水等基础设施，夯实园区发展基础。 二是积极筹资保障重点项目建设。把保障重点项目建设放在突出位置，千方百计筹集资金，加大财政运作和资金调度力度，确保县重点项目顺利推进。拨付 4655 万元用于莲洞堤、罗湖堤加固和道路市政工程；拨付 4383 万元打通公园路；拨付 2063 万元用于推动人民公园环境改造；拨付 2.22 亿元用于琴江生态景观大道建设。全年在重点项目建设方面投入 6.37 亿元，有效加强县城基础设施建设，城市面貌得到提升。三是大力开展暖企行动。健全扶持企业发展政策体系，充分发挥财政性资金引导功能，着力加强生财培财建设。拨付 330 万元用于扶持中小微企业发展；拨付 380 万元扶持奖励规模以上企业增资扩产项目；拨付 315 万元支持实体经济技术改造，促进产业转型升级。全年投入扶持企业发展资金 5700 万元。积极破解企业融资难问题，大力推进助保贷工作，投入 2000 万元，引导金融机构发放贷款 5002 万元。积极协助企业向上争取项目和资金，全年报送节能减排财政政策综合示范项目 14 个，争取中央节能减排专项补助 5630 万元。四是全力落实重点工作推进资金。围绕县委、县政府中心工作，制定落实措施，保障县重点工作推进资金。拨付 1107 万元保障“洁净家园、美丽镇村”和创卫工作，成功创建省卫生县城；拨付 1515 万元补助村级办公经费，保障基层正常运转；拨付 685 万元用于创建无山火镇村，推动森林防火工作落实；拨付 427 万元用于社会治理和信访维稳；拨付 532 万元，推动足球改革发展。全年在保障县重点工作推进落实方面投入 1.41 亿元。

【保障水平不断提升，民生设施逐步完善】 一是公职人员收入大幅提升。全县增加支出 4.26 亿元，按照年人均 3 万元保障标准，从 7 月 1 日始，全面规范机关事业单位财政认供人员津补贴发放，提高津贴补贴发放水平；增加支出 1.81 亿元，按照中央统一部署，落实公职人员基本工资调整；增加支出 1554 万元落实公务员职务与职级并行、公车改革等政策。全年在收入改革方面增加投入 6.22 亿元，全县公职人员收入待遇大幅度提高，有效调动工作积极性。二是社会保障水平稳步提高。底线民生保障方面：拨付 1.45 亿元用于保障全县城乡低保对象 61664 人基本生活；拨付 2580 万元用于“五保”对象 4198 人供养；拨付 1037 万元用于孤儿基本生活保障，保障孤儿 12936 人次；拨付医疗救助资金 2764 万元救助困难对象 81092 人次；拨付 2874 万元，补助残疾人 19072 人次；拨付 18164 万元用于城乡养老保障。提高困难群体补助标准方面：增加投入 3906 万元提高低保、“五保”、医疗救助、孤儿生活保障金等补助标准。提高城乡居民医保报销比例方面：降低医保报销起付线，拨付 3.890 亿元，惠及城乡群众 246585 人次。筹资解决特殊群体医保参保方面：拨付 984 万元为全县特殊困难群体 75297 人解决 2016 年度医保参保缴费问题。做好就业培训方面：拨付就业培训资金 462 万元培训就业再就业人员 12272 人次。三是教育设施设备全面改善。始终坚持保障教育优先发展，提升教育发展水平。大力支持薄弱学校改造，拨付 4200 万元用于薄弱学校校舍安全工程，完善教育基础设施建设；大力支持申报全国义务教育发展基本均衡县，安排 7900 万元用于教学仪器设备采购、教学配套功能场室建设，推动全县顺利通过专家组验收；大力支持推进高级中学建设，拨付 3591 万元用于土石方工程和校舍建设；大力推进特殊教育学校建设，拨付 593 万元用于“三通一平”等前期工程，全面推进特殊教育学校搬迁建设。四是 “三农”工作取得明显成效。农业基础设施日臻完善，拨付 1580 万元用于中低产田改造和土地治理项目，改造中低产田 1100 公顷，改良土壤 800 公顷；拨付 5274 万元完成高标准农田 2533.33 公顷建设任务；拨付“一事一议”奖补资金 932 万元，完成硬底化村道 30 公里，修建灌溉水圳 25 公里，完善路灯、文化广场等公益设施一批，受益群众 20 多万人。全年在农业基础设施建设方面投入资金 8736 万元。现代农业呈现良好发展势头，投入 5907 万元落实支农惠农政策，创建万亩国家级粮食高产示范片，实现粮食播种面积 5.55 公顷，总产粮食 32.9 万吨；投入 1933 万元推动耕山致富，发展特色农业，新种植水果 766.67 公顷、茶叶 200 公顷、蔬菜 153.33 公顷，新增连片百亩以上农业基地 47 个。森林碳汇造林取得扎实成效，投入 1.29 亿元，完成重点生态工程建设造林 1.09 万公顷，一般封山育林 4766.67 公顷，水源涵养林 220 公顷，森林抚育面积 2.11 万公顷。中小河流治理加快推进，安排 2.39 亿元完成省规划的 9 宗全长 120.7 公里的中小河流治理；投入 1900 万元完成 7 宗新增病险水库除险加固。水利建设示范县项目全面完成，投入 9549 万元完成益塘水库、东方红水库、岩前水库灌区等 13 宗水利示范县建设项目。至此，121 宗水利示范县项目全部完成。2012—2015 年累计投入水利示范县建设项目工程资金 7.5 亿元。五是医疗卫生改革加快推进。支持推进医疗卫生体制综合改革，积极构建完善医疗保障体系。提升基层卫生院综合服务能力建设，拨付 702 万元用于基层卫生院综合大楼建设，改善基层诊疗办公设施，提高综合服务能力。推进基本公共卫生服务能力建设，拨付 4284 万元用于健康教育、预防接种等 12 个项目，提高群众健康意识，享受免费医疗服务。稳妥推进公立医院综合改革，拨付 380 万元用于取消药品加成财政补偿机制。积极化解历史债务包袱，采取财政补一点、单位筹一点方式，化解基层卫生院历史债务 910 万元。

2015 年 7 月，县财政局举办农村财会人员财政支农资金使用管理培训班

【财政改革深入推进，理财能力得到增强】 一是预算管理体制改革深入推进。认真学习贯彻《预算法》，加大预算改革力度，编制全口径预算，将全县预算按功能分类和经济分类编制细化到类款项，提高预算刚性和精准度。严格按照无预算不支出原则，增强预算约束力；将年度预算计划、部门预算向社会公开，做到阳光理财、透明预算。二是基层治理工作取得实在成效。农村“三资”管理服务平台全面建成，投入 374 万元，按照统一模式，标准化打造各镇办公场所，统一购置制作投影机、电脑、打印机等设备以及公示栏、工作台牌等分发到各镇，全面建成县、镇、村三级联网农村集体“三资”管理服务平台，达到“村级录入、镇级监管、县级监控”功能。全年进行集体资产交易、工程项目招投标 39 宗，交易金额 1112 万元。村级组织财务管理得到加强，制定《关于加强“村账镇代理”工作的实施意见》，从源头上加强对村级财务监管。指导各镇选强充实镇代理会计人员，全县 412 个经济联合社全部实行“村账镇代理”，并组织镇村干部和财会人员培训班 3 期，培训 200 多人。惠民补贴公示公开落到实处。专门在县政府公众网开辟 “惠民补贴资金信息查询”专栏，将惠民补贴项目、补贴对象、补贴金额、发放程序和咨询电话等在网上进行公示公开。至年末，全县低保、残疾人两项补贴、水库移民资金等发放情况均在网上公开。危房改造补贴资金通过电视公示，并发送手机短信 4300 多条通知到补贴对象；还通过五华宣传微信公众号、五华电视网微信公众号等新媒体同步进行宣传公开。印制惠民补贴明白卡 5 万多份发放到群众手中。三是财政资金项目申报得到规范。制定出台项目申报管理办法，规范项目申报程序，择优申报，突出保障重点、改善民生和保障重点项目建设，确保项目申报公平、公开、公正，效益提升。四是财政资金使用监管得到强化。强化财政资金使用监管，联合审计等部门组成检查组，深入各镇各单位对涉农资金、民生资金等进行全面检查，对存在问题认真整改；强化专项资金

拨付审核，严格专项资金拨付程序，确保财政资金规范高效使用。大力压缩公用经费支出，组织开展“三公”经费、差旅费、会议费等项目支出检查，严格控制“三公”经费等一般性支出。全县“三公”经费支出3719.25万元，对比上年减少184.25万元。扎实开展财政资金盘活存量、激活增量专项行动，盘活存量资金3800万元。清理归并单位银行账户，对全县行政事业单位银行账户进行清理，撤销银行账户157个，其中撤销非独立核算单位账户34个。五是财政管理力度不断增强。国库集中支付再扩面，把全县16个镇全部纳入国库集中支付范围，不断扩大财政直接支付面，全年国库集中支付资金23.31亿元，对比上年增长96%。严格政府采购规程，加强日常监管，全年采购预算1.98亿元，实际采购额1.90亿元，节约794.98万元。预结算审核严把关，主动跟进县重点项目工程建设，加强工程预结算审核评审，严把资金拨付关。全年审核工程项目629个，送审造价15.46亿元，其中：预算项目173个，核减1.39亿元，核减率15.27%；结算项目456个，核减9900万元，核减率15.57%。

（谢运洪　钟华）

县财政局2015年度负责人名录

局　长：张　裕

副局长：曾胜良　曾小强　李红兰

系统党工委副书记：谢广春

国　税

【税收收入】 2015年，县国税局针对全县税源结构单一，税源底子薄弱，税收增长点少，税收收入基数不断加大，完成税收收入任务压力相当大的严峻形势，召开多场以抓收入为主题党组会和局务（扩大）会议，分析形势，共商大计。局领导多次深入企业调研，挖掘税源增长点。全局干部职工凝心聚智，迎难而上，强化收入计划管理、收入分析预测、重点税源监控和稽查职能作用。通过有效的抓收入措施，全年组织税收收入3.3亿元，对比上年增收3841万元，增长13.15%，完成市、县下达的税收收入任务，为建设“工业新城、宜居五华”，实现五华绿色经济崛起做出积极贡献。

【税收征管】 2015年，县国税局把依法治税作为税收工作的灵魂和生命线，积极推进依法治税工作，税收征管质效有新提升。一是抓好绩效管理。全面实施绩效管理3.0版，推进个人绩效全面落实，干部队伍活力全面激发，促进税收工作持续改进。2015年度，被市局评为“达标”等次。二是抓好法治税务示范基地建设。市确定县国税局为法治税务示范基地，进行重点培育，深入推进法治税务，加快法治五华税务建设。三是抓好征管改革。深化税收征管改革，将华南分局、县局税源管理一股和税源管理三股合署办公，改变职能，分类管理。在保留分局机构基础上，调整职能分工，优化资源配置，有效解决人员紧张局面，在重点税源集约化管理、一般税源专业化管理和纳税评估分开管理进行有效探索，使征管资源、人力资源配置更加科学，提升征管质效。四是抓好“三证合一”登记制度改革。加强部门间协作配合，优化各项工作流程，落实岗位职责，分解工作任务，确保“三证合一”改革顺利实施。五是抓好委托农信社代开普通发票、代开税款（简称“双委托”）工作。11月2日，

"双委托"工作上线，大大方便纳税人，得到社会各界人士认可。六是抓好《出口退（免）税规范》实施。做好分类管理，合理设置岗位。严格审核出口退（免）税。全年出口退（免）税权限下放县级后，审批出口退（免）税3889万元，其中退税2742万元、免抵1147万元。七是抓好企业所得税管理。对全县173户企业所得税纳税人本年度企业所得税征收方式进行重新审核鉴定，落实各项企业所得税优惠政策，抓紧抓好企业所得税汇算清缴，汇算清缴面100%。做好反避税和风险管理，核实海外代付扣缴税款，海外代付扣缴税款涉及全县6笔业务，核实付汇信息中涉及的风险点缴税情况。对风险管理对象2010—2014年度纳税情况进行税务审计，入库税款38.19万元，滞纳金13.75万元，合计51.94万元。八是开展《征管规范（1.0版）》业务梳理。抽调各业务部门骨干组成工作小组，按业务模块进行任务分配，确保责任落实到位；加强表证单书比对，规范征管资料管理，减少纳税人报送资料和次数，统一办理流程，减轻纳税人负担。九是抓好内、外发票管理。抓好内部发票"领、用、存"管理，抓好发票盘存以及发票库房管理，确保发票管理万无一失。抓好代开发票管理，加大检查力度，确保无违法违纪问题发生。

【队伍建设】　2015年，县国税局通过多种形式学习和活动，不断提高队伍整体素质。一是多措并举推动"石文化"落地生根。积极搭建学习平台，抓好政治理论、税收业务、文化管理等专题学习培训。充分利用文化展厅功能平台，分批次组织干部职工参观和分享县局文化建设丰硕成果，广泛征集、分类、撰写五华国税历史文献和图片资料，精心印制五华国税文化建设手册，分发至每一位干部职工，丰富学习内容和载体，增强对税务文化建设认可度和参与度，得到省、市局领导和县委、县政府主要领导充分肯定，弘扬极具本地文化特征"硬而善、厚而实、礼而廉"五华国税精神，激励干部职工工作热情，推动五华国税各项工作向前发展。二是开展作风建设"巩固深化拓展"主题活动。制定方案，扎实开展，不断推进班子作风建设，加强党员干部自身建设，强化基层党组织整改落实，组织检查"两个落实"，实施"三查三找"，推进"四化建设"（纳税服务规范化、内控机制信息化、绩效改进持续化和监督检查常态化），以作风建设新常态推动五华国税事业新发展。三是认真落实中央"八项规定"。贯彻落实《国家税务总局党组贯彻中央政治局八项规定的实施办法》，认真学习《中国共产党廉洁自律准则》和《中国共产党纪律处分条例》，严格按照中央和税务总局出台的系列制度规定，对照内外审计、巡视、各类检查和群众来信反映的"四风"问题，以及贯彻落实中央"八项规定"精神和纠正"四风"问题情况，全面开展清理检查和自查自纠。严格抓好办公用房清理腾退，全系统无超标多占办公用房、清理腾退不彻底、不到位，特别是各级领导干部先腾退后占用等问题。基建项目无超标准、超面积、超投资等问题。严格执行公务用车管理有关规定，无超编制、超标准配备公务用车，没有公车私用、借用、占用其他单位车辆，转移、摊派公务用车费用等问题。四是深入推动教育培训开展。加大力度组织实施春训，积极配合各级国税机关开展视频、网络等在职教育培训，配合市局组织股级干部到珠海进行提高学习能力培训。五是严格按照规定选拔任用干部。全年任职调整 14 人，提任享受待遇 11 人，配合市局做好一名县级局班子缺位补充选拔和一名副科级领导干部选拔任用工作，增强干部队伍活力。六是积极开展文体活动。组织开展羽毛球、足球、篮球、乒乓球、拔河等各种文体活动，丰富干部职工业余文体生活,增强干部职工凝聚力。

【优质服务】 一是抓好税宣活动。通过印制最新小微企业税收优惠政策彩页、在县政府广场开展税收知识现场咨询活动、举办税收宣讲会、在县体育场悬挂税宣广告、在县城重要区域开展宣传、发送宣传短信等形式多样的税宣活动，增强公民依法诚信纳税意识和税务干部依法征税观念，提升纳税人满意度和税法遵从度，营造依法诚信纳税舆论氛围。二是打造县局办税服务厅标准化建设。积极开展“便民办税春风行动”，严格按照《全国县级税务机关纳税服务规范》要求为纳税人办理业务，设置咨询辅导区、办税服务区、自助办税区和等候休息区等，完善办税服务厅建设；推广“一窗式”服务、“一站式”服务模式，积极推进办税服务厅监控综合管理系统建设；精简表、单、证、书，全面推行多元化办税服务、网上办税厅和免填单服务，为纳税人节省办税时间和办税成本；制作表、证、单、书填写范本，发放税收宣传资料供纳税人取阅；利用大堂电子显示屏、通告栏公开税收政策、办税程序等应公开事项，全面推行办税公开，切实方便纳税人办税。与县地税局和建行梅州市分行共同推出五华县“税易贷”服务项目，助力小微企业发展。在县国税局大楼旁建设一个全天候“自助办税服务厅”，设置2台 ARM 自助办税终端，24小时开通自助办税，提高纳税服务办事效率。2015年，县国税局纳税服务股被省国税局评为“五星级办税服务厅”。

【信息管税】 一是抓好增值税发票系统升级版推行。成立增值税发票系统升级版推行工作组，统一组织协调推行进。对纳税人做足宣传、调查和摸底等工作，让纳税人在理解的基础上更好地配合和支持推行工作。制定实施方案，介绍全县应纳入升级版推行工作的总体及各征收单位详细情况，明确各征收单位具体推行实施时间和岗位工作人员职责及应准备工作，确保在推行过程中不影响其他日常工作正常开展。全年完成 841 户企业增值税发票系统升级版工作，做到资料齐全零等待、零差错。二是全面推广应用风险管理系统。按照省、市要求，根据《风险管理系统岗责配置说明》组织落实好各单位岗位配置工作，于 10 月 28 日前完成金税三期优化系统生产环境岗位配置工作，同时，在金税三期优化系统预生产环境配置岗位，并组织相关岗位业务人员开展功能测试，及时在生产环境和预生产环境中进行调整测试发现的问题，确保推广应用风险管理系统顺利上线。全年省局通过风险管理系统下发风险纳税评估数据 11 条，完成 3 户，其中：中风险 2 户，低风险 1 户，实际有问题 1 户，调减留抵金额 3.4 万元（进项税转出额）。

（魏伟强）

县国税局 2015 年度单位负责人名录

局　　长：黄泗清

副 局 长：江荣中　蓝永红　杨新坤　叶小明

纪检组长：陈汉球

2015年度五华县国税纳税前50名企业名录一览表

表三

序号	企业名称	法人代表	纳税额（万元）
1	广东烟草梅州市有限公司五华县分公司	温思胜	5361
2	五华县农村信用合作联社	谢永伟	2927
3	广东电网梅州五华供电局	曾建文	2463
4	中国移动通信集团广东有限公司五华分公司	黄伟华	1164
5	凸版艺彩印刷（梅州）有限公司	内田俊夫 UCHIDA TOSHIO	921
6	仁隆电子（梅州）有限公司	林雪华	701
7	广东井得电机有限公司	黄明智	461
8	广东辉胜达电器股份有限公司	古必文	387
9	广东富胜实业有限公司	李云凤	346
10	广东冠华传导科技有限公司	曾惠香	295
11	龙川兴莱鞋业有限公司五华分公司	陈育秋	294
12	中国石化销售有限公司广东梅州五华石油分公司	刘胜凯	292
13	广东长乐烧酒业股份有限公司	卓定华	285
14	中国电信股份有限公司五华分公司	李志宏	263
15	广东坤田医药有限公司	王斯平	247
16	广东庆瑞实业有限公司	黄培鑫	235
17	五华爱时达钟表有限公司	刘松明	231
18	五华龙永盛建筑材料有限公司	龙桂莲	224
19	广东康奇力药业股份有限公司	戴源发	202
20	广东长乐酒业有限公司	卓定华	184
21	梅州市鸿云房地产开发有限公司	李福权	174
22	梅州市粤运汽车运输有限公司五华客运分公司	钟鸣荣	145
23	五华合江水电站	谢接新	140
24	五华中奥实业有限公司	李金仓	134

续上表

序号	企业名称	法人代表	纳税额（万元）
25	五华县永艺餐具制造有限公司	施文艺	130
26	广东创盛工贸有限公司	陈桂雄	120
27	五华上坝水电站有限公司	周云花	118
28	五华裕鑫隆五金制品有限公司	李仁桂	117
29	梅州市裕福工艺有限公司	陈其翩	109
30	梅州茂达工艺有限公司	胡宇峰	104
31	五华县天力通信设备有限公司	李百田	101
32	五华县华景实业发展有限公司	钟爱华	94
33	隆华塑胶制品（梅州）有限公司	黄德隆	94
34	五华粤海环保有限公司	钟荣炎	88
35	梅州市兆安民爆专卖有限公司五华分公司	廖机群	84
36	五华县金寰氟业有限公司	温时明	84
37	五华县润华肠衣有限公司	张定初	76
38	广东兴安医药有限公司	胡清花	72
39	广东辉俊科技集团有限公司	周辉权	70
40	广东海宴酒业有限公司	黄镇城	68
41	五华汽车运输有限公司	钟鸣荣	66
42	广东省五华县梅恒实业发展有限公司	古庚瑞	68
43	广东省五华县益丰五金电器有限公司	蔡信琼	66
44	五华县鸿益实业有限公司	李国彬	63
45	五华县安流镇福龙村李尚文石场	陈长泉	63
46	广东海航乐万家连锁超市有限公司五华店	谢达胜	60
47	广东康和药业有限公司	郑晓宝	54
48	五华县国付实业有限公司	张伟伟	51
49	五华县百事达五金制品有限公司	蓝秀凤	51
50	广东省五华县益塘水库管理处	刘德方	47

说明：此表由县国税局提供

地 税

【税费收入】 2015年，五华县地税局组织税费收入10.68亿元，对比上年增收1.98亿元，增长22.76%。一是全力组织税收收入。全年税收收入6.71亿元，对比上年增收1.75亿元，增长35.41%，其中：中央级收入完成1.39亿元，对比上年增收4355万元，增长45.87%；省级固定收入完成2158万元，对比上年增收83万元，增长4%；省级共享收入完成1.68亿元，对比上年增收4358万元，增长35%；市县级收入完成3.43亿元，对比上年增收8750万元，增长34.29%。二是抓好社会保险费等收入。全年社会保险费等收入3.97亿元，对比上年增收2260万元，其中：社会保险费收入3.61亿元，对比上年增收1934万元；其他规费收入3596万元，对比上年增收326万元。

【税收征管】 2015年，县地税局按科学化、精细化管理要求，征管质效增强。一是加强重点工程项目管理，其中交通公路建设及市政工程项目实现税收1.05亿元。二是加强房地产行业管理，实现税收1.90亿元，对比上年增收4757万元，增长33%。三是加强第三方涉税信息管理，制定《第三方涉税信息管理办法》，全年利用2238条有效信息，实现税收收入1.91亿元，对比上年增收5200万元，增长37%。四是加强外出经营税收管理，修订完善《外出经营税收征收管理暂行办法》，外出经营企业贡献税收1.16亿元。五是加强户籍管理，“三证合一、一照一码”登记制度改革顺利实施。六是加强纳税评估。重点开展2014年增值税、消费税纳税大户城建税教育费附加评估，企业所得税、房地产业等专项评估，全年评估企业370户（次），评估收入4039.89万元，对比上年增长61.71%。

【纳税服务】 2015年，县地税局继续深入开展“便民办税春风行动”，不断改进优化服务措施，纳税人满意度得到提高。一是认真落实小型微利企业税收优惠政策，全县系统内小型微利企业优惠政策享受率100%，全年减免企业所得税258.31万元、营业税48.22万元。二是加大税费宣传力度。以办税厅、户外宣传栏为主要阵地，以热线电话、短信平台为主要渠道，以小微企业优惠政策、车船税代扣代缴、社保费政策等热点为主要内容，坚持常态化宣传。三是办税厅管理更加科学。完成办税服务综合管理平台升级改造，完善7个办税服务厅视频监控设备，加强对办税厅明察暗访和实时监控管理。四是抓好纳税信用建设。与国税部门共同评选17户企业为2014年度A级纳税人；与建设银行梅州分行签订《五华县“税易贷”服务项目合作意向书》，做好“银税互动”守信激励落实。

【税收法制建设】 2015年6月，五华县地税局被省地税局确定为法治税务示范基地建设工作试点单位之一。全县地税系统以此为契机加强依法行政，提升依法治税水平，坚持从实际出发，有计划、有重点、有步骤稳步推进创建工作。成立“依法行政工作领导小组”，加强组织领导。细化分解60项创建指标，确保责任落实到位。深化行政审批制度改革，向社会公开行政审批事项清单48项，公开税收执法权力清单（税收行政处罚）

8 项，公开取消进户执法项目清单 4 项。成立专项工作组常态化开展税收执法督察。从 8 月始，每月对一个分局开展日常征管、执法、制度落实等方面督察；不定期开展重点行业的专项督察。

【队伍建设】 2015 年，县地税局注重巩固作风建设，全面加强队伍建设。一是做好干部选拔任用工作。严格执行《干部选拔任用条例》，坚持德才兼备、以德为先原则，选能任贤，从严管理干部。协助市地说局党组通过民主推荐、民主测评、组织考察等形式，选拔领导班子成员 2 名。二是不断深化党风廉政建设。通过 OA 系统编发《党风廉政建设宣传栏》和打造“税纪清风”文化长廊，推动日常廉政教育；扎实开展以“守纪律、讲规矩、作表率”为主题的纪律教育学习月活动。三是加强财务管理、公务接待、公车改革、办公用房等方面监督，政务管理水平能到提高。四是深入开展文体活动推进家园文化建设。通过举办征文比赛，“庆‘五一’、迎‘五四’”篮球赛，“光辉税月二十载暨迎国庆趣味活动”等文体项目，促进系统内各分局沟通交流，增强凝聚力，展现五华地税良好精神风貌。　（刘浪辉）

县地税局 2015 年度负责人名录

局　长：梁伟强（5 月任）
副局长：魏云苑　魏强方
胡国荣（7 月任）
李玉平（10 月任）
纪检组长：肖元兴　（10 月任）
总经济师：张远辉（10 月任）

2015 年度五华县地方纳税前 50 名企业名录一览表

表四

序号	企业名称	法人代表	纳税额（万元）
1	广东五华一建工程有限公司	曾炽宏	3364
2	广东五华二建工程有限公司	曾庆平	2417
3	广东烟草梅州市有限公司五华县分公司	温思胜	2208
4	广东五华二建工程有限公司房地产分公司	杨尚华	1976
5	广东国沅建设工程有限公司	罗国芳	1780
6	五华县征地和土地储备中心	张建国	1703
7	五华县农村信用合作联社	谢永伟	1239
8	广东宁华高速公路有限公司	王春生	1161
9	五华永新安建筑工程劳务有限公司	李胜东	1108
10	五华奥园广场有限公司	苗思华	1075
11	五华县碧桂园房地产开发有限公司	杨文杰	1067
12	广东冠粤路桥有限公司	周继求	917

续上表

序号	企业名称	法人代表	纳税额（万元）
13	五华县地方公路管理总站	曾　宏	816
14	广东省五华县水务局	张少凡	794
15	五华县长安实业发展有限公司	李胜文	788
16	广东省长大公路工程有限公司	刘刚亮	745
17	五华县地方税务局城区税务分局	古会明	721
18	中铁十二局集团有限公司	史道泉	613
19	五华长顺劳务分包工程有限公司	翁世强	535
20	五华县金泰房地产有限公司	陈周彝	535
21	梅州胜华房地产开发有限公司	周辉权	485
22	广东省蕉岭县建筑工程公司五华分公司	魏晋平	480
23	五华县安宝盛房地产开发有限公司	李仁安	453
24	中交一公局桥隧工程有限公司	任利民	432
25	五华县长乐建筑工程公司	钟定华	427
26	五华县公路改造工程指挥部	何伟雄	414
27	广东利通建设集团有限公司	彭利业	396
28	五华碧桂园置业有限公司	杨文杰	384
29	中国农业银行股份有限公司五华县支行	徐建雄	351
30	广东新晋炜房地产开发有限公司	魏晋平	337
31	五华长申建设工程有限公司	黄展锋	325
32	中铁二十局集团有限公司	胡　林	316
33	广东电网梅州五华供电局	曾建文	272
34	广东开元实业有限公司	邹　罕	263
35	中交二公局第六工程有限公司	张俊智	263
36	中国工商银行股份有限公司五华支行	何基炎	260
37	广东丰伟建设有限公司	钟　镇	243
38	中交第二公路工程局有限公司	杜会民	239
39	五华县华源电力发展有限公司	徐卫廷	238
40	梅州市鸿云房地产开发有限公司	李福权	235
41	广东长乐烧酒业股份有限公司	卓定华	231
42	汕头市潮阳建筑工程总公司	魏文雄	229

续上表

序号	企业名称	法人代表	纳税额（万元）
43	安信证券股份有限公司梅州五华证券营业部	李华文	218
44	中国铁建港航局集团有限公司	许四发	218
45	五华县凯兴源实业有限公司	李玉水	206
46	五华县华城建筑工程公司	魏少强	198
47	茂名市建筑集团有限公司	张成灿	188
48	梅州市华宏水利水电工程有限公司	张汉松	187
49	五华县龙兴房地产开发有限公司	陈根	180
50	中铁大桥局集团有限公司	刘自明	171

说明：此表由县地税局提供

金融·保险·证券

中国人民银行五华县支行

【简况】 2015年，中国人民银行五华县支行利用普惠金融建设试点县的契机，充分发挥引导和协调职能，认真贯彻落实稳健的货币政策，做细金融管理，做大金融服务，推进金融改革，推动金融创新，大力促进地方经济发展，各项工作取得较好成绩。至年末，各项存款余额 221.25 亿元，比年初增长 17.09％。其中：居民储蓄存款 158.89 亿元，比年初增长 10.01％；非金融企业存款 15.85 亿元，比年初增长 89.79％。各项贷款余额 70.19 亿元，比年初增长 20.73％。存贷款均取得同步增长，贷款增长幅度大于存款增长幅度。

【稳步推进农村地区支付环境改善】 一是继续做好农村地区用卡环境改善，组织辖区相关机构做好政策宣传、商户解释沟通，加强银行卡受理市场的管理、检查力度，切实防范银行卡风险，提升服务水平。二是加强银行金融 IC 卡宣传推广，通过利用网络、广播、报刊等媒体开展集中宣传，通过在银行网点和终端机具布放地点播放宣传影像、发放宣传资料等方式宣传，使公众对金融 IC 卡的安全保障功能有深刻认识，金融 IC 卡在辖区得到全面推广。三是通过开展打击非法买卖银行卡行为专项行动，有效净化网络环境，震慑犯罪，规范发卡行为。四是继续做好银行卡助农取款示范点建设工作。

【借力农村普惠金融建设，全面改善金融生态环境】 一是主动参与各类协调会，及时召开金融机构联席会议，传达贯彻工作方案，研究部署金融服务站建设的相关事宜。二是成立“普惠金融建设领导小组”，加强对辖区金融服务站建设的领导。三是充分发挥金融行业协会作用，推进各项工作落实。四是稳步推进信用村、镇建设各项工作。至年末，全县有 411 个村均挂牌设立金融服务站，评出信用户 17.1 万户、县级信用村 264 个、县级信用镇 5 个、市级信用村 80 个、市级信用镇 2 个。相关工作获得省督查组肯定。

【借力地方政府，多部门联合化解金融生态发展瓶颈】 2015 年，中国人民银行五华县支行切实改善辖区金融生态环境，化解经济、金融发展瓶颈，积极奔走于政府各部门、银行机构和中小微企业，通过调查分析和沟通协商，促成地方政府部门多次召开金融支持实体经济发展工作会议，听取各金融机构支持实体经济主要举措，并就提高存贷比和解决企业融资难、融资贵等问题进行研究讨论，促成地方政府出台加快金融支持实体经济发展具体部署文件，化解经济金融发展中瓶颈，改善辖区金融生态环境。

【借力地方财政，弥补金融生态环境缺陷】 2015 年，中国人民银行五华县支行根据全县企业发展水平较低，可底押固定资产较少，且财务体制不健全，多为家族式管理，银行贷款回收难以得到有效保证的实际。多方与政府部门沟通，与银行部门协调，促成地方财政设立 2000 万元的中小微企业信贷风险补偿基金，与邮储行、农信社、广发行签订《五华县中小微企业信贷风险补偿基金业务合作协议》，完善全县中小企业融资风险分担机制，缓解企业融资难问题，支持中小微企业的持续健康发展。

【借力扶贫机构，助力农村发展】 2015 年，中国人民银行五华县支行积极与政府部门讨探最大限度发挥扶贫资金效果，促成地方政府出资 173 万元，设立扶贫担保基金，通过银行放大 5 倍发放支农贷款，有力地促进农村经济发展。

【借力行业协会，大力开展金融知识宣传】 2015 年，中国人民银行五华县支行以金融行业协会为平台，开展金融法制、征信知识、反洗钱知识、反假货币知识、国库知识等金融知识宣传活动。一是通过金融行业协会组织全县金融机构扎实开展《征信业管理条例》和“信用记录关爱日”为主题宣传活动，全县金融各机构统一悬挂征信宣传标语、横幅，张贴海报，在网点设置咨询台，发放宣传折页，在营业场所设点宣传，接受群众咨询，吸引 2000 多名群众参与，派发宣传资料 6000 多份。二是通过金融行业协会平台开展防伪反假宣传活动，各金融机构深入各村镇挂钩点，向农民群众进行防伪反假宣传。活动发放各种宣传折页和宣传提纲 3000 多份，受益群众 9000 多人。三是积极做国库成立 30 周年宣传活动。出版专题宣传海报、设立专题宣传栏，并组织辖区金融机构部门负责人、国库业务主管、国库业务骨干（柜员）进行国库业务知识培训。

【加强金融管理，确保金融稳定】 一是强化国库会计核算业务管理，严把票据审核关、预算管理关，对 10 万元以上的大额拨款资金实行分级审批制度，对于非预算单位拨款，须由财政部门提供拨款依据，且经审核签章后方可拨付。二是加强窗口指导，促进有效信贷投放。围绕县委、县政府建设“工业新城，长乐之乡”目标，召开“政、银、企、担对接会” 3次，全力支持“两新两特两重点”企业，签订信贷意向合同 32 份，累计信贷总额 5.4 亿元。全年对地方法人金融机构发放支农再贷款 6 笔合计 2.74 亿元，收回支农贷款 2 笔 8600 万元。三是开展国库经收处业务、人民币收付业务、支农再贷款检查，有效防范和化解金融风险。

【加强内部管理，筑牢风险防线】 一是严格贯彻落实中央“八项规定”精神，坚决反对“四风”。切实转变会风，提高会议实效。着力压缩规模和会议次数，严格控制全体中层干部参加会议，主要以专题、专项会议和现场办公的方式开短会，领导干部协调问题时只讲措施和要求，杜绝空乏议论指示、意见。全年对比上年减少会议 20 场次，减少时间 40 小时。严格控制“三公经费支出”，规范接待行为。接待用餐原则上均安排在小饭店，仅上客家菜。6 月，支行食堂建成，所有的公务接待一律在食堂就餐，并严格控制接待标准。严格公务用车管理，车辆使用费对比上年下降。二是加强党风廉政建设、作风建设和干部队伍建设。抓组织领导，明确责任主体，形成“一把手”负总责、逐级负责、一级抓一级、层层抓落实的良好工作格局；抓理论学习，强化党员思想教育；围绕“为民、务实、清廉”主题狠抓作风建设；抓廉政风险防控，建设廉洁基层央行。三是抓内部管理，大力整治“庸懒散拖”行为。强化考勤管理。在坚持上下班打卡制度同时，每周不定期突击检查劳动纪律，对无故迟到、早退或擅自离岗行为，发现一次扣除当月绩效考核的 5%。完善岗位责任制。结合“三严三实专题教育”对各个岗位责任制进行清理，废除与工作不相适应制度，增加新的岗位责任制度等规章制度。对岗位工作人员进行适当调整、轮换，做到“人尽其才，才尽其用”。是加大岗位练兵力度。以内部检查整改为契机，要求员工必须熟悉 B 角工作，特别是业务部门，每月要对 B 角工作进行一次实务操作，保证在 A 角人员休假时，B 角能正常接替工作。四是抓党务公开，促进党风廉政建设。制定党务公开方案，完善相关制度。建立《党务公开实施方案（试行）》《党务公开责任追究制度》和《党务公开档案管理制度》等，通过修订制度，开展党内民主制度实施，使党员群众的知情权、参与权、选举权、表达权、监督权等民主权利得到了保障，党内监督得到加强，促进支行党组织建设等党务工作更加趋于科学化、民主化。探索党务公开形式，通过建设“五个一”为内容有效保障党员知情权、参与权和监督权，不断加大党务公开的力度和深度。

（徐高煌）

中国人民银行五华县支行 2015 年度负责人名录

行　长：李伟东

副行长：曾国兴　张远飚

中国农业发展银行五华县支行

【简况】 2015 年，中国农业发展银行五华县支行紧紧围绕年初省、市分支行行长会议工作部署和主要工作目标，积极履行农业政策性银行支农职能，大力支持地方经济发展。同时，扎实抓好基础管理，防范风险谋发展，着力提高队伍整体素质，取得较好的经营业绩和工作成效。至年末，各项贷款余额 1.59 亿元，比年初增加 816 万元，增幅 5.39%，存款余额 1.3 亿元，比年初增加 8643 万元，增幅 196.79%，实现账面利润 481 万元，对比上年增加 713 万元。

【支持地方储备粮轮换和新增工作，积极营销地方政府主导的新农村建设和棚户区改造基金项目】 2015 年，中国农业发展银行五华县支行准确把握信贷政策，巩固发展政策性储备业务，继续做好储备粮轮换和新增工作，累计发放县级储备粮贷款 2820 万元，轮换和新增稻谷 9400 吨。以新农村建设和棚户区改造基金项目为营销重点，筛选出扶持农村新型城镇化建设重点项目，大力支持地方经济发展。至年末，经省分行批复同意，向产业园区公司贷款 5 亿元用于五华县城及周边乡镇土地整治项目；向安居公司投放农发重点建设基金 5000 万元，用于五华县棚户区改造项目。

【加强库存管理，加大查库力度】 2015 年，中国农业发展银行五华县支行坚持每月不少于一次到企业各库点进行库存核查，确保银行库存台账、企业会计账、保管账三账账实相符。配合市分行对粮食收储公司进行两次库存检查，按照“有库必到、有粮必查、有账必核、查必彻底”原则，逐库逐仓检查，确保储备粮库存数量真实。

【做好反洗钱、反假货币和征信业管理条例宣传】 2015 年，中国农业发展银行五华县支行组织组织全行干部职工学习有关制度和业务操作规程，开展以反洗钱法规为主要内容的业务知识培训学习，设立反洗钱宣传专柜，悬挂宣传横额、发放反洗钱宣传资料等。

【推进党风廉政建设，践行“三严三实”】 一是深入开展反腐倡廉教育。坚持每周一次以上学习制度，采取各种有效形式，以警示教育为重点，深入开展反腐倡廉教育。二是逐级签订《党风廉政建设责任书》，与贷款企业签订《银企廉政共建协议书》3 份，与全行员工签订《廉洁从业承诺书》10 份。三是积极开展“三严三实”专题教育活动，贯彻落实全面从严治党要求，巩固和拓展党的群众路线教育实践活动成果，深入推进党的思想政治建设和作风建设，增强干部职工践行“三严三实”思想自觉和行动自觉。

（邹尚明）

中国农业发展银行五华县支行 2015 年度主要负责人名录

行 长：张明华（任至 10 月）
　　　 邓良生（11 月任）
副行长：丘瑞和

农业银行五华县支行

【简况】 2015 年，中国农业银行股份有限公司五华县支行坚持稳中求进工作基调，把握“管党治行、比学赶超”两大要求，紧扣“控险”一个重心，夯实“存款、中收”两项基础，着力抓好重点工程建设、中小微企业金融服务、基础设施项目建设、“三农”经济发展、个体经营创业、民生金融服务等工作，全力推动地方经济与自身经营的同步发展。一是加强重点项目维护。加大对政府重点项目、重点工程、重点企业等账户维护、项目贷款、征地代发等金融服务，合理安排人员，支持配合五华县“移民拆迁”、“交通大会战”、创建“省双拥模范县”等重点项目工作，全县7个营业网点全部参与五华县双头老移民代发、3条高速公路征地拆迁、进藏新兵办理经济补助代付等，全年代发征地款2.5亿元。二是创新服务中小微企业。支行行长履行“首席客户经理”职责，经常带队深入产业集聚区和县经济开发区，深入了解客户生产经营中存在需求和困难，同时邀请省市领导、业务骨干到园区了解企业生产经营、财务状况及企业文化，加强双方面对面沟通联系，取得显著成效。全年发放企业类贷款1.8亿元、项目贷款2亿元。大胆创新发放支行首笔信用证项下打包贷款；成功签约首笔“银关通”业务，实现全市农行该项业务“零”突破，全力提升服务中小企业的能力和服务效率。三是充分运用农行减免利息政策，切实为企业、涉政单位减负。四是倾力改善居民居住环境。围绕上级银行“一大一小”战略部署，以改善居民服务环境为己任，与奥园公司联手举办“农行VIP”推介会，组织业务骨干分批分次到五华碧桂园、奥园及其他楼盘进行个人住房按揭业务培训、信贷新政策宣传等，及时为售购房者提供贴心金融服务；同时，支持城乡居民消费转型升级，开展汽车、家装、车位分期业务，有效解决居民信贷需求，促进地方经济稳步增长。五是积极拓展县域蓝海市场。服务“三农”业务，坚持抓大不放小，安排员工深入乡镇、深入基层，全力拓展“三农”和县域贷款投放；做好二代社保卡“面对面”“一对一”激活、宣传、使用活动；做好“金穗惠农通”服务点管理，将金融服务触角延伸到边远乡村，使农户们足不出村就可以便捷取款。六是加强自助渠道建设，支持农村支付市场，为广大民众提供人性化、便利化、增值化金融服务。七是积极履行社会职责。开展挂钩扶贫村“送温暖”“学雷锋”献爱心活动；开展“广东省卫生县城”创建活动，加强网点和网格式责任区卫生管理；开展离行式自助银行、金融消费者权益日、反假币、个人征信报告、新版100元纸币等宣传活动。至年末，全行各项存款余额34.55亿元，比年初增6.75亿元,对比上年增长210.45%；各项贷款余额9.84亿元，比年初增2.54亿元,对比上年增长305.60%；实现中收2034万元,对比上年增长17.09%；全年纳税1905万元,其中缴纳地方税收453万元，对比上年增长16.15%。（刘彩红）

农业银行五华县支行2015年度负责人名录

行　长：徐建雄

副行长：黄　健

廖宇彬（任至4月）

卓琦超（任至10月）

黄明霞（6月任）

徐文浩（10月任）

工商银行五华支行

【简况】 2015年，中国工商银行五华支行认真贯彻落实总、省行工作要求，加快转型升级，不断强化“四大标杆”，深化“四大理念”，充分调动全行员工积极性，努力完成经营目标，取得一定成绩。一是人民币各项日均存款余额10.78亿元，比年初净增1.03

亿元，系统内排名第2位，增量同业排名第4位。其中：储蓄存款7.69亿元，比年初净增3378万元，任务完成率133.5%，系统内排名第1位，同业排名第4位；公司存款43亿元，比年初净增2469万元，任务完成率86.1%，系统内排名第3位；机构存款1.66亿元，比年初净增5577万元，任务完成率354.1%，系统内排名第6位。二是各项贷款（剔贴现）9.3亿元，比年初净增1.56亿元，任务完成率91%，系统内排名第2位，增量同业排名第2位。其中：公司贷款8.07亿元，比年初净增1.37亿元，任务完成率136.8%，系统内排名第2位；个人贷款1.23亿元，比年初净增2309万元，任务完成率38.5%，系统内排名第9位。三是中间业务收入1022万元，同比下降388万元，任务完成率59%，系统内排名第6，四行排名第2位。四是拨备前利润4318万元，比年初增加205万元，任务完成率92.4%，人均拨备前利润160万元，系统内排名第2位，人均利润四行排名第1位。五是资产质量控制良好，不良贷款余额149.42万元，较年初下降19万元，不良贷款率0.16%，较年初下降0.06%。

（杨中庆）

工商银行五华支行2015年度负责人名录

行　　长：何基炎

副 行 长：彭云标

行长助理：陈树堂

中国银行五华支行

【简况】　2015年，中国银行五华支行紧紧围绕“系统最大且最好的一级分行”战略目标部署，围绕“抓收入、控风险、强基础、育队伍”工作方针，以“一三五七”战略要求为指导，按照“三比三看三提高”工作要求，切实将省行会议精神与发展实际结合起来，快速制定部署各项具体工作措施，有力推进经营发展实际成效，扎实推动各项业务发展，经营管理取得较好业绩：各项人民币存款余额为14.68亿元，各外币汇总折合美元存款余额121万美元；人民币零售贷款余额1.01亿元；国际结算结汇2691万美元。案件防范和安全保卫工作落实，全年未发生一宗经济案件和安全责任事故。（李锐锋）

中国银行五华支行2015年度主要负责人名录

行　长：韩　晓

副行长：江文中　潘立崔　潘海环　曾　林

中国建设银行股份有限公司五华支行

【简况】　2015年，中国建设银行股份有限公司五华支行紧紧围绕“三个确保、三个明显”工作目标，坚持“抓基础、创和谐、筑安全、促发展”，持续提升综合服务能力和价值创造力，全力促进各项业务持续健康发展，实现经营安全目标和业务发展目标。价值创造力不断增强，全年实现账面净利润4187万元，对比上年增加338万元，增长8.8%；实现中间业务收入508万元，对比上年增加19万元，增长3.9%。负债业务持续发展，一般性存款余额19.4亿元，比年初增长2.34亿元，其中，企业存款余额11.28亿元，个人存款余额8.12亿元。资产业务快速发展，全年信贷投放总量1.8亿元，比年初新增 2600 万元，实现资产业务快速发展。在市分行 2015 年度 KPI 考核中取得排名第三的好成绩。同时，创新产品和服务大力支持地方经济和中小微企业发展，全力做好扶贫挂钩村和创建“国家卫生县城”“广东省文明县城”工作。（曾汉忠）

中国建设银行股份有限公司五华支行 2015 年度负责人名录

行　　长：陈志君
副 行 长：黄均荣
行长助理：郑伟红

五华县农村信用合作联社

【完善法人治理，稳步推进产权改革】 2015 年，五华县农村信用合作联社严格按照“三会一层”（股东大会、董事会、监事会和高级管理层）职责边界和上级要求，完成“三会一层”成员换届改选，确保“三会一层”及下设相关委员会高效运行；通过研究，提出“迎难而上，管控风险，指标达标，转型升级”工作目标和思路，制订《2015—2017 年三年发展规划》《过渡期内资本补充规划》《农商行改制工作方案》，稳步推进产权改革。至年末，县信用联社不良贷款占比比年初下降 0.09 个百分点；拨备覆盖率 161.55%，比年初增加 4.66 个百分点；资本充足率 11.31%，主要指标达到农商行改制标准，风险抵御能力不断提升。

【强化人力资源管理，提升员工素质】 2015 年，五华县农村信用合作联社坚持完善学习制度，加强对政策法规、金融形势研判，提升领导力和科学决策能力，打造强有力班子；坚持调整绩效激励机制，实行年度考评，促使各条线、各网点开展比、学、赶、帮，打造高效中层干部队伍；坚持加大培训力度，召开各类座谈会、分析会，引导员工参与联社经营管理，打造执行力强的员工队伍，增强核心竞争力。全年组织举办新业务知识、风险防范、信贷、理财保险培训、电脑办公技能提升等各类培训 40 期。优化人力资源配置，优化绩效考核方案，强化员工管理，发挥管理岗人力资源效能最大化；11 月，县联社绩效管理系统顺利上线，明确业绩与薪酬关系，体现“全员营销、业绩说话、多劳多得”，提高员工主动营销意识。

五华信用联社新一届班子召开工作会议

【积极应对利率市场化，确保存款稳定增长】 2015 年，五华县农村信用合作联社成立利率定价委员会和存款保险制度实施工作领导小组，制定《存款利率定价管理办法》，加强存款保险宣传，推动利率市场化。积极改善网点服务环境，完成对桥江、大田、大都、水梅、丁畲等 5 个营业网点升级改造，新布放 CRS 存取款一体机（ATM 自动柜员机）10 台，累计总数 54 台；新布放 BST 自助服务终端 2 台，累计总数 33 台。实施规范化服务措施，提升柜台服务水平；加强客户维护沟通，构建良好客户关系。至年末，各项存款余额 74.7 亿元,对比年初净增 13.1 亿元，增长 21.25%，居全县金融机构首位。

【深化信贷综合治理，推动信贷精细化管理】 2015 年，五华县农村信用合作联社不断完善贷款制度流程，简化贷款手续，并根据市场和客户需要，新增多款贷款产品，夯实精细化管理基础；强化考核激励机制，推促贷款营销，新增客户经理考核质量指标与定量指标、户数等双向控制考核指标，考核更科学、细化；加强信贷产品创新，继续优化“卡贷三宝”、扶贫低息贷款、扶贫基金担保贷款等，深入开展与县中小企业合作“助保贷”业务；从严落实贷款新规和省联社从严治贷管理要求，切实把好贷前关，从源头上防范信贷风险。同时，加大信贷资产真实性专项检查等定期专项检查，提高监督精准度和执行力，信贷业务稳健发展，信贷效益不断提升。至年末，各项贷款余额 38.9 亿元，对比年初净增 5 亿元，增长 14.72%。

【拓宽渠道狠抓收入，经营效益再创新高】 2015 年，五华县农村信用合作联社坚持抓主营业务收入，继续完善贷款利息收入考核方案，做到应收尽收。坚持抓中间业务拓宽收入渠道，丰富粤信通 POS 功能，加大布放力度，全年新增 133 台，累计总数 305 台；丰富现有理财、保险产品种类，促使中间业务快速增长；至年末，实现中间业务收入 1062 万元，首次突破千万元。坚持抓资金运营管理提升资金收益，加强资金头寸日常监测和管理，当年新增加同业授信交易对手 8 家，合计同业授信交易对手 32 家，在中央国债公司开立债券托管户基础上，又申请开通上海清算所债券托管账户，在全市农合机构中率先开展中期票据、短期融资券和同业存单等信用类债券投资业务，增加地方政府类债券投资；首次尝试进行同业跨省授信，对福建晋江农商行进行授信和交易；向交通银行、平安银行、招商银行申请开通网上同业理财业务，进行短期理财投资；加大对外融资力度，累计融入同业资金 61 亿元。资金运营规模、收益均取得较好成绩。坚持抓财务管理增收节支，结合业务发展情况，重新修订《业务及费用管理办法》，加强对费用报账把关审查，努力控制费用支出，取得明显成效。至年末，实现经营利润 1.65 亿元，同比增加 54 万元,增长 0.33%。

【践行普惠金融，服务县域助力民生】 2015 年，五华县农村信用合作联社积极拓展新领域服务业务合作，入驻五华县电子商务产业示范园，承接“三资平台”业务，深入推进“政银保”贷款业务，积极参与农房贷抵押试点工作。加强村级合作，继续完善金融服务站和助农取款服务点建设，解决边远农村金融服务难题。至年末，助农取款服务点累计发生取款 2.19 万笔、金额 1264.86 万元，惠及群众 3.79 万人次。减免相关业务费用，开展银行卡优惠活动，最大限度让利群众。利用 POS 机具开展二代社保卡下乡激活工作，方便偏远乡镇群众，全年激活社保卡10万张。

【提高党建效能，助力和谐农信建设】2015年，五华县农村信用合作联社加强党建工作，培养入党积极分子8人，吸收预备党员2人，按时转正预备党员2人。在中共省联社党委表彰活动中，县联社张信获“优秀共产党员”称号，华城信用社钟锡宏获“优秀党务工作者”称号，安流信用社支部委员会获“先进基层党组织”称号。加强党风廉政建设，贯彻落实中央“八项规定”“三严三实”等，将改进工作作风与党风廉政建设、案件防控工作有机结合，签订《党风廉政建设责任书》，引导党员干部筑牢拒腐防变的思想道德防线。开展争先创优活动，发挥党员模范作用和党组织战斗堡垒作用。认真组织开展好挂钩扶贫、创卫、创平安等公益活动，积极履行社会责任。省联社驻村工作组圆满完成安流镇里江村对口帮扶工作，通过省、市、县考评小组考核验收，并得到省、市、县、镇政府相关部门充分肯定和广大群众好评。2015年，五华县联社获“五华县创建广东省卫生县城工作先进单位”称号。发挥党团工会作用，弘扬新时期农信企业文化精神，组织开展“三八”运动会、劳动技能竞赛、慈善公益、送温暖慰问等一系列活动。

【重案防塑合规，做实安保平稳运营】2015年，五华县农村信用合作联社落实案防举措，搭建合规发展体系，班子成员分片挂点督促，实行一级抓一级，层层签订案防责任书；完善制度流程，规范合同文本签订。重视员工矛盾和诉求，畅通投诉反馈渠道，维护客户和员工权益，解决信访工作实际问题及矛盾，未发生群体上访事故。加强内控监督检查和风险排查，开展案防评估工作，查找内控管理和案防薄弱环节，落实专项整改；继续推行违规积分、经济处理和纪律处分互补的问责惩戒机制，采取专项检查和突击检查相结合，做到业务范围全覆盖，监督不留“死角”。按照省联社建设现代金融安防设施新要求和五华联社总体规划，对全县网点不合格金库门、联网报警器、防弹玻璃等硬件设施进行更换升级。坚持抓好安全检查，采取多种形式对重点部位、重要环节、重要岗位进行专项、突击检查。县联社获梅州市公安局、五华县公安局评为“2015年度金融单位内部安全保卫工作先进集体”，杨旭华、李练武获“2015年度金融单位内部安全保卫先进个人”称号。（李颂锋）

五华县农村信用合作联社2015年度单位负责人名录

理事长： 丘海明（12月任）
主　任： 张　信（1—8月代理理事长）
监事长： 杨旭华
副主任： 赖运华　李颂锋

中国人寿保险股份有限公司五华县支公司

【业务发展】 2015年，中国人寿保险股份有限公司五华县支公司以市场为导向，坚持发展业务和充实队伍“两手抓”，切实贯彻省市公司“以队伍建设为本，以客户经营为载体，以个险为重、队伍为本、干部为先”16字方针，深化改革创新，使管理水平迈上新台阶，综合指标完成和整体创费等工作实现总体平稳较快发展。全年实现年度自营保费总收入 1.01 亿元，长险首年 4470.9 万元，长险首年标保 69.4 万元，首年期交 1365.1 万元，十年期交 938.2 万元，短期险 524.4 万元，短期意外险 377.5 万元，续期业务 4882.9 万元。自营保费对比上年同期增长 2.5%。公司全年总体经营平顺、队伍稳定。

【内部管理】 2015 年，中国人寿保险股份有限公司五华县支公司认真落实安全生产，保障企业和谐发展。把员工思想政治工作与各项内控管理制度的落实紧密结合起来，确保全年无案件和重大责任事故发生。领导带头加强作风廉政建设，强化治本抓源头，按人民银行要求积极做好反洗钱工作，强化单证管理，严格用印审批，大力推行转账收、付费，努力做到在业务过程中零现金收付管控。优化人员配置，逐步建立适应市场发展和竞争需求的人力架构体系。

【客户服务】 2015 年，中国人寿保险股份有限公司五华县支公司秉持“服务到永久”客户服务理念，统筹提升从承保、保全、理赔等各个服务环节，实行岗位责任制，加强岗位技能培训，并积极投身志愿者服务等公益活动，扩大宣传影响力，提升客户满意度。全年处理各类案件 1354 宗，四季度公司保险业务支出 2172.1 万元（不含退保金），其中满期给付 1577.8 万元，年金给付 135.2 万元，赔款支出 172.5 元，医疗给付 54.4 万元，死亡给付 232.7 万元，退保金 3590 万元。

（廖李华）

中国人寿保险股份有限公司五华县支公司 2015 年度负责人名录

总 经 理： 姚铠漳

副总经理： 李振军

中国人民财产保险股份有限公司五华支公司

【简况】 2015 年，中国人民财产保险股份有限公司五华支公司经营的险种主要有：机动车辆险类、财产险类、责任险类、意外伤害险类、短期健康险类和政策性业务等险种 40 多个。是五华县唯一的国有控股财产类正科级保险公司。内设经理室、副经理室 、综合部、业务一部、业务二部、业务三部、业务四部等部门 7 个，下设水寨营销部、华城营业部、安流营业部等 3 个，员工 32 人。2015 年，该公司以科学发展观为统领，以总公司新的发展战略为指引，紧扣“发展业务为中心，提高效益为核心，合规经营为主线”工作主基调，狠抓各项工作完善和落实。全年实现收取保费 4200 万元，其中车险 2283 万元、非车险 1917 万元（政策性业务 1645 万元），为受灾企业和保户支付赔款 969 万元，简单赔付率 23.07 %，上缴税款 160 万元。受灾保户起到经济补偿作用，为五华山区经济建设做出应有贡献。

（张健华）

中国人民财产保险股份有限公司五华支公司 2015 年度负责人名录

经 理： 陈 腾

副 经 理： 罗天伦

经理助理： 钟广宁

朱龙辉（11 月任）

安信证券梅州五华证券营业部

【简况】 2015年，安信证券梅州五华营业部面对全国股市出现快速上涨后出现断崖式、螺旋式下跌情况，贯彻公司“全面深化改革，推进转型升级，加快创新发展”战略部署，证券交易额为719.89亿元，占梅州市场份额5.8%，缴纳当地税收244.34万元。

【客户服务】 2015年，安信证券梅州五华营业部充分利用互联网现代化手段，大力推进手机证券开户业务，为客户提供更加便捷、贴心服务。全年实现新开资金账户8437户，其中手机开户8065户，占总开户数的95.6%。借力农村普惠金融契机，积极开展证券下乡活动，派驻专员定点服务，深入农村各乡镇，与农信社、邮政储蓄等营业点建立合作。

【推动企业走上资本市场】 2015年，县委、县政府召开“五华县新三板业务介绍会”，全县20多家规模级以上企业负责人参会。安信证券梅州五华营业部积极与意向企业洽谈挂牌事宜并与县领导寻求支持，有1家企业与安信证券股份有限公司签订上市辅导协议。

【普法宣传教育和反洗钱工作】 一是始终坚持合规经营底线，严格遵守证券从业规范，严格按照监管部门、公司要求开展营业部日常各项工作，保障各项工作顺利开展，全年无有效投诉，无信息安全、消防等事故。二是深刻领会人民银行对于反洗钱工作要求，认真履行反洗钱工作职能，勤勉尽责，对大额资金进出严格监管、分析，及时按要求报告人民银行；严格身份证识别管理，按照要求告知客户办理身份证更新业务；贯彻落实五华县人民银行各项宣传要求，做好金融知识、投资者教育等宣传工作。

（李苏）

安信证券股份有限公司梅州五华证券营业部2015年度负责人名录

总经理：李华文

旅游业

【简况】 2015年，县旅游部门深入实施市委、市政府打造“一区两带”和县委、县政府“一核两区三组团”发展战略，抓住省委促进粤东西北振兴发展大好机遇，找准问题，主动作为，大胆创新，强化全局意识，增强法制观念，依托独特文化生态旅游资源，全力推进五华客天下文化旅游产业园、热矿泥温泉山庄升级改造、双龙山旅游景区、益塘水库旅游区、龙狮殿生态观光旅游区、营田三市生态园、天堂山养生小镇、老禾仓生态美丽乡村等旅游项目规划建设，做好旅游安全监管和日常管理，强化旅游宣传推介和招商引资，积极举办“五华县旅游美食文化周”等系列活动。开展旅游从业人员教育培训和旅游统计。狠抓旅游微信平台和旅游官方网站建设，推动智慧旅游发展。全年实现旅游接待量450多万人次，旅游总收入31亿元，分别对比上年增长22%和25%，并实现全年旅游安全和服务质量无事故无投诉。

【旅游专题调研】 2015年，县旅游部门围绕旅游重点工作开展学习和调研。3月11日，组织全局干部职工和主要旅游企业负责人参加全市旅游工作会议。3月13日，县长范宜军、县政协副主席甘飞鸿率领县直相关部门主要负责人调研双龙山旅游景区开发建设，召开现场会印发会议纪要，要求全县各相关部门全力做好服务，推动省重点建设项目双龙山旅游景区加快发展；3月16日，副市长杜敏琪率领市旅游局负责人调研五华旅游重点项目，助推双龙山旅游景区建设和热矿泥温泉山庄升级改造；8月，副县长詹庆东率领县旅游局负责人到深圳约见西湖公司高层商谈热矿泥温泉山庄升级改造事宜；9月18日，县政府召开双龙山旅游景区项目建设推进工作会议，印发《关于双龙山生态休闲旅游景区项目建设推进工作的会议纪要》；9月21—22日，深圳西湖公司董事长李美莲率16人到五华与县领导及相关负责人研讨热矿泥温泉山庄升级改造事项；10月13日，参加第四届世界客商大会的领导嘉宾分别为双龙山旅游景区和丽斯卡顿酒店举行奠基仪式和竣工揭幕仪式，全力协助项目单位加快开发建设进度；12月16日，副县长詹庆东率领相关部门负责人到双龙山旅游景区召开现场调研会，协调解决该项目推进过程中所碰到的困难和问题。

【旅游重点项目开发建设】 2015年，双龙山旅游景区开发建设、热矿泥温泉山庄升级改造、新丰寨文化旅游产业园，分别被列入省、市、县旅游开发建设重点项目。市、县政府高度重视旅游重点项目开发建设，市、县领导杜敏琪、范宜军、詹庆东等多次调研旅游重点项目开发建设，现场检查指导、协调、解决项目推进过程中碰到的难题。双龙山旅游景区列为省级旅游重点建设项目，年度计划投资1.70亿元，完成罗陂河小流域整治工程，建成景区木屋别墅6幢；千亩油菜花基地向游客免费开放，吸引超过10万人次游客观赏；新开景区环山景观道路100多公里，并部分实现道路硬底化；完成造林绿化、园林建设333.33公顷；还加强进园公路养护和景区其他基础设施建设。热矿泥温泉山庄升级改造列为市级旅游重点建设项目，年计划投资5000万元，景区内升级改造因开发建设单位深圳市新西湖实业有限公司转制等方面原因未动工，河梅高速出口至热矿泥旅游专线公路全线完成路基铺设和部分路面水泥硬底化。新丰寨文化旅游产业园列为县级旅游重点建设项目，年计划投资600万元，实际完成投入350万元，培育和种植各种水果式花木3万多株，进行景区观光道路和门楼等基础设施建设；7月,聘请嘉应学院专家教授开展产业园的总体规划，重新定位产业园发展方向和主打品牌。

2015年，县旅游部门全面完成上级下达给五华的年度旅游厕所建设任务，新建旅游厕所8座，改扩建旅游厕所6座。加强对全县美丽乡村生态休闲旅游项目开发建设的指导和检查，不断提升经营管理水平和服务质量。申报的梅州市五华县营田农家饭店、梅州市五华县龙狮殿农家饭店、梅州市五华县湖田农家饭店被国家旅游局评为首批“中国乡村旅游金牌农家乐”称号；乡贤魏宝芳、黄河力被国家旅游局授予“中国乡村旅游致富带头人”称号。

【旅游行业管理】 2015年，县旅游局狠抓日常管理和旅游安全监管，按“一岗双责”要求，抓严抓实旅游安全和质量监管工作。与旅游企业签订安全生产责任书，定期组织安全检查、巡查和督查，落实节假日全天候值班制度。组织编制《五华县旅游突发事件应急预案》，并广泛征求各相关单位意见建议后提交县政府常务会议讨论通过印发实施。组织旅游企业开展“安全生产月”活动和安全知识培训、竞赛、演练活动，全面提高旅游从业人员的安全意识和防范能力。重点抓好旅游服务质量监管、及时查处旅游投诉，全年未发生旅游安全质量投诉案件。积极开展旅游技能培训，全年选送100多人次参加省、市组织各类学习培训活动。积极做好旅游调查统计工作，按时完成旅游统计日报、年报和节假日统计报表。组织做好全县导游证资格的报考和导游证IC卡年审工作。

【旅游宣传推介】 2015年，县旅游局坚持“政府主导、企业运行”模式，积极参加市、县联动旅游产品宣传营销推介活动。组织主要旅游企业开展“5·19”中国旅游日宣传咨询优惠活动。10月10—13日，组织热矿泥温泉山庄和益塘水库旅游区参加梅州市第四届客商大会世界客商博览会宣传推介活动，组织和带领旅游企业市场营销人员到重要客源地开展宣传推介活动30多场次。参加全市统一的外出开拓客源市场“引客入梅”宣传推介活动50多场次。引导旅行社和旅游景区开展“我带大家游梅州”“我带大家游五华”优惠大酬宾活动。动员各旅游企业响应县委、县政府号召，开展创建“广东省卫生县城”、争创“省双拥模范县”活动，主要旅游接待单位承诺对现役和伤残军人享受5~8折优惠。指导旅游企业加大网络营销力度，建立和推广“智慧旅游”引客形态，不断创新旅游营销模式。积极筹措宣传推介经费与《中国广东·南方新闻网》《梅州日报》等主流媒体开展战略宣传合作，开展五华特色文化生态旅游资源的宣传推介。

【五华县旅游美食文化周活动】 2015年10月1—7日，县旅游局在五华国际大酒店广场举办“五华县第三届旅游美食文化周”活动，期间市场交易额600多万元，吸引市民10多万人次参加；与深圳深之旅国际旅行社合作吸引珠三角游客“游五华山水文化、品特色客家美食”活动，吸引1200多名广州、深圳客人参加，活跃全县节日氛围和推介五华特色文化旅游。（温巧麟）

县旅游局2015年度负责人名录

局　长： 张国标

副局长： 刘展明　魏　芳

科教文体

教 育

综 述

2015年，全县有各类学校622所（含民办学校117所）。其中：幼儿园172所（含民办幼儿园113所），完全小学160所（含民办1所），教学点229个，初级中学34所，九年一贯制学校9所（含民办2所），完全中学10所，高级中学2所，中职学校5所（含民办1所），特殊学校1所。在校学生219288人，其中：学前教育学生43720人，小学生92483人，初中生45379人，高中生31744人，中职学生5884人，特殊教育学生78人。专任教师13177人（含民办幼儿园自聘专任），其中：学前教育教师1488人（含民办幼儿园自聘专任1328人、园长160人），小学教师5369人，初中教师4106人，高中教师2031人，中职学校教师167人，特殊教育教师16人。

2015年，全县教育工作主要成效：

【创建“广东省教育强县”和“国家义务教育发展基本均衡县”任务完成】 县委、县政府于2008年启动创建教育强县工作，坚持把创建教育强县作为全县工作的重中之重来抓，通过政府投资和社会捐资，投入5.27亿元，按照省教育强镇、强县建设标准，全面进行教育软、硬件改造建设，使全县各校办学条件得到质提升，达到全县公办学校“标准化学校”全覆盖。2014年11月，实现教育强镇全覆盖。2015年1月，通过省教育强县和义务教育发展基本均衡县验收；4月，省政府发文并授予“广东省教育强县”牌匾，创建教育强县任务圆满完成；11月，通过义务教育发展基本均衡县国家检查验收。

【学校安全工作成效突出】 2015年，全县教育系统高度重视校园安全，认真贯彻落实上级安全工作精神，切实加强中小学安全应急工作管理，多措并举全力保障全县师生人身安全。以文件形式下发预防发生溺水事故工作方案、交通安全宣传教育工作方案和校园安保工作措施。通过县电视台、校讯通、班会、校会、家长会、宣传栏、公开信等形式，明确家长与社会的职责，强化防溺水教育和交通安全教育。加强对重点人群、重点时段安全监管，主动与镇、村、居委及相关部门联系，开展学校及周边安全隐患的排查整治。学校安全工作取得根本性好转，干扰学校正常教学秩序的事件和在校学生犯罪率均为零，学生安全事故特别是溺水死亡人数4人，营造安全和谐教育大环境。

【德育工作成效明显】 全县各校德育工作务实，措施到位，校园“三风”（校风、教风、学风）良好，尊师重教氛围浓厚，敬业爱岗蔚然成风，在校学生违法犯罪率控制在目标范围内。全年组织700名班主任参加县级“心理健康C证培训”；评为优秀教育工作者县级20名，市级10名；评为优秀班主任县级 50 名，市级 10 名。评为优秀学生干部、三好学生、优秀团员县级 797 名、市级 532 名、省级三好学生 2 名。

【教学质量大幅提升】 通过创建特色学校、设办教学质量监测班、树立教育教学标杆等措施，完善“四级教育链条”，使全县教学质量有较大提升。高考方面：一本 216 人，比上年增加 58 人，增幅居梅州第一；“三A”线以上 4589 人，上线人数居梅州第一。中考方面：进入水寨中学入围分数线以上的有 2100 人，对比上年增长 16.6%。小学方面：“三率”（平均分、及格率、优秀率）数据逐年稳步提升。

【“普九”“普高”成果得到进一步巩固】 注重“三个到位”（宣传到位、措施到位、施教到位），狠抓“防流控流”，普九普高成果得到巩固和提高。2014—2015 学年，全县小学适龄儿童入学率 100%，年巩固率 100%，无学生辍学；初中阶段适龄少年入学率 100%，年巩固率 100%，无学生辍学；高中阶段教育毛入学率 92.5%。

【“全面改薄”和教育重点项目建设大力推进】 全力做好全面改造贫困地区义务教育薄弱学校基本办学条件（简称“全面改薄”）项目实施，2014 年，中央专项补助资金 3767 万元，涉及项目学校 25 所，结合 2014 年创强工作统筹安排基本完成。2015 年，安排 5 个项目总投资 2852 万元，建筑面积 12240 平方米（其中中央专项补助资金 2043 万元、省级资金 809 万元），项目建设有序推进。认真做好 2014 年创强五镇新建校舍扫尾工作，2014 年规划新建校舍 31 栋，改造校舍 3 栋，面积 4.20 万平方米，总投资 5000 万元，至年末，全部项目已完工。大力建设县城“新三校”，全力抓好教育重点项目，县高级中学、县第六小学、县特殊学校、县职业技术学校，总投资 3.87 亿元（其中华侨中学 2.3 亿元、第六小学 1700 万元、县特殊学校 3980 万元、县职校 1 亿元）。

【平安“两考”管理目标全面实现】 按照省考试院和市考试中心要求，认真执行国家、省、市招生考试政策法规，精心组织考试，完善管理措施，狠抓制度落实，考风考纪良好，圆满完成2015年高考、中考和高二学生学业水平考试等各类招生考试工作任务，全面实现平安高考、平安中考管理目标。

【“足球进校园”“书法进校园”成效突出】 认真抓好“足球进校园”，设立足球定点学校，举办校园足球县、镇、校三级联赛。4 月，五华 U12 男子足球队代表广东赴京参加全国斯凯孚“与世界有约”希望工程足球邀请赛勇夺冠军；7 月，代表中国赴瑞典参加哥德堡世界青少年足球邀请赛。5 月，县第三小学在 2015 年“怡宝杯”省青少年足球赛中获梅州市冠军；7 月，代表梅州队赴广州参加省级比赛。认真抓好“书法进校园”，以梓皋学校和棉洋镇中心小学为试点，认真探索“书法进校园”新路，为全县推广“书法进校园”工作累积经验。聘请书法水平较高的教师，对全县中小学师生进行书法培训。全年举办中小学教师书法培训 12 期，到学校进行书法讲学 20 次，有效夯实全县中小学师生书法基础。2015 年，五华县学生参加第三届粤港澳书法精英赛和广东省第七届中小学生硬笔书法比赛均取得优异成绩。

积极做好教育宣传，竭力为教育改革发展鼓与呼。不断加强和完善教育系统办公自动化（OA 系统）功能，提高教育信息化水平和工作效率。认真落实省政府教育民生实事建设，抓好教育督导、党建、“梅州民声”、语言文字、工会、妇女工等工作；规范普通中小学教材教辅征订发行工作。

主要存在问题和困难：一是教育重点项目建设涉及问题多，有待加快推进。二是部分校长工作责任感不强，主要精力没有用在教育教学上，教育教学质量长期滞后。三是南北教育差距大，山区学校与县城学校师资力量不均衡，办学质量差距大。四是与先进县（市）相比，五华在全国全省有影响的名校长、名教师少，教研氛围不浓，优秀的究成果少。五是县城教育跟不上县城发展，大班额现象严重。

普通中小学教育

【德育工作】 一是重视德育队伍建设。定期召开中小学德育和安全应急工作会议，提高学校德育骨干业务水平。加强中小学班主任队伍建设，各校有计划召开班主任工作研讨会，提高班主任管理能力。建立激励机制，树立德育工作先进典型，自下而上评选优秀德育工作者和优秀班主任，给予表彰和奖励，调动工作积极性。二是重视思想道德教育。组织评选“阅读之星”、读好书交流会、观看优秀影片和纪念重大节日等活动，对学生进行正面思想道德教育。充分发挥县综合实践活动教育基地的职能作用，让学生在实践中接受教育。着力抓好学校文化走廊、黑板报等文化园地，使学生在优美的校园环境中得到潜移默化的教育。三是重视法制教育。各校把普法工作列入学校工作计划，认真推行聘任“法制副校长”制度，举办专题性普法讲座及法制教育讲座，让学生知法守法。向各校下发法制挂图和资料，积极开展抵制邪教、“六合彩”、“黑网吧”以及远离毒品等教育活动。积极做好家访工作，充分发挥学校、家庭、社会“三结合”教育网络作用。加强对行为偏常生转化和农村留守学生教育，使学生思想得到健康成长。

【教学工作】 一是提倡特色办学。要求各校结合生源特点，加强校本教研，树教学先进，立育人典型，扣紧“读书、写字、锻炼”治学三部曲，创办学特色，出教学实绩。二是开展课改开放周活动。坚持“以点带面、共同提高、全面发展”思路，根据教学实际，开展分片教改活动周活动。高中于 12 月在琴江中学召开高一高二课改开放活动。初中于 3 月在兴华中学、实验学校、华新中学举办初中毕业班复习观摩课活动；11 月初在五福中学、洑溪中学、潭江中学、油田中学、河口中学、华民中学，举行初中课改开放周活动，11 月底在兴华中学、实验学校、华新中学举办九年级教学公开课活动。小学于上半年在县五小、安流镇第一小学、郭田镇第一小学、岐岭镇第一小学举行 4 场教改周活动；下半年在县一小、龙村镇第一小学、水寨镇第一小学、转水镇第一小学举行 4 场教改周活动。三是重视毕业班教学工作指导。坚持“常规打基础，创新求发展”教学思路，加强对全县中小学毕业班指导力度。高考和中考每个考试科目均召开 2 次以上学科教研会，学科骨干教师开复习观摩课，聘请省名师工作室 9 位教授教师和国家级教育专家（顾之川）到县有针对性地开展教学业务培训。认真做好小学毕业水平测试和普通班质量教学抽测。四是抓新课程改革与课题立项。各校转变教学理念，实施课程改革，切实提高课堂教学效果。2015年度，报省级课题立项8个、县级课题240个，全县有15人获得教育科研成果奖。五是抓教学质量监控。紧扣“链条教育”理念，全力抓好幼儿园、小学、初中和高中四级教学质量，实施量化管理，加强质量监控。5月下旬，对全县小学普通班的教学质量进行抽测。7月上旬，以“五统一”（统一报名、统一命题、统一考试、统一网上评卷、统一统计成绩）评价体制对全县小学六年级进行毕业水平检测。

【文体卫活动】 一是重视体育活动。认真做好足球进校园，4月，华城镇中心小学U12足球队参加在北京体育大学举行的2015斯凯孚“与世界有约”希望工程青少年足球邀请赛，荣获全国冠军，7月，代表中国赴瑞典参加素有“小世界杯”之称哥德堡杯国际青少年足球锦标赛，战胜欧洲劲旅法国队。5月，县第三小学参加2015年“怡宝杯”广东省青少年足球赛梅州赛区比赛并获得全市冠军。积极承担“第十四届广东省运动会”学校体育组女足、武术、男篮三个项目的组队和训练，成功举办中小学生羽毛球、跆拳道、围棋锦标赛。首次举办为期一周的全县150名体育教师参加的足球培训班。二是重视文艺活动。积极协助县委宣传部做好2015年春节团拜晚会和10月举办的第四届客商大会文艺展演，认真组织做好梅州市第十一届文艺展演活动相关节目筹备、筛选、排练等工作。三是做好学生饮用奶推广。全县在校学生喝奶人数16800人，其中2250位贫困生享受市政府学生饮用奶专项资金资助免费饮奶。

【财务管理】 2015年，县教育局分期分批对全县中小学校进行新会计制度培训，使全县中小学能够迅速掌握新会计制度相关业务，按照新会计制度进行记账。认真做好义务教育阶段公用经费和贫困家庭子女“二免一补”经费的申报、发放，做好高中助学金的发放。严格执行“收支两条线”，使全县中小学校各项收费管理体制得到较好的落实。

【队伍建设】 一是调整充实学校班子队伍。全年校长异地交流3人，提拔任用正副校长9名，其他中层干部72名，平调任用23名，有效提高学校行政班子的凝聚力和战斗力。二是做好教师队伍的调配和招聘。制定《2015年秋季教师调动原则》，严格按《原则》进行教师调配，县城中小学校及城外重点高（完）中教师缺额补充，由县相关部门通过考试选拔方式调进，全年选调教师63名，重点解决夫妻两地分居、家庭有重大特殊和变故等且符合异地调动原则的教师77名，积极配合上级人社部门进行广东省2015年粤东西北地区乡镇事业单位专项公开招聘聘用人员教育类人员招聘作，招聘46位教师补充到教学一线。三是强势推进强师工程。提高中小学校长素质和管理水平，选派17名中小学校长参加校长提高班、“百千万”培养对象培训班。认真抓好教师业务能力的提高和现代技能培训，组织5500名小学教师“提升工程”培训和3074名初中教师进行职务培训，选送60多名教师参加省级培训。水寨中学、田家炳中学等10多所学校派出骨干教师到省外名校培训学习。四是做好教职工工资改革。全年审核职务工资171人，重新审查核定2015年市技术岗位补贴10328人，做好2015年本系统职务与职级并行工作，有12人的职务进行晋升，完成2015年度岗位调协数据更新，新聘用专业技术人员232人。五是清理局机关借调人员。按县《关于开展我县抽借调人员清查工作的通知》（华机编〔2015〕1号）文要求，认真做好抽借调人员清退。7月31日，局机关抽借调人员26人清退返回原学校工作。

其他教育

【职业教育】 2015年，大力支持和发展职业教育，职校招生成效突出，职校招生1615人，完成计划数的119.6%，输送到外县市就读中职学校学生8196人，完成计划数的104.1%。职校防流控流和学校内部管理得到强化。职业教育经费得到充实，全年筹措159万元，完善职业学校设施设备。

【成人和社区教育】 2015年，充分发挥镇、村成人技校的主阵地作用，大力发展成人和社区教育。全县举办各类专业技术班385班次，有104983人次参加学习，充分发挥技术骨干示范作用，推动农村经济不断发展。

【幼儿教育】 2015年，抓实公办幼儿园和民办幼儿园管理，重点清理整顿民办幼儿园。组织县实验幼儿园、示范幼儿园相关教师到省参加学前教育教研工作研修活动。开展“倾听孩子，共同成长”为主题全县幼教征文活动。幼儿入园率逐年提高，2015年秋季，全县3~6周岁幼儿入园率达92.3%。

表彰奖励

【简况】 2015年度，获得高考大奖学校：城镇中学、皇华中学、棉洋中学、城新中学；获得高考优胜奖学校：城镇中学、皇华中学、棉洋中学、城新中学；获得高考前5名初中生源学校：兴华中学、实验学校、华新中学、兴林学校、城镇中学；获得高考最大增幅奖镇、学校：梅林镇、华阳镇，水寨中学、皇华中学、城新中学；获得高考前20名村：水寨镇大布村、水寨镇高车村、华城镇城镇村、龙村镇大坑村、华城镇维西村、河东镇澄塘村、水寨镇员瑾村、横陂镇增华村、河东镇平东村、横陂镇坝头村、水寨镇府前居委、水寨镇澄湖村、转水镇新丰村、棉洋镇溜沙村、梅林镇上礤村、河东镇高榕村、横陂镇班鱼村、水寨镇西河居委、双华镇大陂村、棉洋镇新光村。

先进学校17所：水寨中学、五华中学、棉洋中学，双华中学、硝芳中学、梓皋学校、华新中学、河东中学、华东中学、华民中学、梅林中学、兴华中学，华城镇中心小学、龙村镇中心小学、河东镇中心小学，南山小学，县示范幼儿园。

表扬学校19所：田家炳中学、皇华中学、城新中学，平南中学、大都中学、小都中学、转水中学、端本中学、兴林学校、潭江中学、太坪学校、双头中学、蒲江中学，周江镇中心小学、横陂镇中心小学、潭下镇中心小学、华阳镇中心小学，县第三小学，县实验幼儿园。

（胡旭明）

县教育局2015年度负责人名录

局　长：曾勇辉

副局长：李国柱　黄云新　曾宪猛　甘森华

党组成员：李玉琪

2015年五华县普通高考文科总分前50名学生一览表

表五

名次	姓名	报名点	总分	名次	姓名	报名点	总分
1	黄　敏	五华县水寨中学	611	26	戴佳倩	五华县水寨中学	565
2	何海伦	五华县水寨中学	607	27	曾玉璐	五华县水寨中学	564
3	徐　剑	五华县水寨中学	603	27	李展龙	五华县水寨中学	564
4	魏秀珍	五华县水寨中学	599	27	黄锦霞	五华县水寨中学	564
5	温秋平	五华县水寨中学	593	30	江梦凡	五华县水寨中学	563
6	魏晓婷	五华县田家炳中学	591	30	何惠玲	五华县水寨中学	563
7	朱婷燕	五华县水寨中学	587	30	魏文瑜	五华县水寨中学	563
8	黄宏杰	五华县水寨中学	582	33	杨艳玲	五华县水寨中学	562
8	李　芸	五华县水寨中学	582	33	温聪如	五华县田家炳中学	562
8	曾宜眉	五华县水寨中学	582	35	胡彩婷	五华县水寨中学	561
11	邓莉婷	五华县水寨中学	581	35	杨沐生	五华县水寨中学	561
11	何慧灵	五华县水寨中学	581	35	曾国谋	五华县田家炳中学	561
13	江伟娇	五华县水寨中学	580	35	魏　玲	五华县实验学校	561
14	曾翠婷	五华县水寨中学	579	39	陈思君	五华县水寨中学	560
14	杨宇辉	五华县水寨中学	579	40	何彩婷	五华县水寨中学	559
16	洪婷婷	五华县水寨中学	578	40	廖莉珍	五华县水寨中学	559
17	李美容	五华县水寨中学	577	40	胡丽银	五华县水寨中学	559
18	周丽娟	五华县水寨中学	576	40	曾小玲	五华县实验学校	559
18	李正梅	五华县水寨中学	576	44	丘雅芳	五华县水寨中学	558
20	李婷婷	五华县水寨中学	574	44	朱家裕	五华县田家炳中学	558
21	邓威杰	五华县水寨中学	572	46	赖秋菊	五华县水寨中学	556
22	张丽霞	五华县水寨中学	571	46	曾嘉威	五华县水寨中学	556
22	戴慧榕	五华县水寨中学	571	48	张新艳	五华县水寨中学	555
22	李　清	五华县水寨中学	571	48	甘晓婷	五华县水寨中学	555
25	古素媚	五华县水寨中学	570	50	曾丽梅	五华县水寨中学	554

2015年五华县普通高考理科总分前50名学生一览表

表六

名次	姓名	报名点	总分	名次	姓名	报名点	总分
1	杨文聪	五华县水寨中学	662	25	李　祺	五华县水寨中学	612
2	张国雄	五华县水寨中学	652	27	古东宏	五华县水寨中学	611
3	张文惠	五华县水寨中学	641	27	魏远婷	五华县水寨中学	611
4	邓翠兰	五华县水寨中学	638	27	李丽娴	五华县水寨中学	611
5	严远祥	五华县水寨中学	633	27	曾鸿威	五华县水寨中学	611
6	陈　信	五华县水寨中学	629	27	陈耿鑫	五华县水寨中学	611
7	魏玉兰	五华县水寨中学	626	32	温醒波	五华县水寨中学	610
7	朱坤雄	五华县水寨中学	626	32	朱茂方	五华县水寨中学	610
9	谢　芬	五华县水寨中学	623	34	李城权	五华县水寨中学	609
10	何广为	五华县水寨中学	621	34	张鑫荣	五华县水寨中学	609
10	钟盛涛	五华县五华中学	621	34	张垚	五华县水寨中学	609
12	李镜芳	五华县水寨中学	619	34	黄惠露	五华县水寨中学	609
12	翁广润	五华县水寨中学	619	38	邹东明	五华县水寨中学	608
14	古文乐	五华县水寨中学	618	39	周兰花	五华县水寨中学	607
14	曾琰峰	五华县水寨中学	618	39	张晓华	五华县水寨中学	607
16	张文杰	五华县水寨中学	616	41	曾德钦	五华县水寨中学	606
16	李日浩	五华县水寨中学	616	41	曾渝浩	五华县水寨中学	606
18	钟志强	五华县水寨中学	615	41	何俊权	五华县水寨中学	606
19	巫林青	五华县水寨中学	614	41	朱　苑	五华县水寨中学	606
19	戴文兴	五华县水寨中学	614	41	钟富城	五华县水寨中学	606
19	邓　剑	五华县水寨中学	614	46	徐怡冰	五华县水寨中学	605
22	李国友	五华县水寨中学	613	46	张献斌	五华县水寨中学	605
22	甘子群	五华县水寨中学	613	48	古文康	五华县水寨中学	603
22	李尚林	五华县水寨中学	613	48	张国帆	五华县水寨中学	603
25	魏苑琳	五华县水寨中学	612	48	张思鑫	五华县田家炳中学	603

广播电视大学

【教师队伍建设】 2015年，县广播电视大学加强教师队伍建设，重视师资培训，鼓励青年教师参与学历进修，发表学术论文等。学校有专职教职工12人，其中副教授职称1人，中级职称1人，初级职称5人，外聘教师 42 人（有高级职称15人、中级职称27 人）。

【多元化办学】 2015年，县广播电视大学拓宽办学思路，办学方向朝多元化发展。为适应新形势发展，更好地服务于本地文化教育发展，重点与奥鹏教育、华师网络学院联合办学，针对地方人才资源发展趋势，有针对性开设专业课程，重点以文科类为主，理工类兼招，开设有行政管理类、财经类、教育类、法律类、医学类、建筑类等 20 多个文理专业。有国家开放大学、华南师范大学网络教育学院、浙江大学网络教育学院、中国医科大学网络教育学院、四川农业大学网络教育学院、北京航天航空大学网络教育学院、福建师范大学网络教育学院等在校在读本、专科学生2076人。

【招生工作】 2015年，县广播电视大学充分发挥多年累积办学优势，充分调动本校师生及外聘教师积极性，重点做好 “一村一官”农村干部宣传及招生工作。3 月，首届农村行政管理班（专科）顺利开学，招生 54人。通过积极努力，全年招生工作达到预期目标：春秋两季招各类学生 759 人，处于基本稳定状态。

【教学设施改善】 2015年，县广播电视大学满足电大转型发展需求，提升办学水平，学校在原有的基础上不断完善教学设施，装备2个电脑室电脑70部；更新办公室设备，完善网络主控机房设备和加强学校网站建设，较好满足现代远程教育需要。

【规范教学管理】 2015年，县广播电视大学坚持上课教师、班主任、学生到位签名制度。继续强化教学过程管理，重点抓好辅导环节、作业环节、实践环节管理，特别是加强对形成性作业检查力度，对不按时交作业的均给予成绩不及格处理。抓好学生网上听课、作业、学习活动。规范网络听课学习管理，完善相关规定。抓考风考纪，聘请县纪委工作人员作巡视员，严肃考风考纪，基本制止违纪作弊现象，各专业成绩通过率达98%。抓好毕业班学生毕业实践及论文指导，学生论文通过率99%。（魏广山）

县电大2015年度负责人名录

校　长：邓爱平

副校长：黄炎权　周松盛

社会科学

党史研究

【编纂《中国共产党五华地方历史》二卷】 2015年，县委党史研究室根据省、市党史部门工作部署和要求，认真谋划，全力推进二卷编纂进度。二卷编写组制订详细工作计划，拟定篇目，明确具体的工作作任务和要求，深入到档案馆、图书馆、方志办等部门，进行资料收集整理，至年末，基本完成初稿纂写。

【编写《广东中央苏区历史》丛书（五华卷）】 2015年，县委党史研究室根据省委党史研究室2014年4月10日在梅州召开的编纂《广东中央苏区历史》丛书工作会议精神要求，精心组织，周密安排，继续做好《丛书》编写工作。参与编辑人员不辞劳苦，加班加点，放弃节假日休息时间，认真细致收集整理有关史料，合理编排条目，多方征求意见建议，反复修改补充。经数易其稿，基本完成初稿撰写任务，送市、省党史研究室审定。

【编辑《五华革命遗址通览》】 2015年，县委党史研究室组织人力，认真查阅资料，收集五华在艰难曲折的革命斗争历程中，留下宝贵的历史遗址遗迹；并开展实地勘查考证，拍摄照片，形成文字简介，完成《五华革命遗址通览》一书初稿纂写。对进一步挖掘、整理、开发和利用五华县革命历史资源，弘扬地方特色文化，充分发挥五华中央苏区县“红色资源”作用，便于广大党员、干部、群众进行具体的直观的革命传统教育，促进全县精神文明建设具有重要意义。

【举办五华县中央苏区文物展】 2015年，县委党史研究室联合县文广新局、档案局在县博物馆举办五华县中央苏区文物展。展出原中央苏区革命时期的相关物件200余件及机构、人物、遗迹、重大事件图片60幅。展出文物有东征军五华驻地，苏维埃旧址等开展革命活动机构旧址介绍。黄国梁、古大存等党史人物介绍，丁卯年关五华农民大暴动等重大事件及徽章等文物。此次文物展展示五华革命先烈参加革命活动战斗史，参观人次3万多人次，对广大党员干部群众进行一场生动党史宣传教育课，在全县掀起学习苏区革命历史的热潮，发挥党史资政育人的作用，让苏区精神深入人心。

【征集整理2015年党史大事记】 2015年，县委党史研究室组织力量，认真做好党史资料收集整理，通过报刊、文件、资料、新闻等渠道收录2015年党史大事、要事，积累党史资料。

【完成上级交办的任务】 一是加强信息收集、宣传和上报，按市要求，全面按时按质完成向市、省党史部门报送的相关信息资料。二是为有关部门提供纪念抗日战争和反法西斯战争胜利 70 周年活动提供史料。三是着力抓好“抗损”B 系列书稿编写报送。

（黄焕坤）

县委党史研究室 2015 年度负责人名录

主　任：张雄辉（任至 4 月）

副主任：谢伟贤（5 月始主持工作）

黄焕坤

编史修志

【年鉴编纂和地方志年报资料收集】　2015 年年初，县委办、县府办发出《关于做好 2014 年度地方志资料年报收集和〈五华年鉴〉（2015）组稿工作的通知》，对年鉴和地方志年报资料组稿工作进行研究和部署。4 月下旬始，县方志办组织人员采取用电话、电子邮件、QQ 等多种方式向 110 多个承编单位征集文字和图片资料。至 6 月，全县所有的单位和部门均完成了 2015 年度的年鉴和年报稿件报送工作。一方面在组织人员对稿件进行认真审改的同时，组织人员对地方志资料年报进行整理、归类，安排专柜专室进行妥善保管。至 8 月，《五华年鉴（2015）》全面完成资料审改，送印刷厂进行排版成样稿后还，组织人员进行两次校对。10 月，将样稿寄给送方志出版社进行终审校核，并完成年鉴彩页的初步设计工作。至年末，《五华年鉴（2015）》由方志出版社正式出版，首次实现国内外公开出版。全书有 50 万字，彩页有 50 多个页面，系统全面地反映 2014 年度全县经济、社会、文化等各方面发展的新情况、新变化。根据《广东年鉴（2015）》《梅州年鉴（2015）》的组稿工作要求，按照省、市要求和编写大纲，及时研究、制定和布置编纂工作计划，落实撰稿人员，明确任务分工；按时按质完成上级组稿任务。报送材料 1.8 万字，上送图片 20 多幅。

【旧志校点】2015 年 12 月，由嘉应学院原副教授丁思深点校，于民国 37 年（1948 年）由张际清修、吉竹楼纂的《五华县志》经几经校勘审定重印出版发行。该志印数 3000 册，由广东省人民政府地方志办公室主任温捷香和五华县人民政府代县长吴晖作前言。民国《五华县志》是五华现存四部旧县志中卷目最多、内容最丰富的一部，具有鲜明的时代特点和浓郁的地方特色。2012 年始，县方志办聘请嘉应学院原副教授丁思深对民国《五华县志》进行初次校点，又在此基础上聘请中共梅州市委原副秘书长、市政协学习和文史委员会原主任陈定开，梅州市文联原常务副主席、市作协原主席古求能，梅州日报社原副总编辑张谨洲等对校点初稿作审阅、校勘。此次校点重版，在保持旧版本原貌的基础上对字句进行校勘、标点，文字则以通行的简化字代替繁体字，版式由竖排改为横排，披阅起来，简明快捷，更具可读性。全书有 17 卷（其中卷一、卷十至卷十四因战乱缺失），校点重印后分“舆地、营

建、交通、实业、财赋、教育、选举、职官、礼俗、自治、艺文”等11卷28万多字。其体例完备、文字清雅、搜罗宏富、资料翔实，不仅记述了医院、教堂等民国时期五华县的新生事物；更详细载述了礼俗方面的岁时、饮食、居处、衣饰、家庭、娱乐、庆贺、丧葬等普通人的生活内容；还专卷设自治志，其中除自治、团保、党团、会社外，载入了旅外同乡会调查表；附录了修志文件，是研究民国五华历史的珍贵资料。该志的重印出版发行是五华县地方志工作的又一重大成果。道光二十五年（1845年）由温训纂的《长乐县志》点校工作也正在紧张推进中。同时，聘请进行旧志校点的丁思深副教授在校点旧志的过程中，历经三年努力耕耘，撰写了由122篇文章组成20万字的《读志明邑札记》，它分门别类、通俗易懂地介绍自宋代置县以来元、明、清迄至民国各个时期以来长乐的历史、地理和人文知识等方面的内容，行文通俗生动，具有较强的可读性和艺术性。至年末，该札记定稿送广东省人民政府地方志办公室审定即将出版。

【地方志资源开发与利用】 一是加快推进2013年经省人民政府地方志办公室地方志资源开发利用立项的《五华县黄狮村地情资料搜集与抢救》项目。经过两年多紧张努力，并数易其稿，至6月，完成基本著述《将成追忆的村庄——黄狮》的编纂任务，形成征求意见稿，寄送该村有关乡贤审阅；至12月，该书基本定稿，全书有12章36节8.5万多字，送印刷厂排版印刷。影像工作先后组织3次摄影人员进场拍摄，制作形成一大批地情照片和视频资料。二是完成《夏阜村志》审稿任务。该志自2012年启动编纂以来，经七易其稿，至年末，该志已定稿送印刷厂排版印刷，全书分13章、38节，共11万字。三是与五华县楹联学会联合出版《五华古今楹联选集》，该书于5月出版，全书收集五华自宋熙宁四年（1071年）建县后所能收集的近万对各类楹联作品，主要是反映五华的人、事、景物，内容分山水园林、佛寺道观、台塔亭桥、姓氏祠堂、府第民居、机关村镇、学校书院、婚寿乔迁、哀挽陵墓、行业商店、节庆、题赠、谐趣、励志、地名、醮会、楹联故事、联刻联墨等共10多卷，对研究、继承和发展五华楹联文化具有重大的历史和现实意义，是五华又一重大非物质文化遗产抢救工程。

【地情网站维护和更新】 2015年，县方志办聘请网络信息专业人员担任五华县地情网站的信息员，专门负责网站建设和日常维护管理。网站主页按照服务功能分设“走进五华、县情动态、方志动态、志鉴博览、大事记、理论研究、信息公开、通知公告”等8个一级栏目，设有“乡镇概况、建置沿革、行政区划、自然资源、名胜古迹、民俗风情、五华人物、传统工艺、名优产品、风物传说”等10个二级栏目。全年，网站新入库数据60多万字，发布年鉴1部、信息90多篇、图片60多幅、视频资料19部（时长250多分钟），为社会各界提供方便快捷的五华地情信息服务。 （江连辉）

县方志办2015年度负责人名录

主　任：古江南

副主任：江连辉

档案管理

【档案馆藏】 2015 年，县档案局进馆档案 1560 卷，进馆资料 28 册。全馆有馆藏全宗 107 个，馆藏档案 44755 卷、79018 件，另有资料 7142 册，非纸质档案 1888 张（盒）；全引目录单份总数 527 本。

【档案开发利用】 2015 年，县档案局开展现行文件利用和档案资料开发工作。全年接收现行文件 69 份。电脑著录文件级条目数 348981 条，案卷级条目数 11831 条。全年提供利用档案 508 卷、9 件，236 人次，现行文件利用 82 份、41 人次，利用资料 112 册、80 人次。

【档案管理】 2015 年，全县机关、企事业单位普遍建立综合档案室，各单位达标升级次数 153 个（次）。其中省特级 23 个（次），省一级 5 个（次），省二级 125 个（次）。2015 年，县档案局组织业务骨干指导协助河东镇建立文书档案、县民政局建立婚姻档案等，使其能按照标准化、规范化进行整理、立卷、归档。 （巫秀梅）

县档案局（馆）2015 年度负责人名录

局（馆）长：古秀文

副局（馆）长：古建和　杨伟沧

文化·传媒

文化

【简况】 2015 年，全县有图书馆、文化馆、博物馆、五华县采茶戏演艺有限公司、提线木偶传习所、华文电影公司、五华县狮雄山秦汉遗址管理处、长乐学宫管理所各 1 个，镇文化站 16 个，各类社会文化娱乐场所 127 家（含网吧、歌舞娱乐场所、电子游艺室），新闻出版企业 73 家（含音像制品书报刊门店、印刷业等）。

【群众文化活动】 2015 年，县文广新局以重大节日为契机，精心组织举办春节团拜年会、元宵文艺晚会及新春免费送春联、书法、美术、摄影展览等多项活动。全年举行春节团拜会和“长乐大舞台”群众文艺晚会等各种大型节日演出活动 14 场次。鸿云广场、蒲丽顶公园广场、居民小区等公共活动场所，固定活跃着健身舞、扇子舞、太极拳、健身操等 20 多支表演队伍。送戏下乡 50 多场,观众 15 万多人次。创作、排演话剧小品《我家的事》、采茶小戏《租来的女友》、歌伴舞《锦绣前程》、舞蹈《火火的中国》、现代舞《你牛什么牛》等；创作、排练、演出一台交通专题宣传文艺晚会；复排采茶传统戏《钓拐》《试妻》。选送 5 位青年演员参加广东省戏剧演艺大赛，并顺利进入决赛；6 月，5 位青年演员在汕尾参加决赛，取得较好的成绩。参加大埔文化交流、梅州商会、梅州客商会、"非遗"大观年采茶戏专场、粤剧与地方戏剧的文化交流演出。10月8—13日被省文化厅选派赴台湾进行木偶艺术交流，分别在台湾云林参加国际偶戏节活动、在台北艺术学院参加关渡艺术节、在台湾传统艺术中心交流中各展演2场，并作两场提线木偶学术讲座；编撰《五华提线木偶艺术志（初稿）》，整理、制作、大型传统剧目《追鱼》角色头像、身躯、手脚、道具等，升级改造木偶传习所排练场，同时参与提线木偶展演50场次。各镇文化站组织开展群众文化活动90场次。积极实施农村电影放映工程5800多场次（其中：农村公益电影4932场次；爱国主义教育电影1800多场次）。

【读者服务】 2015年，五华县图书馆满足广大读者需求，坚持从实际出发，每天开馆8小时，周六、周日、节假日均不休息。建立"亲子阅览室"和综合借阅中心，新购入藏图书7074册，报刊220种，视听文献30件，征集地方文献54册，接待读者13万人次，借阅图书12万册次，免费办证5520个。积极发动和报送材料，2位读者分别获得省文化厅举办的"放飞梦想，志愿同行"征文比赛二等奖和三等奖，县图书馆获得优秀组织奖；读者古从新荣获中共广东省委宣传部、广东省新闻出版广电局颁发的"2015'书香岭南'全民阅读活动模范个人称号"的牌匾和荣誉证书。对古籍进行修复，在修复的基础上进行数字化，实现古籍数字化管理保护。

【群文辅导和文艺创作】 2015年，县文广新局积极开展群文活动和群文培训，抓好戏剧小品、曲艺、音乐创作，创作的小戏、小品、快板、相声、歌曲等参加梅州市群众文艺作品研讨会。9月，2014年度群众文艺作品创作评选结果揭晓，五华获市表彰二等奖5件、市三等奖6件。创作快板《交通赞》、小品《风雨养路人》参加"长乐大舞台"县府广场群众文艺表演。创作小戏2件、小品7件、曲艺3件、音乐6件、舞蹈1件参加梅州市2015年度群众文艺作品评选。组织省级保护项目竹马舞和采茶戏参加2015年梅州市"非遗文化大观年"专题文艺晚会表演；组织摄影采风创作活动22次，吴耀东《西关童谣》获国家级三等奖，林自雄《窗外》等30多人次获省、市级奖项。

【文化遗产保护】 2015年，县文广新局加强馆藏文物保护和业务培训，认真做好第一次全国可移动文物普查工作，积极做好狮雄山秦汉遗址、李惠堂旧居的保护规划编制和开发利用；推进李惠堂旧居、李威光故居、狮雄山塔和古大存故居维修复原；做好长乐学宫免费开放。做好免费开馆展览活动，分别举办五华中央苏区文物展、五华县狮雄山秦汉遗址考古成果展、世界环境保护、世界濒危动物等展览，精心挑选155件具有代表番禺五华两地文化特征的狮雄山考古发掘文物参加在番禺举办的"纪念世界法西斯战争胜利70周年暨纪念冼星海110周年诞辰"活动。还进行客家民俗文物征集和协助省文物考古研究所野外文物调查。认真挖掘、搜集、整理五华县非物质文化遗产保护项目，精心组织做好"非遗大观年"惠民活动方案。成功申报"下坝迎灯"为第六批省级保护项目；成功申报"采茶戏"传承人陈翠媚，"下坝迎灯”传承人周林叨，“长乐烧酒制作工艺”传承人黄名扬为梅州市第五批市级保护项目代表性传承人。县政府公布“雕塑”“三山国王庙会”“华光大帝巡游庆典”为五华县第六批县级保护项目。组织开展提线木偶、采茶戏、客家山歌进校园活动。

【文化市场管理】 2015 年，县文广新局严格按照商事登记改革改革的要求，依法开展行政审批许可，简化办事流程，切实为企业服务。全年受理文化市场经营许可申请 25 件，批准 21 件。文化市场综合执法队以深化扫黄打非、净化社会文化环境为重点，以查处文化市场违法违规经营为抓手，扎实做好文化市场日常监管，科学部署集中行动，加强出版物市场日常监管，坚持开展“扫黄打非”工作，开展全县网吧专项整治行动、文化市场安全生产管理和歌舞娱乐场所的日常管理，全面提升执法效能，有效整顿和规范文化市场经营秩序，确保全县文化市场健康有序发展。全年组织执法人员对全县网吧经营场所检查 900 余家次，出动检查人员 3200 余人次，出动检查车辆 120 余辆次，立案并给予行政处罚的网吧 10 家，处罚款 3.35 万元，责令 2 家网吧停业整顿 10 天；检查歌舞娱乐场所 240 余家次，处行政处罚警告 2 家，报送县工商部门无证经营场所 2 家，排查安全隐患 24 处；取缔无证照经营单位 6 家，收缴盗版音像制品 1100 余张，各类图书刊物 2300 余册（本）。举办各类文化企业经营业主学习培训会 6 期；组织召开全县网吧业主人员会议，传达相关政策和法律法规培训并签订消防安全、守法经营责任承诺书 78 份。

【农村文化俱乐部创建】 2015 年，县文广新局按照市委、市政府“十件民生实事”的要求和市文广新局关于“三多三促”（即：多形态文化，多功能利用，多元化投资；促古民居保护，促文化旅游，促社会和谐）创建农村文化俱乐部工作部署，按相关要求积极推进创建工作。水寨镇澄湖村、周江镇冰坎村、转水镇黄龙村、河东镇下一村、周江镇蓝坑村、安流镇蓝田村、水寨镇大布村、梅林镇梅林村、安流镇大同村、郭田镇龙潭村等 10 个村通过市农村文化俱乐部验收。

【采茶戏演艺有限公司】 2015 年，采茶戏演艺有限公司选派 5 名青年演员参加广东省第八届戏剧演艺大赛，均获得铜奖，其中张碧茜、郑越顺还同时获得最佳人气奖。坚持文化惠民送戏下乡，对外文化交流活跃，参加大埔文化交流演出、梅州商会演出、梅州客商会演出、“非遗”大观年采茶戏专场演出、粤剧与地方戏剧交流演出等，获得好评。

【提线木偶传习所】 2015 年 2 月 28 日，县提线木偶传习所应深圳市福客福艺国际文化发展有限公司邀请，参加深圳市南山区委宣传部（文体局）联合主办文化惠民为主题的《新春木偶戏欣赏》专场演出，获广泛好评，并在深圳电视台报道。6 月 5 日，应北京大学深圳研究生院人文学院邀请，五华提线木偶走进北大校园，与师生深入交流，展示木偶艺术风采，获高度评价。10 月 8—13 日，被省文化厅选派赴台湾进行木偶艺术交流，其中，在台湾云林参加国际偶戏节活动交流展演 2 场；在台北艺术学院参加关渡艺术节交流展演 2 场；在台湾传统艺术中心参加 2015 年亚太传统艺术节交流展演 2 场，并作提线木偶学术讲座2场，深受台湾同胞欢迎和好评。

【文博事业】 2015年，县博物馆做好第一次全国可移动文物普查数据采集登录上传，录入文物普查数据信息3677条；做好博物馆免费开放，举办临时展览4个，参观人数8万人次，为全县中小学生开展第二课堂教育和爱国主义教育提供场所。成功申报华城镇曾家祠和棉洋镇陈家祠为梅州市重点文物保护单位，诏诒楼、刘氏二世祖墓、李法宠公祠、李大超故居（光华楼）、戴恩赛·孙婉故居（国士端芳）、大夫第（新屋嘴）经五华县人民政府核定为第五批县文物保护单位。 （马煌标）

县文化广电新闻出版局2015年度负责人名录

局　长：张远平

副局长：郑越兴　彭　强　魏俊林

广播电视

【简况】 2015年，县广播电视台积极推进广播电视体制改革，广播电视新闻宣传与经营创收分开，实现广播电视“台网分离”。新组建的五华县广播电视台，设立7个机构，包括办公室、总编室、新闻中心、影视专题中心、信息技术中心、传输播控中心和广播电台，全台有干部职工70人。2015年度，认真履行广播电视工作职责，充分发挥主流媒体作用，坚持抓好三大重点工作。一是抓好广播电视新闻和广告宣传，扩展数字电视网络；二是抓好安全播出和队伍建设，全力完成年初确立各项工作任务；三是抓好广播电视体制改革，积极推进广播电视宣传与经营分开、台网分离。全年，广播电台播出新闻稿件1360条；电视台播出新闻稿件1190条，其中被上级台采用362条；升级改造和架设光纤电缆41公里，新发展县城有线数字电视用户1310户，全县有线数字电视用户4.96万户，对比上年度用户数增长4.2%，扩大了全县有线电视网络覆盖范围。

【加强新闻宣传力度】 2015年，县广播电视台按照年初制定工作计划，以贯彻、宣传、落实中共十八届三中、四中、五中全会精神为核心任务，结合广播电视工作实际，围绕县委、县政府工作中心，积极宣传政治、经济、社会、文化、生态文明等工作，以新闻、专题栏目、公益广告、字幕宣传等多种宣传形式，广泛宣传全县各镇各单位和干部群众在贯彻落实县委、县政府工作思路中具体举措和行动。采取播放宣传标语、动态新闻、深度报道相结合的宣传形式，侧重宣传县城扩容提质、园区扩能增效、交通基础设施“三大抓手”“十大专项整治”工作等改善民生工程宣传报道，让全县人民深度了解县情、明确发展方向，支持经济社会建设，营造全县人民奋发向上的舆论环境。一是深入基层群众，努力挖掘新闻素材，注重自身周围事物跟踪报道。在《五华新闻》中，专门开设“践行三严三实”新闻专栏，积极报道全县开展“三严三实”教育实践活动学习典型、好的做法和先进事迹，弘扬先进和典型。另一方面，在《五华新闻》片头反复播出宣传标语和公益广告，激发全县干部群众把思想行动统一到县委中心工作上来，营造转变作风、赶学比超、干事创业良好氛围。

【坚持办好专题节目】 2015年，县广播电视台认真贯彻县委主要领导调研宣传系统指示精神，坚持民生为重，办好节目。一是加强部门联合，开办相关专题节目。与县公安、林业、农业、安全监督等部门联合开办《五华警视》《五华林业》《五华农业》《安全之窗》等专题节目，与县纪委和县政府纠风办等单位联合开办《行风热线》节目,安排在黄金时段播出，提升群众安全生产和防患意识。二是加强节目资源整合。将自办的《基层治理》《平安五华》等专题栏目整合为《五华新闻》专栏节目，充分把城乡群众的生产生活情况与需求诉求及时反映出来，为县委、县政府推进“强农惠农富农”、扶贫“双到”、保障改善民生、创建“平安五华”、加强社会管理、创建美丽和谐镇村等工作鼓劲加油。三是精心策划，专门设立创卫专题节目。按照县委、县政府加强创建“广东省卫生县城”和“美丽镇村”工作部署，认真制定宣传计划，注重实效，不断增强宣传报道可听性和可视性。努力克服人力和设备不足等困难，加强与县创卫办沟通联系，及时掌握创卫工作最新动态，加大对全县创卫工作的宣传报道。奉行“弘扬真善美，贬斥假丑恶”精神，坚持每周一至周六报道2条正面和1条负面的创卫新闻，对全县各部门创卫的工作动态、先进经验和做法进行及时宣传，对创卫不力行为和“脏乱差”现象进行适时曝光，对曝光后未能及时整改的行为进行跟踪报道，发挥广播电视舆论监督作用。

【加强广电事业建设】 2015年，县广播电视台坚持服务促创收，抓好广播电视网络管理，加大网络建设力度，不断完善行业管理考核机制，提高网络服务质量，搞好广告经营管理，力促创收工作再上新台阶。一是坚持做思想工作常态化。班子通过定期召开工作例会方式，分析研究干部职工思想动态，分别采取鼓励弘扬典型、个别谈话鞭策方式，统一干部职工思想认识，凝聚队伍合力，树立“真诚服务，用户至上”理念，不断提升网络服务质量和群众满意度。二是加强网络服务监督管理。明确网络维护人员完成派工任务后必须签名确认，由分管副主任跟踪服务，每个月底召开专门会议对故障处理情况进行分析通报，促使服务人员形成良好干事创业氛围，以提高网络服务质量。三是狠抓广播电视网络管理。以纪律教育活动月为契机，抓好网络服务保障，继续在网络管理方面推行网络维修、服务包干岗位责任制、有线电视安装与服务承诺制，原则上2天内完成新入网用户安装任务，24小时内排除用户故障，使全台有线电视的服务质量得到提高，获得服务对象好评。四是长远规划，增加投入，推进网络升级改造。全年投入110万元，完成河东大道、赤沙嘴、公园路、华兴北路、五金街等附近地段的网络管线入地改造。新铺设管道6公里，迁移光缆12公里，升级改造支干线23公里。按照县“创卫”计划安排部署，全面整理县城部分有线电视线路，全年出动车辆120次，安排200工日对县城街道和小区网络线路进行整理，确保县城网络线路整齐美观。

【提高广告创收能力】 2015年，受网络广告、LED户外显示屏、户外及各种媒介竞争影响，县广播电视台统一思想，明确任务，团结协作，坚持以“巩固、发展、提高”为原则，加强沟通，用心服务，认真做好广告业务工作。针对各行业压缩广告开支情况，坚持以市场为导向，以营销为手段，根据地区、行业、产品等差别，分类制定广告收费标准，开拓新市场，发展新客户。9 月，国家实施新广告法后，按要求停止播出药品、医疗等广告，侧重于专题广告挖掘和发展，努力开发出《家居生活》专题栏目，做到合理利用资源。2015 年度广告收入 270 万元，对比上年度增长 6.3%。

【推进广播电视体制改革】 2015 年，县广播电视台按照中央、省、市有关“新闻媒体宣传与经营两分开”文化体制改革要求和县委全面深化改革实施意见，对照上级全面深化改革有关工作部署和要求，扎实做好体制改革。一是认真起草修改完善相关方案。结合实际，制定《五华县广播电视体制改革工作方案》《五华县广播电视台体制改革台网分离人员接收安置方案》以及《广播电视改革重组协议》，并在广泛征求各方意见前提下，通过县政府常务会议研究审议后开始实施。二是与省网络公司邀请的中介机构进行资产评估。以 2014 年 10 月 31 日为评估基准日，由省广播电视网络公司筹委会聘请中介机构对广电网络资产（含相关负债）进行评估，并出具《资产评估报告》。经多次评估核定，全台广电网络资产总额为 3914.69 万元，负债总额为 1043.99 万元，净资产为 2870.70 万元。三是合理安置人员。按照《五华县广播电视体制改革工作方案》和《五华县广播电视台体制改革台网分离人员接收安置方案》，扎实做好全台人员安置及身份确认工作。以“尊重历史”、网络从业人员“人和资产随事走”为原则，对 167 人进行安置。其中，安置到新组建的五华县广播电视台 80 人（包括退休 10 人），安排进入省网络公司五华分公司人员 73 人，归还镇编制 14 人至各镇政府。四是经县广电网络改革重组领导小组研究讨论，请示县政府研究同意，结合省网公司整合意见，以“资产入股”模式参与全省广电网络改革重组。10 月 28 日，与省广电网络公司签订《广播电视改革重组协议》；10 月 31 日，完成人员和资产移交工作。

【广播电视安全播出】 2015 年，县广播电视台严格落实“预防为主，完善措施，健全制度，落实责任，确保安全”具体要求，周密部署，把握重点，确保全年广播电视安全优质播出。一是加强领导，提高认识。把广播电视安全播出工作纳入重要议事日程。严格执行党的宣传纪律，积极组织要害部门人员开展政治思想和业务知识学习，提高人员的素质和觉悟，确保关键岗位不出问题。二是落实责任，确保实现广播电视“三零”目标。以实现“零插播、零中断、零黑屏”为基本目标，高标准、严要求做好安全播出各项工作，并与相关部门及镇站签订安全播出责任书，进一步分解任务，细化职责、严格考核，真正做到落实到岗、责任到人。三是加强技术设施防范。在重要敏感时间节点，认真制定安全播出实施方案和应急预案，加强安全保卫和技术防范管理，周密安排相关责任人认真排查设施、设备存在安全隐患。并加强值班带班制度，增加值班力量，主要领导亲自带班，确保值班人员24小时在岗，有效预防“法轮功”邪教组织和境外敌对分子蓄意破坏广播电视安全播出。四是加强监管监控，保障全网安全。加强对有线电视网络线路的巡防和盘查，严格要求相关工作人员规范做好保障，坚持从源头上堵住非法行为对有线电视网络的破坏，确保全县范围广播电视网络传输安全。（谢春礼）

县广播电视台2015年度负责人名录

台　长：李林权

副台长：巫文清　周裕标　张让权

总编辑：胡汉英

文　联

【文化品牌建设】　一是成功申报2个省级古村落。县文联于2014年始组织相关作家、摄影家等做好横陂夏阜村西门寨和双华镇虎石村下门寨2个古村落的资料搜集、撰写、上报工作。2015年1月13—14日，省市“广东省第四批古村落”专家组到五华对横陂镇夏阜村西门寨和双华镇虎石村下门寨进行普查、认定。两个古村落通过省认定，成为广东省第四批古村落。二是积极推荐民间技艺大师。积极向上推荐优秀人才李新贤、罗爱青、丁茂旺为民间技艺大师。4月2日，市文联召开大会表彰梅州市8位首届民间技艺大师，五华县木偶传承人李新贤榜上有名。三是积极打造名山名茶，推动企业发展。积极发动县茶叶企业参加梅州市十大茶山和特色名茶评选活动，棉洋镇七畲径茶场被评为“梅州市十大茶山”，七畲径牌绿茶、红茶分别被评为“梅州特色名茶”。6月8日，在梅州市文联举行授牌仪式。四是积极申报“广东省诗词之乡”。积极组织五华诗社做好“广东省诗词之乡”的申报准备工作。多次召开创建广东省诗词之乡相关工作研讨会议，并组织诗社相关人员开展诗词进校园、进社区、进旅游景点活动。

【文艺活动宣传】　一是加强向外展示五华籍艺术家风采。2014年12月28日—2015年1月3日，由五华县书画艺术创作协会承办，县委宣传部、县文联联合在梅州市文学艺术中心主办“中国梦　长乐情”美术书画作品展。展出得到10位厅级领导的关心赞赏，300多人参加开幕式，县长范宜军到会讲话。2015年8月8—13日，县文联、市美协、嘉应学院美术学院在梅州市文学艺术中心联合主办五华籍美术家“艺路问漆——漆画作品巡回展”。9月，县委宣传部、县文联联合主办纪念抗日战争胜利70周年“红色英魂　中国梦”美术书法摄影作品展，有200多人参加活动。专题作品展展期6天，展出作品128幅。二是培养文学人才，搞好征文大赛。为纪念已故的著名作家陈国凯、发挥其巨大影响力，为五华文学事业培养更多新生力量、培养更多优秀人才，4月，县委宣传部、县教育局、深圳琴江文化研究会、县文联、县作协联合举办“五华县首届‘陈国凯杯’中小学学生作文大赛”。赛事收到稿件9031件，评出优秀作品288件；10月31日，举行“五华县首届‘陈国凯杯’中小学生作文大赛”颁奖会议。为纪念抗战胜利70周年，5月8日，县文联举办中西大药房杯“红色苏区 中国梦”征文比赛活动，得到广大文学爱好者的踊跃参与。比赛评出成人组、学生组优秀作品29件，并于9月8日在县文化馆举行颁奖仪式。三是关心老兵，关爱老文艺家。3月25日，县文联专职副主席张小玲带领县有关文艺家看望、慰问98岁抗日英雄张德英。4月8日，市文联主席肖伟承、副主席陈桂昌一行到五华调研，慰问杨新乔、温治邦2位老文艺家，参观2个文艺活动点，并与各协会代表亲切座谈。

【文化惠民活动】 一是邀请省级专家走基层为文艺家服务。县文联积极响应省委宣传部和省文联号召“百家千场艺术讲座下基层活动”，邀请省级专家到县开展专题讲座，让更多的文艺爱好者和群众受惠。6月29日，邀请著名作家、广东省作协专职副主席杨克到水寨中学开“何为好诗”的文学讲座，有作协会员、该校师生300人参加活动。7月27日，邀请省书协副主席王忠勇教授到文化馆作“书法是中国传统文人最基本的修养”讲座，有200人聆听讲座。8月23日，邀请省摄协副主席李洁军到县开展《纪实摄影拍什么》为主题的摄影知识讲座。二是开展艺术教学进基层活动。县文联积极组织各协会到各单位、企业、学校、社区开展艺术教学活动。4月18日，组织诗社社员、作协会员到长布镇开展“古诗词创作讲座”下基层活动并组织文艺家到周江镇采风。7月27日，县作协组织42位作家到周江镇采风并出版专刊号。9月5日，五华诗社组织到彩旗岭进行诗词知识讲座和吟诵传承活动，并在彩旗岭挂牌成立“五华诗社彩旗岭创作基地”，为诗词爱好者建立一个以诗会友的交流平台。9月8日，五华诗社到县第三小学开展“中华诗词进校园”吟诵讲座活动，张洪盛、杨子元分别讲授诗词吟诵有关常识并带领学生吟诵，优美吟诵的魅力得到师生一致赞扬。10月12日，诗社到华阳中学开展“诗词进校园”启动仪式。县书协、硬协积极组织书法进学校、进机关、进军营活动60多场，参与人员6万多人次。三是坚持开展春节送祝福活动。2月10日，县文联主办、书协承办、东方屹公司协办“中国梦 团圆情”义务挥春活动，在县府广场为市民赠送近千副春联；2月12日，县楹联学会主办义务挥春活动，为群众撰写、赠送春联300多副。春节前夕，书法家协会和硬笔书法家协会，组织会员在县城、到乡镇义务送春联，赠送对联近千副。

2015年2月10日，县文联主办、书协承办、东方屹公司协办“中国梦·团圆情”义务挥春活动

【文艺交流】 2015年1月10日，县文联组织书法家到深圳观看书法

展，与宝安区书协交流；11 日，组织美术家、书法家到深圳市政府参加五华县委宣传部和深圳琴江文化研究会共同主办的“长乐春晖”长乐书画作品展。4 月 6 日，县文联专职副主席张小玲陪同胡定鹏教授到益塘风景区县书画艺术创作基地采风创作。7 月 2 日，县文联、诗社共 7 人到梅江区参加梅州市第十四次百人诗会。8 月 9 日，县文联组织部分会员到桥溪、松口采风创作。县美术家协会组织会员分别于 4 月到梅县马图、6 月到双华镇虎石村古村落、9 月 4 日到梅县桥溪梦里客家进行采风写生活动。9 月 22 日，县文联、作协组织文艺家 38 人到河源采风创作。摄影家协会发动组织吴祖坤等 10 位会员报名参加“北京摄影函授学院广东校区”大专班学习，组织 100 多人次分别到省、市、县进行采风创作活动。

【出版刊物】 2015 年，县文联出版《长乐文艺》4 期；作协出版《五华作家》2 期、《客家儿童》2 期，下属长布镇文学创作协会出版《石榴花》4 期。诗社出版《琴江诗苑》1 期，创建简报 1 期。硬笔书法协会出版《五华硬笔书坛》。书画艺术创作协会出版《长乐情・五华县书画艺术作品集》。

【作品发表、展演及获奖】 县作协主席缪德良童谣《雾霾雾霾你真坏》参加 2014 年由中央宣传部、中央文明办、教育部、共青团中央、全国妇联联合主办的“全国第五届优秀童谣征集评选”活动获全国二等奖；2015 年，其创作的 7 首儿歌《微笑》《乡村小娃娃》《小露珠》《小铁盒》《没家》《种水果》入选“十二五”国家重点图书出版规划项目书籍——《中国儿歌大系・中南卷一》，其歌词《我的小城我的家》获中国大众音乐协会“放飞中国梦相聚在北京”2015 年全国大型音乐展演盛典评选作词金奖。陈双媚在省、市报刊发表散文、随笔 48 篇，其相声、小品等 5 个作品在市获奖。杨丽平在省、市报刊发表散文、随笔 30 多篇。杨新乔作品分获国家级和市级奖项各一个。古从新在国家级、省级、市级报纸、杂志发表诗词 30 多首。张小玲在省、市报纸、杂志发表诗歌、散文 20 多首（篇）。魏京宁在省、市报纸发表新诗 7 首。徐水宏、王文东、陈赞发、田其标等人在市级报刊发表作品多篇。2015 年度，会员在县级以上报刊发表文章 50 多万字，张贺运等多人在县级征文比赛中获奖。罗俊峰以“五华宣传”官方微信为平台，于 4—8 月期间 5 次创作发表诗联 30 首（幅）。摄协吴耀东《西关童谣》获国家级三等奖；吴耀东《生生不息》、蓝文辉《喜上眉梢》获省十三届美术书法摄影联展优秀奖，林自雄《窗外》、庞涌峰《窗外世界》等作品分获省级奖项，陈秋梅《千年古镇松口》等 43 幅作品获市级奖项。3 月，张让兰诗歌《读“面向未来的赶考”有感》获“西柏坡廉政文化” 诗歌散文征集活动二等奖。古从新荣获广东省委宣传部、广东省新闻出版广电局颁发的“2015‘书香岭南’全民阅读活动模范个人称号”牌匾和荣誉证书。古从新创作的“参观夏阜小学弹亭”七律入选由广东人文艺术研究会、广东省文艺研究所主办的粤海丰碑——近代以来广东人民抗敌御侮斗争纪念作品展。宋焕南书法作品入选国展。张伯如、张中建、黄法权、宋焕南作品入选梅州河源书法联展、梅州佛山书法作品联展。彭强、叶友双入选广东省第十三届书法影作品联展。张中建、徐方海、叶友双、戴金辉、谢燕明、李林娣书法作品在中国硬协主办“中国梦硬笔情”书法大赛中获奖。张中建、彭强、徐方海、宋家祥书法作品参加“粤东四市硬笔书法作品联展”。

【加入上级协会】 2015年，宋焕南被吸收为中国书法家协会会员，李海平被吸收为广东省作家协会会员，张让兰被吸收为广东省楹联学会会员，吴祖坤、蓝文辉被吸收为广东省摄影家协会会员。

（罗俊峰）

县文联2015年度负责人名录

主　　席：谢　意

专职副主席：张小玲

体　育

【群众体育】 2015年，县体育部门认真执行党的体育工作方针，全面贯彻落实国务院颁布的《全民健身条例》，多渠道筹集体育资金，广泛组织全县群众开展体育活动和全民健身运动。全年发动单位和各体育协会和社会能人筹集资金135万元，举办各种形式的群众体育活动，全力推动全民健身运动开展。主要活动有：春节期间，举办第十五届“球王杯”足球赛；元宵节期间，举办篮球友谊赛；5—6月，举办同城足球赛；7月，举办“移动信合杯”篮球赛；8月8日，举办广东省第十五届“体育节”表演活动；8月，举办“东方屹”杯篮球赛；9月，举办中式台球邀请赛、中国象棋赛；5—11月，组织县城34个单位的国民体质监测及“碧桂园杯”足球赛；12月，举办“乒协杯”乒乓球赛和“华源电力杯”足球邀请赛、中小学羽毛球赛、小学生乒乓球赛、“国沅杯”运动会。

【业余训练】 2015年，县体育部门坚持走“体教结合”路子，创新业余体校办学模式，创新成立五华县体育后备人才训练基地，重视“普及—提高—输送”培养模式，扎实做好2001—2005年龄段男女足梯队构建，积极向上级体育部门输送足球苗子，其中输送到市体校35人、省体校7人、梅县富力足球学校6人。

2015年，五华县组队参加各类足球比赛获得“4冠军1亚军”成绩。组队参加2015年“怡宝杯”广东省少年足球赛梅州赛区获冠军；梅州五华客家足球队参加2015年中乙联赛成功冲进全国甲级联赛，并获得中乙联赛冠军；4月，五华U12足球队代表广东省参加 2015 年“斯凯孚杯”与世界有约希望工程足球邀请赛获全国冠军，并代表中国于 7 月中旬赴瑞典参加素有“小世界杯”之称的哥德堡杯国际青少年足球赛；参加梅州市“市长杯”青少年足球赛获初中组冠军；参加广东省“‘FDCD’英国国际足球学院杯”青少年男子足球甲组锦标赛获亚军。

【体育产业】 2015 年，县体育部门紧紧抓住国家出台《加快发展体育产业的指导意见》和五华县转方式调结构的重要机遇，整合体育系统各类资源优势，以体育彩票业、健身服务业、竞赛表演业、体育旅游业为主攻方向，初步建立起结构合理、规范发展的体育产业体系。全年销售体彩 1800 多万元，超额完成市体彩管理中心下达任务。

（李高文）

县体育局 2015 年度负责人名录

局　长： 宋胜中（任至 11 月）
廖焕雄（11 月任）
副局长： 廖焕雄（任至 11 月）
廖新辉　曾经纬
党组成员： 李汉平

社会生活

民政工作

【民生实事及重点工作】 2015年，由县民政部门承担负责的五项民生实事全面完成。一是提高城乡低保人均月补差水平。城镇和农村低保补助人均月补差水平从334元和148元分别提高至375元和173元。二是提高五保供养水平。集中供养标准从600元/月提高至650元/月；分散供养标准从460元/月提高至500元/月。三是提高孤儿供养水平。孤儿集中供养标准从1150元/月提高至1240元/月，分散供养标准从700元/月提高到760元/月。四是为全县80周岁以上老人、60周岁以上困难群体41607人购买意外伤害综合保险。五是出台实施《五华县免除户籍人口殡葬基本服务费实施方案》，从9月1日始减免7项基本服务费，全年遗体火化1211具，减免费用157.43万元。两项重点工作较好落实，完成省“双拥模范县”创建工作；革命烈士陵园建设有序推进，至年末，完成总工程量的30%。

【社会救助】 2015年，县民政部门加大核查和公示力度，全力打造阳光低保、“五保”。全年新增低保对象1125户、2232人，取消低保对象4050户、12805人，全县有低保对象21035户、61672人（其中：农村低保对象20681户、61187人，城镇低保对象354户、485人）。新增“五保”187人，取消（死亡）“五保”159人，全县有“五保”对象4198人（其中集中供养349人、分散供养3849人）。坚持每季度把享受城乡低保救助名单、农村“五保”供养名单在县政府公众网站，民政局网站，各镇人民政府网站进行公示；同时，还在各镇政务公开栏和村务公开栏进行长期张贴公示，接受群众监督。扎实做好医疗救助，全年发放医疗救助2744.85万元，救助人群81073人次（其中帮助低保、“五保”、孤儿缴纳城乡居民医保社保费901.54万元惠及75297人）。

【救灾济困】 2015年5—7月，五华受强冷空气和强降雨天气影响，全县降雨频繁，特别是10号“莲花”台风，造成局部山地滑坡，部分民房受损。全县受灾群众95500多人，全倒户4户、严重倒损户25户，直接经济损失3850万元。灾害发生后，县民政部门下拨全倒户重建补助金8万元、严重倒损户维修经费2.5万元；下拨冬春荒救助款286.10万元，救助群众14303户37148人次，解决重灾户、特困户、“五保户”生活问题；全年农房统保赔付152户41.37万元。认真做好“防灾减灾日”宣传活动，提高全县公众安全意识；做好“大爱救心”工作，为8例患者办理申报资助手续；开展“广东扶贫济困日”活动，筹集扶贫济困资金544.11万元，其中：五华县疾病应急救助基金332.11万元，其他定向捐款212万元。县级救灾物资储备仓库建设竣工投入使用。

【“双拥”、优抚、安置】 2015年，县民政部门按政策提高各类优抚对象抚恤、生活补助标准，帮助重点优抚对象解决“三难”（医疗难、住房难、生活难）问题，为5000多名优抚对象购买城乡居民医保；落实优抚对象医疗“一站式”服务，支付医疗补助45万元；为35户困难优抚对象实施大病救助28万元；投入26万元为20户困难优抚对象解决住房难问题。做好涉军信访维稳工作，印发《五华县民政局预防和处置大规模集体上访和群体性事件应急工作预案》和《纪念中国人民抗日战争胜利暨世界反法西斯战争胜利70周年活动期间信访维稳工作方案》，认真做好涉军群体来访息访工作，耐心细致听取相关诉求，依据政策给予详细解释和答复，稳控涉军群体思想情绪，促进社会和谐稳定。举行“烈士纪念日”公祭活动。做好退役士兵接待安置，接收退役士兵360名，符合政府安排工作条件的退役士官5名（服役满12年的转业士官4名，未选择自主就业的城镇复员士官1名），发放自主就业城乡退役士兵一次性补助金和转业士官待安排工作期间最低生活补助经费635.05万元；符合政策安排的5名退役士官全部就业上岗。积极联系县内外的5家名优企业到县招聘退役士兵，应聘人次200人，上岗人数50多人。做好退役士兵职业技能培训。全年参加短期培训（驾驶）的退役士兵80名，参加两年职业培训的退役士兵200名，培训率78%。

【基层政权和社区建设】 2015年，县民政部门深入开展“双强双促”（强居促和谐、强村促稳定）工作，全年有3个村、1个居委会列入“双强双促”示范点创建。至4月，全面完成村务公开栏升级改造任务。扎实推进基层治理工作，围绕负责牵头落实的规范农村资产管理、加强村务监督委员会建设两项工作任务，做到有组织机构，工作任务有专人负责落实，确保工作有序开展，顺利推进。还积极抓好民主管理示范村的创建工作。

【社会行政事务管理】 2015年，县民政部门积极配合县政府开展县城范围内不文明上街送葬专项整治工作。自6月1日实施专项整治后，县城范围内死亡455人，均无出现不文明上街送葬行为。加大殡改工作力度，提高遗体火化率，全年完成遗体火化4737具；殡仪馆骨灰楼堂投入使用，新装1100多格骨灰架。全年办理收养登记6人；救助流浪乞讨人员884人；办理结婚登记16910对，离婚登记2120对；华福中心先后入院居住老人150多人次；开展适度普惠型儿童专项摸底调查，针对重病、重残、失管儿童开展专项调查，全县查出2476人。

【区划地名】 2015年，做好五华县第二次全国地名普查工作；完成第三轮梅州市与汕尾市行政区域界线五华—陆河段的联合检查工作。

【民间组织】 2015年，全县依法登记社会团体6个、民办非企业单位4个。至年底，全县累计有依法登记社会团体96个、民办非企业单位36个。

【福彩中心】 2015年，全县销售福利彩票1582万元，对比上年增长31.8%；超额完成市福彩中心下达年福彩销售量1300万元销售任务。

【老龄工作】 2015年年末，全县有百岁老人96人，80~99岁高龄老人24121人。县民政部门按时足额为百岁老人每人每月发放200元长寿保健金，为80~99岁高龄老人每人每年发放100元的高龄津贴。

【扶贫双到】 2015年，县民政局支持挂钩帮扶的双华镇矮畲村资金27万元，确保该村集体经济年收入达到18万元，贫困户年人均纯收入达到8500元以上，全村83户贫困户563人全部实现脱贫目标，工作成效得到上级肯定好评。9月，该局的扶贫“双到”工作在全市扶贫“双到”会议上进行经验发言。 （李清兰 张志豪）

县民政局2015年度负责人名录

局　　长：刘旭伦

副 局 长：邓志荣　周鉴贤　李奕南

党组成员：李石翠　宋敬通　李清兰

百岁（含百岁）老人名录

经县民政局核实，至2015年12月止，全县有百岁以上（含百岁）老人有95人，其中男14人、女81人。基本情况表列如下：

表六

序号	镇　村	姓　名	出生年月	性别	年龄
1	水寨良美	李亚锦	1909-11	女	106
2	水寨平湖	邓兆新	1915-01	女	100
3	水寨坝心	刘传娣	1912-07	女	103
4	水寨罗湖	邓菊英	1912-09	女	103
5	水寨府前	曾亚满	1914-06	女	101
6	水寨大布	杨裕姐	1915-08	女	100
7	河东平南	陈亚君	1914-02	女	101
8	河东河口	陈福英	1912-03	女	103
9	河东平西	李亚春	1912-05	女	103
10	河东苑河	万亚九	1912-01	女	103
11	河东布头	古五娣	1907-05	女	108
12	河东三田	廖华香	1911-12	女	104
13	河东河口	李亚拾	1913-02	女	102
14	河东桂田	李亚雀	1915-07	女	100
15	河东增塘	李法乃	1915-09	男	100
16	转水青塘	何亚英	1914-05	女	101

续上表

序号	镇 村	姓 名	出生年月	性别	年龄
17	转水矮车	钟定环	1915–03	男	100
18	华城塔岗	曾月英	1912–05	女	103
19	华城塔岗	钟亚兰	1912–08	女	103
20	华城西林	李石榴	1911–09	女	104
21	华城葵富	李亚新	1911–09	女	104
22	华城兴一	李进娣	1913–05	女	102
23	华城维西	叶思英	1914–08	女	101
24	华城新一	高思添	1914–11	女	101
25	华城新兴	赖为娣	1915–01	女	100
26	华城湖田	田亚寿	1915–04	女	100
27	华城黄埔	叶亚六	1915–07	女	100
28	华城维西	黄凤英	1915–11	女	100
29	长布樟村	张仲廉	1913–09	女	102
30	长布粘坑	张亚珍	1913–08	女	102
31	周江龙堵	曾亚九	1912–02	女	103
32	周江狮潭	郑四妹	1913–01	女	102
33	周江红源	曾八妹	1914–07	女	101
34	周江新良	邓七妹	1915–07	女	100
35	周江早城	翁亚二	1915–10	女	100
36	周江黄华	缪桂英	1915–11	女	100
37	潭下金石	曾亚源	1912–01	女	103
38	潭下布坪	张泗招	1912–12	女	103
39	潭下百安	李东英	1914–05	女	101
40	横陂近江	陈兰桂	1914–10	女	101
41	横陂华阁	曾任娣	1911–01	女	104
42	横陂夏阜	魏亚运	1912–02	女	103
43	横陂西湖	魏锦娣	1914–02	女	101
44	横陂华阁	黄东娇	1911–05	女	104
45	横陂贵人	陈亚玉	1914–08	男	101
46	横陂锡坑	李汉祥	1915–01	男	100
47	横陂双联	李亚娣	1915–05	女	100
48	横陂东山	周莲英	1915–11	女	100
49	郭田双光	严亚三	1913–12	女	102

续上表

序号	镇　村	姓　名	出生年月	性别	年龄
50	郭田蕉州	张添英	1914-01	女	101
51	双华虎石	魏亚娣	1909-03	女	106
52	双华黄径	张亚二	1905-01	女	110
53	安流樟潭	陈春梅	1913-03	女	102
54	安流福江	陈二妹	1911-03	女	104
55	安流葵樟	古复妹	1913-12	女	102
56	安流福岭	朱亚英	1910-01	女	105
57	安流学少	胡秀妹	1914-09	女	101
58	安流福岭	张满	1913-02	女	102
59	安流学少	黄七妹	1903-01	女	102
60	安流低坑	张三妹	1914-04	女	101
61	安流五联	李桂英	1913-09	女	102
62	安流上布	冯松龙	1910-05	男	105
63	安流半径	杨三妹	1914-05	女	101
64	安流福龙	李乃道	1914-10	男	101
65	安流福华	吕麻	1915-03	女	100
66	安流上布	陈亚四	1915-03	女	100
67	棉洋唐纯	张六妹	1913-06	女	102
68	棉洋唐纯	廖进篡	1912-10	男	103
69	棉洋绿水	吴香浮	1911-12	男	104
70	棉洋联西	谢日妹	1914-07	女	101
71	棉洋黎洞	张定基	1914-09	男	101
72	棉洋棉洋	古四妹	1914-09	女	101
73	棉洋葵岭	胡亚育	1914-10	男	101
74	棉洋黎洞	刘五妹	1915-05	女	100
75	梅林福新	李架华	1912-01	男	103
76	梅林优河	周二妹	1912-09	女	103
77	梅林新城	古满妹	1912-03	女	103
78	梅林宣优	古惠群	1910-07	女	105
79	梅林梅林	李七妹	1914-07	女	101
80	梅林梅东	古丙妹	1915-01	女	100
81	梅林梅林	古三妹	1915-09	女	100
82	梅林梅北	邹群妹	1915-10	女	100

续上表

序号	镇 村	姓 名	出生年月	性别	年龄
83	华阳红洞	古娇二	1914-02	男	101
84	华阳连高	廖尽华	1915-07	女	100
85	华阳华新	古长增	1915-07	男	100
86	华阳大坪	邓满妹	1915-10	女	100
87	华阳太坪	余三妹	1915-12	女	100
88	龙村柏溪	庄亚连	1910-03	女	105
89	龙村水口	陈友妹	1914-05	女	101
90	龙村柏溪	彭招妹	1914-11	女	101
91	龙村龙村	邹五妹	1915-04	女	100
92	龙村塘湖	林茂生	1915-01	女	100
93	龙村樟华	何宗强	1915-05	男	100
94	龙村湖中	温青妹	1915-09	女	100
95	龙村硝芳	古桂香	1915-08	女	100

人力资源和社会保障

劳动就业工作

【县人力资源市场投入运行】 2015年11月19日，五华县人力资源市场正式投入使用，并举办首场招聘会。该市场是县委、县政府专门为全县广大企业单位和各类城乡劳动力提供各项公共就业服务搭建的服务平台。投入资金110多万元，占地面积500平方米，分为招聘区、信息发布区、综合服务区，提供就业失业管理、就业援助、职业介绍、职业指导、劳动事务代理、创业培训、创业资助等服务，特别是针对高校毕业生和就业困难等特殊群体的创业就业给予社会保险补贴、岗位补贴、创业培训补贴、租金补贴、创业资助、创业担保贷款等政策优惠。市场每月9日、19日固定举办现场招聘会，所有合法用工的企业单位均可免费进场招聘员工，市场有各地各类就

2015年2月25日，县委书记张映平到“春暖梅州”五华专场招聘会指导工作

业岗位供求职人员选择。

【就业服务管理】 2015年，全县新增城镇就业人员5111人，占任务数103.86%，下岗失业人员实现再就业3639人，占任务数103.97%，城镇登记失业率2.42%。积极为用工单位和求职者搭桥铺路。先后举办“春风行动”“民营企业招聘”等各类招聘会60场，提供就业岗位63599个，成功招聘12398人；为吸收安排就业困难人员的康奇力、爱时达等10家企业落实享受社保补贴、岗位补贴208.27万元；积极推动大众创业、万众创新，鼓励城乡劳动力，特别是高校毕业生积极进行创业，对符合条件的284户企业商户发放贷款1336万元，贴息72.95万元，创业带动就业1453人。增注创业担保基金400万元，至年末，基金总额828万元。积极创建就业充分村，加强就业失业监测。2015年，被评为2015年度就业充分村有水寨镇大沙村等132个村；积极开展企业薪酬调查和就业失业监测报告，就业失业监测点增至115家企业和行政村；加强就业失业管理，全年办理就业失业登记证1123个。加强村级信息网络建设，提高基层服务水平。全县446个村（居）投入信息网络经费140多万元，实现县、镇、村三级联网，确保就业信息畅通，提高镇、村公共就业服务平台服务能力和水平。

【劳动力培训转移就业】 2015年，全县培训各类劳动力12272人次（其中劳动力技能晋升培训3795人），占任务数104%，组织新增劳动力转移18643人次，占任务数103%。新成长劳动力均实现100%培训，100%转移就业。

人事人才工作

【人事人才管理】 2015年，县人社部门为2799名（本科651人、专科2148人）高校毕业生办理报到手续；接收各类流动人员人事档案653卷，转出各类流动人员人事档案366卷，接受人事代理委托194人次；为本地企事业推荐2名实用人才到县内企业工作。全年录（聘）用各类人员318人，工作调动234人，其中公务员39人、事业单位76人、工人119人。军转干部按市直标准发放生活困难补助，养老金加上生活困难补助每人每月平均3552.5元。2015年7月1日始，全面规范机关事业单位工作人员津贴补贴。规范后，机关单位在职工作人员人均月增收500元；事业单位在职工作人员人均月增收425元。自2015年始，全面建立起公务员职务与职级并行制度，有898人实现职务职级晋升，其中科员晋升副科待遇688人、副科晋升正科待遇151人、正科晋升副处待遇59人。全面推进公务用车制度改革，县直机关公务用车改革于9月完成改革，乡镇于12月前完成改革。

【专业技术人员管理】 2015年，县人社部门根据《广东省事业岗位设置管理实施意见》要求，规范事业单位岗位设置和人员聘用，为12个事业单位完成岗位设置和人员聘用工作，核准1435名（教育系统1129名）专业技术人员的岗位聘用工作。

【干部培训】 2015年，县人社部门分23期对全县2600名公务员进行全员培训，全面推进公务员队伍思想道德建设、履职能力建设和作风建设；组织全县8328名专业技术人员分八期参加继续教育公需科目培训，全面提升专业技术人员的业务水平和整体素质。

劳动保障工作

【设立五华县劳动保障监察综合执法大队】 2015年12月16日，根据梅州市机构编制委员会办公室《关于设立五华县劳动保障监察综合执法大队的批复》（梅市机编办发〔2015〕91号）和《关于设立五华县劳动保障监察综合执法大队的批复》（华机编〔2015〕34号）精神，同意五华县人力资源和社会保障局内设五华县劳动保障监察综合执法大队，正股级。撤销原五华县劳动保障监察大队（收回原事业编制4名），核定行政执法专项编制10名，设立大队长1名，副大队长2名，人员经费由县财政核拨。

【劳动保障监察、劳动人事争议仲裁和退管】 2015年，县人社部门监督检查用人单位63户，涉及职工4055人，受理各类劳动者来信来访159件，其中网上信访134件、来访25件，为392名劳动者追回工资、经济补偿金587.33万元，移送拒不支付劳动报酬刑事案件1宗，涉及农民工32人，农民工工资69.273万元；受理劳动人事争议仲裁案件13件，其中立案受理7件，调解处理6件，涉及劳动者40余人，经济标的78万多元;全县有12家基层劳动争议调解组织,其中新增一家华阳汽配有限公司为基层劳动争议调解组织。劳动保障监察和劳动人事争议案件均在法定审限内结案，结案率100%。企业退管工作达到省级标准，水寨镇被确定为全省第十批11个省级退管示范点之一。

【职业技能鉴定和劳动关系】 2015年，县人社部门全年经鉴定考核通过并取得职业资格证书有1533人，其中电焊工120人、农艺工1339人、汽车维修工74人；办理签订劳动合同手续办理签订劳动合同手续2028人，鉴证劳动合同4056份，办理终止、解除劳动合同关系备案210件，劳动合同签订率93%，已建工会企业集体合同签订率78%，均完成年度目标任务；参加创建示范工程企业占74%，符合示范区标准示范点71%，符合要求达标企业63个。

社会保障工作

【增设县社保局职业年金管理股】 2015年10月29日，根据国务院《关于机关事业单位工作人员养老保险制度改革的决定》（国发〔2015〕2号）和《关于五华县社会保险基金管理局增加内设机构和编制的批复》（华机编〔2015〕20号）精神，县社保局增设职业年金管理股，设领导职数1名，增加事业编制4名。

【社会保险】 2015年，全县参加职工养老保险52750人，失业保险28402人，职工医保49207人，工伤保险32400人，生育保险32957人。均超额完成市下达扩面任务；社保五险收入实现3.02亿元，社保五险支出6.06亿万元，对比上年增支8940万元；城乡居民养老保险参保人数实现407028人，完成全年任务100%。至年末，全县60周岁以上享受城乡居民养老保险有14.71万人。全县制作社保卡97.8万张，超额完成市下达任务100.8%；全面启动社保卡应用，在社保待遇领取、查询、金融支付等功能实现应用。

全面完成机关事业单位养老保险信息采集，采集信息31187人，其中在职21946人、退休9241人。加强社会保险执法检查，全年追收社保旧欠311万元。

【养老与失业保险】 2015年，县人社部门按政策要求规定，审批机关事业单位、特殊工种提前退休、因病提前退休等退休人员167人；解决落实早期离开国有和县以上集体企业人员、机关事业单位人员，一次性补缴养老保险费43人；按照县委、县政府要求，协助做好国土征地报批以及被征地农民养老保障工作。全年报批3批次，涉及保障人数618人，城镇建设用地73.47公顷；落实被征地农民养老保障人数2698人。

【工伤认定和劳动能力鉴定】 2015年，县人社部门受理工伤认定申请41件，其中认定工伤40件，不予受理1件。受理职工申请因病完全丧失劳动能力鉴定20人，鉴定20人；受理工伤伤残鉴定申请20人，鉴定20人。（陈俊雄　李文慧）

县人力资源和社会保障局2015年度负责人名录

局　　长：李作华

副 局 长：李千山　胡小立　卓力平　周运芳　古光华

党组成员：温木新　钟辉龙　魏剑玉　曾发明

社会保险基金管理

【社会保险扩面征缴】 2015年，县社保局围绕年初市下达的扩面征缴目标任务，主要采取四条措施：一是定期召开联席会议，下达各镇各单位扩面任务，落实工作职责，解决扩面工作存在问题。二是部门通力协作，形成合力。县政府要求县地税、人社、财政、科技、经信等部门按照各自职责做好社保扩面征缴工作。三是成立5个执法检查工作组，大力开展执法检查。对未全员参保的机关事业单位，对县经济开发区正常投产的44家企业及16个乡镇953家"零参保"企业，逐一发出《关于全员足额参加社会保险的通知》《参加社会保险告知书》1100份。四是大力清理社保欠费。对265家社保欠费单位逐一发出《关于缴清社保欠费的通知》，要求缴清社保欠费，全年追收旧欠311万元。扩面征缴工作取得新成效，超额完成市下达任务。至年末，全县参加职工养老保险52750人，新增1208人；失业保险28402人，新增1200人；职工医保49207人，新增117人；工伤保险32400人，新增286人；生育保险32597人，新增1521人。全年社保五险收入实现3.02亿元，在全市八县（市、区）中排名第五。其中，企业职工养老保险收入1.84亿元，失业保险收入1085万元，职工医疗保险收入9656万元，工伤保险收入600万元，生育保险收入490万元；另外，机关事业养老保险收入4528万元，职工医保补充险收入819万元；城乡居民养老保险收入1.64亿元，城乡居民医疗保险收入5.94亿元。

【业务审批和基金支付管理】 2015年，县社保局加强内部业务监管，完善业务审批制度，要求业务经办人员加强对各自操作号管理，不得将操作号权限授予他人代为办理业务；严格执行《社会保险基金财务管理制度》，认真做好三方对账工作，对不符合财务手续的不予支付，确保基金安全运行。全年社保“五险”支出6.06亿元，比上年增支8940万元，增幅17.3%。其中，企业职工养老保险支出4.92亿元，比上年增支8157万元，增幅19.9%；失业保险支出222万元，比上年减支19万元，减幅7.9%；职工医疗保险支出1.07亿元，比上年增支754万元，增幅7.6%；工伤保险支出241万元，比上年增支23万元，增幅10.6%；生育保险支出183万元，比上年增支25万元，增幅15.8%。另外，城乡居民养老保险支出1.82亿元，比上年增支5423万元，增幅42.6%。城乡居民医疗保险支出3.9亿元，比上年增支7791万元，增幅25%。一是准确核发职工养老待遇。按照政策及时调整企业退休人员养老金26643人，调整后人均月增养老金174.4元，达到1399.6元；严格审查申请待遇人员档案，新增退休人员1584人，至年末，全县享受养老待遇人员28227人。按时足额支付养老待遇，并做好离退休人员领取资格认证，全年认证26520人，认证率99.54%。二是做好城乡居民养老保险参保和待遇核发。调整城乡居民基础养老金129208人，从2015年7月1日起，城乡居民基础养老金标准从95元/人·月提高至100元/人·月。加强政策宣传，让符合条件的群众主动参保缴费，全年新增参保9348人，参保人数407028人；全县享受养老待遇人员129612人，全面完成省、市下达任务。做好领取城乡基础养老金资格认证工作，停发死亡人员城乡养老待遇3243名。做好被征地农民养老待遇核发，全县被征地农民参保人数2670人，已享受养老保险待遇1157人。三是做好职工医保和城乡居民医保经办和管理。严把报销支付关，防止骗保行为。严格贯彻执行梅州市三大目录，规范报销制度，对违规用药住院的暂停结算，并发出《整改通知书》30多份，全年核减城乡医保结算金额100多万元。成立大额发票鉴别小组，认真鉴别发票真伪，全年没有发现利用假票据骗保现象。成立医保稽核工作组，建立日常巡查监管机制，加强对定点医疗机构巡查监管。对全县定点医疗机构进行巡查，对医院住院报销单据严格审核。特别是对按人次均结算病种，进行认真核对，发现有不符合规定报销的坚决不予支付。全年全县职工医保住院和门诊报销1.1万人次；城乡居民医保住院报销13.5万人次，门诊报销9.7万人次；2015年度城乡医保基金结余2.05亿元，累计结余6.73亿元。做好2016年度城乡居民医保参保缴费。及时召开2016度全县城乡居民医保缴费工作会议，开展宣传发动，规范参保收款收据，及早做好信息录入上传，大力推进城乡居民医保参保缴费。2016年度全县城乡居民医疗保险参保人数1161893人。开展大病保险工作，减轻参保患者经济负担，减少因病致贫、因病返贫现象。全年享受大病保险2371人次，报销金额1609万元，人均报销6786元。四是做好失业待遇发放。按时核定失业待遇，保障失业人员基本生活。全年核定失业待遇206人，新增34人；按月核发1837人次失业保险金165.8万元；核发645人次求职补贴17.1万元，核发12名农民工一次性生活补助2.36万元；并按月开展失业人员领取失业金资格验证工作，确保失业金准确发放。五是做好工伤待遇核发。严格对遗属补助实行生存认证和审核，对已死亡和超过18周岁予以取消待遇。做好工伤待遇核发和整改，对上级稽核部门查出的工伤待遇核发问题进行整改。全年办理工伤待遇1096人次，新增 37 人次。六是做好生育保险待遇调整和发放。按照《关于贯彻执行广东省职工生育保险规定的通知》，做好职工生育保险待遇调整作，从 6 月 25 日起，取消男职工生育补贴，增加女职工生育津贴。全年办理生育待遇 1218 人次，新增 68 人次。

【社保信息公开和政策宣传】 2015 年，县社保局加强政策宣传，营造全社会关心社保氛围。一是充分利用县城扩容提质和河堤改造升级机会，在县城新建的水中堤和上坝堤设立政策宣传走廊 2000 米；在县城主要交通要道制作大型宣传广告牌 20 块合计 1000 平方米。二是向各镇发放宣传资料 25 万份，在镇人社所和人流密集地制作大型广告牌 25 块合计 1500 平方米，张贴宣传画报 500 多份，并派出宣传车深入镇、村开展巡回宣传。三是利用琴江河堤大型 LED 滚动显示屏、县电视台、人社网、社保信息公开专栏网站等解读社保政策，加大信息公开力度；在县城开展 2015 年度社保政策宣传日活动。

【信息变更、关系转移和视同缴费年限审核】 2015 年，县社保局按照政策规定及程序为参保人员变更信息 1292 人，新增 40 人；办理养老关系转移 1109 人，新增 535 人；审核视同缴费年限档案 1485 份，新增 629 份。

【二代社保卡发行和应用】 至 2015 年年末，全县成功制卡 97.8 万张，发卡 83.2 万张、激活 80.1 万张；在企业职工养老待遇领取、医保报销、生育险报销等社保业务方面全面应用。同时，利用电视和网站等做好社保卡领取养老金等应用宣传，并多次组织召集银信部门召开联席会议，要求银行加大发卡和应用力度，实行社保卡跨行取养老金每月前三笔不超过 2500 元免手续费优惠政策。

（黄振群）

县社会保险基金管理局 2015 年度负责人名录

局　长：李千山

副局长：郭裕华　刘少波　廖雪梅

残疾人工作

【残疾人康复】 2015 年，县残联完成残疾人康复任务 1375 例，其中：白内障复明手术 482 例(免费复明手术 202 例)；精神病防治免费服药 556 例；脑瘫儿童康复 60 例；智障儿童康复 50 例；辅助器具供应 110 件；盲人定向行走训练 60 人；居家康复服务人数 50 人；装配假肢大腿 2 例，小腿及上肢 5 例。

【残疾人教育就业】 2015 年，县残联贯彻落实助学优惠政策，落实助学资金 3.6 万元，救助学前教育残疾学生 12 人。做好残疾人普通高考工作，帮助指导残疾本科、大专考生 10 人，每人补助教育奖学金 1000 元合计 1 万元。补助“南粤扶残助学工程”资金大专生 7 人每人 1 万元、本科生 1 人 1.5 万元合计 8.5 万元。积极贯彻落实残疾人就业政策，加大残疾人就业保障金收缴力度，认真细致做好政策宣传、解释工作。县残联、县地税局加强协调，行动一致认真做好企业年审，全年收缴残疾人就业保障金 83 万多元。多渠道、多层次、多形式促进残疾人就业，新增安排残疾人就业 15 人。

【扶贫解困】 2015 年，县残联对全县残疾人燃油补贴对象和低保、“五保”对象进行重新核实，以保证各项专项补贴资金准确、足额发放到残疾人个人账户。落实残疾人危房改造资金 154.8 万元，补贴 258 户，每户 6000 元；落实燃油补贴 20.62 万元，补贴 793 户，每户 260 元；落实残疾人居家无障碍改造 25 户；帮助 4859 名城乡重度残疾人参加医保。5 月 17 日，残联举办第二十五次“全国助残日”活动，慰问农村贫困残疾人、残疾儿童少年 200 多人，发放残疾人用品用具、慰问品、慰问金 5 万多元。

【残疾人津补贴发放】 2015 年，县委、县政府足额落实残疾人“津补贴”县级配套资金。将残疾人生活津贴从 600 元/年提高至 1200 元/年，重残护理补贴从 1200 元/年提高至 1800 元/年。9 月 29 日始发放，全县核实生活津贴 9234 人、护理补贴 9743 人。

【全国听力障碍与耳病调查】 2015 年，中残联、省残联抽取水寨、华城、安流、郭田 4 个镇、6 个社区（村）开展“全国听力障碍与耳病调查”。县扎实配合做好相关工作，专门成立县调查领导小组和县调查组，制定调查方案，层层落实工作责任，把握时间节点，按时按质实施。召开县、镇、村三级动员、部署、培训工作会议，进行文件解读和相关培训并做好前期准备工作；发放通知、宣传资料、预约单等 2 万多份；入户调查安排每户慰问金（品）50 元。全县上报调查 600 户 3374 人，为全国听力障碍与耳病调查提供重要数据。

【残疾人康复中心建设】 2015年1月，县长办公会议作出决定按照二级康复机构规模建设残疾人康复中心，建筑总面积8000平方米，总投资1600万元；2月，县政府决定对康复中心大楼工程建设过程中的6项行政性收费给予减免，19项经营服务性收费减半收取。同时，县残联、财政、国土、住建、发改等部门紧密协调，全力做好建设土地勘探、土地平整、用地报批、建设图纸设计、工程造价预算、报建、工程招标、合同签订、制订建筑工程进度计划等工作。6月29日，省残联副理事长李敏到县调研指导残疾人康复中心建设工作。10月23日，该中心于动工兴建。

【组织建设】 2015 年，成立桥江、周江居委 2 个康园工疗中心，并在周江居委建立助残健身工程示范点，配备残疾人健身器材和 2 名兼职健身指导员，扎实开展残疾人健身活动。全年下发残疾人专职委员补贴经费 59.16 万元，充分调动全县 461 名残疾人专职委员的工作积极性；组织镇级专职委员参加市残联业务培训，保障基层残疾人工作扎实有效开展。（古德华）

县残联 2015 年度负责人名录

理 事 长： 邱小梅

副理事长： 鲍忠友

廖瑞阳（任至 11 月）

卫生和计划生育

【简况】 2015年，五华县卫生和计划生育局内设11个股室，设立事业机构6个。下属卫生计生机构42个，其中：县级医疗卫生机构10间，计生监察机构1间，计生技术服务机构1间，卫生院30间，设置病床2919张；设立卫生站485个，覆盖全县16个镇、412个行政村。全县卫计系统在职人员3563人，担负着全县群众防病治病、生殖保健、医学科研、计划生育等工作任务。

【夯实基础，增强医疗服务质量】 一是提升基层服务能力促进均衡发展。全面开展提升基层卫生院综合服务能力建设项目，切实提升全县医疗服务能力和水平。重点对新桥、双头、中兴、油田、大都等5间卫生院业务用房进行升级改造，规划实施水寨、大坝、河东、华城等5间卫生院整体搬迁。为部分卫生院配备“五个一”医疗设备，借力广东省全面加强和推进经济欠发达地区乡镇服务能力建设契机，想方设法筹集配套资金，配齐“五个一”设备62台（辆），其中救护车10辆、全自动生化仪13台、心电图机14台、500毫安X线机11台、彩色B超3台、黑白B超9台、DR机2台，设备总投入858万元，其中省财政补助金额514.8万元、县财政配套343.2万元。所有设备均完成安装、调试并投入使用，20个乡镇卫生院业务发展和服务能力得到加强，受益群众100多万人。对照《广东省乡镇卫生院基本建设标准》要求，逐步合理配备医疗器械设备；采取招录吸收和培训进修等方式，优化医技人员队伍，着重培养紧缺科目人才。二是落实医改措施加快县级医院改革。围绕“保基本、强基层、建机制”医改工作要求，以破除“以药补医”机制为关键环节,专门制定综合改革试点方案，以县妇保院为试点单位，增加县人民医院、县中医院2间医院为综合改革单位，加强组织领导和统筹协调，落实部门责任，制定医疗服务价格调整方案，推进县级公立医院管理体制、补偿机制、价格机制、药品采购、人事编制、收入分配、医保制度、监管机制等改革措施落实，医改工作不断得到深化。三是加强设施建设改善服务环境。动工兴建县中医医院外科综合楼，推进县人民医院创建三级医院规划设计前期准备工作，完善县妇保院和安流镇中心卫生院新建业务大楼收尾工程。推进民营医院建设，协助做好康泰精神病医院新院址建设；推进梅州谷城大型民营综合性三级甲等医院建设项目。四是建立县级疾病应急救助制度。按照梅州市十件民生实事工作要求，制定《五华县疾病应急救助实施方案》《五华县疾病应急救助制度实施细则（试行）》并严格贯彻实施。积极宣传发动全县各单位、社会各界等捐资募集疾病应急救助金，募集疾病应急救助基金 329.3 万元，有效保障疾病应急救助制度顺利实施。

【优化服务，提升医疗服务水平】 一是疾病救助体系逐步完善。全面加强“120”医疗急救管理，县“120”医疗急救指挥中心于 2014 年 12 月投入运行后，配备网络监控设备，设立急救网点 7 个，有效确保社会救援伤病员和院前急救快速应急反应。二是宣传教育工作深入开展。采取开设宣传专栏、举办医疗活动、设立宣传标牌等形式，大力宣传手足口病、人感染禽流感、狂犬病、艾滋病、登革热等传染病防治知识，宣传“单独两孩”生育政策和完善生育政策重要意义；并结合季节性多发病、常见病、慢性非传染性疾病及突发性传染病流行形势，编印卫生科普知识宣传资料免费发至群众手中，营造健康教育浓厚氛围。三是中医服务能力有效提升。加强和巩固“全省农村中医工作先进县”创建成果，以创建“全国农村中医工作先进县”为目标，分别将县中医院、华城中心卫生院、安流中心卫生院及安流镇东礼村卫生站等 110 间村卫生站列为县、镇、村三级中医药服务能力建设项目单位，积极推广基层中医药适宜技术。四是妇幼卫生工作继续向好。围绕提高出生人口质量，降低孕产妇死亡率和婴儿死亡率为目标，突出妇女、儿童健康教育、预防保健等重大公共卫生服务，认真实施防艾、梅毒、乙肝母婴转播阻断及增补叶酸发放，加强婚检、产检、新生儿疾病筛查。加强出生医学证明的发放和管理，严格把好材料审核关，规范发放出生医学证明。全县住院分娩率不断上升，孕产妇死亡率和婴儿死亡率呈明显下降趋势，各项任务指标均达到相关标准。五是疫情防控能力稳步提升。针对人感染“H7N9”禽流感、埃博拉出血热等重大疫情流行趋势，及时制订和完善相应疫情防控预案，认真组织研判疫情风险，严格落实防控措施，加强业务培训和防病知识宣传，全面做好重大疫情防控工作。2015 年 1 月 23 日，五华发生首例人感染“H7N9”禽流感疫情后，全县各级各有关部门密切配合，联防联控，迅速落实措施，确保无与该病例有关联疫情发生。大力加强登革热疫情防控，组织除“四害”专业队伍开展灭蚊行动，每月在县城开展蚊媒监测，确保各项监测指标均处于疫情防控指标要求之内。六是公共卫生服务均等化水平逐步提升。落实国家基本公共卫生服务项目，加强项目工作绩效评估，规范项目经费管理，增强服务效果，提升服务质量；加大健康档案管理力度，强化对儿童、孕产妇、老年人、高血压患者、糖尿病患者、重性精神病患者等人群健康管理。全县建立健康档案 87.87 万份，建档率 85.12%。七是监督执法力度不断增强。加强监督执法管理，全面整顿医疗市场，采取明察暗访和群众举报相结合方式，以开展打击“两非”和无证牙科、黑诊所等为重点卫生监督执法行动。全年出动执法人员842人次，调查案件117宗，其中立案调查103宗，结案95宗，取缔107间，罚款金额15.05万元，没收药品器械价值约6.4万元；出动卫生监督员121人次，车辆27辆次，检查147间医疗机构，发出卫生监督意见书56份。开展各类持证医疗机构年审校验工作，全年校验医疗机构606间，校验合格594间，校验合格率98%；发出卫生监督意见书599份，发出暂缓校验通知12份，有效监管医疗机构执业行为，严厉打击非法行医活动。

【强化管理，营造和谐计生环境】 一是加强层级责任动态管理。坚持实行“每月检查、定期通报、季度预警、动态管理”计生动态考核机制，采取定人、定向、定责方式，把工作任务层层分解落实到各镇、村和计生包户干部，对重点工作任务完成情况设定排位分，每月对各镇进行考评和排名，考评得分将作为年度综合评分主要依据，严格兑现奖惩。4月，县委、县政府对2014年度计生工作取得显著成效的6个镇、4个村、22个县镇计生综治单位及33名干部进行表彰奖励；对工作不到位的1个镇、1个村给予“提醒注意”，1个单位被通报批评，13名责任人受到处分。二是提升全员人口信息化水平。扎实推进全员人口信息库建设和信息系统规范应用，创新信息采集工作机制，建立“上门采集、共享采集、办事采集”三种信息采集模式，有效确保育龄夫妇信息准确、更新及时。全面开展全员人口信息纠错专项活动，及时处理重复人口信息，完善缺、漏、错项信息，定期开展统计质量分析，提高统计数据质量，提高全县全员人口信息系统数据质量，提升计生信息化管理服务水平，使全员人口信息系统信息交互基本走上正轨。三是落实流动人口双向管理职责。扎实开展贯彻落实流动人口计划生育双向服务管理职责试点，制定实施方案，明确工作目标、职责任务和具体措施，强化镇村干部计生包户责任网络，严格把好信息采集关、核对关、录入关、通报关、反馈关，及时通报反馈并更新信息，着力提高信息通报反馈质量。组织工作队到深圳市宝安区等珠三角地区开展区域协作交流活动，力促流动人口计划生育管理服务工作全面落到实处。四是定点结扎工作推进有力。继续实行定点结扎措施，采取集中服务活动与经常性工作相结合方式，将工作任务逐级分解落实到镇村和包户责任人。实行重点管理、每周统计排名、每月综合评分，并设立排位分制度，全面抓好定点结扎措施的落实。全县落实定点结扎5844例、上环4035例。五是社会抚养费征收力度提升。健全完善社会抚养费依法管理机制，全面建立征收档案，对征收案件严格审查，发现有事实不清、适用法律条款不准的，重新调查核实，确保征收主体合法、程序规范、行使自由裁量权适当。坚持以推进计生非诉案件执行为核心，对违法生育且逾期不缴纳社会抚养费的对象，通过申请法院立案强制执行。全县计生非诉案件立案 175 件、执结 167 件、执结金额 520.84 万元。六是服务机制创新效果显现。坚持把开展人口计生服务“村村行”活动作为推进新型生育文化建设、提高计生家庭发展水平重要举措，组织服务队伍到各村（居委）现场开展服务活动，为育龄妇女、留守儿童和计生困难家庭提供政策咨询、优生指导、生殖保健和技能培训、生活扶助等服务，逐步建立对计生家庭多层次、全方位关爱体系，提高群众对计生工作满意度。全面完成开展“村村行”活动任务。

【增强意识，狠抓行业作风建设】 一是狠抓队伍作风建设。持续把党风廉政建设和反腐败工作摆上全局工作重要位置，落实党风廉政建设和反腐败工作部署分工，按照“标本兼治、综合治理、惩防并举、注重预防”工作要求，紧紧抓住“教育、制度、监督”三个关键环节，专门制发《五华县卫生和计划生育局管理制度》《关于加强医疗卫生机构财务管理的若干规定》，规范医疗卫生机构财务收支行为，强化日常监管，防止医疗行业腐败行为发生。结合开展“三严三实”专题教育活动，严格落实中央“八项规定”，严格执行接待、出差、公车使用等有关规定，切实转变作风，提高工作效率，简化计生办事程序，下放审批权限，方便办事群众，以良好党风带政风促民风，推动全县卫生计生事业的持续健康发展。二是加强医德医风建设。大力加强医德医风宣传教育，指导医疗机构落实和完善医德考评制度，对医德考评不合格人员记入不良记录中，限制使用和晋升。严格落实《医疗机构从业人员行为规范》，规范医疗服务项目和诊疗行为。以开展创建“建设群众满意的乡镇卫生院”活动为契机，加强卫生院内涵建设，减少医患矛盾，提升群众对医疗服务行为满意度。三是加大专项整治力度。深入落实行风建设“九不准”（1.不准将医疗卫生人员个人收入与药品和医学检查收入挂钩；2.不准开单提成；3.不准违规收费；4.不准违规接受社会捐赠资助；5.不准参与推销活动和违规发布医疗广告；6.不准为商业目的统方；7.不准违规私自采购使用医药产品；8.不准收受回扣；9.不准收受患者“红包”等）。大力整治接受各种形式回扣、“红包”、医疗服务乱收费，严肃查处违法违规行为；落实医患双方签署不收不送红包协议，对重点岗位、敏感岗位工作人员进行廉政谈话，促使全系统工作人员增强党纪、政纪、法纪观念，提高医务人员遵守医疗卫生职业道德操守自觉性。

（杜文标　龙竞波）

县卫生和计划生育局2015年度负责人名录

局　　长：温志清

副 局 长：曾运华　曾洪波　江运梅

李金文　曾豪达　曾梅花

温汉深　曾国强

党组成员：薛奕良　赖伟均　张锡文

安全生产监督管理

【简况】 2015年，县安监局以中共十八大，十八届三中、四中、五中全会和习近平总书记关于安全生产系列重要讲话及指示批示精神为指导，贯彻落实科学发展观，坚持“安全第一，预防为主、综合治理”方针，牢固树立“以人为本，生命至上”理念，突出抓好安全生产大检查、隐患排查治理和安全专项整治，不断夯实基层基础，推进企业落实安全主体责任，有效遏制各类事故，促进全县安全生产形势持续稳定好转。全县各行业领域发生各类伤亡事故113起，死亡31人。其中：道路交通事故64起，死亡27人；火灾事故49起；非煤矿山、烟花爆竹、危险化学品等重点行业领域零事故、零死亡，均未突破市下达的控制指标。

【完善安全生产责任体系】 2015年，县安监局做好县对镇安全生产责任制年度考核工作，协助县委办、县府办印发《关于完善安全生产责任体系的实施意见》（华办函〔2015〕33号），调整和规范有关部门工作职责，推动安全生产责任体系“五级五覆盖”向村（居）级延伸，形成高位推动的良好态势。各镇各部门通过持续推进企业标准化创建、安全生产示范创建、“平安企业”创建和对企业主面对面谈心对话等活动，推动企业完善安全监管机构和人员，履行“五落实五到位”主体责任。全县完成“五覆盖”乡镇16个、行政村（居）75个（有工矿企业的），覆盖率100%；发放企业责任体系“五落实五到位”规定挂图1.8万份，完成较大规模以上企业“五落实”75家，覆盖率100%。

【安全生产大检查和综合督查】 2015年，县安监局组织开展岁末年初、“五一”和为期四个月的安全生产大检查，县五套班子成员分别带队，多次到挂点镇或部门、企业生产一线和人员密集场所进行安全生产检查。县安委办采取“四不两直”方式，不定期组织综合督查，印发通报和简报。全县出动检查组419组次，检查企业2085家次，排查一般隐患1455项，整改1455项，排查重大隐患14项，整改14项；依法取缔无证经营32户，停产整顿企业14家；开展综合督查

3 次，发出督查通报 3 期、简报 2 期。

【隐患排查治理】 2015 年，县安监局实行“每月一主题、每月一行业（镇）汇报、每季一跟踪反馈”和“每月一排序”工作机制，对有关镇和单位在县政府常务会议上作安全生产工作主题情况汇报的重点难点问题落实情况进行跟踪并作书面反馈。各镇各有关单位上报隐患 470 宗，整改 512 宗；其中，列为县挂牌督办 120 宗，整改 118 宗，跟踪督办责任单位治理隐患 263 人次。

【打非治违和安全专项整治】 一是发挥安全生产行政执法监察联席会议优势，制定年度联合执法方案，组织各镇各部门协同作战，不定期组织跨地区、跨部门联合执法，打击整治各类非法违法生产经营建设行为，查封非法提炼生物燃料油窝点 1 处；查封无证经营游船 1 艘；暂扣许可证 16 份，处罚企业一批；解决群众举报电话或其他形式投诉 15 宗。二是开展非煤矿山节后复工复产、汛期防汛度汛检查、打非治违等专项安全整治，下达整改指令 53 份，整改 136 处，处罚违法违规行为 7 宗；完成华城白石嶂钼矿大尾矿库闭库治理，通过市级验收。三是开展烟花爆竹、危险化学品从业单位专项整治和打非治违，依法取缔无证经营烟花爆竹 25 户，查获非法储存烟花爆竹 2600 多件、市值 21.5 万元，公开集中销毁；查处非法加油站（点）35 家，立案调查 1 宗；查处非法经营燃气店 6 家；关闭“两关闭”范畴零售店 238 个；完成烟花爆竹企业示范创建 8 家。

【安全宣传教育培训】 一是举办镇村（居）干部安全生产全员培训。针对部分镇、村（居）干部对安全生产重要性认识不足、存在事不关己思想和安全生产“不在状态”等问题，县安监局班子成员自编教材、带头授课，培训人数 5000 多人，发放资料 1 万余份。二是精心组织“安全生产月”活动。举办“安全生产宣传咨询日”“应急预案演练周”、执法警示曝光、消防安全宣传、“食品安全宣传周”“平安校园”“安康杯”竞赛等活动，出动咨询人员 1320 多人，设置咨询台 26 个，悬挂横幅 39 条，发放资料 1.6 万余份，现场接受企业、群众咨询 1100 多人次，在《五华政报》编印安全生产专版 1 期。三是举办梅州、河源两地跨区域联合消防演练 1 场次，其他各类应急演练 16 场次。四是大力开展宣传教育活动。利用横额标语、宣传车、电视台、广播、网络、短信、微信、宣传品等各种载体，广泛宣传安全生产法律法规和安全常识。全县新增设安全生产宣传专栏 6 个，发放新《安全生产法》《广东省安全生产条例》小册子 4000 余份，发放宣传资料 8 万余份，举办交通安全法制课 132 场次，举办各类安全生产宣传教育培训班 21 期，培训人员 2087 人次，其中培训“三项岗位”人员 837 人次、其他从业人员 1250 人次。

【安全生产示范创建】 2015年，县安监局针对全县安全生产基础薄弱、基本建设落后、历史欠账较大等问题，首次开展安全生产示范创建工作，分别制定各类行业示范创建标准，要求全县创建安全生产示范镇不少于6个、非煤矿山10家、危险化学品和烟花爆竹8家、工商贸6家以及职业健康示范企业6家。至年末，水寨镇、河东镇、华城镇、安流镇、双华镇、横陂镇、岐岭镇等7个镇和县工业园区示范创建全部达标。

【“平安企业”创建】 2015年，县安监局结合企业标准化建设和安全生产示范创建，联合综治和负有组织创建职责部门组成工作组，督促22家参与平安创建的企业按照标准逐条逐项完善，严格把关，确保达标率100%。

【队伍建设】 2015年，县安监局会同县人社、财政部门组织工业园区和全县各镇做好专职安全队伍组建，并组织全县安监人员开展执法监察业务培训3场次，加强党风廉政建设，提高队伍文明执法、规范执法水平。

【应急管理】 2015年，县安监局开展工商贸行业预案编制、评审和报备工作，加强风险隐患排查和整改，排查企业128家，查出各类隐患88处，其中一般隐患67处、较大隐患21处，全部完成整改。协助指导各部门、各企业举行火灾引起爆炸、储罐气瓶起火、坍塌事故、触电事故、高空坠落、学校应急疏散、国道公路坍塌等不同类型演练136场次，直接参加人员26000多人，出动消防救援设备和医务救援车25台次。

【安全生产执法监管】 2015年，县安监局以开展“安全生产执法年”为主线，认真执行年度执法工作计划，注重以县带镇“传帮带”方式积极开展安全生产执法监管工作，规范执法行为，推进“依法治安”步伐。全县完成安全生产行政执法11宗（不含市局执法），委托执法46宗（处罚金额3.8万元），在全市排名第一。

【职业卫生监管】 2015年，县安监局开展职业卫生执法监察联合行动，对电子制造、石材加工、制鞋、木质家具、电池制造、电镀、运动器材制造、汽车制造和灯具制造等重点行业进行职业病危害专项整治，规范职工劳保品使用，检查企业62家，发现隐患226处，整改226处，处罚企业4家。

（黄同文）

县安全生产监督管理局2015年度负责人名录

局　长： 刘冠鹏（任至11月）
　　　　古　文（11月任）
副局长： 谢如锋　曾放群　徐安优
执法监察大队长： 温怀康
党组成员： 何元清

信 访

【简况】 2015年，县综治信访维稳中心受理群众来信来访875件次，对比上年下降27%；群众到市上访71批356人次，对比上年分别下降34.2%和48.5%（其中群众集体到市上访25批266人次，对比上年分别下降35.9%和53.9%）；群众到省上访52批175人次，对比上年分别下降1.9%和28.5%（其中群众集体到省上访4批46人次，对比上年分别下降69.2%和71.2%）；进京非正常上访6批8人次。梅州民声网上信访受理群众来信3081件；梅州市信访业务管理系统受理上级批转信访案件507宗（其中，国家信访局批转102宗、省信访局批转303宗、市信访局批转102宗），按时办结率100%。扎实化解社会矛盾纠纷，多措并举协调解决疑难复杂信访案件51宗。

【狠抓责任落实，形成工作合力】 2015年，县委、县政府高度重视信访，落实信访“一岗双责”制度，县党政主要领导带头协调督办信访突出问题，带头阅批群众来信，形成主要领导负总责、分管领导具体抓、党政领导一齐抓、基层党政部门主动抓工作局面。坚持开展县领导定期接访、专题接访、重点约访、带案下访活动，县五套班子成员坚持分组分类于每月15日、30日在县综治信访维稳中心接待群众来访。坚持召开信访维稳工作研判会，强化领导包案责任，对信访突出问题、重点稳控对象等落实县领导班子成员、镇党委书记和涉及部门负责人包案办结和稳控责任，集中全力解决信访问题。

【狠抓矛盾化解，加大调处力度】 2015年，县信访部门认真贯彻落实省委书记胡春华2月13日在全省化解社会矛盾专题工作会议上讲话精神，继续开展“社会矛盾化解年”活动，根据“属地管理、分级负责，谁主管、谁负责”原则，落实领导包案责任，全力化解信访案件。全年办结省、市交办五华信访案件91宗。大力开展全县基层治理涉及化解涉农矛盾纠纷工作，全年协调化解涉农矛盾纠纷28宗。继续健全信访救助帮扶体系。全年向上级申报第五批解决特殊疑难信访问题专项资金528.8万元，化解特殊疑难信访案件29宗。

【狠抓宣传教育，规范信访秩序】 2015年，县信访部门加大《广东省信访条例》宣传力度，在五华政务网、《五华政报》等各种媒体进行广泛宣传，印制《广东省信访条例》

小册子3000多份、信访法律知识问答1万多份发至各镇各单位及信访人，在人口密集地方、公共场所悬挂标语等形式，以及利用“6·15”全省信访条例宣传日开展宣传活动，引导群众以理性合法方式表达利益诉求，自觉遵守信访秩序。

【狠抓稳控措施，确保和谐稳定】 2015年，县信访部门在全国“两会”、“中国人民抗日战争暨世界反法西斯战争胜利70周年纪念日”、第四届世界客商大会和十八届五中全会、省委全会等特殊敏感时期，积极开展矛盾纠纷大排查、大调处活动，对可能越级到省进京上访重点人员和重点群体，按照“五包”要求，落实包案责任，严密稳控，全力调处化解。同时，严格落实领导带班值班制度和信访信息“零”报告制度，加强情报信息收集，密切关注重点人员和重点群体串联聚集动向，做到“四个不发生”（不发生重大政治案件、不发生影响恶劣的群体性事件、不发生重特大治安灾害事故、不发生大规模到省集体上访和群众进京上访），确保特殊敏感时期全县没有发生群众大规模聚集到省上访和进京非正常上访。

【狠抓网信建设，畅通信访渠道】 2015年，县信访部门加强信访基础业务，完善梅州民声网上信访平台建设，普及应用“梅州市信访业务管理系统”。一是在新信访业务系统联通上抓普及应用。1月始，县将系统延伸到镇和有权处理信访事项的责任部门，全县16个镇和89个单位普及应用“梅州市信访业务管理系统”；4月，举办全县性系统普及应用业务培训2期。各镇、县直有关单位均能把群众信访事项（含来信、来访、网上信访、电话信访事项）全部录入“梅州市信访业务管理系统”，并按规定及时受理、办理，确保“三率”（及时受理率、按时办结率、群众满意率）达标。二是积极开展信访信息录入“百日会战”活动。按时做好信访事项录入（补录），规范信访事项办理，提高群众对信访事项办理工作满意度。同时，全面落实县信访局领导干部挂镇（单位）联系信访基础业务，加强业务指导，规范信访基础业务。三是着力推进群众满意度评价工作。对于列入群众满意度评价的信件，各镇、县直有关单位分管信访工作的领导负责督查督办，并安排专人引导信访人进行满意度评价工作。

【狠抓督促检查，强化责任落实】 2015年，县信访部门成立信访工作督查组，加强对全县各镇、县直有关单位加强信访基础业务，普及应用“梅州市信访业务管理系统”、包案化解疑难复杂信访案件等信访工作的跟踪落实，督促办理，实行每月督查、每季通报，并将督查情况纳入信访工作年度考核范围。根据《五华县信访责任考核追究机制的实施意见》，对问题多且长期得不到整治单位，进行通报批评，限期整改；对工作后进单位，实行重点管理，帮助查找问题、剖析原因，督促整改；对因责任不落实、处理不及时、工作不到位导致发生群众越级到省进京非正常上访的实行责任倒查，严肃追究相关人员责任；对故意推诿、敷衍、拖延办理信访事项，造成不良后果的单位主要负责人和相关责任人予以诫勉谈话，责令改正。

【信访突出问题】 主要表现在：一是到县、到市、到省上访量对比上年大幅下降，但信访总量仍然较大。二是涉及征地拆迁，山林、土地权属，农村“三资”（农村集体资金、集体资产、集体资源）管理、资源开采、拖欠工资等方面引发的越级上访占信访总量比重较大。三是离任村（社区）干部、涉军群体和 20 世纪 60—80 年代早期离岗民办（代课）教师等群体仍然存在串联到市、到省群体性上访苗头隐患。四是在处理“三跨三分离”和涉法涉诉信访事项上访人员越级进京非正常上访的违法行为在操作上仍然存在一定困难，导致仍然存在进京非正常上访隐患。（陈满红）

县信访局 2015 年度负责人名录

局　长：钟彩扬

副局长：温平康　周焕光

乡镇概况

水 寨 镇

【简况】 水寨镇地处县城，总面积 99 平方公里。辖 23 个村委会，450 个村民小组和 4 个居委会。2015 年，有 51647 户、167482 人，其中农业人口 76081 人、非农业人口 91401 人；全镇有耕地面积 1431.2 公顷，其中水田 1038.73 公顷、旱地 392.47 公顷。全镇农村经济总收入 18.1 亿元，对比上年增长 10%；镇级财政收入 550 万元，对比上年增长 2.7%；国、地两税收入 1.8 亿元，对比上年增长 47.5%；农村居民人均纯收入 9686 元，对比上年增长 9%。

【经济发展】 2015 年，水寨镇狠抓招商引资，以第四届世界客商大会为契机，加大宣传推介力度，成功引进总投资 1.6 亿元的佛山市南海百凌制冷设备厂落户县经济开发区；大力发展特色农业，重点培育鼎德信、中洞宝兰新、白石洋等高效精致农业，引导农户开展农房抵押贷款、“农村淘宝”等，盘活农村资源，促进农村农业发展。全镇新增县级农业龙头企业 1 家，农业专业合作社 7 家。

【重点项目建设】 2015 年，水寨镇强力推进香雪制药，县经济开发区黄井、大岭、罗湖板块，进城大道，兴华高速，人民公园，公园路，莲洞堤、罗湖堤升级改造，琴江公路，工业大道东延线、北延线，罗湖安置区，碧桂园二期，华侨实验中学征拆扫尾等重点项目征拆工作，全年完成征地 207.51 公顷，拆迁房屋 2.73 万平方米；迁移地坟、阴亭 460 座、金神 1180 个，清理地面附着物一大批，并妥善解决重点项目征地拆迁引发的矛盾纠纷，为县城扩容提质、园区扩能增效提供坚强的用地保障，确保重点工程无障碍施工。

【民生改善】 一是文教事业稳步发展。全镇多方筹资 84.5 万元，完善中小学教学设备；初中升学考试全县综合排名第二，大布、员瑾、高车、澄湖、府前、西河等 6 个村（居）进入全县高考前 20 名村；府前社区居委被评为“广东省科普示范社区”；澄湖村学富楼、大布村心德楼成功创建为市级农村文化俱乐部。二是重点民生持续改善。投入 80 万元建成镇级便民服务中心和 27 个村（居）公共服务站，方便群众办事；支持帮助各村筹集资金 1923.7 万元抓好村级基础设施建设，修建村道 39.15 公里、水圳 30.58 公里、建设休闲广场 11 个，安装监控视频、路灯一批，农村基础设施得到完善。城乡低保提标扩面工作扎实推进，低保核查全面完成，调整、取消不符合农村低保条件人员 88 户 255 人，实现“应保尽保、应退尽退”。城乡居民医保实现全覆盖，参保人数 107647 人，参保率排名居全县第一。被征地农民养老保险工作稳步推进，完成黄井、员瑾、大岭、坝心等村 1561 个参保人员名单确定上报工作。三是“扶贫双到”工作成效初显。主动加强与帮扶单位沟通联系，5 个省定贫困村投入帮扶资金 266.5 万元，用于产业帮扶和农田水利、村道、路灯、文化广场等民生实事，重点帮扶村集体经济收入均达 5 万元以上，贫困村农民人均纯收入 8000 元以上，594 户贫困户全部实现稳定脱贫，全面完成三年帮扶任务。

【社会各项事业】 一是计划生育常抓不懈。持续开展人口服务“村村行”活动，实行免费孕前优生健康检查和“四术”落实，全年免费孕前健康检查 702 人次，完成结扎 443 例，上环 751 例，超额完成年度目标任务；征收社会抚养费 1136 万元。二是创卫工作有序展开。深入推进“和谐美丽镇村”创建，莲洞、大沙、高车等 3 个村为创建“和谐美丽镇村”示范点，以点带面全面铺开创建工作。全力抓好创卫工作，投入资金 300 万元，继续推进“三进三出三改造”工作，15 个创卫村（居）填埋老粪坑 1214 个，清理污水塘 190 口、污水沟 22.83 公里，硬底化路面 14.05 公里，修建三面光水圳 29 公里，新建休闲小公园、健身小广场 4 个、公共卫生间 14 个，设置健康教育宣传栏 160 个并坚持每季度更新；投放“四害”工具 264 套、老鼠屋 320 个，开展专业消杀活动 4 次；坚持周末卫生日制度，清理卫生死角 194 处，清除道路两边杂草 50 公里，清运垃圾 230 吨、污水塘淤泥 500 立方米；全镇各村聘请卫生保洁员，采取分片包干、整村承包的模式，全面建立上门收集垃圾的工作机制。全镇城乡面貌明显改观，顺利通过省卫生县城考核验收。三是国土村建管理扎实开展。落实村建国土部门干部包片巡查责任，加强对罗湖堤、莲洞堤、琴江公路、工业大道东延线、兴华高速公路沿线等重点地段日常动态巡查，做好重点项目周边地块防“三抢”工作；扎实开展占用水田违章建房专项整治行动，及时制止违章建筑 165 宗，拆除 79 宗 5390 平方米。四是安全生产工作力度不减。坚持“党政同责、一岗双责、齐抓共管”，全面落实安全生产责任制，抓好岗阳砂场、党恩砂场、中洞萤石矿、中洞石场等非煤矿山、砂石场和建筑施工工地、中小学校、道路交通、烟花爆竹批发部、加油站、危险化学品等重点行业及出租屋、三小场所、公共娱乐场所、城乡接合部等人员密集场所安全管理，开展安全生产大检查 98 场次，排查整治隐患 127 宗，收缴销毁非法烟花 10 箱、违规爆竹产品 100 多件、无证经营广告牌 5 块，关闭人货混居零售点 3 家，吊销经营许可证 5 家；妥善处置中洞“8 · 19”地陷事件，杜绝安全生产事故发生。五是防汛工作扎实开展。通过修订完善防汛应急预案，落实山塘水库堤围防守责任，严格执行汛期“三防”应急接收系统 24 小时值班制度，加强隐患排查、整治，确保安全度汛。六是生态建设工作有序推进。扎实开展新一轮造林绿化行动，在星湖岭公园完成绿化造林 86.67 公顷，补种荷木、荫香、大叶榕等树木 17.3 万株，在蒲丽顶森林公园等地发动社会造林 40 公顷。抓实森林防火工作，坚持每天出动宣传车、每周编发一条以上森林防火短信，并在进山路口等重点地段设立森林防火宣传牌 23 块，深入开展形式多样的宣传教育，提高全民森林防火意识；投入 8 万多元，补充完善风力灭火机、电动喷水枪、对讲机、扑火把、防火服等扑火装备一批；调整充实镇机关 43 人半专业扑火应急分队，

16 个有林地的村组建 15 人以上的半专业扑火队，并自筹资金增聘 6 名护林员，全年组织开展扑火技能培训和实战演练 5 场(次)；健全完善森林防火奖惩制度和护林员考核激励机制，落实镇、村干部和护林员网格化责任，强化野外火源管理，依法查处擅自改变林地用途案件 6 宗，野外违章用火 7 宗，处罚 3 人，有效遏制山火发生。

【平安建设】 2015 年，水寨镇充分发挥镇综治信访维稳中心和各村治保、调解组织作用,定期开展矛盾纠纷大排查，调处矛盾纠纷 111 宗，其中积极化解 9 宗重点项目征地拆迁引发的矛盾纠纷,及时处置突发事件 8 宗。狠抓平安创建宣传教育，依法打击阻挠公务、侵占土地、违章建房、扰乱办公秩序等各种违法行为，并采取以案说法、编印《基层治理读本》1.7 万本发至每家每户，及时向镇村（居）干部通报案情，用身边的典型案例，教育引导镇村（居）干部和广大群众学法、懂法、守法；精心组织以“3+2”为重点的专项整治行动，重拳打击各类违法犯罪活动。全年开展整治行动 47 场次，立刑事案件 237 宗，破 103 宗；查处治安案件 458 宗，调处民事纠纷 124 宗，抓获吸毒人员 109 人，强制戒毒 26 人，收缴枪支 19 支。

【党的建设】 一是抓培训提素质。组织举办党建业务知识、做好新形势下的农村工作等培训班 9 期，提高干部队伍整体素质；举办入党积极分子培训班 2 场(次)，培训对象 64 人，发展预备党员 34 名，预备党员转正 25 人，培养村（居）后备干部 56 人。二是抓激励增活力。结合镇驻村干部年终绩效考核，评选出驻村工作先锋 11 人、窗口服务标兵 5 人、征地积极分子 12 人、矛盾调解能手 5 人，予以通报表彰；以开展“为民服务好支书、好村干部”评选活动为抓手，通过各村（居）推荐、党委考核，评定 3 名好支书和 4 名好村干部予以通报表彰。三是抓“直联”转作风。成立由党委书记任组长，镇长和专职副书记任副组长的镇领导干部驻点普遍直接联系群众活动领导小组，制定镇领导干部驻点普遍直接联系群众制度的实施方案，统一印发连心卡 4 万张，制作工作牌匾、工作职责和流程图下发到 27 个村（居）；并派出 27 个驻点团队 120 名镇干部开展直接联系群众工作。各驻点团队以村民小组为基本网格单位，每个驻点队员相对固定联系 1 至 3 个网格，围绕“一年内对网格内的每户农户至少走访一遍”工作目标，由各驻点领导牵头制定走访进度安排表，明确每月走访户数，镇班子成员坚持每周二带领驻点团队到村接待、走访群众。全镇接访群众 3251 人次，走访群众 20000 人次，解决群众热点问题 675 个。五是深入推进党廉建设。支持纪委履行监督职责，督促纪委抓好线索排查，严肃查办党员干部违纪违法案件，全镇立案 10 宗，处理 10 人。修订《水寨镇领导班子成员党风廉政建设岗位职责》《廉政勤政监督制度》《财务管理制度》《党务、政务、村务公开责任追究制度》和《公务车辆使用管理》等一系列规章制度，健全完善从源头上预防和治理腐败的长效机制。

（陈瑞成　林锐鑫　黄帼欢）

水寨镇 2015 年度领导名录

书记、人大主席： 陈　逸

副书记： 陈春宣

李万年（任至 11 月）

刘丽霞（挂职）

镇　　长：陈春宣

党委委员：张仲坤　魏耿华　刘远新

陈瑞成　黄文尖　彭龙华

廖彩琼　曾汉强

戴　勇（5月任）

钟　伟（9月任）

副镇长：魏耿华　饶　科　周展红

河　东　镇

【简况】　河东镇位于五华县中部，地处县城，总面积236平方公里。全镇辖43个行政村和3个居委会。2015年年末，耕地总面积4496.4公顷，其中水（旱）田3390公顷、旱地1106.4公顷。全镇有26576户、134103人，其中农业人口121181人、非农业人口12922人。全镇农村经济总收入12.45亿元，镇级财政收入1550万元，农村居民人均纯收入8665元，分别对比上年增长5.5%、35.25%和5%。

【农业发展】　2015年，河东镇扎实推进耕山致富示范点建设，茶亭岗金柚公园建设推进顺利。以科技入户为抓手，通过推广良种良法，继续抓好宝瑞等12个村万亩水稻高产示范片创建，打实水稻丰收基础。原有的恒星畜牧、茶亭岗、英特泰等10个果蔬畜牧基地以及河东绿之源柚类专业合作社、河平烟叶种植等专业合作社得到巩固扩大。全面完成213.33公顷的森林火灾灾后复绿造林，中央森林抚育1011.03公顷，森林碳汇抚育967.07公顷，做好林业生态红线划定和2015年林业有害生物普查；新增生态公益林1464.4公顷。

【基础设施建设】　2015年，河东镇坚持把城乡基础建设作为做好农业、农村、农民工作的重点，筹资933万多元抓好沙渴、河口、桂岭等村村道的扩宽改造、水泥硬底化建设；筹资111万多元在沙渴、苑河、枫林等村实施绿化、亮化工程；筹资291万多元建设布头、河口、高车、桂岭等村村委大楼和文体广场；筹资25万多元抓好农村环境卫生管理；筹资21万多元完成罗塘村一期引水工程，筹资106万多元抓好河口、平西、三田等村引用水工程建设；筹集资金275万多元完成下一、河口等村水圳三面光改造；筹资5万多元完成溜塘水库溢洪道除险加固；筹资50多万元完成高车和平东村危桥改造；筹资160多万元完成河口和平东村电网线路改造。全面完成兴华高速河东段16.2公里征拆任务，超额完成河东工业区200公顷征地任务；完成河东大道、长乐农贸市场和水寨街升级改造工程；琴江广场（一期）建成开放、增塘堤土地征储顺利推进。

【教育计生】　2015年，河东镇以成功创建“广东省教育强镇”为契机，争取上级有关部门支持，筹集资金180多万元，完善平南中学多媒体教育平台和油田中学足球场、读书亭等软硬件设施。发动乡贤积极参与“回赠母校一棵树”活动，着力打造“四化”校园。2015年，琴江中学高考重本线以上3人，本科线以上13人，大专线以上67人，保持“低进高出”人才培养模式；河东中学、平南中学有142名学生进入市重点线，其中入东山中学、曾宪梓中学线60名，水寨中学线82人。加大文体设施投入，新建文体项目5个，基层公共文化服务设施不断改善，下一村孟常公祠被评为农村文化俱乐部市级示范点。坚持实行党政一把手亲自抓、负总责计划生育工作体制，强化以落实定点结扎、优生健康检查和社会抚养费征收为主的经常性人口计生工作落实，有力推进人口计生工作健康深入发展。投入23万元更新、完善一批宣传牌、宣传栏等，印制宣传画册；全镇完成“四术”1327例，其中：结扎547例（二女扎35例），上环705例，落实补救措施75例，免费孕前优生健康检查928人。征收社会抚养费1550万元，其中申请法院强制征收16宗，执结16宗，执结金额40.34万元。

【社会保障】 2015年，河东镇抓好参加城乡居民医保群众住院报销和2016年度参保工作；办理、发放第二代社会保障卡8.7万张；发放城乡医疗救助260人次36万元，临时救助50人次1万元。健全和完善最低生活保障动态管理制度，实现应保尽保。理顺农村敬老院管理体制，调整落实集中供养“五保”老人24人，聘用管理人员3名。扶贫挂钩帮扶单位筹资1571万元投入挂点村，修建文化卫生设施、水利圳道及发放助学金、发展养殖业；完成2014年度、2015年度农村砖瓦房摸查、信息录入更改工作；启动新时期精准扶贫相对贫困村相对贫困户的识别和申报工作；完成200多户危房改造任务。按时发放种粮综合补贴、种子补贴、生态公益林、危房改造等各种惠农补助资金1328万元。

【平安建设】 一是落实镇领导包案。实行“五个一”（一个信访案件、一个征拆组、一个领导、一个方案、一包到底”)和“四包”(包化解、包稳控、包疏导、包息访)工作制度，努力化解矛盾纠纷。对一时难以解决的信访案件建立台账，由专人负责，做好调处工作；特别是对因征地拆迁引发矛盾纠纷或突发性事件影响社会稳定的重大事件，由党政一把手亲自抓落实。二是积极调处矛盾纠纷。对征拆工作中信访问题，做到早介入、早调查、早调处，及时掌握征地群众思想动态，对出现苗头性、倾向性问题，及时跟进，做好解释说服工作，争取群众理解支持，全年接访群众26人次，化解纠纷35宗，没有出现重大上访事件和群体性事件。刑事犯罪立案157宗，破案46宗；加大对治安案件查处力度，立治安案件497宗；镇信访维稳中心接待来访人员76人次，受理案件54宗，办结案件52宗，办结率达96%以上。三是全力开展禁毒工作。先后投入6万多元制作宣传牌、宣传栏、悬挂横幅；下拨河东、油田、平南派出所70多万元，作为禁毒等办案工作经费；投入20多万元购置2辆皮卡车用于禁毒宣传和巡查；投入20多万元组建一支16人应急队伍，结合护林员森林防火巡查到边、到角和熟悉地形优势，补助每位护林员300元作为巡查经费，加大禁毒工作日常巡查力度。四是抓好安全生产。坚持“党政同责、一岗双责、齐抓共管”，全面落实安全生产责任制，扎实开展“八打八治”专项行动和“安全生产日”活动，高度重视食品药品安全，切实加强对各工矿企业、非煤矿山、建筑工地、道路交通、地质灾害点以及加油站等重点区域、重点行业的专项整治工作力度，严厉打击非法生产销售烟花爆竹行为。安全生产管理考核被评定为优秀单位。

【党的建设】 2015年，河东镇加强政风建设，干部作风扎实改进。深入开展“三严三实”专题教育活动，狠抓廉政建设，认真学习贯彻中央“八项规定”和“六项禁令”，精简会议、文件，切实减少“三公支出”。认真落实党风廉政建设责任制，厉行节约，增收节支。严格执行镇党委制定各项决议，认真接受镇人大和群众监督，加大对干部纪律松散、作风漂浮、不作为、乱作为等不良作风整顿力度，教育和引导广大党员干部经常深入田间地头和群众中间，了解群众意愿，倾听群众呼声，关心群众疾苦，切实转变政府职能，强化公仆意识，树立执政为民、便民、利民良好形象。（张勇鹏　张百文）

河东镇2015年度领导名录

书记、人大主席：江锦城

副书记：魏　婷　卓伟强
张晓山（挂职至11月）

镇　长：魏　婷

党委委员：宋更杰　张志英　张锦贵
陈菊英
周新辉（任至5月）
曾桓雄　谢福金　黄坤荣
张赛新　朱建强
张裕琴（5月任）

人大专职副主席：曾汉东

副镇长：宋更杰　邹川勇　陈锦源
张建明

转　水　镇

【简况】 转水镇位于五华县北部，离县城13公里，东北与兴宁刁坊、福兴镇相连，辖区面积158.5平方公里。下辖21个村委会和1个居委会。2015年年末，全镇有14709户、71214人，其中农业人口67178人、非农业人口4036人；耕地面积2557.34公顷，其中水（旱）田1985.27公顷、旱地572.07公顷。全镇农村经济总产值7.99亿元，对比上年增长8%；镇级财政一般预算收入3035万元，对比上年增长8.5%；国税收入实现129万元，地税收入实现1222万元；农村居民人均纯收入7998元，对比上年增长8.25%。

【农业发展】 2015年，转水镇以特色农业为支撑，镇域经济持续稳定发展。引导农民种植优质水稻，配合上级部门做好优质水稻种植推广，建立黄龙—青塘高产优质水稻千亩示范点，辐射带动农民发展农业经济，增加经济收入。全镇种植优质水稻面积1333.33公顷。新华、新民等村种植油茶133.33公顷。

依靠县烟草公司产销渠道，以“公司+农户”模式，在维龙、矮车和流洞等村种植优质烤烟23.33公顷，产值170多万元。峯柯村建立蔬菜基地，种植蔬菜7.13公顷。益塘村新建1个占地面积8公顷的五华首家养殖赤眼鱼水产养殖基地。

【招商引资】 2015年，转水镇积极实施“乡贤回乡投资兴业工程”，发挥外出乡贤能人多的优势，加强联心沟通，以情招商，以商招商，引进梅州市青牛实业有限公司，在峯维村发展水产养殖、养猪、养鸡项目。积极做好五星村乡贤企业深信塑胶模具制品（深圳）有限公司落户县经济开发区前期工作。支持新丰寨生态旅游文化产业园发展壮大，不断优化园区硬件投入和配套设施升级。积极支持热矿泥山庄升级改造。

【基础设施建设】 一是重点项目建设顺利推进。积极主动配合上级做好重点项目建设，承担兴华高速公路12.6公里、兴华高速五星出口至环城公路连接线、水华公路升级改造、堤路建设等重点项目的征地拆迁任务。完成县红木家具城（二期）摸底工作，并配合做好园区建设。全年完成征地106.67公顷，拆迁房屋155座，迁坟1350座。二是基础设施建设不断完善。总投资1100多万元的马河大桥，桥面工程完成，进入附属工程建设阶段；投资60万元建设黄龙至矮车1公里的村道；筹集280万元建设长源村文化广场；筹资50万元建设下潭村文化广场；分别对新丰村3.5公里的机耕路、维龙村1公里的村道进行升级改造；全面完成250户农村低收入住房改造建设任务。三是水利电力设施更加完善。扎实推进矮车河9.5公里、练溪河10.91公里、五华河（转水段）14.78公里的中小河流域治理工程；打造矮车河寨下段治理示范点（亲水公园）；积极配合上级做好五华县益塘水库饮水工程前期工作；110千伏枫林（转水）输变电工程已完成招投标和相关征地工作。

【教育卫生】 2015年，转水镇文体教育事业迈上新台阶。投入8万元，按照省二级文化站的功能设置标准重新改造镇级文化站，规范“7室1廊”，新设置1个镇级历史文化展厅，打造文化亮点。投入80万元维修黄龙村古民居“大夫第”，被列入第五批五华县文物保护单位，以黄龙村“大夫第”为载体建设的农村文化俱乐部顺利通过市级验收，丰富群众业余生活。2015年，全镇初中升学考试在全县乡镇综合排名第五。计生工作创新思路，加强卫生计生队伍建设，提升优质服务能力，开展“人口计生服务村村行”活动，做好“全面两孩”政策衔接工作。抓好无偿献血宣传发动工作，全年无偿献血71人次，占全年任务103%。加强疫情防控工作，做好转水镇活禽市场集中休市，严格执行“1110”（即：一日一清洁消毒、一周一大扫除、一月一休市及市场内活禽不过夜）制度，指导档主做好清洗和消毒工作。

【社会治安综合治理】 一是抓好专项整治工作。按照县“十大专项整治”工作部署，结合实际，重点抓好非法堆放河砂、打击非法占用耕地建房、镇村垃圾收集等专项整治。全镇取缔非法砂场2个、非法河砂堆放点5个，扣留非法作业船10艘、强制拆除吊塔4座。全年发出限期拆除通知书21份，发出停止施工通知书80多份，出动900多人次，出动机械14台次，拆除违章建房21座，面积2450多平方米。通过加强对各村日常卫生督查，各村均建立农村生活垃圾收集长效机制，做到定时、定点投放和定时收集转运垃圾。建立健全禁止露天焚烧禾秆工作机制，在农忙时节，广泛发动宣传，通过召开群众会议、宣传车进村广播、悬挂横额标语、发放宣传彩页、张贴政府公告、组织青年志愿者入户讲解等形式，采取镇村干部包片包户的“网格化”管理等办法，加大巡查力度，露天焚烧禾秆防控形势有所缓和。二是抓好信访维稳。结合征地工作，专门成立调解组，加强矛盾纠纷排查调解力度，镇村化解一大批因土地引起的纠纷。健全完善矛盾纠纷排查信息预警、领导带班接访、驻点领导包村包案责任制和领导下访、约访等各项制度。全年接待上访群众70批次，187人次（含法律咨询），受理矛盾纠纷70宗，其中成功调解68宗，调处成功率97.14%。三是抓好社会治安整治。全年破获刑事案件41宗，查处治安案件97宗，抓获各类违法人员72名，其中刑事拘留16人，提请逮捕13人，治安拘留41人，抓获历年在逃人员5名，协助处理交通事故30宗，有力打击违法犯罪行为，维护社会平安稳定。

【基层党建】 2015年，转水镇通过狠抓廉政建设，镇领导班子以身作则，带头对照检查，积极查摆问题，整改落实到位。坚持每周一上午例会、每周五下午学习会的工作机制，深入学习上级重要会议精神和最新的政治理论，进行相关业务培训，强化队伍建设。转水镇严格落实中央“八项规定”，反对“四风”，自觉规范“八小时以外”的生活，净化“生活圈、社交圈、娱乐圈”。严格控制经费支出，反对铺张浪费，推广节水、节电、光盘行动等好习惯，养成文明健康生活方式。全力做好驻点联系工作，每周二为“驻点联系日”，镇领导干部全员参加，“面对面”接访群众、走访群众、约谈群众，联系覆盖全镇22个村（居），分片包干，实现干部和群众双向直接联系100%全覆盖。全年共走访群众13840多户，覆盖率100%，收集群众意见387个，解决问题387个，真正做到“身”入基层、“心”系群众，构建服务型政府。（曾润标）

转水镇2015年度领导名录

书记、人大主席： 李文伟
副书记： 严季岳　古菊开
镇　长： 严季岳
党委委员： 李巧文（任至10月）
张思雄（10月任）
李月容　李明新　田润民
魏明星（5月任）
林冠雄　张林海　黎碧尧
钟育钦　张远生
人大专职副主席： 张晨辉
副镇长： 张志军（任至5月）
江元青　曾远洋
陈文锋（10月任）

华 城 镇

【简况】 华城镇地处五华县北部，是老县城，全国重点镇之一，距县城水寨 27 公里。全镇辖 34 个村，3 个居委会，总面积 247.5 平方公里，耕地面积 2866.67 公顷，山地 1.60 万公顷。2015 年，有人口 130000 人（其中农业人口 110550 人、非农业人口 19450 人）。2015 年，全镇实现农村经济总产值 13.34 亿元，对比上年增长 8.9%；镇级财政收入 1138 万元，对比上年增长 10%；农村居民人均纯收入 8325 元，对比上年增长 5.5%。

【重点项目建设】 2015 年,华城镇充分利用第四届世界客商大会在梅州召开的良好契机，加大招商力度，以情招商。依托劳动力密集和种养产业特色优势，提高招商引资质量，成功引进投资总额 8000 万元的深圳神牛摄影器材项目；华宇酒店、广美商务宾馆投产并产生效益。同时，重抓项目建设，壮大经济总量。广东冠华传导科技有限公司 500 千伏输变电器材项目二期厂房、仓库建设进展顺利，朱坑岗 2.96 公顷土地征储任务全面完成；恒兴矿业钼矿生产和尾矿综合利用项目建设成效显著；中燃公司进驻华城项目完成前期选址、征地，进入施工建设；污水处理厂项目规划建设完成施工，进入调试。理顺与开发区关系，推动五华经济开发区华城片区管理权属移交。

2015 年 8 月 7 日，省纪委书记黄先耀（左二）在市、县领导黄强（右一）、范宜军（左三）陪同下到华城镇调研

【基础设施建设】 一是抓好交通道路建设。投入 2000 多万元完成环城街升级改造，1 公里长的东山一路、500 米长的维西村状元路、3 公里长的黄埔村状元大道等道路改造工程动工建设；全镇所有村基本完成村到自然村的道路水泥硬底化改造。二是加快水利基础设施建设。顺利完成五华河华城段、新桥河中小河流治理“三清”（清淤、清障、清违），确保无障碍施工；完成附城内涝外排工程建设；维西村泵站建设完成前期工作，进场施工；在完成乌陂河中小河流治理和潭下河综合治理工程的基础上，集资 160 多万元打造乌陂河、潭下河河道景观带，打通交通瓶颈，对路旁进行绿化和安装路灯。三是开展美丽新农村示范建设。全镇投入资

金800多万元，对村道进行水泥硬底化改造并进行道路路灯亮化工程，修筑或三面光改造农田排灌水利设施；对4个村及高坑党支部进行老年活动中心改造。结合“美丽乡村”示范建设，投入600多万元完善城镇、湖田、高华、黄埔及新一村道路、水利、文化休闲场所等设施。

【特色精致高效农业】 2015年，华城镇大力发展“一村一品”，鼓励特色种养基地建设和连片规模开发。新建河子口20公顷淮山种植和万子村6.67公顷丰产鲫鱼生产基地，重点培育董源红肉柚基地、塔岗民生一号农业基地、葵富村火龙果基地、南方村葡萄黄皮果基地、红星村柚果基地等农业示范项目发展，其中湖田水心坝种养合作社被评为县级示范基地。在塔岗、西林等15个村创建农业部水稻万亩高产示范片。扩大烟草种植规模，建设西林24公顷优质烤烟生产基地，完成4万千克烟叶收购计划。做好生态景观林带和森林碳汇重点生态工程建设，推动社会造林约1000公顷，完成火烧山补植复绿766.67公顷。加强森林资源管护，严防森林火灾发生。

【平安建设】 2015年，华城镇按照县“十大专项整治”工作要求，扎实推进非法占用水田建房、圩镇“六乱”整治、非法采矿、采砂行为、非法堆放经营河砂等专项整治，规范城乡管理秩序。深入推进平安华城建设，加强社会治安综合治理，依法打击违法犯罪活动，全年受理行政案件和各类民事纠纷案件267宗，查处215宗。坚持源头治理和积案化解，全年接受群众来信、来访35批71人次，受理各类矛盾纠纷案件45宗、调处38宗，案件调处率89%。2015年，华城司法所被评为“全国模范司法所”。“一村（居）一法律顾问”工作效果显著，全年接访咨询200多人次，组织法制讲座12场，协助处理涉法案件28件。

【文化旅游】 2015年，华城镇加大对本地历史文化、文物古迹等资源的综合开发与保护力度，整合优势资源，大力发展特色旅游。以“幸福村居”示范片建设为契机，加快推进城镇村十字街古街道及宗祠文化保护开发。修缮狮雄山塔，加大对塔岗村狮雄山秦汉遗址的保护开发力度。加快对状元故居的保护修葺，完成黄埔村“状元路”路基建设。加快新一村天池寺文化旅游基地建设及周边环境提升，完成天池寺5000多平方米用地平整及7米宽的登山道路路基建设。

【教育事业】 2015年，华城镇有高完中1所、高级职业中学1所和初级中学2所、九年一贯制学校2所，完全小学7所，教学点20间，教职工1399人，在校中小学生20859人。教育教学质量不断提高，华城小学获本年度小学毕业水平测试乡镇综合排名第一名，全镇中考入围东山中学、曾宪梓中学120人，高考入围省3A线以上620人。青少年足球事业取得喜人成绩，华城镇第一小学足球队参加“斯凯孚杯”足球邀请赛获全国冠军；华东中学参加2015年梅州市“市长杯”青少年足球赛荣获冠军。

【社会各项事业】 2015年，华城镇完成计生“四术”1039例，其中结扎444例、上环536例、补救措施59例，征收社会抚养费760多万元，完成查环查孕11223人次，孕前优生健康检查730人次，超额完成上级的目标任务。受理合作医疗报销业务1500余宗，加大养老保险政策宣传力度，鼓励动员村（居）委群众参加养老保险，全镇新增890余人参加养老保险，办理死亡退保52份。组织镇村干部、社会各界志愿者200多人参加献血活动，超额完成县下达任务。志愿者协会举办志愿活动78次，为社会各类困难群体及社会公益项目捐款捐物68万多元，参与志愿服务人次2000人次，形成互助互爱、文明向善良好氛围。全镇13个省定贫困村三年投入扶贫开发资金8323.8万元，期他帮扶单位投入帮扶资金2528.06万元，使各村集体经济收入均有明显改观，基础设施建设、种养产业发展和农户脱贫取得明显成效。

【党的建设】 一是加强教育培训提升干部素质。通过“文化大讲坛”“三会一课”、基层党组织带头人队伍建设及农村党员培训等多种形式、提高镇、村干部的综合素质和支部的战斗堡垒作用，组织镇村干部集中学习培训6场（次）。二是加强制度建设转变干部作风。全面梳理原有的工作制度，有针对性建立新制度和办法，制定并完善《华城镇村（社区）绩效考核制度》《华城镇干部、职工千分制绩效考评制度》，调动干部职工工作积极性，转变干部工作作风，形成科学有效人财物管理措施体系。三是加强后备干部管理。完善后备干部管理制度，对后备干部进行动态管理，建立健全后备干部教育培训机制，强化后备干部实践锻炼，全方面提升后备干部综合素质，全镇培养村级后备干部89人。四是抓实新五、新建、河子口等3个农村软弱涣散党支部整顿，结合实际制定整顿方案，细化问题，逐步解决，发挥村干部主观能动性和村党支部战斗堡垒作用，将1名不作为的村党支部书记作出免职处理。四是加强基层治理夯实党建基础。加快推进新一、维西、塔岗村党建示范建设，完善以党委为核心的组织架构，同时结合镇干部驻点普遍直接联系群众工作，深入群众，解决群众反映的实际问题，加强基层治理，将群众矛盾化解在萌芽状态，解决在村（居）一级，真正做到小事不出村、大事不上镇，维护社会和谐稳定。全镇驻点团队走访（约谈）群众19270户，走访率86.1%，召开座谈会180度场次，解决群众反映的各类大小问题3308宗，解决率达97.6%。

（康炜　张惠宁　戴惠红）

华城镇2015年度领导名录

书记、人大主席：黄国标

副书记：郑遂方（任至11月）
张晓山（11月任）
王培金

镇　长：郑遂方（任至11月）
张晓山（11月任）

党委委员：黄文柱　叶晨曲　曾庆青
李茂青　黄伟权　黎碧青
李天鑫　温捷兴（5月任）
吕中华

人大专职副主席：钟国畴

副镇长：黄文柱　徐伟权　李　勇
曾镇培

岐　岭　镇

【简况】　岐岭镇地处梅州市西部，五华县西北部，距县城49公里，总面积154.5平方公里，辖25个村民委员会和2个居委员会。2015年年末，全镇有18509户、76127人，其中非农业户口7535人、农业户口68592人；山地面积1.10万公顷；耕地面积1794.74公顷，其中水田1525.87公顷、旱地268.87公顷。全镇实现工农业生产总值7.76亿元，对比上年增长4.5%；镇级财政收入5336.9万元，对比上年增长16.9%；国、地两税收入2257万元；农村居民人均纯收入8187元，对比上年增长9%。

【农业发展】　2015年，该镇继续以发展精致高效特色农业为主导，在巩固扩大原有种植基地基础上，加大“名优特稀”水果新品种引进、示范和推广力度，重点抓好油茶、无核黄皮等特色农业基地建设。黄福村成功引进一个投资6000万元集芭蕉芋种植、深加工为一体的耕山致富项目。全镇新建立百亩以上耕山致富基地1个、专业合作社2个，在龙岭、龙水村成功举办百亩五优“615”和深优“870”高产示范栽培，起到良好辐射带动作用。6个烟区村全年种植烤烟面积110公顷，烟叶产量245吨。2015年，该镇被县政府评为“烤烟先进镇”；华源、龙水、荷梅、龙岭被县政府评为“烤烟先进村”。做好农村综合改革，农村土地承包经营权确权登记颁证工作全面铺开。

【乡镇企业】　2015年，该镇继续按照创建“酒类特色产业”名镇发展思路，以酒类经济发展带动个体私营企业的发展壮大，推动经济社会发展。广东长乐烧酒业股份有限公司在中国国际酒业博览会展上，以其独特的米香型风味，赢得众多全国各地主力经销商的认可和支持，并在24个酒类项目签约仪式上进行集中签约；其他酒类企业不断推出新品种，研究制定新策略，产业规模不断壮大，有力提升该镇酒类企业影响力。3月，总投入8000多万元资金的眉山水泥厂转型升级成为年生产100万吨水泥粉磨站项目全面完成，并顺利投产销售。

【基础设施建设】　2015年，该镇围绕“三大抓手”建设，大力加强交通和水利为主的基础设施建设。全年各村铺筑修建道路4.5公里，对205国道岐岭段丁字路口至镇府门前道路进行升级改造；还投入25万元实施亮化工程，扩大照明覆盖范围，新安装路灯37盏。国家农业综合开发工程、万亩农田高标准建设工程正在紧张施工当中；圩镇涝区整治工程完成80%工程量，进行分流渠施工。扎实推进岐岭中小河流域整治，开展河道“三清”工作，为2016年进场施工打下坚实基础，确保中小河流域整治工作按时、按质、按量完成。

【文教卫生】 2015年，该镇扎实推进“普九”“普高”工作，巩固教育创强成果，不断优化教育资源，提升教学质量，严抓校园安全，特别是加强学校火灾隐患排查等，教学成绩突出，中考、高考再创佳绩。高考方面，皇华中学本科线入围人数22人，完成县下达任务200%，省“三A”线入围61人，完成县下达任务数142%；中考方面，皇华中学和双头中学考上东山中学、曾宪梓中学线以上有38人，水寨中学线以上有101人。启动双头卫生院升级改造项目，总投入500多万元新建一栋综合性住院大楼，完善现代化医疗硬件配备。扎实进行计划生育“村村行”活动，在11个村开展计划生育“村村行”活动，免费为村民提供宣传教育、健康指导、关怀关爱“三进家门”服务项目。全年人口出生1166人，死亡417人，落实“四术”940例，其中结扎338例、上环590例；申请法院强制执行计生非诉案件16宗。

【生态环境】 2015年，该镇生态建设稳步推进，城乡环境不断优化。一是全年完成2015年度266.67公顷的碳汇造林备耕任务，森林覆盖率70%以上；完成境内高速绿色景观廊道建设。二是强化森林防火的预防、管护及责任落实，不断加大森林防火工作的经费投入，投入40多万元对全镇沿高速山林清割防火带，投入10多万元购置一批防火设备；成立一支由退伍军人组成的应急队，严查野外用火行为，提升山火防控能力。三是解决镇垃圾场填埋能力日趋饱和问题，总投入50多万元对岐岭、双头2个垃圾场进行升级改造，使2个垃圾场的填埋能力得到进一步提升。定期组织镇、村干部对圩镇范围和国道、省道、县道、村道沿线路边和河边、山边的垃圾进行清理，环境卫生得到较大改善。

【民生保障】 2015年，该镇统筹各级扶贫资源，整合扶贫资金，全力推进6个重点帮扶村的基础设施建设、住房改造、产业发展和民生保障项目建设，6个帮扶村年集体经济收入均不低于5万元，实现由“输血到造血的”模式转变，贫困户基本实现脱贫。荣福村新建办公楼工程完成并投入使用。完成300户低收入住房困难户住房改造任务。严格按县相关文件要求重新审核清理全镇低保、“五保”对象，取消不符合要求低保户180多户，困难群体实现应保尽保。大力实施“双提双带”工程，培训各类劳动力670人次以上，转移就业1600人次以上。

【平安创建】 2015年，该镇扎实推进“平安村居”创建工作，通过加强宣传，广泛发动群众参与。全面开展一村（社区）一法律顾问工作，为困难群众提供法律援助。切实落实综治信访“一岗双责”和领导包案制度，全年受理各种纠纷案件42件，调处39件，成功率92.8%；网上信访受理32件，办结32件，按时办结率100%。严格落实安全生产“一岗双责”制，针对安全生产工作季节性特点，每月定期组织开展对企业、烟花爆竹、消防、交通、食品等安全检查，对存在安全隐患的企业发放整改通知书，要求其按时、按质整改完毕。同时结合上级部署要求，严厉打击安全生产领域非法违法行为，保护群众生命财产安全，全年未发生重大安全生产事故。

【基层治理】 2015年，该镇突出治理重点，分解任务清单，围绕县基层治理“十项重点工作”，结合实际，量化工作任务，把工作任务清单以表格式下发至村（居）、企事业单位和镇村全体干部，明确责任领导、责任单位、工作任务、完成时限、采取措施、完成情况和存在问题以及计划要求等，确保基层治理工作落到实处。基本建成“三资”管理平台，初步具备“三资”管理、竞价招标、公开公示、监督平台等各项功能；扎实开展党员、干部违纪违法线索集中排查，排查出相关线索27条，了结25条，已立案1条，拟立案1条；抓好软弱涣散党组织整顿，成立工作组落实责任，对症下药，认真整治，在县挂点领导指导下，存在问题得到有效整治；镇级公共服务中心投入使用，全面实行村（居）干部“坐班制”“代办制”，并加强对村“两委”干部进行集中培训，切实提高村干部工作水平。（张想）

岐岭镇2015年度领导名录

书记、人大主席：张汉章

副书记：张景山　翁颖明

镇　长：张景山

党委委员：钟耀荣

唐福星（任至9月）

刘志标（9月任）

邓玉先　邓　讯　张　燎

张子建　张雄光　戴俊浩

魏青山

人大副主席：梁桂华

副镇长：唐福星（任至9月）

刘志标　陈晓明　钟录梅

潭　下　镇

【简况】 潭下镇地处五华县西北部，距县城35公里，总面积260.8平方公里。辖20个村委会、1个居委会。2015年年末，全镇总人口62351人，有耕地面积1496.60公顷，其中水田1367.33公顷，年总产17500吨以上，素有“五华粮仓”之美誉；山地面积2.07万公顷，占全县山地面积的1/10，森林资源丰富，森林覆盖率75%。全镇农村经济总收入7.22亿元，对比上年增长10%；镇级财政预算收入1332万元，其中：国、地两税收入226万元，对比上年增长5%，全面完成税收任务；农村居民人均纯收入8319元，对比上年增长9%。

【农业发展】 2015年，该镇紧紧围绕“农业发展、农民增收、农村稳定”目标，充分利用自身资源优势，调整农村经济结构，推进现代农业建设，农村经济保持良好发展态势。加大农业新技术推广应用，全年举办各种类型的培训班23期，培训2300多人次，实现年粮食总产2万吨以上目标。同时，落实耕地保护责任制，对涉及高标准农田建设的11个村召开工作动员大会，具体进行规划设计，完成万亩高标准基本农田建设任务。继续推进“耕山致富”示范点建设，按照“一村一品”、连片经营战略，扶持发展10个百亩以上以烤烟、鹰嘴桃、油茶、三红柚、无土蔬菜等为代表的农业示范基地。围绕把鹰嘴桃生产基地建设成为主要精特农产品基地目标，切实加大投入力度，通过多方努力筹措资金100多万元,完善基地道路、水利等基础设施建设。积极发挥山地资源优势，培育新生态经济增长点，围绕“发展庄园经济，实现绿色崛起”思路，大力发展油茶产业，无偿提供优质油茶苗，广泛发动农户在房前屋后、自留山地进行“油茶小果园”开垦种植，油茶种苗培育、种植、产品开发、旅游观赏、销售一条龙的良性循环产业链已初步形成，产业化经营初具规模，特色明显。

【基础设施建设】 2015年，该镇大力加强基础设施建设。一是不断完善水利设施建设。重点抓好潭江河堤疏理加固工程完善，继续争取省水库移民局及社会各界人士支持，全面完成潭下米水桥至潭下拦河坝全长2.5公里绿化和硬底化工程建设；积极筹划推进飞龙山湿地森林公园的申报和飞龙山健身公园等配套设施建设。抓好潭江河上游段、新布河等河流“三清”（清违、清淤、清障）整治加固工程建设，以及新布片农村饮水工程项目申报筹备、金星引水圳等水利项目工程建设。二是不断优化交通路网。积极做好潭青公路扩宽改造工程前期准备工作，推进自然村通硬底化建设工程，完成21个村（居）25公里自然村道路硬底化建设任务。三是不断推进重点工程建设。全力做好移民新村规模化建设工程前期各项工作，完成勘测、设计和招投标工作，签订施工合同，积极筹备进场施工；筹措资金350万元，高质量完成潭下卫生院医技大楼及敬老院扩建工程；做好在鸭麻坑移民新村斜对面兴建占地5000多平方米的潭下烟叶收购站建设的前期立项工作。

【文教卫生】 教育方面：按照县政府争创“全国义务教育发展均衡县”要求，全力推进教育事业持续发展，倡导全社会共同参与，全镇自上而下开展教育基金“百万行”活动。通过省教育创强验收，成立潭下镇教育基金会，广泛发动全镇广大干部、群众，外出乡贤及社会各界人士为教育事业发展慷慨解囊，筹措教育基金150多万元，用以奖教奖学。计划生育方面：计划生育工作常抓不懈，通过深入开展人口计生服务“村村行”等活动，全面提升计生整体水平，稳定低生育水平，提高人口素质，人口自然增长率控制在9.2‰以内，全面完成年度目标任务。文化体育方面：投入6万多元对镇级文化站进行修缮；为汶水、杞水、上围、南华、文里、百安、中村、新田、金石、模石、布坪、锡坪、乐道等13个村配送每村价值3万元文化器材；在金石村“应贤楼”成功创建乡村俱乐部（梅州市十大民生工程之一），成为“五村联动，打造桃花源”文化示范点；各村（居）正常开展文娱活动，20个村创办农家书屋；20个村配备篮球架和乒乓球桌，组队参加县“元宵杯”篮球赛；加大爱国卫生、无偿献血工作力度，全面完成上级下达的献血任务。社会其他各项事业方面：继续加大民生保障力度，提高城乡低保补贴、“五保”供养标准和基础养老金水平。加大农村劳动力转移就业培训力度，扎实推进新成长劳动力“双百工程”，确保有意愿接受培训新成长劳动力100%得到培训、

100%就业。加大社保扩面征缴力度，加强征兵、档案、妇女儿童、团委、应急、老年人等工作，统筹协调社会各项事业全面发展。

【基层治理】 2015年，该镇深入开展“十大专项整治”工作，全面梳理基层治理工作任务，围绕基层治理工作任务清单及十项重点工作，做到“宣传到位、制度到位、落实到位、督查到位”，实现工作常态化：一是以“直联制”工作为抓手，结合党委、政府工作主题，促使干部重心下移。采取每星期抽查镇干部职工《驻点日志》与台账、每星期统计入户进度和一个月召开一次研讨会方式，检查镇干部“直联制”工作开展情况，示范带动驻村干部实行网格化入户工作走访，全镇干部入户走访实现全覆盖，接访群众112人次，走访群众9915户，解答问题239个，办成实事好事35件。二是健全农村集体“三资”平台监管制度建设，规范党务、村务、财务管理。规范农村“三资”监管，完善农村基层党风廉政信息平台，全面实现村级事务流程化管理。实行村账镇管制度，规范村务财务管理，全面开展土地确权登记颁证工作、对村集体“三资”管理、低保补助、种粮直补等涉农补贴，实行公开制度；发挥村民理事会、村务监委会等监督作用，全程跟踪监督，促使村务阳光、干部廉洁。三是严格按照“八有”（1.有机构、2.有牌子、3.有办公场所、4.有办公设备、5.有制度、6.有人员、7.有系统、8.有经费）要求，着力抓好镇、村两级公共服务平台建设。镇级公共服务中心和21个村（居）的公共服务站建设全面完成，并通过考核验收，正常办公。

【美丽镇村建设】 2015年，该镇全力抓好“洁净家园，绿色乡村”创建工作，健全和发挥环境卫生长效机制建设示范效应，继续落实镇卫生村创建奖惩机制，严格执行一票否决制度，力促21个村（居）“美丽镇村”创建工作达到全覆盖。狠抓城乡垃圾处理工作，完成鸭麻坑垃圾填埋场改造建设。加强国土、村建管理工作，加强用地报批，严厉打击乱占耕地建房等违规用地行为，规范农村建房和矿产资源管理。突出“规划为核心，控制为重点”镇村建设，规范农村的建房管理，逐步改变“有新房无新村”现状。

【生态林业建设】 2015年，该镇以光华、百安400公顷碳汇林示范点建设为契机，大力开展“村村绿”大行动，全面落实镇、村绿化点责任制。抓好碳汇林示范点建设、残疏林补种改造管护，加强森林防火制度及护林员队伍建设，严控野外火源管理，实现对山火“打早、打小、打了”目标要求。镇村投入6万元购置扑火工具一批；筹措资金10万元，每个村建立一支15人以上的扑火队伍，防火期间由镇府每人每月补助50元；投入资金5万元，通过制作固定宣传标语、出动宣传车等方式，全力加大森林防火的宣传力度。加大植树造林力度，提高森林覆盖率，全镇发放绿化树苗2万多株，进行环境绿化，建设和谐美丽乡村。

【五村联动，打造桃花源】 2015年，该镇按照“生产发展、生活宽裕、乡风文明、村容整洁、管理民主”总体要求，结合实际，将占地55平方公里的新布片5个村（新田、金石、柏洋、模石、布坪）作为新农村建设示范区，全力推进“五村联动，打造桃花源”

建设步伐。一是发展鹰嘴桃特色产业，建成集观光旅游、休闲娱乐、“三月赏花、七月品桃”特色农业产业链。二是加快“和谐美丽镇村”创建步伐。完善村庄整体规划，规范农村建房管理；进行环境卫生综合整治，进一步健全和发挥卫生长效机制建设示范效应，全面落实卫生村创建奖惩及“一票否决”制度；再次是全力抓好原生态保护，全力打造山清水秀、自然和谐人居环境。三是结合新布河疏浚工程，打造“十里桃花堤”，完善一河两岸旅游景观。

【扶贫工作】 2015年，挂钩帮扶该镇的5个扶贫单位投入资金3553万元，发展集体项目8个、贫困户帮扶项目28个、基础设施项目20个，增加村集体收入42.8万元，帮扶贫困户407户，使贫困户人均纯收入达到9083元，5个村圆满完成脱贫目标，并通过省、市、县的考核验收。

【社会治安综合治理】 2015年，该镇坚持社会治安综合治理领导责任制，继续完善和加强镇级综治信访及矛盾纠纷定期排查和调处机制建设，全年无进京、上省越级上访事件。严格落实和执行安全生产“党政同责、一岗双责、齐抓共管”总要求，认真抓好乡镇安监机构规范化建设工作，完善各项机制和应急预案，强化监督检查，狠抓隐患整改，抓好打非治违等工作，全镇没有发生一起安全生产责任事故。

（吴恺平　李广优）

潭下镇2015年度领导名录

书记、人大主席：李雄青

副书记：彭国阵（任至11月）

温智坚

镇　长：彭国阵（任至11月）

党委委员：陈国平　钟奇云

温捷兴（任至5月）

刘新良　魏自权　李美华

李常青

人大专职副主席：钟宪华

副镇长：钟伟东（任至5月）

罗胜东　刘汉灵

长　布　镇

【简况】 长布镇地处五华县西北部，距离县城65公里，总面积284.1平方公里，辖25个村委会、276个村民小组和2个居委会。2015年年末，全镇有耕地面积1738.20公顷，其中水（旱）田1577.53公顷、旱地160.67公顷。有12510户、73521人，其中农业人口69569人、非农人口3952人。全镇农村经济总收入3.97亿元，对比上年增长4.2%；镇级财政收入2080万元，对比上年减少3.37%；农村居民人均纯收入6359元，对比上年增长3.6%。

【农业发展】 2015年，该镇在太平、横江、源潭、长生等村种植烤烟58.67公顷，收购烟叶13.63吨。在粘坑、栋新、琴塘、梅塘等村种植经济林木4466.67公顷。大田柿花柿果年产量150吨，成品柿花30吨，总产值超500万元，种植户年人均收入增加3000元。在做好原有果合柿基地的建设和管理基础上，加快规划建设太平三华李基地。抓好青岗、梅塘、太平3个农业种植基地示范片创建；建设栋新、中心油茶，长安杨梅3个33.33公顷以上精致高效农业种植示范基地，充分发挥示范带动、典型辐射作用；推动五华县老禾仓养蜂专业合作社建设，积极扶持壮大梅州市田信农业科技有限公司、强兴农副产品专业合作社等农业龙头企业，打造品牌。

【基础设施建设】 一是抓好交通基础设施建设。投入600多万元，完成粘坑、石础、大客、源潭、红旗等10个村近30公里村道硬底化；中心村、长生村投入97万元分别新建大桥，方便当地村民出行；投入63.3万元，实施村道亮化工程，完成大田圩镇到长布圩镇、长布圩镇7座大桥217盏路灯安装，在栋新、福兴、中心、梅塘、太平等9个村安装、维护路灯770盏。二是抓好水利基础设施建设。投入2000万元，实施周江河长布段中小河流治理，太平、长生、源潭村改造工程全面完成，红旗村段完成总工程量的80%。推进大田水治理工程，提前完成下一年度福兴、中心、大客、青岗、大坑等5个村“两清”工作任务。加快推进高标准农田水利建设，基本完成覆盖福兴、中心、粘坑、石础、大径、大客、北洋等14个村的建设任务。筹集资金50万元，完善粘坑、石础、长安、琴塘4个村的饮水工程，保障当地村民饮水问题。投入133万元，升级改造樟村、红旗、福兴、梅塘等村的水圳、水陂，新增有效灌溉面积133.33公顷，改善灌溉面积200公顷。

【民生发展】 一是加快镇村建设步伐加快。扎实推进文化广场、农民体育健身工程、文化公园建设，引进怡亚通公司投入资金300万元，在镇文化广场、长安小学兴建风雨操场和高标准运动场。抓好镇村生活垃圾专项整治工作，全面建立卫生费用收取长效机制，建设改造垃圾场4个，新建标准垃圾池110个。二是农村文化建设得到加强。不断探索文化惠民新思路，加大对文化休闲广场、农家书屋等民生文化设施投入，加强农村文化队伍建设，组织开展形式多样文化活动，丰富群众精神文化生活。通过远程教育、专家授课等方式加强村民对现代农村科学技术等方面培养，大力开展中华传统文化宣讲，举办多场道德讲堂，大力宣传《弟子规》《三字经》等注重礼仪贤德的传统文化。

【社会治安综合治理】 2015年，该镇继续

2015年2月14日，省道华中线（S239线）大田圩镇过境公路竣工通车

深入推进平安长布创建工作，结合领导干部驻点普遍直接联系群众制度，实现综治维稳和信访工作重心下移、关口前移。每季度由召开镇综治信访专项研判会议，综治办每月召开一次综治联席会议，及时掌握维稳工作的矛盾隐患和薄弱环节，适时做好矛盾纠纷排查和调处工作，确保全镇辖区社会治安和谐稳定。全年调委会受理案件62宗，调处办结53宗，调处成功率85%。对于部分暂时未能调处成功的疑难案件，相关部门督促负责人落实好稳控工作，防止矛盾激化。（黄浩　詹煌裕）

长布镇2015年度领导名录

书记、人大主席：陈炳章

副书记：邱明峰　张春祥

镇　长：邱明峰

党委委员：吴振乐　张善初　钟志通　张文明　徐捷礼　曾国军　张丽芬　陈志纯

人大专职副主席：张旭华

副镇长：张贺枢　戴荣忠

周　江　镇

【**简况**】　周江镇位于五华县西南部，距离县城38公里，总面积199.4平方公里，其中山地面积1.62万公顷、耕地面积2031公顷。全镇下辖22个村委会（新良、甘茶、冰坎、早成、龙堵、狮潭、兰鱼、溪口、黄布、黄华、蓝坑、联太、良宁、崀头、桂子、红源、中兴、龙洞、三河、利河、增洞、利洋）和2个居委会（周江居委会、中兴居委会）。2015年年末，全镇有10159户、53848人，其中农业人口51020人、非农业人口2828人。全镇农村经济总收入3.93亿元，对比上年减少11.2%；镇级财政收入1920万元，对比上年增加7.4%；农村居民人均纯收入7691元，对比上年增长9.7%。

【**经济发展**】　2015年，周江镇全力促进农民增收，发展高效农业。全年粮食产量1.65万吨，种植烤烟51.26公顷，收购烟叶11.65万千克。大力发展精致高效农业，进一步擦亮“周江百香果”“周江鹰嘴桃”品牌。大力实施“乡贤回乡投资兴业工程”，积极做好与乡贤对接工作，引进“梅州市凯圆沉香种植发展有限公司”发展种植沉香产业；引进“梅州市胜大科技有限公司”落户县经济开发区，全年招商引资总额7000万元。

【**基础设施建设**】　2015年，周江镇积极完善以交通水利设施为主的基础设施建设。完成省道238线周江段工程改造，扎实推进县道031线周横公路改造，周江冰坎至华阳新田21公里二级公路建设工作有序开展，完成甘茶村1.8公里的镇通村委公路改造及5公里村过境公路、300人以上自然村公路水泥硬底化建设，动工重建遭水毁的周长大桥。完成14个村的高标准基本农田建设。完成20公里中小河流治理前期工作。做好洪湖水库、鼎乐水库除险加固工程。做好村村通自来水和镇自来水厂的摸查编制工作。狮潭（周江）110 千伏变电站建设工作稳步推进。

【生态环境建设】 2015 年，周江镇积极改善镇容村貌，人居环境持续优化。加大环境治理力度，建立健全垃圾收集处置机制，扎实推进兰鱼垃圾填埋场升级改造。抓好环境卫生整治，每月定期开展“美丽镇村村村行”活动，对圩镇“六乱”、农村“三边”及卫生死角进行全面整治和清扫，巩固创建成效，使辖区环境卫生工作常态化、制度化、规范化，努力实现环境优美、自然生态、宜居宜业，具有山水人文特色的城乡风貌。加强和规范农村建房用地管理工作，加大巡查监管力度，严格履行土地管理职责，切实做好规划引导，遏制违法占地建房和非法土地交易行为，规范农村土地管理秩序。严抓护林防火，积极构建生态屏障。采取发放宣传资料、知识讲座、出动宣传车等方式加大宣传力度，完善值班分工制度，确保 24 小时通讯畅通。组建镇专业扑火队和村级护林队，投入 20 多万元用于强化镇村扑火装备建设。完善《周江镇护林防火工作职责和奖惩措施》，落实责任，镇与村、护林员，村与各农户签订防火责任书。兑现奖惩措施，确保责任落实和调动群众护林防火积极性。

2015 年 12 月 25 日，周江冰坎至华阳新田便捷通道开工建设

【文教卫生】 一是文化教育事业蓬勃发展。以通过省“教育强镇”督导验收为新起点，做好“创强”后续工作，教学质量、教育水平得到显著提升。小学升初中排名进入全县 1000 名的有 23 人；升中考试考入水寨中学线以上的有 49 人，其中东山中学 12 人、曾宪梓中学 7 人。加大奖教奖学力度，举行深圳市东方建富实业公司汉满爱心基金教育奖学金颁奖会和缪培基教育基金颁奖会。二是计生卫生工作水平不断提升。积极宣传国家计划生育政策法规，加强群众计生教育引导，大力开展优质计生服务，全面推进定点结扎、上环、孕前优生健康检查、依法征收社会抚养费、计划生育“村村行”等重点工作。全年完成结扎 236 例，孕前优生健康检查送检 379 人，征收社会抚养费 526 万元。动工建设中兴卫生院医务综合大楼和汉满综合楼，充实周江、中兴卫生院医疗设备器械，改善就医环境，提高急诊急救水平。动员 75 人次参加义务献血，超额完成县下达的年度献血任务。

【民生保障】 一是安全生产维稳工作常抓不懈。严格落实安全生产“一岗双责”，做好洋塘矿尾矿库治理，加强非煤矿山、校园安全、交通、消防、食品药品等安全监督管理。扎实推进“平安周江”建设，加大打黑除恶力度。严格执行新《广东省信访条例》，强化依法维稳观念，完善工作机制，畅通诉求表达渠道，注重源头治理和积案化解，落实涉法涉诉信访依法终结制度，依法处置缠访、闹访行为。二是统筹社会各项事业发展。不定期对民兵应急专业队伍进行应急演练，顺利完成夏秋季征兵任务。认真开展低保、“五保”清理核查，全年落实“五保户”168人，落实农村低保1298户，受益3858人。扎实推进蓝坑村田坑新农村工程建设。联太、红源、桂子、利河村在挂钩帮扶单位的帮扶支持下，党支部凝聚力、战斗力得到加强，村级公益事业发展步伐加快，村级集体经济收入和群众收入得到发展壮大。

【党的建设】 2015年，周江镇全面加强党的建设，为发展提供坚强政治保证。深入开展镇领导干部驻点普遍直接联系群众工作，做到面对面、点对点、心连心联系，实现镇领导干部和群众双向直接联系全覆盖。全镇发放亲情连心卡10000多张，走访群众8120户，解决群众反映问题986件。扎实推进基层治理工作，制定《周江镇软弱涣散村（社区）党组织持续整顿三年行动计划（2015—2017年）》《周江镇关于加强基层治理的实施意见》《周江镇农村集体资产清理核实工作方案》，选取新良、蓝坑、中兴等3个村作为示范村进行推进。解决4个软弱涣散党组织班子软弱、村务管理不规范、集体经济发展落后等问题。重点推进农村“三资平台”建设，通过“三资”平台招投标3个项目，金额118万元。积极落实“四议两公开”民主管理制度，制定村级民主管理公约，着力规范村级民主管理。严把党员入口关，保证党员质量，有35人参加入党积极分子培训会，吸收预备党员4名，10名预备党员转正。健全反腐倡廉工作长效机制，着重增强全镇党员干部拒腐防变能力，对24个村（社区）的村账镇代理工作进行督查，定期对“三农”、低保、救济、种粮直补、农资综合补贴等专项资金及发放情况进行监督，全力保障人民群众合法权益。 （刘玲）

周江镇2015年度领导名录

书记、人大主席：刘现松
副书记：古文柳 古志宗
镇 长：古文柳
党委委员：古汉红（任至9月）
李国山（9月任）
谢如旺 李国平 陈国雄
翁强民 缪翠兰 程东雄
徐凤骄（5月任）
人大专职副主席：李国山（任至9月）
副镇长：古汉红（任至9月）
李国山（9月任）
曾志雄 李力文

横 陂 镇

【简况】 横陂镇位于五华县城西南8公里，总面积236平方公里，辖35个村委会、3个居委会、569个村民小组。2015年年末，全镇有总人口25303户、112990人，其中农业人口105000人、非农业人口7990人。有耕地面积3307公顷，其中水田2324.13公顷、旱地951.80公顷、水浇地31.07公顷。全镇农村经济总收入9.13亿元，对比上年增长10%；镇级财政收入591万元，对比上年减少21.83%；实现国税收入440万元、地方税收入601万元；农村居民人均纯收入8398元，对比上年增长9%。

【农业生产】 2015年，横陂镇积极实施农业经济结构调整，大力发展精致、高效、生态特色农业，加快农业产业化进程，扎实推进高标准基本农田建设和农业综合开发建设，创建国家级粮食高产示范片。全年粮食种植4654.13公顷，总产2.84万吨，水稻种植3967.27公顷，总产2.52万吨；种植优质烤烟面积87.53公顷，烟叶总产234吨；种植旱粮108.13公顷，总产443吨；薯类407.60公顷，总产2109吨；豆类171.13公顷，总产600吨。新增连片13.33公顷以上水果基地1个。抓好畜牧防疫，全年牛存栏4098头；生猪存栏3.51万头，出栏5.24万头；山羊存栏832头，出栏906头；家禽存栏15.35万羽，出栏18.14万羽，肉类产量4600吨。

新建设的崇文文化休闲健身广场

【招商引资】 2015年，横陂镇紧紧抓住省“双转移”机遇，大力实施“乡贤回归投资兴业工程”，坚持以情招商，以商引商。引进梅州市宝创公司投资开发建设双龙山生态休闲旅游区，投入8000万元建设主景区和白沙溜景区，基本完成景区道路、木屋别墅、景观林和菜园种植等建设。引进深圳新三板挂牌融资企业蓝海华休闲狩猎有限公司在原梅州市华狮龙农林科技投资发展有限公司开发基础上，打造华南第一家新型狩猎文化旅游产业。引进深圳市博思科特能源有限公司落户县经济开发区，至年底，签订框架协议，完善入园手续。

【基础设施建设】 一是夯实交通基础设施建设。抓好兴华高速公路、琴江生态景观大道征地拆迁工作，确保无障碍施工；对新寨、新联、班鱼等村村道进行拓宽和水泥硬底化改造；协助做好县道031线、陂都公路升级改造。二是夯实农田水利设施建设，狠抓琴江河横陂段和小都河中小河流域综合治理工作，全线完成“三清”(清淤、清障、清违)任务，即将完成河堤加固。抓好东方红、杨恩水库等农田灌溉水圳建设。三是加强公共基础设施建设，建设近江、新寨、崇文等群众休闲健身广场及贵人嶂镇级森林公园。

【美丽镇村建设】 2015年，横陂镇以点带面，巩固和发挥“小都模式”“红光模式”示范辐射带动作用，各村（居）配备保洁员，配套保洁设施，努力探索长效机制，建立起比较完善的城乡垃圾收集运作体系。实施净化、美化、净化、亮化工程，大力整治“脏乱差”，镇村环境明显改善。镇招聘7名城管队员，专门整治全镇“六乱”行为，推行进店经营和流动摊贩定点经营。二是借助中小河流域综合治理，积极推进横陂、崇文、罗陂等村沿河绿道美化、亮化建设。三是狠抓护林防火。全年完成碳汇造林393.33公顷，社会捐资造林400公顷。投入20万元添置风机、扑火把、服装等扑火设备配置，加强宣传发动，加强应急扑火队员、护林员培训和管理，狠抓巡查监管，打击破坏森林资源行为。

【社会保障】 2015年，该镇加大“五大险种”扩面参保宣传，发动1709人参加农村小额保险；95471人参加新型城乡居民合作医疗，完成率96%，全年培训劳动力955人。扎实抓好低保、“五保”、优抚工作，重视关心残疾、孤寡人员等弱势群体。完成450户危房改造，圆满完成第二轮省定贫困村贫困户和村集体帮扶任务，16个省定贫困村村集体收入3万元以上，以优秀成绩顺利通过省考核验收。开展扶贫济困工作，全镇筹集扶贫济困医疗基金17万多元。

【文教卫生事业】 2015年，横陂镇有高中1所、初中4所、小学19所、教学点16个。该镇进一步巩固教育创强成果，优化学校教学环境，努力提高教育教学质量。全镇有省级重点文物保护单位1个（李惠堂旧居）、县级文物保护单位7个（都督府、儒林第、新月桥、李南馨墓、宁一庄、李法宠公祠、健德楼）、县级非物质文化遗产1个（石楼伯公坛）。全镇文化市场繁荣，民间文化氛围浓厚，成立有体育协会、足球协会、太极拳协会、文艺乐队等群众性文体团队。全镇38个村（居）委会均建立多功能文化室，有文体协管员35人；建成“农家书屋”35个，老人康乐会15个，文体社团9个。全年利用文化广场、村级文化室、“农家书屋”等载体，不定期举行作品展览、球类比赛、健身舞、太极拳、象棋比赛、民俗展示等文化活动，充分发挥文化引领风尚，教育人民、服务社会、推动发展作用。积极开展足球进政企、进乡村、进学校的“三进”活动，不断加大人员、经费、物资、场地等方面投入，对横陂体育场进行升级改造；体育场每周举行足球友谊赛，提升足球运动影响力。充分发挥球王李惠堂影响力，保护开发李惠堂旧居，筹建足球博物馆和足球训练基地，擦亮足球品牌。开展“计生服务村村行”活动，做好各种传染病知识宣传工作，全面完成县计生及献血年度工作目标。抓好小都卫生院升级改造，促辖区内医疗服务水平提高。

【基层组织建设】 2015年，该镇党委下设党支部63个（“两新”组织5个），党员3089名，其中农村党员2299名、社区党员129名、机关企事业单位党员661名，党的基层组织建设成效显著。一是巩固党的群众路线教育实践活动成果，深入开展“三严三实”专题教育活动。二是全面完成镇级公共服务平台建设，基本完成村级服务站建设，推行镇村代办服务，转变工作作风，提升政府效能。三是切实推进基层治理工作，深入开展领导干部驻点普遍直接联系群众工作，整顿软弱涣散基层党组织。四是抓好镇、村（居）、企事业单位干部学习培训、管理工作，努力提升干部科学执政、依法行政能力。五是深入推进反腐倡廉建设，严格落实中央“八项规定”，全面开展农村党员干部“五大”问题的自查自纠。六是加强“三资”平台建设，健全完善“村账镇管”机制。

【平安创建】 2015年，横陂镇加大“六五”普法宣传力度，扎实推进“一村一法律顾问”工作。切实抓好平安横陂建设，深入开展各项专项整治活动，加强“打、防、控”一体化体系建设，严厉打击黑恶势力和偷、抢、骗等各类违法犯罪行为，确保一方“净土”。全镇综治信访维稳中心受理矛盾纠纷32宗，镇村组织成功调处31宗，成功率96.87%。严格落实安全生产“一岗双责”“党政同责”工作机制，积极开展烟花爆竹、燃气、建筑工地、食品安全等专项检查，查处无证网吧2间，全镇无重特大安全事故发生。2015年，该镇被评为县级社会综合治理先进单位。

（李秋燕　陈艳庭）

横陂镇2015年度领导名录

书记、人大主席：温定基

副书记：李国昌　李志忠
刘梅英（挂职）

镇　长：李国昌

党委委员：陈少波
钟伟东（5月任）
张　健　魏少辉　李乃林
陈思德　朱利锋
朱垲伊（5月任）
张裕琴（任至5月）
张思雄（任至10月）
何肖霞（任至11月）

人大专职副主席：周新辉

副镇长：陈少波　李茂浩　朱志雄
邹干友

郭 田 镇

【简况】 郭田镇位于五华县东南部，距离县城 25 公里，与丰顺县、兴宁市相邻，是全县三个革命老区镇之一，也是古大存入党介绍人、五华第一个共产党员黄国梁的故乡。全镇总面积 142 平方公里，下辖 12 个村委会（湖华、再下、布美、碇南、龙潭、郭田、横塘、双光、坪上、三坑、蕉州、石团）和 1 个居委会（郭田居委会）、250 个村民小组。全镇耕地面积 1177.07 公顷，其中水田 887 公顷、旱地 290.07 公顷，山地面积 1.09 万公顷。2015 年，有 6817 户、37799 人，其中农业人口 36387 人、非农人口 1412 人。全镇农村经济总收入 2.46 亿元，对比上年增长 7%；全镇固定收入 60 万元；农村居民人均纯收入 7200 元，对比上年增长 7.2%。

【农业发展】 2015 年，郭田镇加强农业技术服务和农技培训，全面推广优质品种水稻 15 个、高产栽培技术 2 项；培育农业种植示范户 30 名，辐射带动 60 多名农户落实高产措施；成立养蜂协会，吸引 60 多家养蜂农户加入；横塘村江春科成立鸿图嶂茗茶专业合作社，加工包装的布惊茶、艾叶茶等产品得到《梅州日报》、五华电视台的重点推介；郭田农产品宣传推广展示中心将蜂蜜、茶叶、番薯等特色农产品陈列上架，受到广大农户认可；郭田特色农产品参加县农产品展览活动，得到社会各界好评。

【基础设施建设】 2015 年，郭田敬老院完成扩建、加建及维修工程，新增 18 间房（含 2 个活动室），并完善消防等相关配套设施，大大改善敬老院的居住环境；郭双公路进入征地拆迁阶段；郭田村村民活动中心建成并投入使用，解决郭田村办公场所问题；龙潭村建成垃圾堆放场 1 个，村级小型人工湖建成使用，农村人居环境得到提升；各村完成村道水泥硬底化建设 7 公里；郭田老街完成升级改造工程，重新布设排水系统，解决群众反映强烈的“水浸街”问题；新街道路扩宽 200 多米，并配套完善绿化设施。

【生态建设】 2015 年，郭田镇积极推进“一消灭三改造”工程，社会捐资造林 400 公顷，森林抚育 666.67 公顷，完成新增 2666.67 公顷的省级生态公益林界定工作；建设双光村、石团村两个“村村绿”示范点；加大力度做好森林防火工作，投入资金扎实推进森林防火规范化建设；落实森林防火责任制，与挂村领导、各村签订《森林防火责任书》，加强应急扑火队伍建设以及山林地带的巡查监管。全年未发生重大森林火灾，未出现违法乱砍滥伐和违章侵占林地行为，森林资源得到有效保护。

【科教文卫】 2015 年，郭田中学中考考生入围水中录取分数线以上 51 人；郭田中心小学获得 2014—2015 学年度考核进步二等奖，郭田中心幼儿园获“广东省食品安全示范学校食堂”荣誉。深入开展计生服务“村村行”活动，为广大育龄群众提供政策咨询、优生指导等服务。全镇落实定点结扎 154 例、上环 128 例、免费孕前优生健康检查 307 人次，全面完成年度人口计生目标任务；郭田卫生院多方筹资购置新生儿抢救台、制氧机、电解质分析仪、全自动生化分析仪等设备，医疗卫生条件得到改善。组织开展无偿献血活动，累计献血 55 人次，被县政府评为“无偿献血工作先进单位”；深入开展防控 H7N9 禽流感、登革热等疫情行动，落实好家禽市场“一日一清洁消毒，一周一大扫除，一月一休市”制度，切实保障群众身体健康。2015 年，双光村长岗岭革命烈士纪念碑被申报为五华县爱国主义教育基地；龙潭村黄国梁故居成功创建为五华县第一批“农村文化俱乐部”；硿南村光德楼被列为梅州市第一批历史建筑。

【安全生产】 2015 年，郭田镇严格落实安全生产“一岗双责”制，认真开展“八打八治，打非治违”等专项整治行动，非煤矿山、烟花爆竹、交通道路、山塘水库、消防火灾等重点行业和重点领域安全监管整治得到加强；实行每月督查和研判制度，落实专人负责整改。全年排查安全隐患 52 宗，发出整改通知 52 份，其中 3 宗被列为县督办、1 宗被列为市督办，全部完成整改要求，安全生产形势总体平稳。

【民生保障】 2015 年，郭田镇全面开展低保、“五保”的核查、申报工作，全年取消低保户 103 户，新增低保户 53 户，做到“应保尽保、应退尽退”；协助做好中央示范点坪上村听力障碍与耳病调查工作；加大农村劳动力培训、新增就业和劳动力转移力度，全年培训 328 人次；农村集体“三资”监管得到规范，录入交易平台 3 宗，妥善处置龙潭村林地违规出租行为，避免不良影响；解决湖华村集体渔场租金未上交问题；生态公益林补偿款、种粮直补款、低收入住房困难户住房改造补助款等涉农补贴资金均按要求规范发放。城乡居民参加 2016 年度医疗保险缴费 3 万多人。

【扶贫双到】 2015 年，中央专项彩票项目落户郭田村，完成 10 条农田排灌渠道约 3800 米、新建陂头 1 座、自然村道水泥硬底化建设 1.1 公里；广东省地质局、交通银行广东省分行、五华县地税局等帮扶单位投入资金分别全力支持推进布美、郭田、双光村的农田水利设施、道路维修改造、入股五华县产业园区融资平台等项目，圆满完成第二轮扶贫“双到”工作任务。

【平安创建】 2015 年，郭田镇突出抓好“平安村居”创建，建立以布美、横塘、蕉州村 3 个村为基层治理创建示范点，通过“平安村居”创建，将综治维稳和信访工作的重心下移、关口前移，稳步推进农村基层各类矛盾纠纷的排查化解，做到“小事不出村、大事不出镇”。全年镇综治信访维稳中心受理案件 25 宗，调处、办结 24 宗，调处成功率 96%，解决一批综治信访疑难案件；网上信访 13 宗，全部按照信访条例办结，没有出现群众到省进京越级上访和大规模集体上访情况，获得“2015 年度社会治安综合治理暨平安创建先进单位”荣誉称号。积极组织开展新《广东省信访条例》的学习、宣讲活动以及"'六五'普法宣传进郭田"等文艺会演，获得"2011—2015 年全市法制宣传教育先进集体"荣誉称号；扎实推进"一村（社区）一法律顾问"工作，为群众提供便利法律服务；加强司法矫正工作，对 17 名社区矫正人员进行定期教育和监管，无脱管、漏管现象。（江锦文 邓国浩）

郭田镇 2015 年度领导名录

书记、人大主席：曾繁展

副书记：刘伟炎 谢龙飞

镇 长：刘伟炎

党委委员：张美茹
陈文锋（任至 9 月）
江志彤 （9 月任）
薛永坚 江育 魏春荣
池宇华（4 月任）

人大专职副主席：黄梅坤

副镇长：陈文锋（任至 9 月）
江志彤
池宇华（任至 4 月）
陈标坤

双 华 镇

【简况】 双华镇地处五华县东南部，离县城 28 公里，东与丰顺、揭西交界，南接棉洋，西连安流大都，北邻河东平南、郭田，下辖 16 个村（黄径、禾沙、大陂、双华、矮畲、富美、军营、冰塘、苏区、公平、华东、华拔、华南、虎石、福全和竹山）和 1 个居委会（双华居委会）。全镇辖区面积 141 平方公里，其中：耕地面积 1363.54 公顷，其中水田面积 1042.87 公顷、旱地面积 320.67 公顷；林地面积 1.25 万公顷。镇内土壤主要为赤红壤，矿产资源以钨、稀土、花岗岩、瓷土等较丰富。全镇农村经济总产值 3.2 亿元，镇级财政一般预算收入 1569.36 万元，农村居民年人均收入 7550 元，分别对比上年增长 9.7%、4.9%和 9.91%。

【农业发展】 2015 年，该镇继续推行"一村一品"特色农业，组织板栗、茶叶、烤烟、畜禽养殖等技术培训，扩大板栗、绿茶、烤烟、三华李种植面积，扩大家禽、水产养殖规模。苏区村新恒德农业发展有限公司和公平村九霖生态农业发展有限公司充分发挥龙头企业作用，带动周边群众耕山致富，全年新开垦连片千亩以上耕山致富示范点 2 个，小型家庭农业开发点 30 多个。推进特色旅游产业持续发展，坚持生态立镇，全力推进高山寨森林公园建设和天堂山生态保护，进一步完善环镇旅游专线（虎石古村落—英烈庙—太阳塔—慧云庵—百年板栗基地—革命烈士纪念广场—水口封山碑—天堂山—白云庵—新恒德农业综合园区—九霖休闲观光茶园）。

【乡镇企业】 2015 年，该镇 34 间中小型水电站产能 9695 万千瓦，实现上网收入 3500 多万元，对比上年增长 6%。红木、石板企业工艺持续精进，规模不断扩大，经济效益不断加强，企业质量品牌意识不断增强。

【基础设施建设】 一是实施琴江河（双华段）中小流域治理工程。至年末，完成工程总量80%，同时规划投入600万元，完善环河堤道路硬底化、绿化、亮化工程和其他配套基础设施建设；突出以中小流域治理为载体，投入资金300万元，建设占地面积2300平方米的环河小公园，完善休闲、健身设施，征地工作全面完成。二是投入资金200多万元，动工建设园竹桥、下楼桥。三是投入资金300多万元，对敬老院进行拆除重建，完成报批报建和网上公开招投标手续。四是实施双华中学至大陂村水沟改造及绿化工程，种植观光树苗300株；规划投资500万元，在矮畲村庵下新建建设垃圾无害化填埋场，完成征地工作；投入资金55万元，建设虎石村生活污水净化项目。

【文教卫生】 2015年，双华中学入围东山中学、曾宪梓中学学生50多人，重点中学升学率名列全县山区乡镇前茅，获五华县“2015年初中升学考试乡镇综合排名第一名”；双华小学水平测试人均成绩增幅位居山区镇第五名；大陂村获评五华县高考升学率前20名村。17个村（居）开展计划生育“村村服务行”活动17次，为3500多对育龄夫妇提供优质计生服务。加大农村改水改厕整治力度，做好重大传染性疾病的预防控制，实现重大疫情零发生。

【民生保障】 2015年，该镇健全弱势群体关爱机制，向全镇255名优抚对象发放抚恤金及优待金；做好“五保”、低保户评审，做到公平公正、应保尽保，为890户低保户2620人和128名五保户发放低保金、“五保”金624.6万元；全镇60周岁以上老人100%享受新型农村养老保险，发放606名高龄老人津补贴。五保救济补助标准每户每月提高40元，对比上年增长8.6%。低保救济补助标准人均每月提高25元，对比上年增长10%。4个挂扶该镇的扶贫单位投入帮扶资金1800多万元，帮助180户贫困户完成危房改造、2195人参加农合医保，9.3公里村道路硬底化和改善农田水利配套设施，对422户贫困户2329人实行产业帮扶。村集体收入实现大幅提升，村容村貌、村风民风得到极大改善。大力宣传殡葬改革政策、法规，倡导厚养薄葬的新风尚，使群众自觉遵守和执行殡葬管理政策。

【平安创建】 2015年，该镇牢固树立“强综治、创平安、促发展”理念，狠抓稳定工作不放松，全面落实社会治安综合治理各项措施，建立健全维护社会稳定长效机制，巩固扩展“五无辖区”成果，立足创建平安村居目标，采取设立视频监控设备、布控摄像头、建立群防群治队伍等方式，有效防治基层农村社会治安问题。全年受理各类民事纠纷36宗，成功调处36宗，调处成功率100%，治安案件161宗，查处161宗，查处率100%，刑事案件18宗，破案12宗，破案率67%，抓捕犯罪嫌疑人6名、逃犯2名。

（李湾）

双华镇2015年度领导名录

书记、人大主席：陈远云

副书记：胡国坚　邹总根

镇　长：胡国坚

党委委员：田景青（任至10月）

杨想青　钟　亮　黄育辉

陈建辉　张平锋　冯灼林

胡高文

人大专职副主席：廖振渊（任至9月）

副镇长：田景青（任至10月）

李坤源　周旋霞

安　流　镇

【简况】 安流镇地处五华县南部，距县城33公里，总面积238平方公里。辖42个村民委员会，735个村民小组和4个居委会。2015年，有31188户、140264人，其中农业人口127589人、非农业人口12675人；全镇有耕地面积4353.13公顷，其中水（旱）田3381.6公顷、旱地912.40公顷。农村经济总收入实现10亿元，对比上年增长12.3%，镇级财政收入500万元，对比上年增长25%；国税收入1400万元，地税收入1480万元，分别比上年增收400万元、385万元；农村居民人均纯收入8000元，对比上年增长11.1%。

【农村经济发展】 2015年，该镇以科技兴农为抓手，农村农业稳步发展。全年粮食种植4333.33公顷，烤烟种植186.67公顷，通过推广良种良法，水稻高产示范片创建，全年粮食产量5.8万吨，交售烟叶35.5万千克。同时，鼓励专业合作社创建、扩展。加强内引外联，大力抓好招商引资，全年引进项目3个，引进资金8000万元，对比上年增加2000万元。大力发展民营经济，民营企业实现产值5亿元。

【基础设施建设】 2015年，安流镇全力加强基础设施建设，宜居城乡建设步伐加快。一是重点项目建设顺利推动。提前全面完成兴华高速安流段20公里征地任务，全镇征地119.6公顷、征拆房屋77座、地坟1573座，确保施工单位无障碍施工；同时做好省道120线升级为国道改造和琴江景观公路征地拆迁启动工作。二是改善涉及民生的基础设施建设。着力抓好安缘大桥、水质净化站、蓝田大桥、湫溪大桥、半径大道建设和圩镇环境、吉程河道综合治理等民生实事。鼓励各村（居）兴办民生实事，全年兴办民生实事110多件，涉及教育、道路、水利、医疗、文化等多方面，总投资5000万元，镇下拨奖补资金150多万元。三是全力推进城镇扩容提质。围绕建设可容纳25万人口县域副中心城镇目标，引进投资1.5亿元南都新城旧城改造项目，至年末，完成第二栋建设目标；引进投资1亿元琴江御城商住项目，至年末，完成投资8000多万元。投资200多万元的河堤东路、河堤西路升级改造项目和投资80多万元的省道238线圩镇段路灯项目全面完成。四是加强水利工程维修建设，完成里江水库、芋坑水库除险加固，周江引水圳、青江引水圳、朱坑引水圳等三大灌区 23 公里主渠道改造任务。

【民生保障】　2015 年，安流镇重点做好 485 户“五保户”生活保障、2400 户低保户复查、846 户优抚对象补助发放，做好 12.5 万名城乡居民医保、到龄老人养老待遇核审、高龄老人敬老补助发放。扶贫“双到”扎实推进，加强与挂钩帮扶单位沟通联系，认真做好规划项目落实和相关资料收集完善。11 个帮扶单位为挂钩村落实帮扶资金 7423 万元，帮助 1338 户有劳动能力的贫困户如期实现脱贫目标，11 个村顺利通过省、市、县验收。抓好和谐美丽镇村建设，全年镇、村（居）投入资金 200 多万元完善卫生设施、工具用具，加强镇、村生活垃圾清运清扫。加大森林防火投入，筹资 50 多万元购置防火宣传和扑火装备；镇组建 50 人扑火队，村组建 15 人以上扑火队；镇扑火队员和村护林员每月增加补助 300 元；加大森林火灾案件查处，配合森林公安机关查处案件 6 宗 6 人。研究制订防汛总预案和重点水利工程应急预案，落实水利工程防汛责任人，组建一支 50 人的防汛应急队伍，投入 10 多万元购置一批防汛物资储备，加强重点水利工程巡查。

【文教卫生】　2015 年，安流镇大力开展群众文化体育活动，做好蓝田、大同 2 个农村文化俱乐部的申报和验收，组织开展乒乓球赛 5 场、足球赛 8 场，承办长乐大舞台群众文艺大型演出，开展网吧、歌舞厅治理，组织发放低保户文化消费补贴，全面完成有线电视“户户通”工程。积极做好教育创强扫尾完善，抓好教育均衡化工作，做好困难学生生活补贴。义务教育普及率、巩固率实现达标，安流中学考场实现连续 8 年零失误。抓好人口计生法规、优生优育知识宣传、计生优质服务、计生村村行活动，抓好人口计生工作责任落实，突出定点结扎、社会抚养费征收、孕前优生健康检查，完成定点结扎 668 例，孕前优生健康检查 882 例，征收社会抚养费 844 万元，计生非诉案件 16 宗。认真做好流行传染病防控工作，开展灭犬防病、H7N9 人感染禽流感防控工作，提高群众健康水平。

【平安创建】　一是抓好综治信访维稳。落实领导干部包案，抓好矛盾纠纷排查，做好信访、网访答复，全年调处民事纠纷 61 宗，治安纠纷 447 宗，破获刑事案件 66 宗。全年未发生重大刑事案件和非正常集体上访。二是大力开展基层治理。成立基层治理领导机构，制订基层治理实施方案和任务清单，落实领导干部具体抓。重点加强农村“三资”管理、矿产资源管理、“平安村居”创建、党员干部作风建设和执行监督、农村基层组织建设等。把基层治理与“十大专项整治”、基层党建、直接联系群众等工作结合起来。各项涉农资金实行专账管理、规范发放，搞好农村土地确权登记、规范土地经营权流转、完善农村资产登记管理，加强基层治安管理，主动化解涉农矛盾纠纷，抓好法制宣传和法律服务，抓好党员干部作风建设和镇领导干部直接联系群众工作，加强农村基层组织建设。三是大力开展“十大专项整治”。大力整治辖区内非法堆砂、露天焚烧秸秆、非法建房、非法买卖（转让）土地等行为。全年整治非法堆砂场 13 家；签订禁止露天焚烧秸秆承诺书 2.5 万份，纠正违规露天焚烧稻秆行为 156 宗；拆除违法建筑 6 宗 600

平方米；摸排涉黑线索8条，查处涉恶案件3宗，查处涉恶人员3名；查处无证驾驶62人，酒驾8人，超速、超载46人。四是落实安全生产“一岗双责”责任制。实行安全生产网格化管理，加强对加油站、煤气库、煤气店、烟花爆竹批发零售商、饭店酒家、旅店、歌舞厅、网吧、交通运输、建筑工地等重点行业、重点部位的安全检查，全年对存在安全隐患的企业、门店发出整改通知98份，查处无证经营16宗。全年未发生重大安全责任事故。（陈周祥）

安流镇2015年度领导名录

书记、人大主席：吴浪标

副书记：万均辉

曾崇辉（任至10月）

汤　华（10月任）

镇　长：万均辉

党委委员：汤　华（任至10月）

李巧文（10月任）

古爱常　李自雄　李华忠

陈爱兰　戴文平　张宏南

李世忠　古惠雄

人大专职副主席：万茂新

副镇长：汤　华（任至10月）

李巧文（10月任）

冯文琴　古坤彪　古玉轩

棉　洋　镇

【简况】 棉洋镇位于县城南部45公里，总面积254平方公里。辖26个村委会、685个村民小组和2个居委会。2015年年末，全镇有耕地面积2103.93公顷，其中水（旱）田1726.60公顷、旱地377.33公顷；总人口有19687户、100926人，其中农业人口96167人、非农人口4759人。全镇农村经济总产值实现8.02亿元，对比上年增长7.1%，其中工业总产值实现7200万元，对比上年增长6.6%，农业总产值实现6.1亿元，对比上年增长7.6%；镇级财政一般预算收入510万元，对比上年增长6.2%；农村居民人均纯收入7428元，对比上年增长6.9%。

【农业发展】 2015年，棉洋镇突出生态经济理念，特色农业不断壮大。积极引进优质水稻新品种，创新推广高产栽培技术，推动全镇农业向高效、生态、规模农业转变，全镇种植优质水稻稳定在1666.67公顷以上。结合市县耕山致富帮扶政策，重点抓好绿茶、桃驳果、鹰嘴桃及红肉蜜柚等棉洋特色农业发展，大力发展天柱山、松岗嶂、新光、平安等绿茶，以点带面推动全镇特色农业发展，新增水果、茶叶、油茶、沙田柚等特色产业基地155.06公顷，其中松岗嶂绿色生态茶园入选“中国30座最美茶园”之一；七畲径茶场被评为梅州市十大茶山之一，七畲径绿茶、红茶被评为梅州市特色茶。认真做好烤烟生产宣传技术指导和服务，确保烤烟种植规模产量和质量，全镇种植烤烟 92 公顷，总收入 560 多万元。认真抓好植树造林，扎实推进公路沿线火烧迹地复绿，全镇公路沿线复绿 140 公顷，完成 2015 年度新增碳汇林 500 公顷，营造青山绿水新棉洋。

【乡镇企业】 2015 年，该镇积极鼓励农民创建专业合作社，不断提高农民生产专业化程度，增强带动示范能力。全镇新增农民专业合作社 6 个，带动农户 272 户。同时，积极引进农村淘宝项目，带动农产品外销，促进农产品走向市场。

【基础设施建设】 2015 年，该镇圩镇基础配套设施不断完善，投入 200 万元对圩镇至棉洋中学道路进行硬底化及完善水沟、绿化、亮化工程。投入 30 多万元建设垃圾填埋场并对垃圾填埋场道路进行硬底化。多方筹资开通罗城村至棉洋村沿河道路，并对部分路段进行道路硬底化。积极帮助解决高速公路补征及施工扫尾工程中遇到困难和问题，12 月，汕湛高速棉洋段顺利实现通车目标。启动棉洋镇老人活动中心、计划生育服务所建设。争取上级有关职能部门投入 220 万元升级改造棉洋邮政局服务大厅，方便群众办理业务。投入 80 多万元从 7 公里外引进水源，缓解圩镇饮水难问题。筹资 260 多万元，新建集中供水池 5 个、过滤池 5 个，改建和铺设饮水主管 13.30 千米，极大改善罗城、阳光、黎洞、桥江等村群众饮水困难问题。规范国土管理，清理整治拆除违法违规建 22 座，有效震慑违法违规建房行为；整治非法堆放河砂 13 个点。

【文教卫生】 2015 年，该镇筹集 230 多万元兴建福城村、阳光村、联西村文化活动中心；积极策划开展群众喜闻乐见文化活动，鼓励和扶持农村文娱活动室和老年人活动场所等农村服务设施的建设，丰富群众精神文化生活。组织相关人员编写棉洋名人名事。加大财政投入力度，积极推进教育均衡发展，提升教育水平，棉洋中学高考 200% 完成上级下达任务，实现本科线以上 5 人，“三 A”线以上 23 人；中考成绩有新突破，3 所中学考取曾宪梓中学、东山中学线有 50 人，考取水寨中学线以上 143 人。扎实开展计生集中服务月活动，开展计划生育“村村行”，为群众提供优质计生服务。根据省市计生与入户政策变化，将计生工作与直联制工作相结合，通过干部下乡上门对育龄群众进行计生知识宣传宣讲，拉近与群众之间距离，提升计划生育服务水平。全镇落实结扎 418 例，优生健康检查 610 例，征收社会抚养费 432 万元。

【社会保障】 2015 年，该镇做好城乡村（居）民最低生活保障及救济工作，全镇向 349 名优抚对象发放抚恤金及优待金 110 万元；在全面完成清理清查工作基础上，向低保户 1815 户和 429 户“五保户”发放低保金、“五保”金 1300 多万元；认真做好 60 周岁以上城乡居民享受养老保险待遇和高龄老人津补贴发放工作。低保户全部享受居民医保或农村合作医疗待遇。大力推广城镇居民医保、农村合作医疗和农村养老保险等惠民措施。加强劳动力培训转移就业建设，全年农村劳动力转移培训 1157 人。

【平安创建】 2015年，棉洋镇发挥镇综治信访维稳中心作用，认真落实定期排查，领导包案，责任追究等制度，抓好平安创建宣传，积极排查矛盾纠纷，及时解决各类矛盾。深入开展“六五”普法宣传，扎实做好安置帮教和社区矫正，保持打击违法犯罪高压态势，切实维护社会稳定。全年受理群众来信来访162件次，全部按时办理回复，调处成功159起，成功率98.2%。严格执行安全生产“一岗双责”制度，与各村（居）、学校及商贸企业等重点单位签订安全责任书，落实安全生产责任，加强对辖区重点场所进行安全检查。以市督办火灾隐患重点整治地区为契机，多方筹集545万元，扎实做好消防隐患整治，完善圩镇消防基础设施建设，增加消防水源，完成圩镇1.8公里消防管道布设和15个消防栓安装，积极推进中小学校、卫生院及圩镇商户火灾隐患整改，提升应对火灾火险能力。扎实推进专项整治工作，国土清理整治拆除违法违规建22座，整治非法堆放河砂13个点，筹资28万多元完善镇村垃圾清运设备，建立农村生活垃圾处理长效管理机制。

【党的建设】 2015年，该镇投入党建工作经费170多万元，服务群众专项经费320多万元，新建大光村党建活动中心，完善各村党建活动场所基础设施。落实“两联席会议”制度，规定镇驻挂村干部督促指导各村每月召开“两联席会议”，重大项目及“三资”管理使用必须由联席会议集体讨论后交村民代表大会决定，方可执行。扎实推进基层治理，积极推动各村（居）代办群众业务工作，打通服务群众“最后一公里”；大力开展农村干部违法违纪整治，自查发现违纪案件3宗；全面开展农村“三资”清理整治作，发现和整改问题13个，建立“三资”监管平台和农村集体资产资源交易平台；全面铺开驻点直联工作，消除联系群众“空白地带”，为群众解决问题671个，办实事好事83件；投入80多万元对软弱涣散村26个民生问题进行逐一解决。

（刘兴文　周益恒　徐足红）

棉洋镇2015年度领导名录

书记、人大主席： 胡育灵

副书记： 曾维强（任至11月）
彭国阵（11月任）
曾映贤

镇　长： 曾维强（任至11月）
彭国阵（11月任）

党委委员： 廖赛增
陈展略（6月任）
李汉文
刘道信（任至12月）
陈伟华
杨帆豪　刘翠玉　陈标文

人大专职副主席： 胡山忠

副镇长： 廖赛增　邓　健　张广秋
张盛开

梅　林　镇

【简况】　梅林镇位于五华县城西南部 51 公里，总面积 128.4 平方公里。全镇辖 18 个村委会和 1 个社区居民委员会。2015 年年末，耕地总面积 2329.6 公顷，其中水（旱）田 2161.4 公顷、旱地 168.2 公顷。人口有 9658 户、51663 人，其中农业人口 48646 人、非农业人口 3017 人。全镇农村经济总收入 3.45 亿元，对比上年增长 10.3%；镇级财政收入 247 万元，对比上年增长 10.7%；农村居民人均纯收入 7366 元，对比上年增长 13.4%。

【农业】　2015 年，梅林镇巩固和发展百亩以上规模的耕山致富点 18 个，其中 2000 亩以上规模的有 3 个，全部按县委、县政府要求挂牌示范。如松桂园农业发展公司开发的丁纪窝致富点受到市、县领导好评，在县有关会议上作典型经验介绍。完成高标准基本农田建设 366.67 公顷，促进粮食增产农民增收。同时，做大做强梅林“大地”牌菜脯，改变加工技术，提高产量，提升质量。积极鼓励农户开展大棚蔬菜种植，全镇农业农村经济稳步发展。

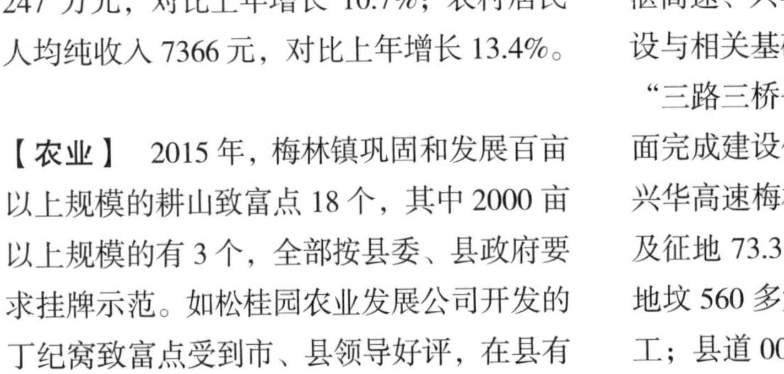

松桂园农业种养基地

【乡镇企业】　2015 年，梅林镇积极改善投资环境，加大引资力度。全镇有各类企业 402 家，从业人员 1563 人。实现企业总产值 4982 万元，税收 215 万元，利润 684 万元。

【基础设施建设】　2015 年，梅林镇抓住汕湛高速、兴华高速建设机遇，把高速公路建设与相关基础设施建设结合起来，重点抓好“三路三桥一道”建设。汕湛高速梅林段全面完成建设任务，于 12 月 30 日正式通车；兴华高速梅林段征地拆迁工作全面完成，涉及征地 73.33 公顷、拆迁房屋 106 座、迁移地坟 560 多穴，确保施工单位无障碍全面施工；县道 003 线升级改造全面推进，完成征地 12 公顷，铺设 9 米宽水泥硬底化路面 3.5 公里，琴口大桥完成桩基建设，完成工程总任务的 30%；投入 30 多万元完善苏区大桥桥头街道改造工程，改善群众居住和出行环境；2013 年“8·17”洪灾遭水毁的三乐桥完成桩基和桥面工程建设，梅山桥完成桩基工程建设任务；积极帮助各村筹集资金铺设村道水泥硬底化，全镇新铺设水泥硬底化自然村道 42.7 公里，修建水圳 35 公里，群众出行难、灌溉难等问题得到较好解决，生产生活条件得以改善。

【民生保障】 2015年，梅林镇巩固完善职工社会养老保险，启动职工工伤保险和生育保险，基本实现全覆盖目标。深入开展“三有一化”工作，健全各项社会救助体系，将符合条件困难群体全部纳入保障范围。认真开展低保、“五保”核查，确保应保尽保。坚持落实新型合作医疗制度，全镇参保率100%，报销金额980万元。积极推进农村危房改造，解决110户农村困难群众住房难问题。

【文教卫生】 2015年，梅林镇在文化旅游方面，对古大存故居、老县委旧址投入资金进行维修保护。成功创建梅林村继述楼文化俱乐部。积极开展群众性文化体育活动，春节期间，组织球队参加五华县元宵节篮球比赛，荣获冠军。积极筹集资金加强学校基础设施建设，顺利通过上级对“省教育强县、义务教育发展基本均衡县”有关工作的验收。2015年，该镇获得县高考最大增幅奖，其中上礤村获得县“高考前20名村”称号。全年完成计划生育“四术”938例，人口出生率11.85‰，政策生育率94.13%,自然增长率4.52‰。

【平安创建】 2015年，梅林镇坚持“打早打小、露头就打、黑恶必除”工作原则，保持严打高压态势，采取积极排查、严密调控、专案专办、集中抓捕、依法严惩等有效措施，坚决遏制黑恶势力蔓延发展，努力营造和谐稳定社会治安环境，推动全面实现“平安村（居）建设”目标；积极化解调处民事纠纷，全年调处民事纠纷138宗，签协议解决126宗。全面落实安全生产“一岗双责”制度，完善镇村安全监管网络，深入开展安全生产大检查、打击非法销售成品油等专项行动，重点行业和重点领域的安全监管整治得到加强，安全生产形势总体平稳。

【党的建设】 一是抓学习教育。开展形式多样的宣传学习活动，先后举办中共十八届四中、五中全会精神宣讲学习，强化对干部职工学习教育。二是抓队伍建设。组织举办镇村干部培训班5期，参加培训1100人次；认真抓好发展党员工作，举办入党积极分子培训班2期，参加培训38人，吸收新党员15人，预备党员转正15人。三是抓后进转化。坚持分类指导，认真抓好软弱涣散党组织的整治，其中软弱涣散党组织招田村成功摘帽。四是抓制度建设。完善镇干部职工值班、请销假、公务车辆使用管理、“五四三”工作制、研究制订《梅林镇驻村干部工作考核实施办法》和《梅林镇村“两委”班子和村

2015年12月3日，市委书记黄强（左二）、县委书记范宜军（左三）到梅林镇古大存故居调研

干部绩效考核实施办法》，增强对镇村干部科学考核。教育引导镇村干部强化按制度规定办事观念，加强对重点项目建设征地拆迁和危房改造等惠农资金发放等重点工作监督，加强自我约束，做到令行禁止，提高制度执行力。（廖许新）

梅林镇2015年度领导名录

书记、人大主席：曾召辉（任至11月）
张国标（11月任）
副书记：张国标（任至11月）
李万年（11月任）
温全瑞
镇　长：张国标（任至11月）
李万年（11月任）
党委委员：张坤祥
黄足文（任至9月）
古汉红（10月任）
李来泉　吴志平　邓玉芳
刘发胜　陈志坚　温肖华
人大专职副主席：陈慎清
副镇长：黄足文（任至9月）
古汉红（10月任）
温云青　古晋怀

华　阳　镇

【简况】　华阳镇位于县城西南部，距离县城62公里，东邻梅林镇、南邻龙村镇、北连周江镇、长布镇，西与河源市紫金县接壤。下辖13个村民委员会（坪南、太坪、高塘、叶新、红洞、小拔、华阳、华南、华新、莲高、大拔、社径、陂坑）和1个居委会（华阳居委会），166个村民小组。总面积153.5平方公里，其中山地面积1.2万公顷，耕地面积1466.67公顷，境内主要有花岗石、大理石、稀土矿和水晶石等矿产资源。2015年，全镇工农业总产值5.6亿元，对比上年增长4.1%；其中工业总产值2.18亿元，对比上年增长4.4%；农业总产值3.35亿元，对比上年增长4.4%；全镇财政收入519万元，对比上年增长8%；农村居民人均纯收入7194.4元，对比上年增长5.4%。

【农业】　2015年，全镇优质稻种植面积2263.67公顷，粮食总产量1.50万吨。种植李果265.47公顷，李果总产量1400吨，总产值650多万元。高塘20公顷无公害蔬菜基地巩固发展，种植烤烟53.33公顷，种植油茶106.67公顷，名贵树木333.33公顷，经济林7200公顷。耕山致富示范点效益凸显，大拔村千顷农业发展基地效益初显；华阳供销社和泰安养殖示范基地辐射带动效应不断增强。

【基础设施建设】　2015年12月，汕湛高速公路华阳段如期建成通车。省道120线安流至华阳公路升级改造和绕开圩镇过境公路、乡道304线华阳至龙村公路扩宽改造、华阳新田高速路出口至周江镇冰坎公路等工程建设征拆工作全面开展。省道120线绕开圩镇外环道路建设准备规划实施。完成2015年度北琴江河（华阳段）沿线17.2公里的清违清障任务，拆除涉河违章建筑物7座。提前完成大拔村、陂坑村2016年度中小河流治理清违清障任务。村级基础设施扎实推进，全镇筹资523万元，维修建设村道路面、路桥桩基等212千米。

【民生事业】 2015年，华阳镇抓好“十件民生实事”的落实，华阳卫生院医疗自动化生化仪、X光、B超、心电图等仪器设备得到更新。完成低保户、“五保户”年度审核工作，低保、“五保户”全部纳入保障范围。城乡居民医疗保险参保人数4.90万人，参缴总额5800多万。新一轮扶贫开发工作全面收官，累计投入帮扶资金2794.32万元，5个贫困村、贫困户实现脱贫目标。完成新时期精准扶贫申报和核查识别等前期工作。11月，顺利通过国家教育均衡县创建督导验收。

【计划生育】 2015年，华阳镇坚持以计划生育集中服务活动为抓手，不断加大经费投入，实行计生服务村村行，强化免费孕前检查和非诉案件执罚，有效控制人口增长，实行优生优育，提高人口素质，年度考核成功保类。全年完成计生“四术”任务865例，其中结扎250例、上环449例、补救措施36例；生殖健康普查998例，免费孕前优生健康检查254对，提交法院受理计划生育非诉案件17宗，执结15宗。

【平安创建】 2015年，华阳镇坚持实行领导干部包村包案责任制和每周接访制度，定期研判分析案件，重点解决涉及汕湛高速征拆、工伤、劳资纠纷、资源开采、土地争议、打架斗殴等多宗重大疑难信访案。全面开展“一村（社区）一法律顾问”工作，莲高村、坪南村、叶新村经发动乡贤捐资30多万元，成立护村队，着力构建平安和谐的社会发展环境。全年受理群众纠纷案件16宗、调处16宗，及时化解群众非正常上访苗头2宗。辖区刑事案件立案83宗，破案47宗，破案率高达56.62%；提请逮捕19人，抓获网上在逃人员10人，打掉犯罪团伙2个，抓获吸毒人员14名，强制戒毒4名；受理治安案件115宗，查处68宗，治安拘留人数20人，调解民事纠纷22起。严格落实安全生产“一岗双责，保持打非治违”高压态势，强化重点行业、重点领域、重点时段巡查监管，努力构建安全生产长效机制，安全生产形势持续好转。全年排查整改安全隐患30多处，上报县政府、县安委办挂牌督办15宗，取缔非法加油和燃气代充点2家，没收销毁非法经营烟花爆竹一批。全镇无重特大安全生产事故发生。

【基层治理】 2015年，华阳镇初期投入资金16万元，完成镇级公共综合服务中心建设，设立“一站式受理，一条龙服务”便民窗口。莲高村、高塘村、大拔村、小拔村、叶新等村级公共服务站建成使用。成立“三资”清理清查工作小组，核实14个村（居）集体“三资”情况，完善管理台账，统一录入广东省“三资”管理系统。

【十大专项整治】 2015年，华阳镇扎实开展“十大专项整治”工作，全镇拆除违法违规建筑4宗，制止停工10宗，涉及建筑面积900平方米，填土复耕0.4公顷。排查“黑恶势力”线索5条，打击黑恶势力3宗，破案率达到100%。联合龙村交警中队加强交通执法，查扣无牌无证拖拉机、货车、摩托车等一批，批评教育2人，责令整改2宗。

【行政效能建设】 2015年，全镇有党总支1个、党支部27个，党员1152名。该镇强化党委领导核心作用、基层党组织战斗堡垒作用和党员先锋模范作用。深入开展党的群众路线教育实践活动，注重党风廉政建设，推进政府职能转变，完成公车改革，完成镇级公共服务平台建设。领导干部驻点普遍联系群众制度形成常态化，14个驻点团队接访群众550次，走访群众人均90多户，发放亲情连心卡6000多张，记录驻点日记人均90篇，征集意见建议498条，解决群众反映的困难和问题289件（次），行政效能不断提升。

【其他工作】 2015年，华阳镇响应“新一轮绿化广东大行动”号召，造林抚育1133.33公顷，碳汇林改造备耕400公顷，修建景观林带36.67公顷，组织义务植树5000株，社会造林53.33公顷。加大森林防火宣传、扑火工作经费投入，充实扑火队伍，完善扑火预案和物资，坚持做到“严防、重罚、速扑、严查”，切实加强森林资源的管护。积极开展拥兵优属活动，夏、秋季征兵工作全面完成。积极帮助社会弱势群体，落实孤寡、残疾等特困人员帮扶救济措施，加强华阳福利院“五保”老人规范化管理，保障底线民生。全年，经核查确认符合政策的低保户871户、“五保户”123人纳入保障范围。倡导文明新风，推行殡葬改革，破除丧葬陋习。同时，“三防”、气象、打私、应急、团委、妇女儿童等各项工作取得新发展。

（丘文辉　邹淑丹）

华阳镇2015年度领导名录

书记、人大主席：刘锐锋

副书记：钟文锋

陈宗书（任至10月）

邹焕模（10月任）

镇　长：钟文锋

党委委员：张学政　温向奎　廖旭辉

甘惠明　邹定芳　刘伟枢

张丽娟　严汉云

人大专职副主席：甘远玲

副镇长：张学政　曾桓钦　陈展略

龙 村 镇

【简况】 龙村镇地处五华县最南端，距离县城 65 公里，毗邻揭阳市揭西县上砂镇，河源市紫金县龙窝镇、水墩镇、南岭镇，汕尾市陆河县罗溪镇，区域面积 349.1 平方公里，是广东省第二大乡镇，下辖 37 个村委会、3 个居委会、709 个村民小组。梅州市“一号工程”——梅州（五华）抽水蓄能电站项目落户该镇黄狮村。2015 年年末，全镇有山地面积 2.8 万公顷，耕地面积 2672 公顷，其中水（旱）田 2192 公顷、旱地 480 公顷。人口有 21543 户、115848 人，其中非农业人口 5138 人、农业人口 110710 人。全镇工农业总产值 6.03 亿元，对比上年增长 7.6%；镇级财政总收入 5177.67 万元，对比上年增长 14.96%。农村居民人均纯收入 6583 元，对比上年增长 7.3%。

2015 年 4 月 21 日，市长谭君铁到龙村镇调研梅蓄项目

【梅州（五华）抽水蓄能电站项目建设】 梅州（五华）抽水蓄能电站项目于 2015 年 7 月 29 日获省发改委批准建设，并于 9 月 30 日正式开工建设。为满足该项目的用地需求，龙村镇抽调骨干力量开展梅蓄项目筹建期征地，完成“三洞两路”工程征地 93.71 公顷，“三洞两路”工程全面铺开。完成黄狮公墓山选址，并加快推进规划建设。协助制订《移民安置实施方案》和建设移民安置区。坚决遏制、打击抢建、抢种、抢挖“三抢”行为，继续巩固实物指标调查结果。加强国土巡查监管，严防进库公路两旁出现违法占地建房行为，严禁乱挖滥伐，切实保护好库区内外生态环境。

【基础设施建设】 2015 年，龙村镇完成县道 003 线升级改造（路面由原来 7 米扩大到 9 米）龙村段征拆任务，积极配合县交通部门、施工单位，加快完成路面硬底化建设。基本完成汕湛高速华阳出口至龙村互通公路建设用地征收及路基平整工程。积极推进县道 960 线宫前坳上经莲塘、樟华至梧溪黄田岗连接县道 003 线的过境公路规划立项。完成塘湖、樟华 2 座大桥和吉祥拱桥（2013 年“8·17”洪灾遭水毁）重建，动工建设独岭大桥和吉祥桥。推进300人以上自然村的道路硬底化建设，实现农村道路硬底化建设18公里。完成琴江河龙村段和硝芳河、梧溪河等河道的“三清”整治。

登云嶂高山云雾茶茶场

【现代农业】 2015年，龙村镇立足丰富山地资源，因地制宜，科学规划，大力实施耕山致富，推进现代农业品牌发展战略，做大做强区域特色品牌。打造登云嶂和雷公肚茶场、炉下生态乐园、龙村三红柚等现代农业基地，做强做大茶叶、油茶、三红柚、三华李四大特色农业品牌。种植云雾茶133.33公顷，大梧鸟舌茶约20公顷，宫前梅粘茶13.33公顷，金龙单丛茶13.33公顷，宫前油茶333.33公顷。种植三红柚3万多株120公顷，年产量150多万千克，种植红囊柚66.67公顷，龙村三红柚入选央视网商城优选品牌。新增农民专业合作社7个。同时，完善县道003线沿线两边大部分水利灌溉工程，稳步推进农村土地确权登记颁证工作。全力抓好森林防火，加强森林资源管护，积极推进碳汇工程林建设，完成2015年度造林及补植套种273.33公顷。

【科教文卫】 2015年，该镇积极开展人文科学知识普及宣传活动，提升群众科学文化素养，是五华首个获得“梅州市人文社会科学普及示范基地”镇，并于5月19日举行授牌仪式。在水口村文化广场成功举办五华县“长乐大舞台”群众文艺演出，上千名群众观看演出。在全县乡镇中成立首个足球协会，并成功举办“贺岁杯”足球赛。

全镇有完全中学1所、初级中学3所、九年一贯制学校1所、完全小学15所、小学教学22个点、中心幼儿园1所，中学生3631人，小学生6800人，中学教师311人，小学教师456人。2015年，硝芳中学、龙村镇中心小学被评为县“先进学校”，中心小学升中考试全县排名第七，比上年上升一位，且质量抽测全县排名第一。龙村、硝芳、登畲3所卫生院有医务人员203人，龙村镇中心卫生院升格为副科级事业单位；新建登畲卫生院职工宿舍楼，建成宫前村卫生站，医疗服务场地、器械设备等硬件配套设施不断完善。全年完成结扎

2015年9月9日，龙村三红柚种植基地举行开摘仪式

464 例，上环 262 例，免费孕前优生健康检查 590 人，非诉案件 12 宗，征收社会抚养费 300 多万元，全面完成计生工作任务，实现计生“摘帽赶队”目标。

【民生保障】 2015 年,龙村镇有低保户 1674 户，比上年清理核减 255 户，发放低保救助金 2118.6 万元、“五保”救助金 174 万元。完成 400 户农村危房改造，发放补助款 740 万元。投入 150 万元新建一栋 5 层 600 平方米的社会福利服务中心（敬老院），对“五保”老人进行集中供养。新建大坑村茜坑文化广场，动工建设三湖村居家养老服务站，新建宫前村、老田村、登畲村 3 个“农村幸福院”。认真执行优抚对象、高龄老人补助和医疗救助等政策。抓好农村社会养老保险扩面征缴和城乡医疗保险工作，全镇有 30405 人参加农村养老保险，已享受人数 11250 人，城乡医疗保险参保人数 91054 人，参保率 100%。全力做好扶贫“双到”工作，争取更多项目、资金扶持，着力改善贫困村基础设施条件，实现村级集体经济收入稳步增长和贫困户稳定脱贫。7 个帮扶挂钩单位投入 511.48 万元，帮助 677 户、3163 人贫困户脱贫。被帮扶村集体项目发展成绩显著。重建水口村委会办公楼，重建塘湖大桥，新建塘湖村委办公楼，完成柏溪村道路亮化工程，新建榕溪村委办公楼、文体广场及村口景观亭，帮助梧溪村回购曲潭电站经营权，新建梧溪村老人文化活动中心，修缮梧溪村委会办公楼。

【基层治理】 一是平台建设。完成农村集体“三资”清查核实，建立、运行镇级农村集体资产资源交易平台，规范农村“三资”管理，完成 7 个招标项目，共 218.75 万元；升级改造原便民服务中心，完善软硬件及配套设施，规范服务事项和办事流程，将卫计、社会保障等 6 个窗口办事部门整合为公共服务中心，开展集中办公；完成宫前、水口、留畲 3 个村级公共服务站示范点建设，认真开展代办业务工作。二是村务财务公开。全部村（居）村务公开栏均上墙设置，及时将涉农补贴的有关信息向群众全面公开，接受社会监督，并强化村（居）监委会的监督作用，确保村务财务管理阳光透明。三是“直联制”工作。全镇 40 个驻点团队、106 名镇干部深入村组发放亲情连心卡 2 万张，实现群众走访全覆盖，接待群众 1327 人次，收集群众各类问题及意见建议 731 条，解决群众实事 726 件。通过驻点普遍直接联系群众工作，进一步转变干部作风，密切党群干群关系。四是平安村居创建。结合“直联制”，落实驻点团体排查调处矛盾纠纷及重点信访案件领导包案责任制，发挥镇村综治信访维稳平台作用，从源头上预防和化解社会矛盾，并加强社会治安秩序管理，依法打击各类违法犯罪活动及社会“黑恶势力”，力促全镇社会治安形势持续好转，确保全镇平安稳定。全镇受理矛盾纠纷 136 宗，成功调处 113 宗；接受处理群众网上信访 58 件，处理答复 58 件，成功化解一批矛盾积案。打击聚众赌博行为 1 宗，捣毁制毒窝点 1 处并抓捕犯罪嫌疑人 7 名，侦破私制炸药刑事案件 1 宗。五是党员干部违法违纪线索排查。坚持每月集中排查党员干部违法违纪线索，加强对全镇党员干部严格遵守“八小时”外活动监督管理，多渠道接受群众举报，及时发现、查处党员干部违法违纪行为。排查出 35 条农村党员干部违纪违法线索，并依法办结案件 33 宗。

【十大专项整治】 一是整治违法占地建房行为。加强国土、村建的巡查和动态管理，敢于碰硬动真格，依法拆除5处1050平方米违法占用耕地建房建筑物，移交法院立案查处11宗，停建维持土地原貌16宗。二是整治非法河道采砂行为。成立砂场整治专责巡查队伍，分解落实工作责任，依法打击非法采砂和非法堆放经营河砂行为，整治非法采砂点5个、非法堆放经营河砂点7个，扣留涉砂铲车2台，非法堆放经营河砂和非法河道采砂等行为得到有效遏制。三是整治农村生活垃圾。完成镇机关环境整治，加强3个居委的生活垃圾清运，大力整治公路主干道沿线村环境卫生，实行村村联动处理农村生活垃圾，积极推进建立垃圾处理长效机制，垃圾围村、垃圾填河现象得到有效遏制。四是禁止露天焚烧秸秆。层层落实责任，加强宣传教育，在夏收和秋收季节加强巡查监管，全力禁止、遏制露天焚烧秸秆现象。五是抓好安全生产工作。严格执行“党政同责、一岗双责、齐抓共管”责任体系，落实消防安全“网格化”管理，加强重点行业和重点领域的安全监管整治，坚决遏制重特大事故发生。排查出13宗重大安全隐患，其中7宗被列为市、县督办并完成整改；专项整治非法经营成品油，取缔关停农村非法加油点17个，查获1吨多非法储藏、售卖的成品油及一批油品储存设备；加强做好全镇18个地质灾害点的巡查监控，及时发现整改新出现的地质灾害点，完成2个地质灾害点的整改。2015年，该镇获县安全生产考核综合排名第一。

【基层党建】 2015年，该镇扎实抓好党务工作，举办入党积极分子培训班1期，发展党员26名，加强全镇2565名党员队伍教育管理。完成4个软弱涣散党支部整顿。加大基层党建投入力度，多渠道统筹安排投入党建工作经费，着力解决基层党员活动阵地建设，着重加强党员思想政治教育，强化入党积极分子培训、考察，为党组织建设提供基础保障。精心组织企事业单位党支部换届选举，着力培育先进党组织，加强指导“两新”组织建设，发挥企业骨干、党员干部的先锋模范作用，坚持抓党建促进经济社会发展。结合驻点普遍直接联系群众工作，深入开展“三严三实”专题教育活动，进一步转变工作作风，切实为民解决实际问题。严格遵守中央“八项规定”，严格执行来人接待制度，倡导厉行节约，坚决杜绝奢侈浪费行为。狠抓廉政建设，建立健全经济管理制度，坚持“收支两条线”，堵塞各项支出漏洞，遵守财经纪律。切实加强经济管理，开源节流，积极争取上级支持，保障镇政府工作正常运转。 （温汉锦）

龙村镇2015年度领导名录

书记、人大主席： 胡荣华（任至11月）
郑遂方（11月任）

副书记： 李杜强
邹焕模（任至10月）
陈宗书（10月任）
温伟雄（挂职）

镇　长： 李杜强

党委委员： 刘文锋　张秀华
魏明星（任至4月）
龙夏辉　刘晓宇　黄益宁
廖天华　田细文（4月任）

人大专职副主席： 黄赐奎

副镇长： 刘文锋　黄伟雄　温舜初
温跃胜

统计资料

社会经济统计资料

2015年五华县国民经济和社会发展统计公报

2015年，全县人民在县委、县政府的正确领导下，以建设“工业新城、宜居五华”为目标，抢抓粤东西北和原中央苏区两大振兴政策以及广州对口帮扶的机遇，扭紧“三大抓手”，坚守“两条底线”，大力推进“两新两特两重点”，全县经济运行持续保持较快的增长态势，人民生活水平不断提高，经济社会发展迈上新台阶，圆满完成了“十二五”的各项目标任务,为“十三五”经济社会发展、决胜全面建成小康社会奠定了坚实基础。

一、综合

经省、市核定，初步核算，2015年全县实现生产总值126.43亿元（当年价，下同），比上年增长9.7%，其中第一产业增加值27.66亿元，增长4.0%，拉动生产总值（GDP，下同）增长0.8个百分点；第二产业增加值36.78亿元，增长11.5%，拉动生产总值增长3.6个百分点，其中工业增加值29.37亿元，增长10.9%；第三产业增加值61.99亿元，增长11.1%，拉动生产总值增长5.3个百分点。第一、二、三产业增加值占生产总值比重由上年的23.3：29.1：47.6调整为今年的21.9：29.1：49。县内人均生产总值11722元，比上年增长9.2%。

2015年全县新增个体工商注册3717户，比上年增长15.72%；注册资金2.1亿元，增长44.4%；新增从业人员5343人,比上年增长23.97%。新增私营企业560家，比上年增长27.85%；注册资金22.81亿元，比上年增长36.1%；新增从业人员14669人，增长45.48%。全社会从业人员46.85万人，比上年增长3.5%。年末城镇登记失业人员2660人，比上年增长7%;城镇登记失业率2.42%，与上年持平。

在经济较快增长的同时，物价总水平小幅上涨。全年全县居民消费价格指数为101.6%，比上年上涨1.6个百分点，其中食品类上涨4.3%。固定资产投资价格下降0.9%。工业品出厂价格下降3.2%。商品零售价格指数为99.5%，比上年下降0.5个百分点。

虽然当前五华经济社会发展总体保持较快的增长态势，但也存在不少问题和不足：经济结构不合理、自主创新能力不强，全面深化改革和转方式调结构任重道远；工业经济总量小，自主创新能力有待加强；人均GDP、人均财政收入水平较低，经济总量和工业企业质量有待突破；财政增收乏力，收支缺口进一步扩大；县域经济实力仍较薄弱，城镇化水平仍较低，交通等基础设施有待完善，经济发展后劲亟待增强。

二、农 业

农业产业结构调整稳步推进，促进了农

业产业化和现代化，使传统农业逐步向精致高效现代农业转变。2015 年全县农业总产值 50.57 亿元，比上年增长 2.8%，农业增加值 29.2 亿元，比上年增长 4.3%。

全年粮食总产量 32.36 万吨，比上年增长 12.9%。其中：稻谷 28.06 万吨，增长 0.2%；甘蔗 7311 吨，比上年增长 4.6%；烤烟 2414 吨，比上年下降 6.5%；花生产量为 7582 吨，比上年增长 10.1%；大豆产量为 3792 吨，比上年增长 1.3%。

2015 年五华县主要农产品、畜产品产量和牲畜存栏头数一览表

表七

指 标	2015 年实绩	比上年增长（%）
谷物	287439 吨	0.30
其中：稻谷	280607 吨	0.20
花生	7582 吨	10.10
大豆	3792 吨	1.30
甘蔗	7311 吨	4.60
烤烟	2414 吨	–6.50
木薯（鲜）	27389 吨	0.60
茶叶	1012 吨	5.60
水果	81063 吨	7.50
肉类产量	57480 吨	0.09
其中：猪肉	42953 吨	–1.20
生猪年末存栏头数	447963 头	–1.10
耕牛年末存栏头数	28086 头	–5.80

全年肉类总产量 57480 吨，比上年增长 0.09%，其中：猪肉产量 42953 吨，下降 1.2%。生猪年末存栏 447963 头，下降 1.1%，耕牛年末存栏 28086 头，下降 5.8%。

全年淡水产品产量 18153 吨，比上年下降 3.0%。

全年林业完成人工新造林 16.4 万亩，年末森林覆盖率 70.15%，比上年提高 0.62 个百分点，林木蓄积量累计达 783 万立方米，比上年增长 4.7%。全县共有自然保护区 12 个，省级森林公园 1 个，县级森林公园 2 个。

三、工业和建筑业

工业经济较快增长，产值与效益相得益彰。2015 年全县全部工业总产值 91.3 亿元，比上年增长 12.4 %；完成工业增加值 22.1 亿元，比上年增长 10.5%。其中：规模以上工业企业（新口径）26 家，实现总产值 59 亿元，比上年增长 17.4%，实现增加值 13.2 亿元，比增 15.2%。

2015 年五华县主要工业产品产量一览表

表八

产品名称	2015 年实绩	比上年增长%
发电量	16173 万千瓦时	-28.3
涤纶纤维	65393 吨	6.2
饮料酒	3945 吨	-34.9
中成药	5080 吨	47.4
家用电热器具	404.2 万台	41.0

规模以上工业产销衔接，销售收入增长较快，经济效益稳定提高。规模以上工业企业（新口径）实现销售收入 55.8 亿元，比上年增长 15.8%，实现利润总额 3.95 亿元，增长 40.1%。全年工业用电量 18696 万千瓦时，增长 15.2%。

全县资质等级以上建筑企业 13 个，实现总产值 31.6 亿元，增长 21.7%，建筑质量进一步提高。

四、固定资产投资

固定资产投资大幅增长。全年完成固定资产投资 69.94 亿元（新口径），比上年增长 60%。其中，交通投资 24.46 亿元，增长 3.4 倍；工业投资 34.22 亿元，增长 56.6%，其中技改投资 13.94 亿元，增长 13.8%；房地产投资 9.45 亿元，增幅达 49.9%；其他投资 1.81 亿元，增幅 21.4%。

2015 年五华县固定资产投资及其增长速度一览表

表九

名称	本年实际（万元）	上年同期（万元）	对比增减（%）
总计	699440	437150	60.00
交通业	244620	56016	336.70
其中：高速公路	203095	47708	325.70
工业投资	342181	218463	56.63
其中：技改投资	139425	122482	13.83
房地产业	94517	63046	49.92
其他投资	18122	14933	21.36

五、交通、邮电和旅游业

全年交通运输、仓储和邮政业实现增加值 3.28 亿元，比上年增长 3.6%。

交通运输业较快发展，基础设施不断完善，各种运输形式竞争有序，综合运力进一步提高。各种交通运输方式完成货物周转量 15.36 亿吨公里，增长 12.4%，完成旅客周转量 4.85 亿人公里，增长 11.4%。年末，全县公路通车里程 3246 公里，比上年增加 124

公里，增长4.0%。公路密度每百平方公里由上年的96.7公里增至本年的100.27公里，比2014年底增加3.57公里，增长3.7%。

城乡固定电话用户80276户，比上年增加5.1%。通信网络快速发展，全县计算机互联网用户达43374户，比上年增长4.3%。

旅游事业是我县重点发展的新兴特色产业，近年来已成为拉动第三产业发展的一个新的增长点。在紧紧抓住城市化进程和深梅旅游路线扩展的契机，推出了以“山、水、泥”为特色的旅游项目，扩展了以热矿泥温泉山庄和益塘水库、七目嶂等为生态旅游景点的线路，打造以“长乐古城、生态五华、养生胜地、田园山水、乡野休闲”为主题的旅游品牌。吸引了大批国内外游客来我县旅游观光和休闲度假，接待人数、收入双双大幅增长。2015年共接待游客460万人次，比上年增长24.1%，全县旅游业总收入达32亿元，比上年增长26.2%。

六、商业、外贸、财政

国内消费品市场稳定发展，2015年全县实现社会消费品零售总额81亿元，比上年增长10.5%。社会消费品零售总额中，按行业分：批发零售贸易业实现77.39亿元，比上年增长10.6%；住宿和餐饮业营业额3.61亿元，比上年增长8.1%；按城乡分：城镇实现零售总额58.07亿元，增长11.1%，农村实现零售总额22.94亿元，增长8.9%。

对外经济工作成绩显著，外贸进出口总额增长较快。2015年外贸进出口总额19251万美元，增长15.9%，外贸出口总额18270万美元，比上年增长41.9%。其中“三资”企业出口额1584.76万美元，比上年回落42.46%；一般贸易出口16685.25万美元，比上年增长64.86%。实际利用外资实现533万美元，比上年下降57.36%。

2015年财政收入较快增长，地方一般公共预算收入实现5.55亿元，比上年增长28.8%；地方一般公共预算支出为57.07亿元，比上年增长40.3%。

七、金融

金融业快速发展，存贷款余额实现同步较快增长。2015年年末，全县国家银行各项本外币存款余额221.25亿元，比上年末增长17.2%。城乡居民储蓄存款余额158.89亿元，比上年末增长17.2%。各项本外币贷款余额70.19亿元，比上年末增长20.7%。

人保、人寿保险费收入1.42亿元，按同口径计算，比上年下降22%。其中：人民保险保费收入4200万元，比上年增长48.5%；人寿保险费收入1.0亿元，比上年减少34.6%。

八、教育、科技、文化

教育事业在“教育创强”的带动下，基础设施不断完善，教育投资进一步加大，办学条件继续改善，办学质量持续稳定提高。全年教育财政拨款13.87亿元，比上年增长8.7%。全县有各类中等专业学校2所，在校学生1100人；普通中学55所，在校学生77123人，减少7.8%。其中：高中学生31744人，减少7.0%；职业中学3所，在校学生4784人，比上年减少12.4%。全县共有小学160所，在校学生92483人，增加745人，同比增长0.81%；适龄儿童入学率100%，与上年持平；小学毕业生升学率为100%，与上年持平；初中毕业生升学率为100%，与上年持平，高中毕业升学率92.8%，比上年提高3.1个百分点。在2015年高考中，全县入省大专A线以上人数达4589人，入围率为43.4%，入本科线以上人数2096人，入围率19.8%。

科技事业取得新的进展，科技队伍有所减少。我县有各类专业技术人员15916人，同比减少2%。全年申报国家专利例222例，授权例151例，其中发明专利申报6例，授权3例。

文化事业欣欣向荣，各种文化设施不断完善，广场文化丰富多彩。2015年，我县的两个专业剧团以及各业余剧团面对市场的激烈竞争，更新观念，开拓进取，不断扩宽演出市场，广泛深入农村山区巡回演出，取得社会效益和经济效益的“双赢”。全年两个专业剧团和县文化馆一条龙业余剧团送戏下乡演出168场，为山区群众送上丰富多彩的精神食粮。电影行业在多种文化竞争的情况下，想方设法调动电影队的积极性，出动宣传车广泛宣传，送影下乡，每周周末在县府广场和清水公园播放电影，全县合计共放电影7648多场。图书馆现有藏书13.2万册，进馆读者11万人次，图书流通量9万册次。县城文化广场业余演出26场次。

广播电视事业稳步发展。到2015年止，全县共建调频广播电台1座、有线电视台1个、有线电视站16个、卫星电视地面接收站6个，有线电视用户6.85万户，广播、电视人口覆盖率为98.8%，对推动我县两个文明建设，丰富群众的业余文化生活起到了积极作用。

九、卫生、体育

医疗卫生事业有新的发展，卫生技术人员队伍不断壮大，医疗设备日益先进，医保网络逐步扩大，防范意识不断提高。年末全县拥有卫生机构42个，床位2565张。各类卫生技术人员2902人，其中：执业医师1009人，增长6.7%；执业助理医师1054人，增长7.3%。

一年来，全县积极开展群众性体育竞赛活动，充分利用重大节日或双休日在县城举办大型的足球、篮球、乒乓球、棋类、健身竞走等大型群众活动28场次，精心组织校园足球三级联赛和梅州客家足球俱乐部主场工作，经过不懈努力，梅州客家足球俱乐部终于冲甲成功，成为全国唯一县级拥有甲级球队的县。

推动了全民健身运动的发展，大大地丰富了体育爱好者的文体生活。体育部门认真贯彻落实《全民健身条例》，大力开展以全民健身为主的各项体育竞赛活动，全县群众体育蓬勃发展，广大群众的体育意识普遍增强，人民群众的身体素质明显提高，全民健身工作成效明显。

十、环境保护

环境保护工作力度加大，城市环境质量有较大改善。全县有环境监测站1个，环境监测人员17人。2015年加强了对11个自然保护区、2个县级森林公园、1个省级森林公园和5个一级饮用水源保护区的管理，固体废物综合利用率达100%。全面完成森林碳汇重点生态工程16.4万亩建设任务和“四江”流域水源涵养林3.3万亩种植任务。完成森林抚育31.7万亩。改造提升了31.8公里生态景观林带。启动了水寨星湖岭、河东天云岭县级森林公园，潭下宝山嶂县级自然保护区和双华高山寨、横陂贵人嶂、梅林松桂园等7个镇级森林公园建设。

12月10日，五华创建“广东省卫生县城”工作顺利通过省考核验收。创建活动中有38个单位被省授予“广东省无烟单位”称号，县城116个单位被评为卫生单位，64个居民小区被评为卫生社区。县城18个行政村被评为市卫生村，6 个行政村被评为省卫生村。兴建了长乐公园、上坝公园、狮山公园，改造了“一江两岸”河堤，提高了县城品位，树立了五华县城的新形象。

十一、人口、人民生活与社会保障

年末全县总人口为 1463929 人，比上年增加 100807 人，增长 7.4%。其中，常住人口为 1080842 人，比增 0.4%。在总人口中，城镇人口为 175804 人，占总人口的 12%；乡村人口为 1288125 人，占总人口的 88%。在总人口中，男性人口为 762338 人，女性为 701591 人,性别比为 108.7%。出生率为 13.42‰，比上年下降 1.12 个千分点；死亡率为 5.65‰，比上年提高 0.3 个千分点；自然增长率为 7.76‰，比上年下降 1.16 个千分点。

城乡居民收入进一步增加，生活水平稳步提高。据抽样调查，五华居民人均可支配收入 12383 元，比上年增长 8.1%，扣除价格因素，实际增长 6.4%。其中：城镇居民年人均可支配收入 17537 元，比上年增长 8.3%，剔除价格上涨因素，实际增长 6.6%。农村居民年人均可支配收入 10138 元，比上年增长 8%，剔除价格因素实际增长 6.3%。

社保工作稳定发展，社会保险人数稳中递增，社保覆盖面进一步扩大。全县参加城乡居民医疗保险的人数 121.6 万人，增长 0.6%。参加农村养老保险的人数 40.7 万人，增长 1.8%。年末，全县 28578 人参加失业保险，比增 7.1%；参加基本养老保险的职工人数 52717 人，比增 3.1%；参加工伤保险人数 32359 人，比增 4.2%；有 28113 名离退休人员享受了社会养老保险，比上年增长 5.8%。

全县享受最低生活保障的困难群众 61672 人，其中城镇 485 人、农村 61187 人。全年共发放医疗救助 2744.85 万元救助 81073 人次。目前，全县各乡镇已建立了农村社会保障网络。

2015年五华县国民经济和社会发展主要指标一览表

表十

项　　目	单　位	2014年度	2015年度	2015年比2014年±%
一、人　口				
当年出生人口	人	18764	36526	94.7
出生率	‰	14.54	13.42	下降1.12个千分点
年末总人口	人	1363122.00	1463929.00	7.4
男	人	702130.00	762338.00	8.6
女	人	660992.00	701591.00	6.1
二、国民经济核算(当年价)				
县内生产总值	亿元	110.50	126.43	9.7
第一产业增加值	亿元	29.50	27.66	4.0
第二产业增加值	亿元	24.30	36.78	11.5
第三产业增加值	亿元	56.60	61.99	11.1
人均县内生产总值	元	10286.00	11722.00	9.2
三、农　业				
农业总产值(当年价)	亿元	48.80	50.57	2.8
主要农产品产量				
粮　食	万吨	28.65	32.36	12.9
水　稻	万吨	27.99	28.06	0.2
水　果	万吨	7.54	8.11	7.5
茶　叶	吨	958.00	1012.00	5.6
烟　叶	吨	2582.00	2414.00	-6.5
水产品	吨	18724.00	18153.00	-3.0
年末生猪存栏	万头	45.30	44.80	-1.1
年末耕牛存栏	万头	2.98	2.81	-5.8
造林面积	万亩	18.07	16.40	-9.2
森林覆盖率	%	69.53	70.15	上升0.62个百分点
森林蓄积量	万立方米	748.00	783	4.7

续上表

项　　目	单　位	2014 年度	2015 年度	2015 年比 2014 年 ± %
四、工　　业				
工业总产值（当年价）	亿元	81.20	91.30	12.4
主要工业产品产量				
发电量	万千瓦时	22555.00	16173.00	−28.3
饮料酒	吨	6063.00	3945.00	−34.9
中成药	吨	3447.00	5080.00	47.4
五、交通、运输、邮电				
公路通车里程	公里	3122.00	3246.00	4.00
客运量	万人		563.00	
货运量	万吨		1366.00	
电话装机用户	户	76419.00	80276.00	5.10
六、全社会固定资产投资	亿元	43.7	69.94	60.00
七、商　　业				
社会消费品零售总额	亿元	73.79	81	10.50
商品批发销售总额	亿元	70.56	77.39	10.60
八、对外经济贸易				
外贸出口总额	万美元	16626.00	18270.00	41.90
“三资”企业出口	万美元	2754.00	1584.76	回落 42.46
实际利用外资	万美元	1248.00	533.00	−57.36
九、财政、金融、保险				
财政收入(同口径)	亿元	4.31	5.55	28.80
财政支出	亿元	40.67	57.07	40.30
年末银行存款余额	亿元	188.65	221.25	17.20
年末银行贷款余额	亿元	58.13	70.19	20.70
各类保险保费收入	亿元	1.81	1.42	−22

续上表

项　　目	单　位	2014 年度	2015 年度	2015 年比 2014 年±%
十、教育、卫生				
在校学生总数	人	222926.00	219288.00	-1.6
中等专业学校学生	人	1575.00	1100.00	-30.2
普通中学学生	人	83675.00	77123.00	-7.8
小学学生	人	91738.00	92483.00	0.81
学前教育	人	40449.00	43720.00	8.10
特殊教育	人	27.00	78.00	188.90
职业中学学生	人	5462.00	4784.00	-12.40
卫生技术人员	人	2934.00	2950.00	0.50
医　生	人	1925.00	1973.00	2.40
病人床位数	张	2215.00	2565.00	15.80
十一、人民生活				
城镇居民年人均收入	元	16193.00	17537.00	8.30
农民年人均纯收入	元	9387.00	10138.00	8.00
城乡居民年末储蓄余额	亿元	144.74	158.89	17.20

说明：本表内数字均为五华县统计局提供

2015 年五华县主要经济指标占梅州市比例一览表

表十一

主要指标项目	单 位	五华县	梅州市	县占市(%)
地区生产总值(当年价)	亿元	126.43	955.09	13.20
人均地区生产总值	元	11722.00	22047.00	53.20
工农业总产值（当年价，下同）	亿元	141.87	590.96	24.00
农业产值	亿元	50.57	304.04	16.60
工业产值	亿元	91.3	286.92	31.80
粮食总产量	万吨	32.36	123.84	26.10
全社会固定资产投资	亿元	69.94	568.06	12.30
社会消费品零售总额	亿元	81	555.50	14.60
实际利用外资	万美元	533.00	7100.00	7.50
地方财政收入	亿元	5.55	103.58	5.40
农民人均年纯收入	元	10138.00	11799.40	—
城乡居民储蓄存款余额	亿元	158.89	1061.20	15.0

名录·人物

先 进 名 录

2015年度五华县获国家级先进单位一览表

表十二

单位名称	授予单位	荣誉称号	授予时间
梅州市五华县营田农家饭店	国家旅游局	中国乡村旅游金牌农家乐	2015年
梅州市五华县龙狮殿农家饭店	国家旅游局	中国乡村旅游金牌农家乐	2015年
梅州市五华县湖田农家饭店	国家旅游局	中国乡村旅游金牌农家乐	2015年
华阳供销社	中华全国代销合作总社	示范专业合作合作社	2015年12月
五华县水寨镇府前社区居民委员会	国家科协、财政部	全国科普示范社区	2015年9月
华城司法所	司法部	全国模范司法所	2015年12月

2015 年度五华县获市级先进单位一览表

表十三

单位名称	授予单位	荣誉称号	授予时间
五华县水产技术推广站	梅州市人民政府	“台湾泥鳅繁育与示范推广”获市科技进步三等奖	2015 年 12 月
梅州市松岗嶂绿色生态茶园有限公司	梅州市人民政府	“白叶单丛红茶工艺集成创新及产品研发” 获市科技进步三等奖	2015 年 12 月
五华县林业科学研究所、五华县林业局	梅州市人民政府	“沉香引种及栽培技术的研究与示范推广”获市科技进步三等奖	2015 年 12 月

2015 年度五华县获国家级先进个人一览表

表十四

姓名	单位及职务	授予单位	荣誉称号	授予时间
魏宝芳	梅州市宝创投资有限公司董事长	国家旅游局	中国乡村旅游致富带头人	2015 年
黄河力	五华县营田农业发展有限公司董事长	国家旅游局	中国乡村旅游致富带头人	2015 年
徐建雄	五华县人大常委会副主任、县总工会主席	中华全国总工会	全国优秀工会工作者	2015 年 12 月
宋帝运	登龛供销社主任	中华全国代销合作总社	“扁担传人”先进个人	2015 年 12 月

人 物 传 略

郭 明

郭明（1922—2008），原名郭镠曾，五华县华城镇新桥人，原中共梅县地委统战部部长。1922年4月出生于五华县华城镇新桥新一村。

1935年就读五华一中附属高等小学，在老师率领下参加抵制日货运动。后在初中部学习期间，即参加校内外组织的抗日救亡宣传活动，任学校歌咏队队长，新桥乡青年抗敌同志会、互助会会长。1939年7月在五华一中秘密加入中国共产党。不久，受组织委派，回新桥发展党员，建立党组织。1940年下半年成立新桥党支部，任支部书记。1940年春，受组织指派到横陂夏阜螺峰小学教书，后返回五华县立一中读书，曾任党小组长、支部书记、总支书记等职。一中毕业后，先在华城铸民小学、德义小学，后在揭阳良田中心小学、龙门县立二中、增城泮池岭小学以教书为掩护做地下工作。1945年春，在新桥创办新新中学，任训导主任兼教员（党内任新桥支部书记兼新新中学支部书记）。1945年任中共揭陆华边区特派员。1947—1949年，在东江人民抗征队、广东人民解放军粤赣支队、中国人民解放军粤赣湘边纵队东二支队。历任政治指导员、教导员、文工团团长、九连地委青委干事、东江公学第一、二期党支书兼教务主任、迎军工作队队长等职。同时负责创办东江公学。1950年3月转业到五华。先后任中共五华县委常委、副书记兼县委宣传部部长、县委互助合作部部长、县委副书记、第一副书记、第二书记、第一书记。1956年11月调中共汕头地委。历任中共汕头地委组织部副部长、宣传部部长、地委委员。1965年6月，调至中共梅县地委，任中共梅县地委委员、宣传部部长。“文化大革命”期间受到冲击。1973年2月恢复工作，任梅县地区科教办公室副主任、中共梅县地委统战部部长。1983年10月离休。任梅州市党史学会副会长、会长，市老区建设促进会副会长等职。

1993年12月，郭明著作《征途剪影》出版；2000年11月，《征途剪影》（续集）出版，两书约30万字。广东省政协原主席梁威林为书题词“昔日疆场共骋驰，今朝归老此其时，敢问今生无所愧，余年奉献未尝辞”。1996年5月，由郭明等老同志力促的新桥革命烈士纪念碑落成。2005年9月，郭明获中共中央、国务院、中央军委颁发的中国人民抗日战争胜利60周年纪念章。

2008年2月，郭明在梅城病逝，享年86岁。

李　方

李方（1930—2015），原名李桔茂，梅州市大埔县西河镇富里村人。中共党员，中共五华县委原副书记。

李方青少年时期在家乡富里小学、樟溪安上小学、西河中学就读。1947年在西河下黄砂梧岗小学担任教员。1948年1月，参加大埔县武工队，并于同年1月加入中国共产党，开始走上革命道路。1948年6月至1950年7月在大埔县西河区委工作，任宣传、组织委员。1950年8月至1952年10月在蕉岭县任团县工委副书记。1952年11月，调五华县工作，任团县工委书记。1954年3月至1955年9月任安流区委第二、第一书记，1955年10月至1956年3月任华城区委书记，1956年4月至1957年12月先后任县委合作部长、计划委员会副主任。1958年1月至1958年12月任棉洋乡党委第一书记，1959年1月至1963年1月任县文教卫生部副部长、部长。1963年2月至1973年10月先后任长布公社党委书记、华城公社党委书记，1973年11月至1976年12月先后任县科教办副主任、农林水办公室副主任，1977年11月至1981年1月先后任县社队企业管理局局长、县委农村工作部部长。1981年2月至1982年10月任县人民政府副县长，1981年3月至1987年5月任县委副书记，兼任县委组织部长、党校校长、纪委书记，1987年5月至1990年4月任县委副书记。在长达43年的革命工作生涯中，李方以强烈革命事业心、高度的工作责任感和较强的组织领导协调能力，为完成党在革命、建设、改革不同时期的任务和推动地方特别是五华县社会经济和文化教育科技卫生事业发展，作出积极贡献。特别是1985年1月，根据上级要求成立地方志编纂常设机构、着手进行地方志编修工作的要求，经县委研究，县成立了由李方任主任、共11人组成的五华县地方志编纂委员会。作为首任主任，他为全县地方志工作办公地点、人员、经费的落实及《五华县志》（1991版）编修做了开创性的工作。1990年5月，李方离休。

2015年11月，李方因病在广州逝世，享年86岁。

文献选编

文 件 选 登

中共五华县委办公室关于印发《关于在全县处级以上领导干部中开展“三严三实”专题教育的实施方案》的通知

华办发〔2015〕1号

各镇党委，县直部委办局和中央、省、市属驻华各单位：

现将《关于在全县处级以上领导干部中开展“三严三实专题教育的实施方案》印发给你们，请认真贯彻执行。

中共五华县委办公室

2015年5月28日

关于在全县处级以上领导干部中开展“三严三实”专题教育的实施方案

为贯彻落实全面从严治党要求，巩固和拓展党的群众路线教育实践活动成果，持续深入推进党的思想政治建设和作风建设，根据《中共中央办公厅印发〈关于在县处级以上领导干部中开展“三严三实”专题教育方案〉的通知》(中办发〔2015〕29号)、《中共广东省委办公厅印发〈我省贯彻落实《关于在县处级以上领导干部中开展“三严三实”专题教育方案》的意见〉的通知》(粤办发〔2015〕8号)和《中共梅州市委办公室关于印发〈关于在全市县处级以上领导干部中开展“三严三实”专题教育的实施方案〉的通知》(梅办发〔2015〕2号)，现就在全县处级以上领导干部中开展“三严三实”专题教育，制定如下实施方案。

一、总体要求

(一)指导思想。以邓小平理论、“三个代表”重要思想、科学发展观为指导，深入学习贯彻党的十八大和十八届三中、四中全会精神，深入学习贯彻习近平总书记系列重要讲话精神，紧紧围绕协调推进“四个全面”战略布局，对照“严以修身、严以用权、严以律己，谋事要实、创业要实、做人要实”的要求，聚焦对党忠诚、个人干净、敢于担当，把思想教育、党性分析、整改落实、立规执纪结合起来，教育引导各级领导干部加强党性修养，坚持实事求是，改进工作作风，着力解决“不严不实”问题，切实增强践行“三严三实”要求的思想自觉和行动自觉，做到心中有党不忘恩、心中有民不忘本、心中有责不懈怠、心中有戒不妄为，努力在深化“四风”整治、巩固和拓展党的群众路线教育实践活动成果上见实效，在守纪律讲规矩、营造良好政治生态上见实效，在真抓实干、推动改革发展稳定上见实效，为加快振兴发展、建设和谐幸福新五华提供坚强保证。

（二）基本原则。开展“三严三实”专题教育是党的群众路线教育实践活动的延展深化，是持续深入推进党的思想政治建设和作风建设的重要举措，是严肃党内政治生活、严明党的政治纪律和政治规矩的重要抓手，要融入领导干部经常性学习教育，不分批次、不划阶段、不设环节，不是一次活动，不能以集中活动的形式来抓。开展专题教育要把握三个原则：一要坚持从严要求、突出问题导向。把问题意识、问题导向贯穿全过程，把发现问题、解决问题作为出发点和落脚点，紧紧盯住“不严不实”的问题和具体表现，以严的态度和讲认真精神，从具体事情抓起、改起，以解决问题的成果来检验专题教育的成效；二要坚持以上率下、突出示范带动。从领导机关、领导班子、领导干部抓起，领导干部要真正把自己摆进去，以身作则，当标杆、作示范，上级为下级作表率，班长为班子成员作表率；三要坚持统筹兼顾、突出讲求实效。始终坚持围绕中心、服务大局，注重联系实际，把开展专题教育与落实“两大政策”、推进“三大抓手”、加快振兴发展结合起来，与深化改革创新、推进依法治县、持续改善民生、全面从严治党结合起来，与推进“两新两特两重点”、完成县重点工作结合起来，与自己分管的工作结合起来，做到专题教育与日常工作有机融合、相互促进，两手抓、两不误。

（三）目标任务。要通过开展专题教育，教育引导领导干部深入把握“三严三实”的基本内涵和实践要求，着力解决“不严不实”的突出问题，推动各级领导干部把“三严三实”作为修身做人用权律己的基本遵循、干事创业的行为准则，打造自觉践行“三严三实”的高素质干部队伍，建设团结和谐、勤奋敬业、清正廉洁的领导班子。重点要着力解决党性修养缺失、理想信念动摇、信仰迷茫、精神迷失、宗旨意识淡薄、脱离群众等问题；着力解决无视党的政治纪律和政治规矩，不讲党的原则，对党不忠诚、心中无党纪、眼里无国法、做人不老实等问题；着力解决政绩观偏差、急功近利、好大喜功、脱离实际、弄虚作假、干事创业不实等问题；着力解决为官不为、懒政怠政，在其位不谋其政，不思进取、不负责任、不敢担当，对工作落实不力、不到位等问题；着力解决滥用权力、设租寻租，对中央“八项规定”等系列禁令视而不见、置若罔闻、违法违纪等问题；着力解决党员干部队伍管理失之于宽、失之于软、失之于虚，组织软弱涣散，党内政治生活不经常、不认真、不严肃，一些规章制度形同虚设等问题。

（四）参加范围。参加专题教育的人员范围为全县处级以上领导干部。具体包括：县委、县人大常委会、县政府、县政协领导班子及处级以上领导干部，县法院、检察院领导班子及处级以上领导干部，县纪委处级以上领导干部。

二、工作措施

开展“三严三实”专题教育要突出“严”“实”要求，坚持严的标准、严的措施、严的纪律，以严促深入、以严求实效。各单位要于5月底前召开会议，对专题教育进行动员部署。开展过程中要做好四个关键动作：

（一）坚持领导带头，从严从实讲好专题党课。专题教育以领导干部讲“三严三实”

专题党课开局。在5月底前，结合专题教育动员部署工作，县处级以上党委（党组）书记要带头讲一次党课；“七一”前后，党委（党组）其他成员要在分管部门或联系单位等讲党课。专题党课要讲求质量，突出针对性、实效性，讲出特色、讲出共鸣，要结合自己的学习和实践体会，把“三严三实”的重大意义和丰富内涵讲清楚、把“不严不实”的具体表现和严重危害讲清楚、把落实“三严三实”的实践要求讲清楚，防止照本宣科、泛泛而谈和“空、虚、偏”、“抄、套、仿”问题。一要深入思考。要把中央、省委和市委精神领会透，把握实质、得其要义；要深入基层广泛调研，了解党员干部的思想作风状况，了解群众想什么盼什么，想清楚讲什么、怎么讲，并亲自动手撰写讲稿。二要联系实际。要紧密结合我县实际，结合党员干部思想、工作、生活和作风实际，结合全县重点工作落实情况，把领导干部思想上的模糊认识点出来，把教育实践活动中整改不到位的问题点出来，把普遍存在的“不严不实”问题包括反面案例点出来，把干部群众反映强烈的问题点出来，增强贴近性、现实感。三要剖析根源。对领导干部自身存在的问题，要重点从理想信念、党性观念、宗旨意识和道德品质等方面深刻剖析根源；对领导班子存在的问题，要重点从思想教育、用人导向、日常管理和制度执行等方面深刻剖析根源。四要灵活方式。除党委（党组）书记结合动员部署工作讲专题党课外，党委（党组）其他成员可结合中心组学习和“三会一课”开展讲座式授课、到分管部门或联系单位开展讨论式授课、到红色教育基地或廉政教育基地开展情景式授课、通过网络媒体开展远程教育式授课，增强党课的吸引力和感染力。

（二）坚持问题导向，从严从实开展好专题学习研讨。坚持把学习教育放在首位，打牢思想根基。一要把握学习重点。要深入系统学习习近平总书记系列重要讲话精神，学习党章和党的纪律规定，重点研读《习近平谈治国理政》《习近平关于党风廉政建设和反腐败斗争论述摘编》等书目；认真学习中纪委、中组部组织编写的《优秀领导干部先进事迹选编》《领导干部违纪违法典型案例警示录》等专题教育学习用书，从焦裕禄、杨善洲、沈浩等先进典型中找到差距、见贤思齐，从周永康、薄熙来、徐才厚、令计划、苏荣以及朱明国、万庆良等违纪违法案件中汲取教训、自警自省。二要开展专题轮训。配合市委组织部利用今年的干部轮训，把“三严三实”专题列为党校主体班次、各级领导干部专题培训的重要内容，分类对全县处级以上领导干部轮训一遍。三要组织开展体验观摩学习。组织县处级以上领导干部带头到社区报到，参加志愿活动，与群众面对面交流，体验群众生产生活，了解群众需求，增强“三严三实”意识。组织党员、干部到红色教育基地、反腐倡廉教育基地观摩学习，开展党性教育、警示教育、法纪教育和苏区精神、叶帅精神教育，使领导干部受警醒、明底线、知敬畏。四要确保学习质量。要读原著、学原文、悟原理，要保证有周详的学习计划、有足够的集中学习时间、有翔实的学习记录、有严格的考勤制度、有完善的学习台账，真正做到深学深悟、常学常新，推动认识深化、行动自觉。

在个人自学的基础上，党委（党组）中心组要注重紧扣问题、注重互动交流、注重用好正反典型两面镜子，重点围绕3个专题开展学习研讨，从5月开始，大体每两个月进行1个专题的学习研讨，一般每个专题集中2天左右。

专题一：严以修身，加强党性修养，坚定理想信念，把牢思想和行动的“总开关”。重点学习研讨如何坚定马克思主义信仰和中国特色社会主义信念，增强道路自信、理论自信、制度自信；如何站稳党和人民立场，牢固树立正确的世界观、人生观、价值观和公私观、是非观、义利观，忠于党、忠于国家、忠于人民；如何保持高尚道德情操和健康生活情趣，自觉远离低级趣味，树立良好家风，坚决抵制歪风邪气，坚守共产党人精神家园。

专题二：严以律己，严守党的政治纪律和政治规矩，自觉做政治上的“明白人”。重点学习研讨如何严格遵守党章，落实习近平总书记在十八届中央纪委五次全会上提出的“五个必须”要求，自觉维护党中央权威，任何时候任何情况下都做到在思想上政治上行动上同以习近平同志为总书记的党中央保持高度一致；维护党的团结，做老实人、说老实话、干老实事，不搞团团伙伙，不搞任何形式的派别活动；遵循组织程序，不超越权限办事，不搞先斩后奏；服从组织决定，不跟组织讨价还价，不欺骗组织、对抗组织；管好亲属和身边工作人员，不让他们擅权干政，不让他们利用特殊身份谋取非法利益。

专题三：严以用权，真抓实干，实实在在谋事创业做人，树立忠诚、干净、担当的新形象。重点学习研讨如何坚持用权为民，自觉遵守宪法法律和党的纪律，按规则、按制度、按法律行使权力，敬畏法纪，为政清廉，任何时候都不搞特权、不以权谋私；如何坚持民主集中制，自觉接受监督，不搞大权独揽、独断专行；如何坚持从五华当前实际出发谋划事业，增强使命意识和责任意识，自觉摒弃怨天尤人、不思进取、“等靠要”思想，以只争朝夕的工作状态和“功成不必在我”的精神境界，在落实“两大政策”、推进“三大抓手”、加快振兴发展等重大任务中，敢于担责、“为官有为”，努力创造经得起实践、人民、历史检验的实绩。

（三）坚持更高标准，从严从实召开好专题民主生活会和组织生活会。今年底，县处级以上党员领导干部年度民主生活会，要以践行“三严三实”为主题进行，起点要高、要求要严。借鉴运用党的群众路线教育实践活动的经验做法，每位县处级以上党员领导干部要做到“两对照三联系”，即对照党规党纪、国家法律，对照正反两方面典型，联系个人思想、工作、生活和作风实际，联系个人成长进步经历，联系群众路线教育实践活动中个人整改措施落实情况，采取自己找、群众提、上级点、互相帮、集体议的方式，深入查摆“不严不实”问题，进行党性分析。要严肃认真开展批评和自我批评，相互批评要有“辣味”，敢于揭短亮丑、勇于指出问题。内设机构党支部（总支）要以践行“三严三实”为主题召开专题组织生活会，认真查摆“不严不实”问题，提出改进措施和办法。党委（党组）领导班子成员要以普通党员身份参加组织关系所在党支部的组织生活会。

（四）坚持讲求实效，从严从实抓好整改落实和立规执纪。坚持边学边查边改，对查找梳理出的“不严不实”问题，要列出清单，即知即改、马上就改，从一开始就改起来。要持续开展专项整治，既落实好教育实践活动确定的重点整改任务，又抓好对新出现问题的整改，特别要把为官不严、为官不实、为官不为等问题纳入专项整治内容，综合施策、集中治理。要推行问题清单、责任清单、办结清单“三张清单”工作法，采取领导联系指导整改、上下联动深化整改、部门联办合力整改“三联”模式，把整改措施落到实处。要严格正风肃纪，对存在“不严不实”问题的领导干部，立足于教育提高，促其改进；对群众意见大、不能认真查摆问题、没有明显改进的，要进行组织调整。要高质量抓好立规执纪，针对“不严不实”问题，建制度、立规矩，强化制度的刚性执行，推动践行“三严三实”要求制度化、常态化、长效化。

三、组织领导

（一）落实工作责任。要把开展“三严三实”专题教育作为重大政治任务摆上重要位置，抓实抓好。专题教育在县委常委会领导下进行，由县委组织部牵头组织实施。相关单位党组要全面负责本单位的专题教育，加强统一领导，对专题教育的安排部署、组织协调工作负责，对专题教育的深入开展、扎实推进负责，对专题教育的实践成果、实际成效负责。党组主要负责同志要承担起第一责任人的责任，严要求、作表率、亲自抓，自始至终把责任扛在肩上，站在一线、靠前指挥，不当“甩手掌柜”。要把抓好专题教育作为履行党建主体责任的重要任务，纳入党建工作述职评议考核的重要内容。相关单位组织部门要履行牵头组织实施责任，深入研究谋划，搞好统筹协调，把握进度节奏，加强与相关部门的沟通联动。有关部门要密切配合，协同推进，形成工作合力。

（二）注重分类指导。在遵循中央统一原则要求的基础上，县纪委、县委办、县委组织部、县委宣传部等部门要根据我县实际情况，在思想教育、党性分析、整改落实、立规执纪等方面有针对性提出任务安排和工作要求，防止一锅煮、一刀切。对县党政领导班子成员特别是党政主要负责同志要重点在当好忠诚、干净、担当的标杆，立足承上启下、为政一方，同群众联系更直接、更紧密等方面开展专题教育；对人大、政协、法院、检察院领导班子成员和县纪委处级以上领导干部，要注重立足本职岗位、按照“三严三实”要求履职尽责等方面开展专题教育。要充分发挥各单位的主观能动性，鼓励探索创新，增强专题教育的实效性。

（三）强化督促检查。县委组织部要配合上级，结合教育实践活动整改落实工作和巩固拓展活动成果情况专项检查、抽查，对专题教育进行督促和指导，确保工作压紧、落实。重点督促检查党委（党组）是否全面负责本单位的专题教育，主要负责同志是否真正担负起第一责任人的责任；党委（党组）领导班子成员是否联系实际带头讲好专题党课；党委（党组）中心组是否按要求认真开展专题学习研讨；领导班子和领导干部是否高质量召开专题民主生活会；各单位是否认真边学边查边改，开展专项整治，做好立规执纪。

（四）加强宣传引导。要充分运用各种媒体，采取动态报道、典型宣传、言论评论、专题专访等形式，宣传专题教育的进展成效。重视发挥网站、微博、微信等新兴媒体的作用，加强正面宣传和引导，强化舆论监督，为践行“三严三实”要求营造良好舆论氛围。

中共五华县委办公室　五华县人民政府办公室
关于印发《关于加强基层治理的实施意见》的通知

华办发〔2015〕3号

各镇党委、人民政府，县直部委办局和中央、省、市属驻华各单位：

《关于加强基层治理的实施意见》已经县委、县政府同意，现印发给你们，请认真贯彻落实。

中共五华县委办公室
五华县人民政府办公室
2015年8月26日

关于加强基层治理的实施意见

为贯彻落实全省基层工作会议和县委十二届五次全会精神，从源头上减少基层矛盾纠纷发生，规范基层社会治理秩序，夯实基层基础，提升基层治理水平，维护社会稳定，结合我县实际，现就加强基层治理工作，提出如下实施意见。

一、指导思想

认真贯彻落实党的十八大、十八届三中、四中全会精神和省、市的部署要求，充分认识基层治理的长期性、艰巨性和复杂性，把基层治理摆在更加突出的位置，树立系统治理、综合治理、依法治理、源头治理和日常管理的理念，以问题为导向，以规范化、制度化和法治化为方向，落实镇、村和职能部门的主体责任，着力加强农村基层治理。对重点领域存在的突出问题，分门别类，逐层推进，综合施策，有序解决，坚持治标与治本相结合，治理与建设并举，促进基层干部作风转变和基层治理水平提升，营造良好的发展环境，保障全县经济社会持续、健康、加快发展。

二、目标要求

加强农村基层治理，是转变基层干部队伍作风、密切联系群众、化解基层矛盾纠纷、维护群众利益的迫切需要和重要举措，是发展稳定的必然要求，也是关系政权巩固的长远之计和固本之基。结合当前深入开展镇领导干部驻点普遍直接联系群众工作，从管好资金、资源和资产入手，突出问题导向，在每个镇选取资金量较大、资源较集中、问题较突出的村进行重点治理和规范，通过落实整改、查办案件，以点带面，建章立制，堵塞漏洞，规范农村基层运作，保持全县稳定发展，提升五华整体形象。

三、重点治理任务和措施

基层治理涉及农村经济、文化、生态、基础设施建设、和谐稳定等方方面面，牵涉面广，工作千头万绪，任务繁多，为此，结合五华实际，以加强农村基层党建为目标，以解决当前农村资金、资产和资源管理工作中的突出问题为突破口，逐步规范农村集体“三资”、涉农补贴和涉农专项资金、矿产资源的使用管理，维护基层和谐稳定，带动基层治理工作整体的提升。

（一）加强农村“三资”管理。

1. 规范资金发放和监管。

一是严格规范涉农补贴资金的发放和管理。加大补贴资金的申报、审核和发放管理公示力度，通过县、镇政府信息网和镇村公开栏，将低保救助补助、五保供养补助、优抚对象补贴、医疗救助、生态公益林补偿、泥砖危房改造补贴等27项涉农补贴的项目、对象、标准和金额等有关信息向群众及时全面公开，接受社会监督。规范涉农补贴资金发放程序，建立补贴资金分配、发放明细、汇总审核等工作台账，实行资金一户管、服务一站办、补助一折发、核算一本账的“四个一”发放模式规范资金发放程序，保证资金及时、足额、便捷发放到户。（责任领导：傅国强；牵头单位：县财政局；参与单位：县纪委、审计局、民政局、农业局、林业局、水务局及其他涉农部门，各镇）

二是加强对涉农专项资金的使用和监管。对2014年以来上级拨付到镇、村或施工单位的农村道路硬底化建设资金、农业综合开发资金、基本农田保护经济补偿、农村生活垃圾处理设施建设奖补专项资金等专项资金开展专项检查。对新上项目要全面落实项目资金管理报账制和项目法人责任制、合同制、招投标制、监理制、公告公示等制度，设立专账管理，独立核算，做到专款专用。严格实施项目审计制度，工程完工后，及时验收结算，由审计部门对项目资金的使用情况进行审计，加强对项目资金使用的监督，保障资金安全，提高资金使用效益。加强项目建后管理和维护，及时办理工程项目资产移交手续，明确产权主体，落实管理责任和经费，确保项目长期发挥效益。同时，对农村财务管理中合同不规范、制度执行不到位、收支不公开、票据账目混乱等问题进行专项整治，对财务管理混乱的镇、村进行集中整顿；完善镇村财务管理制度，加强和规范“村账镇管”工作，进一步规范银行账户、银行存款、现金、债权债务、票据使用和会计档案的管理。（责任领导：傅国强；牵头单位：县财政局；参与单位：县纪委、审计局、农业局、林业局、水务局及其他涉农部门，各镇）

2. 规范农村资源管理。

一是积极稳妥推进农村土地承包经营权及林地确权登记颁证。按照保持稳定、依法规范、民主协商、因地制宜的原则，积极稳妥地推进农村土地承包经营权及林地确权登记颁证。加大土地、林地权属纠纷的调处力度，切实解决好村（组）之间，村民承包经营和山地、林地地块面积不准、四至不清、空间位置不明等问题。（责任领导：曾光华；牵头单位：县农业局；参与单位：县林业局、国土资源局、住建局、水务局、财政局，各镇）

二是规范农村土地承包经营权流转。依法有序引导农村土地承包经营权流转，推动土地承包经营权等农村产权流转交易公开、公正、规范运行，保障农民合法权益。集中开展农村土地“三乱”问题专项治理，对2014年以来农村乱占、乱卖、乱租土地问题进行摸底排查，从严查处违法违纪案件；对群众反映强烈的土地历史遗留问题，也要建立档案跟踪解决，坚决遏制农村土地“三乱”现象，切实规范土地管理秩序。（责任领导：曾光华；牵头单位：县农业局；参与单位：县林业局、国土资源局、住建局、水务局、

财政局、公安局、检察院、法院，各镇）

三是推进农村集体建设用地、宅基地确权及征收补偿工作。结合建立和实施不动产统一登记制度，加快推进宅基地、集体建设用地使用权及其地上物确权登记发证工作。规范农村集体土地、滩涂、水面等资源的开发利用，确保集体资源长期发挥效益。与此同时，认真落实好被征地农民的征地补偿款，及时将征地补偿款支付到位；全面落实好被征地村集体留用地问题；切实解决好被征地农民养老保障落实问题。（责任领导：宋学希；牵头单位：县国土资源局；参与单位：县农业局、林业局、人社局）

3. 规范农村资产管理。

一是建立健全农村资产台账。建立资产定期清查机制，每年对资产情况进行一次核实对账，每三年开展一次资产审计，重点清查核实集体经济组织所有的各种资产、负债和所有者权益，做到账实、账款相符；建立健全资产管理台账，明确产权属性，同时对集体资产的变动情况及时进行变更登记。（责任领导：詹庆东；牵头单位：县民政局；参与单位：县纪委、审计局、财政局，各镇）

二是加强农村资产经营和管理。按照所有权与经营权分离原则，采取多种经营方式，实行有偿使用，确保资产保值增值。农村集体资产实行承包、租赁经营的采取公开招标的方式确定经营者。集体资产经营方式的确定、变更和主要资产处置等重大事项，必须经村民（经济联合社或经济合作社社员）代表会议审议通过，集体资产的经营收益应及时纳入账内核算，同时定期对集体资产经营情况进行审计。加强对集体资产实行承包、租赁、出让经营合同履行的监督检查，及时公开合同履行情况，定期对集体资产的使用、维护和收益进行检查，各种经济合同及有关资料应当及时归档并报镇备案。（责任领导：詹庆东；牵头单位：县民政局；参与单位：县纪委、审计局、财政局，各镇）

4. 加快农村集体“三资”监管平台建设。在2015年底前完成县、镇、村三级联网的农村“三资”管理服务平台建设，逐步建立“统一平台、统一规程、制度健全、管理动态、交易阳光、监控实时、信息共享”的农村集体“三资”管理新模式，实现农村“三资”管理的实时化、全面化和全程化。各镇要以财政结算服务中心为依托，建立镇级农村集体“三资”交易平台，配齐工作人员，完善配套设施，健全相关制度，规范工作流程，协调、指导、监督、管理好农村集体“三资”的招标采购、交易管理等相关服务代理工作；各村（社区）要做好集体“三资”的清查核实工作，对已纳入账内核算的资产资金资源，登记好有关明细账，做到账账相符、账实相符，确保农村集体“三资”底子清、核算准。（责任领导：傅国强；牵头单位：县财政局；参与单位：各镇）

（二）加强矿产资源管理。

1. 规范河道采砂管理。严格按照《五华县加强河道采砂源头管理工作实施意见的通知》（华府办函〔2015〕78号文）要求，积极推进我县河道采砂源头监管体系建设，建立完善河道采砂源头管理长效机制，全力落实成立镇级专责工作组、实行河砂合法来源证明、建立视频监控、加强河砂装载管理、加强案件查处、实行严厉问责、建立奖惩机制等“七条措施”，遏制违法违规采砂行为，确保我县河道采砂依法、科学、有序进行。巩固整治非法堆放经营河砂工作成果，加强对河砂堆场的日常巡查监管，杜绝出现新的非法堆放经营河砂点。（责任领导：邓伯锦；牵头单位：县水务局；参与单位：县国土资源局、工商局、林业局、公安局、交通运输局、安监局、供电局、物价局，各镇）

2. 加强稀土、瓷土、石材等资源管理。落实镇村属地管理和国土资源部门巡查监管责任，严厉打击非法开采稀土、瓷土、石材等矿产资源行为。严格矿产资源开采准入条件，矿产资源探矿、开采，一律要经过县政府常务会议研究同意后再审批，一般情况下不批准设立零散资源开采项目，对违规违纪办证开采的，从严追究相关责任人的责任。规范持证矿场开采秩序，严肃查处超范围开采、超量开采行为。（责任领导：宋学希；牵头单位：县国土资源局；参与单位：县林业局、安监局、工商局、公安局、环保局，各镇）

（三）推进“平安村居”创建。

1. 加强基层治安管理。结合开展 “黑恶势力”专项整治，将打击重心延伸到基层，重点打击煽动群众聚众闹事、欺行霸市、强占资源、侵吞公私财产、干扰重点工程施工、寻衅滋事、打架斗殴、故意伤害等扰乱社会秩序、破坏生产生活、危害公共安全等违法犯罪行为，严厉打击涉枪涉爆、聚众赌博、盗抢诈骗等违法犯罪行为。加强全民禁毒宣传，加大对制毒窝点的巡查、摸排和打击力度。采取开展严打专项行动与日常整治、群防群治相结合，广泛发动群众参与治安巡逻防控，不断完善各项配套设施，积极探索治安联防工作模式，努力实现人防、技防、物防于一体的群防模式。（责任领导：赖勤；牵头单位：县公安局；参与单位：各镇）

2. 化解涉农矛盾纠纷。通过开展镇领导干部驻点普遍联系群众工作，滚动式推进涉农矛盾纠纷及不稳定隐患排查，对清查出来的影响基层稳定的突出问题要实行一案一策，落实包案领导、专责班子和责任人，进行限期解决。深入贯彻实施《广东省信访条例》，依法推进涉农性历史积案和信访积案化解。加强对土地、山林、劳资纠纷、资源开采和宗族房姓等方面矛盾纠纷的专项治理，对无理取闹和幕后操纵、鼓动他人上访谋取不正当利益的行为，依法依规进行调查和严厉打击。增强基层干部依法化解矛盾、解决问题的能力，认真制定群体性事件处置预案，包括做群众工作预案和事件处置预案，努力把矛盾纠纷化解在基层。（责任领导：詹庆东；牵头单位：县信访局；参与单位：县社工委、维稳办，各镇）

3. 推进基层法治建设。深入开展法治宣传教育，提高党员干部和群众的法治理念和法律素质，扎实推进法治社会建设。加快推进“一村（社区）一法律顾问”工作，推动“法律进乡村”，大力开展“民主法治示范村”创建活动，充分发挥法律顾问作用，为群众提供法制宣传、法律服务、人民调解、法律援助等服务，引导基层干部依法管理村内事务，引导群众依法维护自身权益。（责任领导：叶天泉，责任单位：县委政法委，参与单位：县委宣传部、县司法局）

（四）强化党员干部作风建设和执纪监督。

1. 通过加强日常教育和管理促进作风转变。强化基层党组织带头人队伍的日常教育和管理，建立健全党内激励、关怀、帮扶机制，激发工作热情，完善民主评议、述职述廉、离任审计等监督管理制度，引导和促使他们扎实干事，依法履职，为民服务。重点抓好基层党支部书记的教育培训，每年分次分批对村支部书记进行集中培训，村级换届后对财务、计生专干、治保主任等村干部进行业务培训一次以上，加快基层干部作风转变。（责任领导：钟光振；牵头单位：县委组织部；参与单位：县委党校、县民政局，各镇）

2．通过落实镇领导干部驻点直接联系群众制度促使作风转变落到实处。通过全面加强督促检查，严格实施镇领导干部驻点直接联系群众制度，实行村干部“坐班制”和镇、村、组、党员四级“代办制”，加强和规范党代表工作室建设，促进党代表联系服务群众制度化、规范化、常态化。强化党内组织生活制度，增强基层组织班子的组织教育，从严治理乡镇干部“走读”，促使基层干部队伍作风转变各项措施落到实处。抓好现代远程教育网络阵地建设。（责任领导：钟光振；牵头单位：县委组织部；参与单位：县纪委、民政局，县委党校，各镇）

3．加强农村党风廉政建设。加强对惠民政策落实的监督检查，坚决纠正损害群众利益的行为，严肃查处农村基层党员干部违纪违法案件，重点查处虚报、冒领、套取、截留、挤占、挪用、贪污惠农资金，侵占征地补偿款等专项资金，以及插手参与资源开采和土地、山林、房产屋迹等利益纷争谋取不正当利益的违纪违法行为。逐步完善相关制度、促进规范管理。加强典型案例宣传，有针对性地加强农村基层党员干部廉洁履职教育。（责任领导：梁英浩；牵头单位：县纪委；参与单位：县财政局、民政局、审计局、公安局、检察院、法院及涉农部门，各镇）

（五）加强农村基层组织建设。

1．加强组织建设。

一是增强村党支部的领导核心作用。强化村党支部的核心领导和战斗堡垒作用，加强基层党组织对村（社区）和其他基层组织的统一领导。提高村支部书记及村委会主任“一肩挑”和“交叉任职”比例。（责任领导：钟光振；牵头单位：县委组织部；参与单位：县民政局，各镇）

二是整顿基层软弱涣散党组织。每年排查、整顿一批基层软弱涣散党组织，落实县镇领导挂村帮扶制度，采取“一村一策、一事一策”推进整顿转化。加强对整顿工作的督查考核，严格责任追究，形成常态化的整顿机制。（责任领导：钟光振；牵头单位：县委组织部；参与单位：各镇）

三是做好基层党组织带头人的培养选拔工作。健全机关干部挂职锻炼制度，健全新招录公务员到村（社区）挂职锻炼制度。全面实施“五强书记建设工程”，继续坚持拓宽视野，把党性强、作风好放在首位，注重从村里的致富带头人、外出务工经商、退伍军人、大学生村干部、在外工作的退休干部、乡村医生、乡村教师，及其他乡贤当中选拔书记，到今年底，村“两委”干部中党员能人比例达15%以上，能人村书记、主任比例达25%以上。同时，按照上级部署安排，选派优秀机关干部到软弱涣散和贫困村任第一书记。加强村（社区）基层组织后备干部队伍建设，至今年 10 月份，每个村（社区）要至少配备 2 名以上的优秀后备干部，力争 2017 年村级换届时村干部年龄均在 60 岁以下，实现以中青年为主的梯次结构。争取用 3 至 5 年时间使全县村（社区）党组织书记队伍大专以上学历的比例提高至50%左右。制定和完善党员发展计划，建立后备人才库，实行动态管理，着力解决基层组织后继乏人的问题。（责任领导：钟光振；牵头

单位：县委组织部；参与单位：各镇）

四是加强乡镇干部培养使用管理。优化乡镇干部队伍结构，多渠道培养女干部和党外干部，加强优秀年轻干部的培养、选拔和使用，实施年轻干部培养计划，至 2017 年全县培养选拔 4 名以上 35 岁左右的干部担任镇党政正职。提高乡镇干部本土化比例，至 2017 年，在全县乡镇范围内领导班子成员和干部队伍中居住在镇的人员比例力争达到 30%左右。坚持从基层一线招录乡镇事业单位工作人员，从 2015 年起，每年从优秀村干部、大学生村干部等服务基层项目中定向招录一批乡镇事业单位工作人员。（责任领导：钟光振；牵头单位：县委组织部；参与单位：各镇）

2. 加强制度建设。

一是完善基层党建工作制度。落实“三会一课”，班子联席会议、党群联席会议和民主评议党员制度，健全完善村规民约、村民会议和村代表会议制度，用好村民代表大会和村理事会、一事一议等方式，坚持重大事情公开原则，不断规范村级组织决策、权力运行和监督机制。（责任领导：钟光振；牵头单位：县委组织部；参与单位：县民政局，各镇）

二是健全党建及其他工作考评机制。建立县、镇党委抓农村基层党建的责任清单，制定农村基层党建考核的意见，完善考核的内容和标准，抓好基层党组织书记述职、评议、考核工作。（责任领导：钟光振；牵头单位：县委组织部；参与单位：县纪委、民政局，各镇）

3. 加强村务监督。理顺村务监督运行格局，准确把握村务监督委员会的工作定位，村务监督委员会要自觉接受党组织领导，对村民会议和村民代表会议负责，村委会也要自觉接受村务监督委员会的监督，村务监督委员会成员不得由村委会成员及其近亲属担任。规范村务监督委员会的工作职责，加强对村务决策公开、村级资源资产资金管理、工程项目建设、富农惠民政策落实和耕地保护、土地流转工作的监督。严把监委会成员的结构关、素质关，加强监督培训，优化监督队伍，促使村务监督委员会正确履职、依法监督、有效监督，从而进一步提高农村社会治理能力。（责任领导：詹庆东；牵头单位：县民政局；参与单位：县委组织部，各镇）

4. 加快公共服务平台建设。以整合资源、规范运作、便民高效为原则，在 2016 年底前，在全县 446 个村（社区）建成以“文化体育、卫生计生、就业保障、生产安全、食药安全、警务治安、基层党建”等为一体的多功能综合公共服务平台，科学设置服务内容和项目，实现机构人员、场所挂牌、流程内容、信息系统、经费保障“五个统一”，为本地群众和外来人口提供更加有效、快捷的公共服务，打通联系服务群众的最后一公里，推进基层服务工作的精准化。（责任领导：邓伯锦；牵头单位：县社工委；参与单位：县委组织部，县综治办、维稳办、民政局、卫计局、人社局、安监局、药监局、公安局、信访局，各镇）

四、组织保障

（一）加强组织领导。县委基层治理领导小组负责农村基层治理工作的统筹、协调、督促和指导，以履职考核、督促检查、奖优罚劣为重要抓手，全力推行农村基层治理工作。各级各部门按照“属地管理、分级负责”主体主导责任和“谁主管、谁负责”的原则，严格落实农村基层治理工作领导责任制、部门责任制，切实履行好一把手责任，把农村基层治理工作抓在手上，形成责任清晰、部门联动、齐抓共管的工作格局。责任领导和牵头单位要强化责任意识，在一个月内制订具体工作落实方案，进一步明确时间进度、工作目标和要求，细化工作措施，报县委县政府研究同意后实施。

（二）完善治理机制。充分发挥好镇党委“龙头”作用，设置基层治理办公室，专门抓好农村基层工作。树立岗位在村、阵地在村的意识，把工作重心放到抓村上。以推动重心下移为方向，构建村（社区）党组织领导下村（社区）自治组织为基础，经济组织、群团组织、社会组织共同参与的基层社会协同共治格局，培育多元社会治理主体，引导各类群团组织、社会组织参与村（社区）公共服务和管理。

（三）加大宣传力度。充分借助广播、电视台、政府网站等宣传载体，进行大力宣传和跟踪报道，重点宣传基层治理的目的、意义和工作要求，营造良好的舆论氛围。新闻媒体要加大正面引导、曝光反面典型力度，强化舆论监督。同时，结合镇领导干部驻点普遍直接联系群众工作，做好相关治理工作的宣传和政策解释，形成全民支持、全民参与的良好氛围。

（四）加大投入力度。进一步优化公共投入，积极争取上级基础设施建设资金支持，探索灵活多样的方式筹集农村基层治理资金。各相关单位、镇（村）要全力保证对治理工作的人力、物力和财力投入，根据本单位承担的治理项目，设立专项经费，确保治理工作顺利进行。

（五）加强督查考核。建立健全督查督办、绩效考核和奖惩激励机制。县委办、县府办督查部门要加大督促检查力度，定期进行督查通报。要把农村基层治理纳入年度考核内容，对基层治理工作成效显著的单位和个人进行表彰奖励，对工作不实、履职不力、阻碍治理工作的单位和个人严格实施问责，确保基层治理工作取得实效。

新闻回眸

坚定不移实施科教兴县战略 投5.27亿推动教育均衡化优质化

五华教育发展通过“创强”考验

日前，五华县顺利通过广东省教育强县和义务教育发展基本均衡县评估验收。近年来，该县把创建教育强县当作“十二五”规划中重中之重的工作来抓，通过强化政府责任、深化教育改革、整合教育资源、完善教育发展体系等系列举措，在县财政困难的情况下，投入资金5.27亿元，大力推动教育均衡化、优质化，取得良好的效果。

优先发展教育纳入规划

五华历来崇文重教，人才辈出，是红色革命老区。近年来，该县提出“工业立县、教育优先、民生为重、和谐五华”的发展理念，坚定不移地实施“科教兴县”的战略。“以办好人民满意的教育为目标，以创建教育强县为抓手，逐步推进教育事业持续健康发展。”五华县相关负责人向笔者坦言，该县一直落后的最根本原因就是教育的落后。因此，该县把优先发展教育纳入全县经济社会发展的整体规划，专门制订了相关规划，对近期和中远期的教育发展作出具体部署。在每年县委全会和县人大、县政协“两会”上，都对加快教育事业的发展提出明确要求、作出规划和部署，为优先发展教育提供了保障。同时，该县还专门成立了由县委书记任组长，县长任常务副组长，分管教育的县领导为副组长，相关职能部门“一把手”为成员的“五华县创强工作领导小组”，负责领导组织“创强”工作。

创建教育强县是一项综合的社会系统工程，该县坚持政府主导，动员全社会共同参与，举全县之力，凝全县之智。“组织村委会干部、学生家长、群众代表到通过‘创强’验收的学校参观，让广大群众能切身体会到‘创强’带来的变化，从而争取更多群众的理解和支持。”安流镇分管教育的副镇长古玉轩介绍说，该镇也于2013年顺利通过“创强”验收。

多方筹资5.27亿“创强”

“‘创强’的最大困难就是筹措资金。”五华县“创强办”负责人古思振表示。五华不仅是人口大县，更是财政穷县，但“再穷也不能穷教育”的理念，无疑是克服资金困难的最大动力源泉。“2011年6228万元，2012年5343万元，2013年8300万元，2014年1.3亿元，县财政总投入达3.3亿元。”古思振向笔者晒出了一连串数字。“虽然县财政资金压力非常大，但县财政局根据‘创强’工作的推进，及时足额支付专项资金，从不拖欠。”古思振说，该县将教育发展所需经费纳入财政预算，由县财政、县教育局和各镇财政按比例分担一部分“创强”资金，再争取外出乡贤的支持，拓宽筹资渠道。

据统计，五华各级近年来共筹集了5.27亿元（其中社会各界捐资达1.97亿元），新建教学楼116863平方米，添置计算机室232个、计算机13613台、多媒体电教平台648个、实验室292个。全县每百名学生拥有的计算机达到11.5台，有132所学校建成了校园网，各学校多媒体教室的座位数得到了大幅度增加，中小学的体育、卫生基本条件和艺术教育的基本条件基本上达到规定标准，学生生均教学仪器设备值分别达到：高中2054元、初中1059元、小学928元，中职学生生均实训设备值为3282.8元，有效地保证了各类教育教学活动的正常开展，改善了学生学习和教师教学的条件。教育“创强”这项教育民心工程，让更多的山区孩子享受到了经济社会发展的成果，享受了现代化的教育。

构建高位发展教育体系

“另一大难题是学校的布局调整。”古思振介绍说，该县依据广东省制订的“强镇”和“强县”标准要求，结合实际，创新思路，有序、科学推进学校布局调整，做到“两个结合”，一是城市发展规划与学校布局相结合，二是优化教育资源与学校布局调整相结合。据悉，该县已投入1198多万元，为南山小学、第五小学等城内学校新建教学楼，新增学位3000多个，新建的第五小学和实验幼儿园已完工，有效地缓解了城区学校的大班额和办学场地不足的问题。最近还计划投入2.5亿元新建1所中学、1所小学和1所幼儿园。同时，该县还科学制订了中小学布局调整方案，将办学条件差、规模小的一批“麻雀学校”实行撤并，集中优化整合教育资源，提高教育资源效益。

办好镇级中心幼儿园是切入点，同时也是贯穿“创强”工作全过程的“轴”。据了解，该县始终坚持“幼儿教育必须同步发展，优质教育应从幼儿教育着手”的理念，在创建教育强镇、实现教育强县的过程中，充分结合学校的布局调整，充分利用学校撤并后闲置的校舍，按照梅州市一级幼儿园的标准要求对各镇中心幼儿园的园舍进行升级改造，完善设备设施，全面改善办园条件，推动幼儿教育的发展。至目前，该县16个乡镇全部实现了每镇有1所公办规范化中心幼儿园的目标。与此同时，该县还全力抓好普高、职高教育，促进高中教育优质发展；强化成人学校和社区文化建设，促进学习型社会的形成；抓好标准化学校建设，促进义务教育均衡发展，逐步构建起完善的教育体系，全面统筹各类教育协调发展。

（《梅州日报》2015年1月22日　张炳锋　廖伟军）

五华做好水文章　两年治水天地新

五华县是贫困县，2013 年“8·17”特大洪灾给当地带来重创。近两年来，在省市的关心支持下，五华以民生水利工程和防灾减灾为突破口，着手做好水文章，掀起大水利大民生建设高潮。春节脚步渐近，许多外出务工人员陆续返乡，羊城晚报记者赴五华县了解当地如何做好治水文章，让老百姓分享实惠。

洪灾过后五华不低头

2013 年的“8·17”洪灾给五华造成近 40 万人受灾，47 座桥梁被毁，水毁道路 156 公里，公路中断 23 条、32 处，损坏堤围 43 处 11.6 千米，10.7 万户断电。

灾情发生后，五华人民同心同力，把救灾复产当作压倒一切的中心工作。当年 8 月 19 日上午，召开全县救灾复产工作会议，通报抗洪救灾情况，全面部署救灾复产工作，并成立救灾复产工作指挥部，组织干部群众进行抗灾救灾复产工作。同时，开展“8·17”抗洪救灾复产捐款活动，动员全县干部群众及外出乡贤为灾区群众捐钱捐物，支持灾区群众重建家园。此外，还从县直机关抽调 143 名年轻干部，组成 23 个工作组到受灾最严重的 23 个村帮扶复产，重建家园。在路上、在水里、在田间、在县城、在乡村，处处都能看到五华人民救灾复产的动人场面。

“外出乡贤和社会各界对五华的灾情都十分关注，我作为一名党员干部，更应该支持家乡救灾复产，不能向灾难低头，更不能退缩。”该县一名龙村籍温姓干部向记者表示。龙村镇镇长李杜强向记者介绍道：“龙村是受灾最严重的乡镇，非常需要各界的大力支持，县里派了工作组，乡贤捐了很多善款，这些都极大鼓舞了当地百姓，增强了战胜困难的信心。”

多方案完善防洪体系

洪水退去以后，五华县水务部门派出八个工作组和技术人员到各水毁基础设施现场，了解受损程度，因地制宜制定每一宗工程的修复方案。对受损严重、影响较大、群众要求最为迫切的水毁河堤、山塘、水闸等水利设施优先组织应急抢险修复，同时实行“一宗工程、一名技术人员、一位领导、一抓到底”的责任制，投入 6000 多万元，基本完成 2013 年“8·17”特大洪灾 241 宗水毁水利工程的重建修复工作。

在全力做好修复水毁工程的同时，该县水务局还对琴江河沿岸多处河堤出现漫顶、崩塌、滑坡、决口等险情的原因，进行科学分析论证，对琴江河沿岸尚未达标的干流堤围和琴江河支流镇级堤围，争取列入省级水利建设投资计划，进一步完善防洪体系，大幅提高整体防灾减灾能力。

2013 年 9 月，五华成立县河道综合整治工作领导小组，把琴江河、五华河干流和县城河道作为整治工作重点，以县城“两江六堤”综合整治为突破口，示范带动各镇河道清淤清障清违工作。利用秋冬晴朗天气，整合全县水利建设资源优势，发动乡贤乡亲投资投劳，掀起全民参与水利建设大高潮。目前，全县累计投入资金 4000 多万元，完成河道整治 62 公里，拆除河道管理范围内违章建筑 8000 多平方米，拆除“鱼生船”28 艘，清除竹木 560 亩，菜地 320 亩，清除淤积滩涂地 2.4 万平方米。双华河、蕉州河、练溪河、小都河、矮车河、周江河、潭下河等 7 条河流以及相关村（居）内小河均开展了“三清”行动。

该县在推进河道“三清”工程同时，积极争取中央、省、市资金，全力推进中小河流综合治理建设，主要项目包括疏浚河道、加固河堤，提高防洪标准。至目前，总投资 2.6 亿元的潭下河、周江河等中小河流治理工程以及龙村河、乌陂河、罗陂河、棉洋河等小流域综合治理工程已经竣工，总投资 2900 万元的琴江双华段治理工程正按计划扎实推进。

大堤更牢变亲水公园

来到五华县城，站在经历半个多世纪风雨、承受“8·17”特大洪灾冲击的水寨大桥上，可见悠悠琴江水不急不缓，当年水上飘摇的鱼生船不见了，依水而建的亲水公园和沿江绿道上，可见休闲的群众从四处涌来。

“我今年 72 岁了，在县城住了 3 年，县城的变化可以说是日新月异。”住在园新苑的张喜发老人告诉记者，他每天散步从家里出发，沿着上坝堤走上琴江大桥，再经水中堤后过水寨大桥，最后回到家里，大概有 4 公里，周边空气好，道路也宽敞。“以前散步到闹市区街道，不仅尘土多，车辆也多，很不安全。”张喜发感叹道，县城河堤改造采用堤路结合方案，不仅提高了县城的洪水防御能力，还从市政基础设施上入手，变水患为水利，着力打造水景观，改善人居环境，一举两得。

据悉，近 2 年来，五华突出抓好中小河流综合治理工作中，投入 1.9 亿元，完成县城下坝堤、员瑾堤、澄湖堤、上坝堤、水中堤等堤路升级改造工程；集防洪、休闲、健身于一体的琴江亲水公园首期工程，二期工程也将于今年春节前建成开放。至目前，该县员瑾堤、澄湖堤、上坝堤、下坝堤、水中堤都建起来了与五华大桥、河口大桥、琴江大桥、水寨大桥、古大存大桥、华兴桥等首尾相连。

大力推河流综合治理

记者从五华县水务局获悉，去年 12 月 3 日，总投资 4500 万元、被列为全省山区中小河流整治试点项目的琴江河横陂段治理工程开工建设。今年 1 月 8 日，梅州市“2000 公里山区中小河流综合治理暨冬春水利建设”工作现场会，在五华县横陂镇召开，该市计划从今年起，5 年内治理河流 2000 公里，总投资 40 亿元。此外，今冬明春还将实施 290 宗、总投资 15.8 亿元的重点水利工程项目，全市掀起了新一轮冬春水利建设高潮。其中五华县共有 31 宗工程列入山区中小河流整治规划（2015—2017），计划总投资 8.26 亿元，治理河道长度 415 公里，新建堤防 8.1 公里，加固堤防 60.9 公里，护岸长度 270.6 公里，河道清淤长度 337.9 公里。

“河道宽了，河水也清了。”在横陂镇小都河崇文村段，村民颜燕芳等正在河里忙着清洗衣服和青菜，直夸河道清理效果好。据介绍，小都河治理是梅州市山区中小河流综合治理示范项目的子项目，治理前河道宽平均不足3米，麻竹、杂草、生活垃圾等常年阻塞河道。“疏浚后，河面平均宽度达20米，河滩上已平整1500平方米土地，准备建亲水休闲广场。”五华县水务部门相关负责人向记者表示，该县在借中小河流综合治理的机会，结合流域地段的实际，充分利用好滩涂地，升级改造人行道或修建休闲小公园，达到改善人居环境目的。

“水利建设是大民生工程，要着重长远，当前中小河流综合治理才刚刚开始。”五华县水务局局长张少凡向记者介绍，该县将以改善和保障民生水利、增强农业综合生产能力和防洪抗灾能力、提高供水保障能力和促进美丽乡村建设为重点，扎实推进中小河流综合治理、省级水利示范县、县城重点水利工程、农村水利项目、水毁工程修复“五大”水利项目建设，不断提高水利建设对加快五华发展的支撑和保障能力。

（《羊城晚报》2015年1月22日　黄蔚山 张炳锋 廖伟军 刘学东 陈勇）

五华：建设工业新城长乐之乡

五华是我市距离珠三角最近的一个县，但同时又是梅州的西部，如何实现“西部大开发”，促进经济社会长足发展，这是五华一直以来的课题。2014年，市委、市政府提出建设丰华兴梅产业集聚带，同时我市作为全省高速公路建设“主战场”之一，五华县迎来了空前的发展机遇。

聚焦项目做强实体经济

五华县委、县政府结合实际，坚持工业立县，立足自身资源禀赋，全力对接丰华兴梅产业集聚带，培育发展特色产业，完善交通网络建设，畅通工业区与广梅产业园和县城的交通网络，全力加快经济社会发展，建设“工业新城、长乐之乡”。

坚持工业立县　建设长乐之乡

五华在全市、全省长期处于落后位置，经济总量小，基础薄弱，最关键的是工业落后，发展压力较大。

市委、市政府决定建设丰华兴梅产业集聚带，是突破产业发展瓶颈、加快振兴发展的重大决策，是发展工业和实体经济的务实举措，对于优化区域产业布局、促进产业集聚发展、加快发展县域经济具有重要意义。特别是对于工业基础薄弱的五华来说，更是一次非常难得的加快发展机遇。2014年11月12日，该县召开园区和招商引资工作专题会议，对如何对接融入丰华兴梅产业集聚带建设、做好下一步的工作进行了认真研究和部署。

2014年，五华县经济开发区开发面积扩至8000多亩，共有77个企业。园区实现产值39亿元、工业增加值8.8亿元、税收1.2亿元，分别增长41.8%、6.5%、11.1%。

为更加积极主动地融入“丰华兴梅产业集聚带”，五华县加快推进河东生态工业区建设工作，借助广州市、番禺区对口帮扶和市委、市政府大力支持县域经济发展的机遇，在加快现有经济开发区同时，规划建设河东生态工业区。2014 年 11 月 20 日，广州市规划设计院到河东生态工业区进行了现场实地勘测。

立足资源禀赋　发展特色产业

五华围绕短中长结合，对产业发展认真谋划，进一步明确产业发展定位，整合各种资源，促进优势产业集聚发展。

在河东生态工业区方面，五华县着重加强县域内部产业统筹及与广梅产业园的产业对接，在提升现有产业发展的同时，规划发展新的产业，积极筹备引进项目落户。同时预留一定规模用地，为重大项目、优质项目落户预留空间。

在县经济开发区方面，扶持辉骏科技、隆华塑胶、仁隆电子等 10 家企业增资扩产。力促华阳包装、权致服装、合成纸业、立信织造等 17 家企业加快建设，尽快产生效益。优化提升五金机电、汽车配件、制酒制药、再生资源加工利用等现有产业，做强做大辉胜达电器、富胜五金、创盛工贸、冠华传导等骨干企业。目前，华阳包装、合成纸业、权致服装、明鑫保健和立信织造 5 家企业实现投产。富胜五金已投入 8000 万进行扩产，新上的 2 条生产线在春节前可实现投产，茂达工艺、辉骏科技、康和药业、华阳包装、恒辉工贸等 5 家企业通过增资扩产达到了规上企业标准。

加大招商引资力度，大力实施“乡贤回乡投资兴业工程”。按照 2013 年 8 月省委胡春华书记到五华视察时提出的产城联动发展以及“到 2016 年三年内进园企业达到 100 家以上”的目标要求，充分发挥在外乡贤多、有实力的企业家多的优势，进一步扩大对外招商，以情招商，以商引商，加大产业链招商，有选择性地引进企业落户，促进产业集聚发展。

服务和支持企业做强做大。牢固树立崇商重企理念，优化投资发展环境，协调金融机构帮助企业解决融资难问题，根据企业建设进展情况保证用地需求，落实县领导挂钩联系企业制度，加强对企业的指导，协助企业解决用电、用水、用工、消防和环保等问题。同时积极向上争取政策、资金支持，培育扶持辉胜达、康奇力、长乐烧等有实力的企业加快上市步伐。

推进县城建设　加快扩容提质

五华围绕“重点向南、优化河东、适度向北、向西融调”的思路，强化规划引领，有重点、有计划地推进县城建设，加快扩容提质步伐。

2014 年，五华完成县城中心城区 27 平方公里的控制性详细规划、琴江新区 9.6 平方公里的规划编制及重点镇规划修编。投入 2.6 亿元，建设水中堤、上坝堤、亲水公园二期、狮山公园、园新路、建设南路、富强路、县城生活垃圾无害化处理场、华园临时市场和澄湖堤应急抢险工程，长乐大桥、县城农贸批发市场、新水寨肉联厂等一批市政工程建设加快推进。完成了员瑾堤、澄湖堤和水潭东路亮化工程。新增 5 辆公交车投入运营，县城无牌无证三轮车营运得到全面整治。成立了公共事业服务中心，理顺城市管理体制机制，全力推进“广东省卫生县城”创建活动，县城面貌得到明显改善。

对接高速路网　助推振兴发展

五华着力完善交通网络建设，畅通工业区与广梅产业园和县城的交通网络。抓好高速公路建设，积极推进总投资129.06亿元、长121.13公里的汕湛、平兴、兴华三条高速公路建设，确保无障碍施工。汕湛高速（五华段）已完成路基工程和平兴高速（五华段）已完成路桥、路基工程总量均超过八成；兴华高速（含畲华支线）控制性工程浮湖梅江大桥已动工建设；大丰华高速（五华段）已完成线路踏勘、评审工作，进入工程可行性研究报告修编阶段。

同时，加快县内路网优化提升，推动县域路网均衡发展，为产业发展和公共服务水平的提升创造条件。围绕丰华兴梅产业集聚带建设，全力推进河东生态工业区内路网的规划建设，以及高速公路出口与现有路网特别是县内主干道的连接，与县城、中心镇和工业园区的连接。重点是加快推进兴华高速畲江支线出口连接线、S120线、长乐大桥与S120线的连接线等道路建设，不断完善河东工业区与广梅产业园和县城的交通网络。河东生态工业区内道路和长乐大桥与S120线的连接线等道路正在加快进行规划设计。

谋发展·展望2015

2015年，五华将进一步深化对县情的认识，适应新常态，抓住机遇，用好用足中央苏区和粤东西北地区两大振兴发展政策，突出“三大抓手”，加快五华发展，努力建设工业新城、长乐之乡。

新的一年，五华将继续全力加快交通基础设施建设，改善提升交通区位条件，带动产业发展和城乡公共服务水平的提升；坚持两条腿走路，实施双轮驱动，全力对接“丰华兴梅产业集聚带”建设，努力提升工业发展水平；继续疏通脉络、提升功能，改善城区路网和提升城区人居环境，推动县城扩容提质；加大重点项目建设力度，加快推进总投资97.8亿元的抽水蓄能电站项目前期工作，争取今年上半年获得省政府核准，全面开工；抓好民生社会事业发展；抓好社会稳定和作风建设工作。

（《梅州日报》2015年2月2日 练海林　廖伟军　张炳锋）

五华主动融入产业带全力加快园区基础设施建设服务企业发展

推动工业集聚做强实体经济

五华坚持工业立县，围绕建设工业新城的目标，全力服务企业发展壮大，加快园区路网等基础设施建设，主动融入丰华兴梅产业集聚带建设，做强做大工业经济总量，发展实体经济。去年该县共引进了23个项目，计划投资总额104.2亿元，计划固定资产投资额达71.7亿元。全年园区实现产值45亿元、工业增加值9.8亿元、税收1.2亿元，分别增长63.6%、14%和11.1%。

完善服务吸引企业入驻园区

“航威斯电子、立信织造、碧菲亚工艺品、天东通信、创盛工贸二期、翔星玻璃……一共有 19 家在建企业。”刚走进五华县经济开发区工业大道北端入口处，开发区管委会管理股负责人宋武兴就指着一栋栋正在建设的厂房向笔者一一介绍。笔者看到，每一栋厂房的建设进度不一，有的在打基础、有的在装修、有的在建设主体，一片热火朝天的建设场面。

“每个月都要报告一次建设进度。”广东碧菲亚工艺品有限公司项目负责人赵航正介绍，该项目于去年 8 月落户经济开发区，第一期于去年 12 月正式动工建设，建筑面积约 25000 平方米，目前已经完成基础工程，春节后就可以进行主体建设，预计今年底可以投产。据了解，去年该县制定了工业项目促建奖励暂行规定，在督促企业加快建设、早日建成投产的同时，全力扶持企业做强做大。“规划设计费减免 70%，人防费全免，报建费在厂房建成后返还 50%，投产后再返还 50%。”赵航正表示，正是这一扶持政策吸引了他们的项目从广州番禺转移过来，公司总部也全力加快建设进度，每天都有 80 个工人在施工。

据悉，该县去年共投入 1.7 亿元，新征土地 2756 亩，平整土地 1300 多亩，完善了园区路网建设，同时，加强园区供水、供电、绿化等公共配套设施建设，着力改善园区环境，为企业落户筑好产业发展平台。

建河东生态区助推工业集聚

近年来，五华工业经济取得了较快发展，但工业基础薄弱，总量小、产业集聚度低的现状还没有得到彻底改变。为突破这一瓶颈，该县在加快现有经济开发区建设的同时，在河东镇规划建设河东生态工业区，全力对接丰华兴梅产业集聚带的建设。“现阶段五华将继续建设好五华经济开发区，同时抢抓丰华兴梅产业集聚带建设的重大机遇，加大力度推进河东生态工业区的规划建设，逐步将工业往河东生态工业区集聚，从而达到城区扩大、工业集聚发展的目的，产城联动推动五华加快发展。”五华县相关负责人介绍说，该县推进河东生态工业区建设，有十分清晰的目标定位。

据了解，河东生态工业区距离县城 3 公里，距离畲江工业园约 14 公里，而且整个区域范围内都是低丘陵缓坡地带，地势比较平坦，降低了开发的成本。目前，该县已经邀请广州市规划设计院到河东生态工业区进行了现场实地勘测，首期征地拆迁界址已确认。

为把县城、县城经济开发区以及河东生态工业区更加紧密地联系在一起，促进产业集聚发展，五华县正在紧锣密鼓地规划建设一批交通项目。从河东生态工业区穿过的兴华高速征地拆迁顺利推进；紧邻河东生态工业区的省道 120 线，已经完成了 28 公里升级改造；连接县城与河东生态工业区的长乐大桥，已经完成 50%的工程量，预计今年底可以通车。按照规划，该县还将建一条连接省道 120 线、横穿河东生态工业区的交通网，通过内外的交通网建设，使整个园区的路网得到改善，交通更顺畅，推动园区建设和加快发展。

（《梅州日报》2015 年 2 月 5 日　张炳锋　廖伟军）

五华今年将实施68项重点项目，计划总投资36.64亿元

以项目带动县域经济加快发展

今年，五华紧抓“两大政策”，主动融入“丰华兴梅产业集聚带”建设，突出“三大抓手”，认真谋划，及早部署，全力实施计划总投资36.64亿元的68项重点项目，继续推进“两新两特两重点”、惠民生、促和谐、强队伍工作，凝心聚力推动经济社会持续向前发展，努力建设工业新城、长乐之乡。

立足新常态 明确发展基调

“五华靓吗”“五华真的变了，漂亮”……春节期间，一条条反映五华城乡变化的微信，在朋友圈不断转发，引起了广大群众的共鸣。“五华的变化一年比一年好，看得见摸得着，但还要坚持下去，不能停下来。”不少外出乡贤回乡后看到家乡的发展，直呼变化大，但也希望家乡能有更快的发展。

新春伊始，五华县委、县政府正视自身发展存在的问题，客观分析当前面临的形势和任务，明确了今后工作的总基调就是加快发展：“全县上下干事创业的氛围越来越浓厚，干部群众谋求发展的愿望和信心也越来越强烈。全县上下都要克服自我满足和松一口气的思想，继续凝心聚力破难攻坚，在保证质量和效益的前提下，立足新常态谋划推动经济社会持续向前发展。”

该县认为，中央全面深化改革向纵深推进、依法治国的全面实施，将为经济社会持续健康发展注入新动力。原中央苏区和粤东西北两大振兴政策的深入实施，“三大抓手”持续发力，广州对口帮扶力度加大，将进一步增强发展的内生动力。省委十一届四次全会提出更加重视结构调整和产业转型升级，加大力度推进区域协调发展，为承接产业转移、发展工业和实体经济创造了条件。市委、市政府建设“丰华兴梅产业集聚带”，将加速产业园区平台建设，推动工业和城市发展，促进产城联动；市委、市政府出台进一步加快县域经济发展的意见，扶持县域经济做强做大，对发挥地缘优势、工业特色将起到极大的推动作用。

笔者从五华县“三大抓手”项目建设指挥部获悉，该县今年的工作更加突出重点项目建设，从去年冬就开始谋划，制定了68项年度项目，计划总投资36.64亿元。

加快园区建设 增强发展后劲

该县将突出“两园”建设，全力对接“丰华兴梅产业集聚带”。“经济开发区征地拆迁1500亩，平整用地1000亩，投资1.35亿元”“工业大道北端至五华河道路建设1.1公里，投资750万元”……该县2015年产业园区建设项目计划安排表显示，今年产业园区建设项目达19项，计划总投资达4.7638亿元。

2月底，广州番禺（五华）产业转移园被省政府认定为省级产业转移园，纳入省产业园管理，享受省产业转移政策。该县将全

力加快园区建设步伐，着重在提升管理服务水平和效益、扩大园区、完善基础配套设施、推进番禺节能科技园、塑料再生产业园等“园中园”建设方面下功夫，同时全力支持企业加大技改力度，推动企业增资扩产和产业转型升级，力促在建企业严格按照规划和协议要求加快建设、早日建成投产。

该县坚持“两条腿走路”，在继续办好五华经济开发区的同时，全力加快河东生态工业区建设，为发展工业和实体经济筑好平台、打好基础。目前，该县已经全面启动首轮征地拆迁工作，全力推进土地规划调整和用地报批前期工作。同时，加快园区路网建设，畅通工业区与广梅产业园及县城的交通联系，加强县域内部产业统筹及与广梅产业园的产业对接，努力把河东生态工业区打造成为“丰华兴梅产业集聚带”的桥头堡。

完善交通基础　推动产业转移

推动产业转移，交通建设是关键。笔者从五华县交通部门获悉，该县今年交通基础设施建设将立足于强筋骨、通脉络，突出高速公路带动，加快县内道路建设改造，计划实施的项目共 30 项，不仅有汕湛高速、兴华高速、平兴高速，还有高速公路互通至县城连接线、旅游专线、琴江生态景观大道、S228 线、S120 线、X003 线等县内路网的升级改造工程。

“高速公路建设将为产业转移缩短时空距离，而县内通道升级改造，是群众最迫切最期盼的民生工程。”该县交通局相关负责人表示，五华通过交通基础设施建设，可实现“一业兴带动百业旺”的发展格局。

推进城市扩容　改善城乡环境

“家乡的环境改善了，回乡就业也很不错。”在五华新春招聘会上，应聘者道出了留在家乡发展的心声，也为县委县政府集中力量加快县城扩容提质，推进新型城镇化建设，推动外出乡贤“人回乡、钱回流、厂回迁”提振了信心。

今年该县细化谋划了 19 项城建项目，重点抢抓“丰华兴梅产业集聚带”建设机遇，推进城市扩容和产业集聚有机结合，系统谋划建设公共服务设施，为园区生产生活提供配套服务。按照整体规划、分步实施、滚动发展的原则，稳步推进琴江新区建设。以奥园项目和人民公园首期建设为龙头，加快推进人民公园人居环境改善工程，带动琴江新区起步区建设。按照生态河堤的标准升级改造罗湖堤和莲洞堤，继续推进城区道路升级改造，完成长乐大桥和下坝湿地公园建设，加快“卫生县城”和“美丽镇村”创建步伐，持续提升改善城乡人居环境。

（《梅州日报》2015 年 3 月 5 日　张炳锋　廖伟军）

五华县委书记：突出“两园”建设对接集聚带

“在加快推进广州番禺（五华）产业转移园建设的同时，加快河东工业区建设，全力对接丰华兴梅产业集聚带，科学规划布局，并谋划推进土地调规和路网、配套设施建设，加强县域内部产业统筹及与广梅产业园的产业对接。”日前，市人大常委会副主任、五华县委书记张映平在接受记者采访时表示，作为集聚带的重要组成部分，去年以来，五华在推进产业园区建设方面，更加突出“两园”建设，主动融入丰华兴梅产业集聚带建设发展。

双轮驱动打造工业发展平台

现 状　五华规划了总面积 25 平方公里、首期 3.5 平方公里的河东工业区。该园区规划范围位于河东镇，北以梅江为界、南至油田村、东至 120 省道、西至黄湖村和宝瑞村，目前首期征地拆迁界址已确认。

今年初，广州番禺（五华)产业转移工业园获省批复认定为省级产业转移园。该产业园依托五华经济开发区规划建设，位于该县水寨镇及横陂镇。目前该园区有入园企业 80 家，其中投产企业 45 家。2014 年园区实现产值 44.8 亿元、工业增加值 9.9 亿元、税收 1.28 亿元，分别比增 63.6%、14.0%和 18.1%。

“五华将用好省级产业转移园的相关扶持政策，加大力度建设好广州番禺（五华）产业转移工业园，同时启动河东工业区的首期建设，逐步将工业往河东工业区集聚，从而达到城区扩大、工业集聚发展的目的，产城联动推动五华加快发展。”张映平向记者介绍说。

去年底，五华委托广州科城设计院对该县产业布局进行详细调研，确定广州番禺（五华）产业转移园拟培育的主导产业为五金机电、食品饮料、医药制造、塑料再生资源制造业；河东工业区拟培育的主导产业为五金机电、新材料、家居建材、农副产品加工。张映平说，五华将进一步扩大招商，促进产业集聚发展。

广州番禺（五华）产业转移工业园今年计划集约土地 1500 亩以上，平整土地 1000 亩，新建进城大道等 11 条共 18.5 公里的园区道路及一批市政配套，完成园区内高压供电线路迁移，推进供电、供水、通信工程，以及污水处理厂等基础设施的规划建设，为企业落户提供便利条件。

该县制订加快河东工业区规划建设工作实施方案，明确今年征地 2000 亩、平整土地 1000 亩的目标，交通、供水、供电、通信和排污等基础设施及服务配套建设项目，4 月底前将完成园区首期 3.5 平方公里控制性详细规划。目前，已完成土地调规的准备工作；制订了 110 千伏变电站建设方案上报立项，计划在该工业区中部首期建设变电容量为 12.6 万千伏、输电线路 10 千米的变电站；同时还计划投入 1000 万元，推进污水处理厂和供水管网建设。

推进路网建设畅通园区内外

现 状　河东工业区距离县城 3 公里，距畲江工业园约 14 公里。在建的长乐大桥西起梅华路（X969 线），向东跨越梅江河与河东镇横塘村道连接，预计将于年底通车。

为把县城、番禺（五华）产业转移工业园以及河东工业区三个节点更加紧密地联系在一起，促进产业集聚发展和产城联动，五华县正在规划建设一批交通项目。张映平向记者介绍，在去年完成 S120 线升级改造基础上，将专门开通从长乐大桥至河东工业区、全长 8.7 公里的连接园区的主干道，该项目正在编制工程可行性研究报告及上报立项。同时，推进兴华高速畲江支线出口与工业区的连接线建设，配合做好与畲江园区快捷道路的规划建设，全面畅通工业区与广梅产业园、县城的交通网络。

另外，该县还全力推进河东工业区内进园大道等园区路网的建设。目前，2 公里的进园大道征地拆迁工作快速推进，预计下月可全面打通路径。工业区内一纵一横 3.4 公里的两条快捷通道建设，也正在同步推进中。

（《梅州日报》2015 年 3 月 26 日　刘晓娟　廖伟军 张炳锋）

五华茶叶规模种植与农户土家茶经营相得益彰

今年上市春茶达 370 多吨

五华作为农业大县，茶叶种植历史悠久，1000 多年前的《惠州府志》中就有长乐（五华旧称）生产土茶的记载。近年来，该县出台政策鼓励农企和农户发展精致高效农业，种茶成为当地群众的首选。目前，该县茶叶种植面积 1.77 万亩，今年上市春茶预计达 370 多吨。

“今年天气较为暖和，没有霜冻，茶叶产量比去年有所增加，头春茶基本采摘完，茶青保守估计在 40 万斤以上。”看着今年的好收成，棉洋镇七畲径松岗嶂绿色生态茶园负责人李等祥喜上眉梢。这只是该县茶企增产增收的一个缩影。

笔者从五华县农业局获悉，今年该县茶叶种植面积达 1.77 万亩，主要集中在棉洋镇、龙村镇和双华镇等地，上市春茶预计达 370 吨以上，茶叶品种从过去比较单一的绿茶，开始研发生产红茶、黄茶、黄金芽、龙井等新品种，茶叶价格也随着茶叶品种的多样化和品质的提升而水涨船高，绿茶每斤普遍达 150 元，红茶因制作工序复杂，每斤价格达 250 元以上。“去年投入 400 多万元购置了自动化生产线，新建了厂房，逐步转向正规化、科学化的管理和生产。”李等祥向笔者坦言，仅仅靠手工制作，已经跟不上生产发展的需要，不仅效益低，还会因人手不够或天气不佳，耽误了最佳制作时机或茶叶的采摘期，造成不必要的损失。目前，棉洋镇新光村茶园、龙村镇登云嶂茶园等茶企纷纷加大技改力度，茶园风光也吸引了众多游客前去踏青采风。

茶企的发展不仅为当地群众提供了大量的就业岗位，也使当地群众尝到了甜头。他们纷纷拿起农具重拾老本行，开始精心经营起祖辈种植的土家茶，棉洋镇大光村就是一个典型。据该村村支书张耿发介绍，全村共有 60 户 300 多人，青壮年基本外出，留守的 150 多人守着 500 亩土家茶，过上了好日子。“每户人家可以卖出春茶 300 至 500 斤，纯手工制作每斤可以卖 200 元以上，仅春茶销售就有 6 万元的收入。”张耿发说，这些茶树就是村民的摇钱树。笔者沿着大光村村道逛了一圈，只见房前屋后、路边以及半山坡上都种植有“野生放养”的茶树，没有修剪的痕迹，也不见施用化肥后丢弃的塑料袋，偶尔可听见从树丛中传来阵阵家禽的叫声。“茶树下养鸡、养鸭、养猪，家禽的粪便可直接入土，一举两得。”张耿发介绍说，种植土家茶也带旺了其他农产品的销售。

（《梅州日报》2015 年 4 月 2 日　炳锋　伟军　兴文　东生）

五华今年全力加快交通基础设施建设
投资 45 亿实施 30 个交通项目

今年，五华将继续按照“对外快速联通、对内全面畅通”的交通发展思路，抢抓“两大政策”机遇，围绕“开工一批、建成一批、推进一批、规划一批、升级一批”的工作部署，全面推进汕湛高速、兴华高速、平兴高速、琴江公路等 30 个交通公路项目的建设及升级改造工作，项目总投资 45.38 亿元，同比去年增长 128%，掀起新一轮交通公路建设热潮。

重谋划　畅通内外路网

近年来，五华全力加快高速公路建设和县内路网改造提升，交通基础设施建设取得一定的成效，但交通条件仍处于较落后的状况，全县交通公路通车里程仅占全市的 18.4%，路网分布还不够合理，南部交通亟待改善。

今年，该县以汕湛高速、平兴高速、兴华高速建设为抓手，打通对外联通的关键节点，同时系统规划建设高速公路互通与县内公路的连接线，升级改造省道 238 线、228 线、239 线和 120 线，以及河东生态工业区至广梅产业园快捷道路、琴江公路、河东大道、环城大道东延线、15 座水毁桥梁、汽车客运站搬迁等 30 个省、县、乡道路建设项目，畅通县内交通路网。“琴江公路 4 月份动工建设，汕湛高速年底通车，五华南部的交通条件改善指日可待。”琴江公路动工建设当天，当地老百姓兴奋地对笔者说。据了解，今年动工建设的 30 个交通项目中，有 20 个分布在南部乡镇，其中道路建设有 7 个，桥梁重建有 13 个。

鼓干劲 项目陆续启动

据了解，今年30个交通公路建设项目中，需动工建设的有13项，加快推进的有3项，必须建成的有14项，都创下历年新高，给五华经济发展带来机遇的同时，也带来不小压力。“交通公路建设涉及沿线乡镇的征地拆迁、土地调规、管线迁移以及财政资金支撑，需全县上下的共同努力和有效配合。”该县交通局负责人说，今年交通部门会更加明确主体主责意识，注重与各部门间的协调配合。目前，该县正着力制订协调机制。

保障30个建设项目的用地需求是项目推进的关键。如何保证按时交付土地，给沿线乡镇带来了不小的考验。“琴江公路和兴华高速公路都从我镇经过，征地拆迁任务非常繁重。”横陂镇党委书记温定基说，面对“双线作战”的压力，全镇干部职工分成4个工作组分段负责，日夜加班加点，每月向指挥部报告进度。目前，30个交通建设项目已陆续启动，或完成规划设计，或开展征地拆迁，或进场施工。

善筹资 有效整合资源

五华今年30个交通建设项目共投资45.38亿元，对于去年财政收入只有4.3亿元的财政小县来说，是个不小的挑战。“项目建设需要资金的支撑，主要是争取更多的项目纳入‘十三五’规划，争取上级支持。”该县交通部门相关负责人表示，该县在抓好今年交通项目建设的同时，抢抓“十三五”规划编制关键之年，规划了省道120线升级为国道，以及县、乡道升级为省道等共20个国、省、县、乡道升级改造项目。目前，升级改造申请已经得到了国家和省、市相关部门的初步批复。同时，该县还有效整合水务、国土、园区等资源，广泛发动社会力量捐资支持交通公路建设，认真探索PPP等融资模式，破解融资难题。

（《梅州日报》2015年4月16日　炳锋 伟军 兴文　秋燕）

五华县干部驻点联系工作让群众得实惠

446个驻点解决问题逾2100件

今年以来，五华县按照省、市部署，扎实推进镇领导干部驻点普遍直接联系群众工作，注重解决群众实际问题。至目前，全县446个驻点团队在村地点接访群众3200多人、分片走访上门慰问8900多户9400多人，召开座谈会550场（次），投入近200万元，解决群众反映的问题2100多件。

干部固定周二走访农户

五华县把“直联制”工作作为2015年度的重点工作，在县委全会上作了全面部署，由县领导挂帅，坚持每月至少一次深入挂点镇，指导驻点联系工作。五华县委组织部副部长严兰芳告诉笔者，直联制工作的责任主体虽然是镇领导干部，但五华从实际出发，从实践指导、理论解读等方面，对该项工作的开展进行全面统筹。挂镇县领导到镇督查指导平均达到3次以上，最多的达到6次，实地督查了86个村（社区）的“直联制”工作。

据悉，五华县还把“直联制”工作纳入重点督查内容，从县委办、政府办、组织部等部门抽调24名领导干部，成立8个督导组，固定每周二进村入户，通过检查工作台账、走访群众等方式，对全县16个镇的“直联制”工作进行督导检查。河东镇黄坑村70岁的朱亚斌向笔者坦言：“镇村干部都比较常见到了，没事还到家里串门拉家常。”据悉，除了镇村干部主动到农户家中串门以外，村民找干部办事也容易多了。“这里清清楚楚地写着驻点干部是谁、电话号码是什么，人手一张，十分方便。”朱亚斌拿着手中的“亲情连心卡”赞不绝口。

三级联动解决村民难题

5月19日下午，河东镇黎塘村村民李妙乃看到笔者的到来，指着新修建的村道，喜悦心情溢于言表：“8年来一直盼望进行水泥硬底化改造终于实现了。”据介绍，今年3月份，驻点干部刚到村的时候，他就跟驻点干部曾锡华提出修建村道硬底化的建议，让他没想到的是不到一个月，村道硬底化工程就开始动工建设，而他家门口的一段路也于4月19日率先完工。目前，全村4公里的硬底化道路全部完工。“驻点干部向县交通部门争取了项目资金，协调好用地问题，我们十分满意。”李妙乃说着竖起了大拇指。和李妙乃一样有盼头的还有69岁的李思宏，他一直期盼新建的老人活动中心，已于今年3月份动工建设。“驻点干部和村干部一起发动乡贤筹集了40万元,农历七月就能竣工。”

“建立镇、村两级联动机制，定期研判，能现场解决的现场解决，现场不能解决的提交给县主管部门，由县统筹解决，做到事前收集情况，事中主动推进，事后跟踪落实。”华城镇党委负责人说，县、镇、村之间的统筹和联动，及时解决群众提出的问题，是驻点工作顺利开展的有效保障。据悉，该县把研究解决群众提出的问题，作为驻点工作的核心内容之一。至目前，该县全县446个驻点团队在村地点接访群众3200多人、分片走访上门慰问8900多户9400多人，召开座谈会550场（次），投入近200万元，解决群众反映的问题2100多件。

入村驻点锤炼党员干部

“老百姓的事无大小之分，只有实实在在地为老百姓分忧解难，才能和群众打成一片，才能真正得到群众的坚决拥护和支持。”“处理完此件事件后，心里面终于可以松一口气，能够和平化解邻里之间的矛盾，虽然是一件看似平常不过的小事，但自己内心很高兴。”……笔者在驻点日志中“驻点心语”一栏，看到很多类似这样的“心语”。李仁平、温湘君、廖志远等驻点干部说：“直联制”工作转变了他们的办事观念，转变了他们有事办才要联系群众的看法，如今没事也要到群众家串串门、喝喝茶、聊聊天已经成为一种新常态，增进了干群感情，重新认识基层，也锤炼了自己。

（《梅州日报》2015年5月21日　张炳锋 廖伟军）

五华全面开展“十大专项整治”着力提升社会管理和基层治理水平

今年以来，五华县在全力抓好经济发展的同时，统筹抓好社会管理，对重点领域、民生领域、关键环节的突出问题进行整治，全面开展“十大专项整治”行动，着力解决一批影响经济社会发展的突出问题，提升社会管理和基层治理水平，努力营造和谐稳定的发展环境。

突出重点专项整治

今年初，五华县通过深入调研，在全面梳理当前矛盾突出、群众反映强烈的问题之后，对重点领域、民生领域、关键环节的突出问题进行专门整治，特别是在县城“六乱”整治、非法堆放经营河砂整治等方面已初见成效。笔者从县水务局获悉，“整治非法堆放经营河砂”排在今年十大专项整治的首位，至目前，已经清理完毕的达115家，剩余的14家预计可在6月中旬前全面完成清理工作。而在县城内不文明上街送葬的专项整治工作，也得到了县城30余家乐团、仪仗队业主的支持，他们于5月18日主动与县文广新局签订了不参与不文明送葬活动的承诺书。

据了解，该县牵头组织相关单位通过深入摸底调查，科学研判，在广泛征求各镇各相关单位意见建议的基础上，确定把非法堆放经营河砂、禁止露天焚烧秸秆、违法占用耕地建房和非法买卖（转让）土地、县城范围内不文明上街送葬、镇村社会垃圾、非法抽取地下水、县城范围内建筑工地施工、黑恶势力、交通运输以及县城“六乱”等列为专项整治的重点。

强化措施有序推进

该县根据“十大专项整治”涉及面广、难度大、任务重的实际情况，专门制订了详细的整治实施方案，明确整治目标、整治时限以及责任分工等，落实镇村和职能部门的主体责任，并以当前正在开展的驻点直接联系群众工作为抓手，坚持县、镇、村联动，强化综合督促检查。

河道采砂以及经营管理，历来就是整治的重点，同时也是整治的难点，如何保证整治工作有序推进而又不引发新的矛盾纠纷，该县为此下了不少功夫。笔者从县水务部门获悉，在非法堆放经营河砂整治初期，水务部门专门派出工作组，分赴各地进行暗中摸底调查，同时会同法律部门制订出操作性强的法律文书，分别送达各经营户，责令其限期自行清理非法堆放的河砂。

今年以来，五华全面加强了“创卫”工作的统筹协调，把县城“六乱”整治工作作为“创卫”工作的重要抓手，尤其是针对县城车辆乱停乱放的突出问题，对道路进行重新画线、绿化，完善交通标识，引导群众有序停放车辆。同时根据实际情况，把“六乱”整治进一步细化成市容环境、公共基础设施、食品安全、“五小”行业、交通秩序以及小餐饮店油烟等6个整治方案，同时结合“创卫”工作，加强部门联动和宣传引导，坚持问题导向，对存在的问题及时彻底抓好整改，并对整治不力整改不到位的单位和个人，严格追究相应责任。

（《梅州日报》2015年6月4日 张炳锋 廖伟军）

引水渡槽　五华人战天斗地　建水利的历史印迹

每次下乡到五华县水寨镇罗湖村，刚出县城走上罗湖堤，就远远望见远处横跨五华河的红湖渡槽，不禁暗暗赞叹她的壮观。4个抛物线形钢筋混凝土拱，和2个砌石圆弧石拱，托起她优美的身段。疑是石拱桥，又或似铁路桥，跨河飞越天堑近40载。而笔者每每往县城方向拍图，总要把她纳入镜中。其实类似这样的渡槽，还有很多纵横交错地分布在五华益塘水库和桂田水库灌区。这些五华人民群众在上世纪70年代建设的水利灌溉工程，已经成为客家山区不可磨灭的历史印迹。

两大灌区渡槽总长8.14公里

五华群众建造引水灌溉工程已有500多年的历史，以开山筑陂、挖塘、开圳、置水车、架槽引水等方式，解决洪涝灾害以及农田灌溉用水问题。但旧时水利建筑标准较低，抵御灾害能力不高，一直流传有“天晴五日脚踏车，大雨一天浸厅下”的说法。

1970年，广东省水电局组织韩江流域规划小组，对琴江河和五华河治水进行设计，至上世纪80年代中期，全县共建成小（二）型以上蓄水工程173宗，其中包括库容1.6亿立方米的大（二）型水库益塘水库，以及库容1620万立方米的中型水库桂田水库。两大灌区工程告竣后，引水渠总长达151.25公里，其中渡槽长8.14公里，从水库引水至各镇，有效增加灌溉面积达4万多亩，改善灌溉面积1.5万亩以上。为保障水渠安全运行及供水顺畅，水利部门还在灌区辖区内建起了多个管养房。

据《五华县水利志》记载，该县旱灾在1951年至1969年间共发生了12次，而1974年至1985年12年间只发生了3次。这些数字或可客观印证红湖渡槽承力柱墩上的标语：“水利是农业的命脉”。

建筑技术体现复杂工艺

渡槽作为引水渠中独特的一段，长度不一，最短的有几十米，最长的有几千米，建设施工难度和建设模式也有所不同。特别是高架桥或是铁路桥、石拱桥建设中所涉及的技术，在架渡槽上都得到了较为集中的体现。

柯树潭渡槽是转水干渠的主要建筑物，位于转水镇蛇塘村，跨越五华河和省道228线，全长510米，采用“U”形箔壳结构，其中跨越五华河段长220米，上下两层结构，钢筋混凝土单排架支座，排架中间设交通桥（即下层），桥顶（即上层）是通水渡槽，类似于南京长江大桥上下两层的设计模式；

跨越省道228段用水泥浆砂石砌筑支墩支撑上部渡槽，承重设计为圆弧拱形，远处望去似是石拱桥。整座渡槽是五华引水工程建设中规模最大、工程设计最为复杂、最壮观、最有欣赏价值，也最能体现五华客家人建筑技艺的不可多得的建筑之一。

横跨五华河、两端连接水寨镇罗湖村和莲洞村的红湖渡槽，全长290米，跨河段4拱（即主拱）为抛物线形支架设计，两端河堤各有一拱圆弧设计，再一次展现了石拱桥建设的成熟技术。由于红湖渡槽和柯树潭渡槽都横跨五华河面空旷地带，渡槽的抗风等级也提高到11级设计，特别是对跨河部分支架基础的设计，慎之又慎。

长度最长的是桂田水库干渠的联岭渡槽，长1.93公里，沿着平东村联岭乡排岭山脉，采用矩形立柱架空建设，呈高架桥连续"S"形走势，从高空俯瞰，异常壮观，颇有万里长城的雄伟气势。

上世纪70年代正是水利建设的高潮时期，蓄水工程、提水工程、引水工程以及排水工程全面开花，需要充足的财力和技术支撑。据载，从1950年起，水利建设经费来源于国家投资、地县投资、群众自筹三方面，至1985年共投入建设资金12097.84万元，其中群众自筹7042.41万元，投劳14926万工日。这些或许能从侧面反映红湖渡槽立柱上另外一句标语："群众是真正的英雄"。

依然发挥着灌溉作用

渡槽建设初期，在技术上就遇到了瓶颈，全由本土工程技术人员凭着勤劳和智慧，逢山开路，遇水架桥，摸着石头过河。但就是在这种极其艰苦的条件下，一座座翻山越岭、跨河飞越的渡槽横空出世，在经历了近半个世纪的风雨洗礼后，依然屹立不倒，已成为五华人民当年水利建设战天斗地不可磨灭的印迹。"这些渡槽凝聚着老一辈人的辛勤与血汗，在全梅州地区也不多见。我们正在收集整理相关资料，从县级开始，逐级向上申报文物保护单位。"五华县博物馆馆长张汉彬认为，在科技较为发达以及群众生活水平逐步提升的今天，渡槽的保留价值已经超越了灌溉功能，成为一个时代的缩影。

近年来，五华各级向上争取资金对渡槽进行了加固维修。目前，益塘水库灌区的东干渠、转水干渠以及华城干渠中仍有21座渡槽通水运行，为下游约3万亩的耕地，源源不断地输送着甘泉。

（《梅州日报》2015年6月6日 张炳锋 廖伟军）

五华：聚焦主导产业 强力招商引资

为推进广东丰华兴梅原中央苏区绿色发展示范区规划建设工作，更好地优化产业布局，促进产业集群发展，五华县专门邀请广州专家实地调研，制订适合该县发展的产业规划。目前，广州番禺（五华）产业转移工业园共引进企业82家，其中投产57家，初步形成了五金机电、食品饮料、医药制造、再生资源利用等四大主导产业。

规划先行培育四大主导产业

产业是经济发展的基石，而高起点规划是园区建设的“灵魂”。为推进广东丰华兴梅原中央苏区绿色发展示范区规划建设工作，五华县委县政府高度重视，全力对接广州市城市规划设计院的规划工作。同时，结合自身的产业发展规划需求，专门邀请广州科城设计院的专家实地调研，形成适合该县发展的产业规划。目前，《五华县产业发展规划研究（初稿）》已形成。

结合广州规划设计部门的规划成果，该县的产业规划布局已基本敲定，重点发展五金机电、医药制造、食品饮料和再生资源利用等产业。其中，广州番禺（五华）产业转移工业园主要发展食品饮料、医药制造和五金机电产业；河东工业区主要发展五金机电、家具建材、农副产品加工和新材料产业；华城朱坑岗产业园主要发展电力器材、电子器件；安流产业园主要发展手工艺品加工为主的劳动密集型加工制造业和农产品加工业。

目前，记者来到广州番禺（五华）产业转移工业园看到，五金机电片区的辉胜达、辉骏科技等企业的生产车间，工人们正在有条不紊地检测和包装产品；在再生资源利用园，创盛工贸的员工把塑料瓶分类打包，随后投入机器产出纤维；在医药制造片区，康奇力药业公司的员工分工合作，有条不紊地对产品称重、包装，一派繁忙的景象……这只是园区企业加快生产步伐形成产业集聚发展的一个缩影。据了解，目前，广州番禺（五华）产业转移工业园共引进企业82家，其中投产57家，在建促建企业25家，初步形成了以辉胜达、富胜实业为主的五金机电业，以海宴酒业、元生堂为主的食品饮料业，以康奇力、明鑫实业为主的医药制造业，以创盛工贸为主的再生资源利用业。而河东工业区目前基本完成详细控制性规划，征地平整工作正有序进行中。

创新招商方式引进优质企业

形成产业集群，既是园区招大引强的金字招牌，也是大项目落户的必备条件。“产业布局规划基本敲定后，招商引资工作紧紧围绕主导产业开展，力促产业集聚发展，取得了初步成效。”该县相关负责人表示，今年来，该县招商部门围绕五金机电、食品饮料、医药制造、再生资源利用等主导产业，大力实施“乡贤回乡投资兴业工程”，促使“乡贤回归、工厂回迁、资金回流”，强化以情引商、以商引商。经过半年努力，招商引资工作取得了明显成效。目前，有梅州市兴旺源实业有限公司、梅州市胜大科技有限公司、五华县源参泰实业有限公司等3家企业签约落户，计划投资总额3.8亿元；准备签约落户项目有富胜数字电视等3家，计划投资总额12.36亿元；同时签订入园框架协议项目有五华红木家具产业园和生物制药等2个，计划投资总额100亿元。

此外，该县招商部门还积极探索创新招商模式，适应当前招商引资的新常态。积极谋划企业自主招商项目，在产业转移园规划近300亩的节能科技园、1200亩的塑料再生资源利用产业园、600亩的生物制药产业园、3000亩的红木家具产业园，探索由政府主导、企业实施的“企业办园、政府支持、市场化运作”招商和建园模式；同时，在华城朱坑岗规划1200亩用地由冠华传导自主招商建设百亿电缆产业园。广州番禺（五华）产业转移工业园将按照主导产业招商、建立主导产业园有利于对相互依存度高、关联性强的企业项目进行集中布局，开展建链、延链和补链招商，鼓励主导产业园龙头企业做长做宽产业链条，形成一条龙、一盘棋产业发展格局。

【产业特色】

五金机电：小作坊蝶变大企业

五华历来有从事五金机电的传统，以往是家庭作坊式的生产模式，而今引进了大企业和全自动的生产线，推动小五金企业由家庭资本向社会资本转变，由家庭式经营向现代企业制度转变，由粗放、分散的低水平重复生产向规模化、集约化、专业化生产转变，让该县的小五金产业在逆境中实现稳步发展，逐步形成了以日用五金制品、通信器材配件和汽车配件为重点的三大支柱产业。目前，入园规模以上五金机电企业 16 家，其中以辉胜达、富祤达、富胜实业等为代表，去年实现产值 5.8 亿元。

食品饮料：新兴产业的生力军

食品饮料是五华县新发展的一项产业，同时也是正在大力打造的一项新兴产业，目前入园企业有 4 家，主要有海宴酒业、元生堂酒业、润华肠衣、康奇力药业，去年这些企业的年产值达 2.4 亿元。

医药制造：年产值达 3.7 亿元

五华很早就有医药制造的企业，把其打造成主导产业有基础和底子。目前，入园企业有康奇力药业、康和药业、明鑫生物、源参泰和同福堂药业等 5 家，去年产值达 3.7 亿元。为拓宽产业链条，该县在产业转移园规划了 600 亩的生物制药产业园。

再生资源利用：以塑料和纤维为主

再生资源是可再生资源的一种，是不可再生的在人类的生产、生活等各项活动中被开发利用一次并报废后，还可反复回收加工再利用的物质资源，包括以矿物为原料生产并报废的钢铁、有色金属、稀有金属、合金、无机非金属、塑料、橡胶、纤维、纸张等。而五华的再生资源利用产业以塑料和纤维为主，目前正着力打造可再生资源利用产业园，已有企业 11 家，其中创盛工贸、建利纤维、华阳包装、立信织造是典型代表，产品主要销往国内市场，去年年产值 5.2 亿元。

（《梅州日报》2015 年 8 月 4 日　曹优生　钟小丰　张炳锋　张荣华）

五华　坚持工业引领　建设长乐之乡

走进新一村，一幅秀丽的田园风光图缓缓展开：清澈见底的河水汩汩流动，不时还能见到小鱼在水中嬉戏追逐，河畔一条宽敞洁净的马路贯穿整个村庄，路旁的黄槐、秋枫给这个夏日带来丝丝的清凉。曾几何时，这里还是个臭气熏天的“垃圾村”，村道上随处可见生活垃圾，河道里杂草丛生……

“做梦都没有想到我们村会变成这样，翻天覆地的变化啊！”新一村的村民戴远常说。新一村的“美丽变身”得益于近年来五华扎实开展“和谐美丽镇村”创建工作，新一村村民过上了幸福的田园生活。然而这只是人民群众共享五华振兴发展成果的一个缩影。

近年来，五华认真贯彻落实党的十八届三中全会、四中全会和中央、省、市有关会议精神，按照县委十二届五次全会要求，以建设“工业新城，长乐之乡”为目标，扭紧“三大抓手”，坚守“两条底线”，大力推进“两新两特两重点”、惠民生、促和谐、强队伍各项工作。

尤其是今年上半年，五华县委、县政府积极抢抓广东省促进粤东西北振兴发展和梅州市建设梅兴华丰中央苏区绿色发展试验区的战略机遇，狠抓“三个一批”重点项目建设，不断加快振兴发展步伐，同时集中力量优化人居环境，促进城市扩容提质，使发展成果更加普惠于民，在新一轮的振兴发展大潮中实现了跨越式发展，取得了优异的成绩。

规模以上工业增加值增速全市第一

上半年，五华规模以上工业增加值累计比上年同期增加 26.0%，在全市位列第一，固定资产投资比增 44.7%，外贸出口总额比增 81.7%，均位列全市第 2 名。这份出色的成绩单，是如何创造的呢?

“近年来，我们围绕‘加快新型工业化发展’的目标在奋力赶超，通过对企业进行政策扶持等方式，用企业的发展促进经济的发展，从数据上就能看出我们取得了明显的成效。”经信局局长李剑文介绍：“近年来，五华县根据各企业增资扩产、转型升级及技改情况，积极争取中央、省、市的政策扶持，为企业解决融资难等问题。”

记者在广东富胜实业有限公司新厂区车间里看到，工人们正在崭新的生产线上忙碌着，而在一墙之隔的老厂房里也开足马力生产。2014 年富胜实业年产值达 1.9 亿元，今年新增的两条生产线，预计产值将增加 7000 万至 1 亿元，这是广州番禺（五华）产业转移园内一个发展动力强劲企业。

在获悉富胜实业公司即将新上生产线时，相关部门优先供给了厂房用地，并向省经信局申报了贴息融资贷款，解决了公司发展用地及融资难的问题，为企业未来发展奠定了坚实的基础。

同样，在上半年全国进出口贸易增速放缓的情况下，五华的进出口企业却保持着激流勇进的姿态。今年上半年外贸出口总额达 6220 万美元，累计比上年同期增加 81.7%，在全市排名第 2，取得如此突出的成绩，除了政府部门在政策上的大力扶持外，企业自身也在逆境中寻找突破口，梅州市辉骏科技电子有限公司便是一个典型。

“面对沿海主要出口省市贸易增长速度出现疲软现象，我们公司加大了对产品创新、自动化生产方面的资金投入，同时努力开拓海外新市场，上半年美国、德国的订单接得比较多，用这些举措保持我们公司在市场上的优势。”广东辉骏科技集团有限公司的副总经理周慧丰说。上半年辉骏投入了 430 万元用于创新技术的研发，现已有 13 项新产品推出，产品远销日本、德国、美国、意大利等国家，至今年 8 月，产值达 2814 万元，出口总值 2673 万元，同比增长 145%。

扩能增效两大园区齐头并进

五华以县城为依托，在办好广州番禺（五华）产业转移园的同时，启动总规划面积 25 平方公里的河东工业区建设，主动融入“梅兴华丰”产业集聚带，打造新的发展平台。这两大工业区齐头并进，开创了“一城两区”产城联动模式。

9 月，记者在广州番禺（五华）产业转移园看到热火朝天的建设场景，8 层楼高的电子商务产业示范园已经拆架，进入内部装修阶段，工人们正在进行水、电等基础设施的安装，据了解，如明珠星、立信织造、航威斯等去年在转移园内落户动工建设的企业厂房都已经逐渐拆架，均进入最后的冲刺阶段。

电子商务产业示范园相关负责人介绍：在示范园招商的过程中，许多企业正是看中了这个园区内的产业集聚效应，以及园区内日益完善的基础设施和不断改善的投资环境，所以纷纷将企业进驻到园区。

近年来，工业大道、三坑路、工业一路等园区内路网建设，大大加强了园区内企业之间及对外的交通联络。加快园区内基础设施建设，是五华推进园区建设的重头戏。今年以来，五华更是开足马力，全力加快扩园步伐，不断完善供水、供电、道路、污水处理等园区基础设施。

至目前，转移园累计进园企业达 82 家，其中已投产企业 57 家，园区在原有的特色产业基础上，重点规划发展五金机电、食品饮料、医药制造、塑料再生资源制造四大主导产业，今年 1—8 月，转移园实现工业产值 26.3 亿元、工业增加值 6 亿元、税收 6173 万元。

而位于“梅兴华丰”产业集聚带上的河东工业区，则主要发展五金机电、家具建材、农副产品加工和新材料产业，目前，已完成征地 1600 亩、平整约 400 亩，首批 2216 亩土规调整和 2200 亩林地调整前期工作基本完成，并同步推进道路、供水、供电、排污和通讯等基础配套设施建设。

五华一手抓园区建设，一手抓招商引资，以园区为载体，围绕五金机电、食品饮料、医药制造、再生资源利用等主导产业，扎实开展招商工作，大力实施“乡贤回归投资兴业工程”，专门成立三个招商专业队，由县委书记范宜军亲自带队外出招商。“我们要进一步扩大对外招商，加大产业链招商，有选择性地引进企业落户，促进产业集聚发展”。今年以来，共引进优质乡贤项目 8 个，计划投资总额 45.9 亿元，充分发挥投资对经济增长的关键作用，促进经济持续稳定快速增长，为加快振兴发展打下坚实基础。目前，正在围绕第四届世界客商大会召开、“十二五”规划收官之年、广州对口帮扶三年考核验收三个重要时间节点，重点跟进这批优质项目尽快签约、动工、竣工。

走新型城镇化之路人民共享“长乐之乡”

“我每天早上都来这里散步，晚上还有许多人在这里跳舞，非常热闹，自从有了这个公园，我们又多了一个休闲好去处。”市民李伯说，这个公园是他每天必来的地方，亲水公园建好后为他们提供了一个休闲、健身、娱乐的理想去处。

琴江亲水公园位于县城中心，琴江河畔，面积约为 11.3 万平方米，公园内设置了文化、娱乐和运动健身设施，于 2015 年 2 月竣工并投入使用，这是县委、县政府 2014 至 2015 年的重点民生项目之一，还有创建“和谐美丽镇村”，中小河流治理工程等都是近几年五华的重要民生工程，赢得了广大群众的广泛好评。

五华是梅州的人口大县，有100多万的人口，但是其城镇化率仅为30.6%，远低于目前中国55%的城镇化率，提高城镇化率有利于提高城市集聚人口和产业的能力，更有利于促进城市文明向农村辐射，形成以城带乡、城乡互动共进的发展格局，而扩容提质是提高城镇化率的有效方法。

五华县委县政府紧扣“扩容提质”、落实重点民生项目，强力推进县城建设跨越式发展，走上新型城镇化建设之路，为构建“工业新城，长乐之乡”奠定坚实基础。

五华积极探索经营城市的新思路，以政府出资和“BT”“BOT”“PPP”等方式，筹措资金20多亿元，实施城市扩容提质项目30多个，投入之大、项目之多、规格之高，均为县城建设史上之最。先后建成了员瑾堤、澄湖堤、上坝堤、水中堤等“两江四堤”和琴江亲水公园、狮山公园等一大批“打基础、利长远”的城建项目，扎实推进了人民公园、长乐大桥、下坝堤湿地景观公园、公园路等建设项目。这些项目的顺利建成，有效突破了县城发展瓶颈，打通了县城“脉络”，形成了“内联外通”的路网框架，提升了县城公共服务水平，增强了县城聚集辐射带动能力。

在加大县城建设量投入的同时，五华更加注重质的提升，于2014年正式启动创建“广东省卫生县城”工作，大力消除城区“脏乱差”现象，提升县城整洁美水平。同时，大力实施“两江四岸”亮化工程，扮靓城市夜景，提升城市品位，努力提升群众的生活质量，让人民群众共享发展成果。

在下一步新型城镇化发展中，五华将依托梅河、济广、畲华、平兴、汕湛、大丰华等过境高速公路建设，主动开启“高速公路带动模式”，按照“重点向南，优化河东，适度向北、向西融调”的县城发展新格局，在南部建立联系珠三角的2小时经济圈，实现以大建设促进大发展，提高新型城镇化水平。在平兴高速公路（五华段）转水枢纽立交的施工现场，记者看到大型施工机械轰隆隆地在作业，运输车辆来来往往，网格状的枢纽立交初现规模，据项目负责人介绍，平兴高速全长约4.8公里，工程总投资2.87亿元，本年度工程已累计完成投资9187万元，占年度计划的54%，计划于今年年底建成通车。

五华在努力提高新型城镇化水平的同时，还启动了产城联动战略，按照“产业进园，园区近城”的要求，坚持把县城建设与园区开发紧密结合起来，将城西产业园、油田工业园和琴江新城区融入县城发展格局，引导产业向园区集中、园区向城市集中，形成三足鼎立之势共同促进“产城联动”、“产城融合”发展。目前，随着五华碧桂园、御景豪庭、金泰华府等房地产项目相继落户城西产业园，以及广州奥园集团携手合作琴江新城起步区建设，吸引了更多的农村人口和外来人口到县城居住工作，带动县域经济加快发展，集商住、休闲、商务于一体的“工业新城，长乐之乡”雏形正逐步凸显。

攻坚克难　推动“三个一批”项目落实

实施振兴发展战略以来，五华的经济发展大大提速，但也面临项目增多，用地紧缺，以及大项目不够多，企业关联度不够高、产业链配套需要完善等问题。为了进一步解决发展中遇到的问题，五华县围绕市委、市政府在客商大会期间“签约一批、动工一批、竣工一批”的部署要求，坚持“一个项目、一个领导、一套班子、一跟到底”制度，统筹全县力量，引进一批项目签约，推动一批项目动工，加快一批项目竣工，确保项目顺利落地建设，共梳理出了“三个一批”项目共37个，计划投资总额166.748亿元。

该县坚持“四个一”制度，对每一个项目，落实一个县领导挂钩，并安排固定人员，从头至尾跟踪服务。对意向投资企业，全心、全情、全程进行跟踪服务，力促企业尽快签约落户；对已落户的企业及时协调解决企业在建设和生产过程中遇到的环评、立项、报建、报批、招工用工、融资、技改、上市等问题，以目标倒逼时间，以时间倒逼工作进度，推动项目尽快动工建设，加快竣工投产。

五华县立信织造有限公司既是该县今年重点推进的项目之一，也是“三个一批”14个竣工项目中的一个，在项目推进过程中曾遇到融资难的问题。管委会在获悉这一情况后，帮助企业完善了用地报批报建手续，办好产权证等，同时与银信部门沟通协调，最终在工商银行为该企业融资2400万元，解决了企业难题，加快了项目建设。截至目前，“三个一批”项目竣工的有14个，计划投资额为18.145亿元，如丽斯卡顿酒店、松盛实业、裕兴工程机械制造等超亿元项目纷纷竣工。

而在“三个一批”中17个动工项目里面，备受关注的梅州（五华）抽水蓄能电站总投资近100亿元，是省“十二五”规划的重点项目，市、县的“一号工程”，用“十年磨一剑，苦练出奇功”这句话来形容梅蓄项目的前期准备的漫长历程再贴切不过了，据蓄能办主任古伟炎介绍，从2005年成立蓄能办公室开始，省、市、县和调峰调频发电公司历经了十年，努力争取项目落地，随着今年涉及项目申请核准的27个专题的全部完成，终于盼来了正式动工。据了解，梅蓄项目分两期建设，一期120千瓦工程总投资70.51亿元，预计2021年建成投产，主要服务广东电网，承担调峰、填谷、紧急事故备用任务，二期工程根据电力市场的发展情况适时建设，建成投产后将对五华的经济将起到巨大的推动作用。

除此之外，红木家具产业园、生物医药产业园等专业产业园也即将动工，建成后将大大提高园区内企业的关联度，促进相关产业链的配套完善。据了解，此次“三个一批”17拟动工项目计划投资总额140.453亿元。

而作为“三个一批”中的签约项目，落户于广州番禺（五华）产业转移园内的五华润华肠衣有限公司计划总投资1.6亿元，规划用地面积50亩。公司董事长张初定表示说：“之所以很快决定签约，主要是五华近几年经济社会发展快，加上县委、县政府的高度重视，‘四个一’制度给企业未来发展树立了信心”，所以他用了不到一个月的时间就完成了签约。据统计，目前“三个一批”签约项目有6个，计划投资额达8.15亿元，在客商大会来临之际又掀起了新一轮的招商引资热潮，农产品电商批发城、光伏发电、礼品包装盒等项目纷纷抓住机遇，在近期签约落户五华。

五华县委书记范宜军说，我们希望通过突出亮点工程，以点带面，高标准抓好“三个一批”的各个项目的落实。在客商大会这个时间节点上，五华的“三个一批”项目多点开花，亮点纷呈，项目涵盖了工业、交通、旅游、公共服务、商贸和服务业等，进度势如破竹，成效喜人，正逐步实现梅州市委书记黄强提出的，“交通项目要‘快建’，园区项目要‘快装’，新区项目要‘快上’”的目标。

典型案例

“和谐美丽镇村”建设 “垃圾村”将蝶变农家乐

新一村位于华城镇北部，五华河上游，有500多户近3000名村民，近年来，华城镇开展“和谐美丽镇村”创建活动，新一村在众多村镇中脱颖而出，最早成为名副其实的美丽乡村。

走进新一村，一幅秀丽的田园风光图缓缓展开：清澈见底的河水汩汩流动，不时还能见到小鱼在水中嬉戏追逐，河畔一条宽敞洁净的马路贯穿整个村庄，路旁的黄槐、秋枫给这个夏日带来丝丝的清凉，曾几何时，这里还是个臭气熏天的“垃圾村”，村道上随处可见的生活垃圾，河道里杂草丛生……

“做梦都没有想到我们村会变成这样，翻天覆地的变化啊！”新一村的村民戴远常告诉记者，从前这个村子的“垃圾靠风刮，污水靠蒸发”，根本没有人在意环境卫生问题，村民们的垃圾经常随手一丢，也没有专人扫地，而河道里更是常常漂着死猪死鸭，臭气熏天，由于河道淤积，下大雨时河水常常漫上来，给住在河岸边的村民带来诸多不便。

2013年4月，新一村开始了“和谐美丽镇村”的建设，最大的工程就是新桥河的流域整治，“村民们都非常的支持，主动地把河边违章建筑拆除，还主动帮忙清理河道里的杂草等，整个工程进展非常顺利，几个月就完工了！”村支书李佳告诉记者，新桥河的流域整治投入了100多万元，全长5公里，包括河道清淤、河堤砌石加固、修建护坡、排灌水圳修筑及沿河绿化和绿道建设，整治后的新桥河不仅行洪标准提高了，还成了新一村一道风景线。

除河道整治外，戴氏祠堂的改造也是新一村“和谐美丽镇村”建设的又一个亮点。“以前这里是猪舍，又脏又臭，现在成了一个小广场，大家都来这里活动。”一个在小广场上纳凉的老人说。“隔壁村的村民都经常过来跳舞，他们都想搬到我们村来住呢！”另一个纳凉的村民自豪地说。供村民休闲娱乐的小公园、小广场还有5个，公园里、主干道两旁都种上了黄槐、秋枫、大红花、满天星等观赏花木，新一村的村容村貌焕然一新。

洁净的家园需要村民共同维护，“我们村有自发组成的卫生监督队，都是村里热心的老人，他们看到路上有人随手丢垃圾就会上前制止”，村支书李佳告诉记者，这些老人也积极参与着“和谐美丽镇村”的建设。赖满娣是新一村的卫生监督员，今年虽然75岁了，但是干起卫生监督员的工作仍然一丝不苟，“我都一把年纪了还能够为我们村做点好事，很开心。”除了卫生监督员，新一村还专门聘请了两名保洁员，每天定时定点收集村民的生活垃圾，村里还买了一辆垃圾运输车，每天都及时把垃圾运输出村。

环境变好了，村干部们又想着如何带着村民走上致富之路。据村干部介绍，他们规划着在新一村建优质稻种种植基地，指导村民进行蜜柚种植，同时依托着新一村秀丽的田园风光发展乡村游，鼓励村民开农家乐。

如今的新一村，已经不再是从前的那个“垃圾村”了，水变清了，山更绿了，道路更洁净了，村民都乐了。

中小河流治理　群众期盼矮车河旧貌变新颜

发源于潭下镇桃军塘的矮车河是五华的二级支流，流经转水镇的黄龙村注入五华河，今年7月初，矮车河治理工程正式进场施工，工程惠及益塘、新丰、流洞、维龙、黄龙、矮车6个村的2万多群众。

“我们都期待着矮车河旧貌变新颜啊！”记者在矮车河治理工程现场，看到了正在河边聚精会神地看治理效果图的钟清泉。他说，原来他家在河边有0.4亩的旱地，听说要河流治理了，便主动把地腾出来，用于河流治理。

像钟清泉一样，矮车村里的许多村民都期盼着河流治理早日完工。听说还会在河边建一个小公园，村民们都纷纷聚集在效果图前争相看看小公园是什么模样？“以后我们就有活动场所了，可以在河边跳跳舞舞，散散步了。”76岁的钟庚朝老人兴奋地对记者说。据了解，让村民们翘首期盼的亲水生态公园占地3200平方米，主要设施有亲水路、村民文化活动广场等，建成后将成为该村5000多村民休闲、健身、娱乐的生态型滨水公园。

在治理工程现场，记者看到十多台钩机、推土机在清理河边的违章建筑、丛生的树木，并将河面拓宽。“以前矮车河杂草丛生，河面又窄，一下大雨河水就会涨上来并将很多泥沙、垃圾冲上来。”住在离河不远的村民告诉记者。

“目前工程已经完成了2.5公里的清淤工作，占地3200平方米的亲水生态公园也已经完成土地平整”。据水务局办公室负责人陈勇介绍，矮车河治理工程的治理范围为：益塘水库坝后电站至五华河交汇处，总治理长度9.5公里，其中加固堤防长度4.5公里，护岸长度6.7公里，清淤长度9.5公里，计划总投资1978万元。治理工程完工后，将大大提高矮车河的防洪能力，同时沿河两岸的生态绿化工程也将给群众提供休闲娱乐场所，惠及转水镇的6个村2万多群众。

（《南方日报》2015年10月9日　陈萍　张炳锋　廖伟军）

球坛大咖献策“足球之乡”发展
“李惠堂足球学院”呼之欲出

南方日报讯　10月30日至31日，中国足球文化建设高峰论坛暨纪念球王李惠堂110周年诞辰学术研讨会在梅州举行。国家体育总局文化发展中心主任梁晓龙、党委书记薛立，中国足协原副主席、广东省体育局原局长董良田，及来自海峡两岸30多所高校的专家学者等参加了研讨会，他们就“如何传承李惠堂精神”、足球改革发展之路等议题展开了热烈探讨，并对梅州足球事业发展提出了许多宝贵建议。

中国内地现代足球起源于五华

参加研讨会的足球名宿、专家学者们从城区驱车两个多小时来到五华县长布镇元坑村，参观了当年将足球传入中国内地的德国传教士毕安、边得志所居住的牧师楼，还有学生宿舍、书院、足球场等建筑的旧址。经过上百年的沧海桑田，曾见证内地足球起源历史的建筑只剩下断壁残垣，但是专家学者们依然为之感到震撼，纷纷在“中国内地现代足球发源地”的碑前合影留念。近年来，随着梅州足球的蓬勃发展，中国内地现代足球发源地五华元坑也逐渐被人们所了解。随后专家学者们还到李惠堂故居，瞻仰了伟人的风采。

华南师范大学体育科学学院教授卢元镇表示，建设中国的足球文化，找到其历史起点意义重大，只有知道中国内地足球的历史从哪里开始，才能找到未来的方向，而李惠堂的精神正是今天发展足球所缺失的部分，梅州要充分地去挖掘这些丰富的文化内涵，一层一层地去积淀，有了文化的支撑，足球事业才能发展地更好。

薛立在参观李惠堂故居时说，针对这些丰富的历史文化内涵，梅州可以通过充分挖掘，使其上升到整个梅州足球发展战略层面上，并积极推动它的传播，让这些宝贵的精神得到很好的传承。

不少专家学者认为，对于遗址、故居的保护和开发固然重要，而充分挖掘其文化内涵，并让其上升到精神文明建设层面也非常重要，因为这不仅对梅州足球振兴起到精神支持的作用，对整个中国足球的发展更是意义非凡。

努力擦亮“足球之乡”品牌

在研讨会上，梅州市体育局向专家学者们介绍了梅州近年来在足球事业上所作出的努力。2009 年，梅州制定了《梅州市振兴“足球之乡”十年规划》，提出全面实施振兴足球工作。今年 8 月，梅州制订《梅州市足球综合改革方案》，用大力度改革激发梅州绿茵场上的无限活力。

努力有目共睹，成绩显而易见。今年以来，梅州足球事业喜讯频传。4 月份，五华 U12 足球队代表广东参加中国斯凯孚杯青少年足球邀请赛，获得冠军，随后又代表中国参加素有“小世界杯”之称的哥德堡杯国际青少年足球赛。9 月份，五华队成功“冲甲”，成为中国首支县级中甲队，10 月份夺得中乙联赛冠军，再创奇迹。这些出色的成绩让人们看到了“足球之乡”的觉醒，专家学者们对梅州的足球事业取得的进步纷纷给予了肯定。

梁晓龙说：“近年来，我也一直在关注梅州足球发展。梅州市委市政府出台的相关文件彰显了对于足球运动的发展的重视，为全国树立一个榜样，这些都对推动中国足球改革发展具有重要意义。”

据了解，为培养出高水平的足球人才，为梅州足球事业提供后备力量支撑，五华计划与恒大足球俱乐部合作建设“李惠堂足球学院”，利用名人效应，充分依托职业足球强队的技术经验、人才资源等方面的优势，由于德国与五华在中国内地现代足球发展上有深厚的历史渊源，五华还计划与德国足球俱乐部合作创办特色足球学校。此外，为了让李惠堂的精神被更多的人所了解和得到永续传承，五华还计划建球王博物馆和球王文化广场。

在文化沙龙上，专家学者们围坐一堂，不仅讨论中国足球事业发展的大论题，也为梅州重新擦亮“足球之乡”品牌献计献策。

山东省淄博市临淄区副区长王克林说，梅州可以结合自身实际，通过多举办影响力大、专业性强的学术交流活动，邀请国内外专家学者前来研究探讨，这对充分挖掘梅州“足球之乡”的文化内涵有积极意义。

“梅州在职业足球发展道路上可以通过打造完整的产业链，用体育‘养’体育，即用赚钱的项目为不赚钱的项目提供资金，既承担了社会责任，也能够让体育事业可持续发展。”香港南华体育会助理总干事曾鸣说。

（《南方日报》2015 年 11 月 3 日 陈萍 黄思华 张炳锋）

重拾球王精神　振兴梅州足球

一片挂满果实的柿子林里，竖着个醒目的牌子，上面写着“德国传教士毕安住房旧址”，隔壁就是另一个传教士边德志的住房，他们所住的牧师楼经过一百多年风雨的洗礼，如今只剩下断壁残垣。倘若没有这些牌子，很难知道这里曾经住着的便是将现代足球传入中国的两位关键人物。虽然当年的牧师楼、中书院、足球场已经不复存在了，只留下了露出地面的一点墙根，但正是这些历史的痕迹，让后人得以寻回中国内地现代足球的根。

近日，梅州举行中国足球文化建设高峰论坛暨李惠堂110周年诞辰研讨会，国家体育总局文化发展中心主任梁晓龙、党委书记薛立，中国足协原副主席、广东省体育局原局长董良田，及来自海峡两岸 30 多所高校的专家学者一起探访了隐匿于山林间的中国内地现代足球起源地，并围绕“如何传承李惠堂精神”、走出一条梅州特色的足球改革发展之路等议题开展了研讨会，共同为足球之乡振兴出谋划策。

从某种角度上说，足球运动象征着一个国家、一个民族的强大与否。梅州作为足球之乡，更不能落后于人。今年以来，梅州足球事业捷报频传，五华队成功“冲甲”，成为中国首支县级中甲队，10月份夺得中乙联赛冠军，再创奇迹。诚如香港客属荣誉主席、“超级球迷”曾宪梓所说，“振兴中国足球，当从梅州做起！”

五华的故事

中国内地现代足球从五华元坑起源

今年 10 月，习近平主席访问英国的时候，英国国家足球博物馆向习近平主席赠送了世界最早的现代足球比赛规则影印件，而习近平主席回赠了来自中国 2000 多年前齐国之都的蹴鞠，成就了“古代蹴鞠”与“现代足球”的完美邂逅。

国际上有个共识：古代足球（蹴鞠）运动起源于中国的山东淄博，而现代足球运动的鼻祖是英国。那么，中国内地现代足球又起源于何处呢？

10月30日至31日，在梅州举行了中国足球文化建设高峰论坛暨李惠堂110周年诞辰研讨会，来自两岸的 30 多位专家学者走访了五华县长布镇元坑村，揭开了中国内地现代足球起源历史神秘的面纱。

德国传教士把现代体育带入五华

从梅城驱车两个多小时来到五华县长布镇，足球名宿、专家学者一行参观了隐匿在元坑村的中国内地现代足球起源地旧址。当年将足球传入中国内地的德国传教士毕安、边得志所居住的牧师楼，还有学生宿舍、书院等建筑经过上百年的沧海桑田，如今都只剩下露出地面的一点点的墙体，上面长满了青苔，虽然已是断壁残垣，但正是这些历史的痕迹，让后人得以寻回中国内地现代足球的根。

广州日报体育部主任陈伟胜经过长期考证研究，于 2013 年得出结论：现代足球运动最早于清朝同治十二年（1873 年），由德国传教士毕安、边得志两人在五华长布元坑传教（基督教）期间，正式传入。

中国之大，为何偏偏选元坑呢？这与客家人的包容不无关系。第一次鸦片战争爆发后，英国侵占了香港，把现代足球也带到了香港。同时，众多外国教会教派大举进入中国，其中包括德国的基督教新教差会巴色会。但在当时，清政府力拒外国传教士进入中国境内“妖言惑众”。毕安、边得志只能在香港传教，结果在香港吸收了张复兴、徐复光、曾兴等多名五华长布籍的教徒，然后通过他们来到五华传教，渐成气候，便率先在五华成立教会。

为了增加中国学生对传教士们的好感，巴色会把现代体育技艺也带到五华，并建立学校。当时中书院的教室、校舍等欧式建筑错落有致地分布在山上和山腰；该校针对山坡陡峭的地势，从校园左侧起修建一条 3 米宽的 400 米环山跑道；在山坳里，有三面环山的草坪操场；在操场两端用木料搭成球门，由边得志教学生踢足球。

五华沃土孕育中国内地现代足球

记者在参观时发现，142 年以后的今天，当地村民普遍还有信仰基督教的传统，脖子上基本上都还挂着“十字架”的信物。村中有一位 90 多岁的老人曾庆岳，就是当时足球运动在该地兴起的见证人之一，据老人介绍，他 10 多岁时在中书院读了 2 年书，在回忆起当年的情景时，老人还能清晰地指出牧师楼、女生宿舍、书院、礼堂、教室、饭堂、足球场等建筑的大致位置。

行走在一个个旧址之间，有种时空穿越的错觉，仿佛还能看到 140 多年前在足球场上奔跑的学生，他们脚下的这片沃土孕育了中国内地现代足球。

国家体育总局文化发展中心党委书记薛立在学术沙龙上说，五华有丰富的足球历史文化内涵，梅州可以通过充分挖掘，使其上升到整个梅州足球发展战略层面上，并积极推动它的传播，让这些宝贵的精神得到很好地传承。近年来，随着梅州足球的蓬勃发展，一直养在深闺人未识的中国内地现代足球起源地五华元坑也逐渐被人们所接受、了解。

李惠堂的故事

拒绝为日本人踢球 遭特务埋伏险丧命

李惠堂出生于香港铜锣湾大坑村，1912年被父亲送回故乡五华县并进入私塾读书，而当时年仅6岁的李惠堂已经对足球产生了兴趣。上学第一天，他是带着足球跪拜了孔圣人像，而“联庆楼”侧门供狗进出的狗洞，则成了小惠堂练球的球门。从小球不离身，李惠堂的球技源于天赋，成于执着。

球王挂靴明志 拒为日本人踢球

1941年冬，香港沦陷。

香江河畔，一位中年男子手持栏杆，凝视着天际。自从日本鬼子侵占香港后，大批的香港人陆陆续续地逃亡内地避难，昔日繁忙的香江现在也只有点点白帆在江上漂荡，街道也静得令人发慌。李惠堂令管家温青把自己最近穿的那双球靴挂到自家的大门上后，独自一人在江边走着。

古有将士解甲归田，今有球王挂靴明志。李惠堂决定，只要日本人在香港一天，自己就绝不在香港踢球。

过了不久，日本宪兵司令部松本太郎亲自上门拜访，邀请李惠堂和南华队帮日本军队踢球助威，而上海的汪精卫也以举办满洲国建国十周年纪念运动会为由，想让李惠堂回内地踢球并出任体育部副部长，李惠堂均以脚伤为借口一口拒绝。

在香港沦陷后，李惠堂宁愿辗转于内地和台湾，也不愿接受日本人的馈赠，甚至惹来杀身之祸。

1942年春，香港瑞典银行门口。李惠堂刚向银行行长辞职，准备回内地生活一段时间。在回家的路上，他遭到了特务丁默邨的埋伏，险些丧命。为了安全，李惠堂当晚在好友梅文鼎的帮助下坐船来到了内地，其间也在台湾有过发展，直至1945年二战结束后才返回到香港。

台湾“现代足球之父”将台湾球队带向世界

此后，李惠堂的足球事业扩展到了内地、台湾和香港。尤其在台湾，李惠堂以教练的身份带领台湾中华足球队不断问鼎各种比赛的冠军。1954年获得第二届亚运会冠军；1958年获得第三届运会冠军；1963年获得第七届默迪卡杯冠军；1965年获得第九届默迪卡杯冠军……他在台湾担任主教练的11年期间，台湾被称为亚洲足球王国。他为了培育本土新一代球员尽心尽力，在20世纪50—70年代更是把台湾足球队带向世界，当中尤以中华木兰队为最。

如今，李惠堂精神在某种程度上也成为联系内地与香港、台湾之间的纽带，他是海峡两岸乃至全球华人共同文化资产与典范。台湾树德科技大学教授王建台这样评价李惠堂：“他对台湾的足球贡献，迄今仍无人出其右，称其为台湾‘现代足球之父’，实不为过。”李惠堂终其一生，都在从事足球职业以及相关的普及和推广工作。

李惠堂备受世人景仰的原因，除了其出神入化的球技之外，还在于他的正义感和责任感。其女婿李鸿仁在接受采访时这样评价一代球王：“岳父给我印象最深的还是他为人正直，不管是场上场下，都不会做小动作，他的心思永远只在如何踢好球的上面。”在李惠堂一生所参加的足球比赛中，进球数量达到1860个之多，却从未出现过被红牌罚出场的事情。

球王故里的故事

从足球事业到足球产业的发展之路

而今年恰逢李惠堂110周年诞辰，专家学者们在研讨会上也对如何发扬李惠堂精神各抒己见。华南师范大学体育科学学院教授卢元镇表示，李惠堂的精神正是今天发展足球所缺失的部分，梅州要充分地去挖掘这些丰富的文化内涵，一层一层地去积淀，有了文化的支撑，足球事业才能发展得更好。

事实上，作为球王故里，梅州其实已经在默默努力。

全面实施振兴足球工作成执政纲领

近年来，梅州接连出台《梅州市振兴“足球之乡”十年规划》、《梅州市足球综合改革方案》，提出全面实施振兴足球工作。梅州市委书记黄强在专题调研足球工作时明确提出，要转变理念、大胆探索，认真落实各项改革措施，用改革的办法振兴梅州足球事业。五华县认真贯彻落实政策精神，并结合自身实际制定了一套详细的足球改革方案，对振兴足球工作进行了周密的部署。

随着五华队“冲甲”成功，五华作为全国唯一一个拥有职业球队的县级城市，在职业足球发展和足球产业上可谓下足了功夫。

为了激励球队勇创佳绩，五华县对县内打中甲球队规定了给予一次性扶持奖励资金200万元，打中超联赛球队给予一次性扶持奖励资金500万元。除了资金扶持，五华县政府还鼓励企业、个人多元化投资俱乐部，多方扶持打造具有浓厚客家文化、地域性强的足球俱乐部。

而原先只能容纳 8000 人的球场已不适应甲级联赛的标准，据了解，县政府将按照中超标准规划在五华新建一个可容纳两万五千人的新体育场作为球队将来的主场。

依托丰厚足球文化资源实现产业化发展

足球事业的振兴需要形成产业链才能得到可持续发展，对此，五华有丰富的足球文化资源和浓厚的足球氛围优势。

计划投资 28719.99 万元的足球文化公园和足球训练基地是五华发展足球产业的重要项目。足球文化公园依托的是球王故里的文化资源，而训练基地建好后能满足五华队足球训练及比赛，且可以承办国家、省级比赛、草根足球赛等，是集比赛、训练、旅游为一体的足球训练基地，能拉动投资、促进消费、增加就业，并逐步形成一个足球产业链，推动足球产业形成新的经济增长点。

此外，五华还计划大力修缮李惠堂故居，并在旁边规划建设球王博物馆和球王文化广场，同时争取挂牌“中国体育博物馆现代足球分馆”，申报国家级文物保护单位。对于中国内地现代足球起源地元坑村，五华计划对原有的校舍、足球场、环山跑道本着修旧如旧的原则进行复原，并将其打造成特色旅游区。

“我们五华有个球王李惠堂，同时还是现代足球中国内地起源地，两相呼应，这将提升我们五华乃至梅州的特色旅游。”五华体育局局长宋胜中说。

2017年全县建30所校园足球特色学校

足球产业需要发展，足球运动也要跟上。《中国足球改革发展总体方案》出台后，推进校园足球发展成为其中一项重要内容。在梅州市 18 所全国青少年足球特色学校的名单中，五华县占了4所，与兴宁市并列为梅州8个县（市、区）第一。五华县力争在

2017 年实现全县 30 所校园足球特色学校的建设目标，培育更多的足球好苗子，提高青少年的身体素质。

为培养出高水平的足球人才，为梅州足球事业提供后备力量支撑，五华计划与恒大足球俱乐部合作建设“李惠堂足球学院”，利用名人效应，充分依托职业足球强队的技术经验、人才资源等方面的优势，由于德国与五华在中国内地现代足球发展上有深厚的历史渊源，五华还计划与德国足球俱乐部合作创办特色足球学校。

努力有目共睹，成绩显而易见。今年以来，五华足球喜讯频传。4 月份，U12 足球队代表广东参加中国斯凯孚杯青少年足球邀请赛，获得冠军，随后又代表中国参加素有“小世界杯”之称的哥德堡杯国际青少年足球赛。9 月份，五华队成功“冲甲”，成为中国首支县级中甲队，10 月份再创奇迹，一举夺得中乙联赛冠军。这些出色的成绩让人们看到了“球王故里”的觉醒，重新点燃了客都球迷在绿茵场上的希望。

球王故里五华承载着深厚的足球文化历史，为重振足球之乡的雄风奋力前行着，成为梅州足球运动的领头羊之一，并在足球产业上大胆探索，构筑了梅州足球产业化发展的高地。“发展足球特色产业能够成为梅州经济的一个新增长点，体育部门将全力支持足球产业化发展，提高各职能部门的服务能力，并提供各项政策支持，努力让足球成为我们的城市品牌之一。”梅州市体育局局长陈建新说。

【专家观点】

建设中国的足球文化，找到其历史起点意义重大，只有知道中国内地足球的历史从哪里开始，才能找到未来的方向，而李惠堂的精神正是今天发展足球所缺失的部分，梅州要充分地去挖掘这些丰富的文化内涵，一层一层地去积淀，有了文化的支撑，足球事业才能发展得更好。

——华南师范大学体育科学学院教授卢元镇

梅州在职业足球发展道路上可以通过打造完整的产业链，用体育“养”体育，即用赚钱的项目为不赚钱的项目提供资金，既承担了社会责任，也能够让体育事业可持续发展。

——香港南华体育会助理总干事曾鸣

针对这些丰富的历史文化内涵，梅州可以通过充分挖掘，使其上升到整个梅州足球发展战略层面上，并积极推动它的传播，让这些宝贵的精神得到很好的传承。

——国家体育总局文化发展中心党委书记薛立

梅州可以结合自身实际，通过多举办影响力大、专业性强的学术交流活动，邀请国内外专家学者前来研究探讨，这对充分挖掘梅州“足球之乡”的文化内涵有积极意义。

——山东省淄博市临淄区副区长王克林

中国地大物博，关键看你钱用在哪一把刀刃上，没有资金留不住人才，也培养不出人才，其他都是可以克服的。中国与其它资本主义国家不一样，应该发挥社会主义的作用，或许可以走资本与制度并行，实践出一条具有中国特色的足球发展之路。

——高雄市树德科技大学教授王建台

■他山之石

山东临淄：让蹴鞠文化走出国门

“临淄甚富而实，其民无不吹竽、鼓瑟、击筑、弹琴、斗鸡、走犬、六博、蹋鞠者；临淄之途，车毂击，人肩摩，连衽成帷，举袂成幕，挥汗成雨；家敦而富，志高而扬。”在《战国策·齐策》中，古代的临淄是一片繁华的景象，人民生活富裕，特别是文化生活非常丰富，出现了一种叫蹋鞠的活动，即踢球。2004年7月15日，FIFA正式认定足球起源于中国淄博临淄。

习近平主席在10月份访英的时候赠予英国的蹴鞠就是来自于山东省淄博市临淄区这个古代足球起源地，蹴鞠由此成为国礼。

据山东省淄博市临淄区副区长王克林介绍，近年来，临淄区一直执着守护着中国古代蹴鞠文化，并大胆采用创新的方式传承这一文化，不断扩大其知名度和影响力，蹴鞠被赠予英国就是最好的例证。

为推广蹴鞠文化，临淄区专门成立了足球产业办公室，主要负责足球和蹴鞠文化的研究、足球运动的推广和足球产业的发展。临淄还提出了打造“足球文化圣城”、“足球运动之城”、“足球产业之城”的三大目标。

在中国足球土壤依然贫瘠的当下，足球文化的培育是最佳的发力点。临淄区作为世界足球起源地，这具有根脉性的足球文化是稀缺的城市文化资产。基于这些得天独厚的条件，临淄提出打造“足球文化圣城”目标。

今年10月份，英国国家足球博物馆馆长Kevin Moore博士发表致辞：“中国是足球的起源地，这是我们公认的事实。我们期待着共享彼此的知识经验以造福于两所博物馆和各自的观众。”英国家足球博物馆与淄博临淄足球博物馆双方共同宣布签署伙伴合作协议，将在藏品显示、足球研究、教育等六个范围内开展合作。这是临淄将中国蹴鞠文化推向世界的成果，其足球起源地也获得了世界的认可。

在国际足联、亚足联的总部都能看到来自临淄赠送的“圣球之源”的铜匾，此外，临淄还成立了中国蹴鞠文化研究中心，深入挖掘蹴鞠文化，并大手笔花2亿元打造全国最大足球博物馆，一步一步扩大着古代足球起源地的影响力。

群众基础会让足球走得更远，这是世界足球发展历史的规律。临淄将足球文化植根于群众，提出打造“足球运动之城”，让全城都参与到足球这项运动之中。全区中小学生参与的“蹴鞠杯”足球节，100多支草根球队参与的五人制足球赛，被列入亚足联城市展望计划的十一人制足球赛等，让临淄这座古老的城市不仅散发着传统蹴鞠文化的魅力，更充满着现代足球的活力。

足球不仅仅是一种文化，还是一个产业。临淄通过蹴鞠、蹴娃，创作与蹴鞠文化有关的书画等等，逐渐形成蹴鞠文化产业链，让蹴鞠成为这个城市的一张名片，临淄也朝着“足球产业之城”迈进。

（《南方日报》2015年11月4日 陈萍 黄思华 张炳锋）

广州市番禺区新一轮对口帮扶助推五华加快振兴发展

投1.8亿完善设施扶产业助脱贫

广州市番禺区对口帮扶五华县以来，结合扶贫开发“双到”和产业帮扶的实际情况，在人力、财力、物力方面给予大力支持，前后累计投入帮扶资金1.81亿元，着力推进重点帮扶村和贫困户增收脱贫，目前贫困户已实现100%脱贫；强化产业帮扶，大力引进工业项目落户园区，夯实产业发展基础，助推五华加快振兴发展。

全县2761户贫困户全部脱贫

五华县河东镇沙潒村是广州市番禺区南村镇对口帮扶的贫困村，自对口帮扶以来，实施的16个重点帮扶建设项目，让全村老百姓尝到了不少甜头。“这条路全长约1.8公里，路面宽8米，总投入近300万元，多亏了番禺南村镇及广大乡贤的支持才把路建好。”来到沙潒村路口，村支书张发巨指着进村大道告诉笔者：“以前的村道只有5米宽，最窄的三角交叉路口只有3米宽，每逢春节等节日都会堵车，现在村道改造好了，算是完成了村民多年来的夙愿。”

据介绍，南村镇帮扶该村的自来水厂升级改造、文体广场建设、村委会升级改造、沙潒小学、改造卫生所建设等16个重点项目，让村民在居住、出行、教育、医疗卫生等方面的条件得到极大的改善，该村的集体经济收入已由帮扶前的1.44万元增加到10.8万元，贫困户年人均纯收入也由帮扶前的2700元增加到8668元，提前超标准完成村、户经济增收任务，顺利实现了3年帮扶任务两年完成的目标。

据了解，自新一轮扶贫开发“双到”工作实施以来，番禺区不断加大对五华的帮扶力度，以产业帮扶为主导，以公共服务设施建设为重点，以技能培训为抓手，以智力帮扶和底线民生为保障，采取政府扶贫与社会扶贫、开发式扶贫与开拓式扶贫、启发式扶贫与带动式扶贫相结合的方式，安排了16个镇（街）对口帮扶该县河东、横陂、安流、棉洋、龙村5个镇的15个村、2761户贫困户，大力开展帮扶工作，不断增加贫困村的集体收入，助推贫困户脱贫致富。

至目前，番禺区及各镇（街）共投入帮扶资金1.24亿元（其中到村资金1.02亿元，到户资金2197万元），平均每个村投入帮扶资金达826万元。落实帮扶经济项目41个，建设村公共基础配套设施284个，完成村道硬底化37.3公里，实施标准农田工程30宗5344亩，成立农村专业合作社25个，实施村级安全饮水12480户，帮助57237名农民办理新农村合作医疗，为13569名农民办理新农保，组织农民免费参加农业技能培训6464人次、非农业技能培训6530人次。通过三年的努力，15个重点帮扶村集体经济收入均达到5万元以上、贫困户人均纯收入达到9339元，100%实现了脱贫。

共建产业转移园帮扶五华产业发展

"2005年，出资700万元建设五华县县城工业区番禺大道。2011年，出资1500万元在县城工业区购地25亩，兴建'手牵手工业楼'，将租赁所得全部用于帮扶五华县17个村集体经济收入低于3万元的贫困村，同时帮助引进了爱时达钟表、凸版艺彩印刷、宝权服装和茵权服装等一批番禺企业落户经济开发区。2014年8月，帮助引进明珠星钟表、碧菲亚工艺品等公司落户五华。今年3月19日，番禺五华对口帮扶工作联席会议在番禺区召开，番禺支持五华500万元对口帮扶资金……"说起番禺对五华的产业帮扶成果，广州番禺（五华）产业转移园的相关负责人如数家珍。

据了解，番禺区围绕省实施全面对口帮扶的决策部署，加强对五华的产业帮扶工作，强化了分级负责和定点帮扶责任，建立了定期互访和联席会议制度，形成了区县结对，镇街、部门和社会各界良性互动的多层次帮扶格局，从资金、技术、规划和招商引资等方面给予了大力支持。去年以来，该区累计投入5700万元用于帮扶五华产业发展，其中包括共建产业园区资金3000万元，长乐大桥建设资金1500万元，以及其他对口帮扶专项资金1200万元。同时，每季度组织商会、企业到五华考察投资环境，积极动员有产业转移意向的企业到五华投资兴业，仅今年以来，已组织7批次21家企业、109人次到五华进行考察，促成了4家番禺企业转移落户产业园区。今年1至9月，共建产业转移园实现产值31.4亿元、工业增加值7.1亿元、税收6819万元，分别比增23.21%、25.48%和41.29%。

今年2月27日，经省政府同意，省经信委批复将广州番禺（五华）产业转移园纳入省级产业转移园管理，并享受省产业转移相关扶持政策，仅今年，五华凭借这个平台向省里争取到了1.5亿元的扶持资金。在此基础上，双方在合作共建产业园方面取得了明显成效，去年以来已完成征地3700多亩、平整土地2000多亩，道路、供电、供水、排污等配套设施建设和土地规划调整等各项工作有序推进。

（《梅州日报》2015年11月5日 张炳锋 廖伟军）

五华结合自身实际制定足球改革方案
打造产业链振兴足球事业

近年来，我市相继出台《振兴"足球之乡"十年规划》《足球综合改革方案》，提出全面实施振兴足球工作。市委书记黄强在专题调研足球工作时提出，要转变理念、大胆探索，认真落实各项改革措施，用改革的办法振兴梅州足球事业。五华县认真贯彻落实政策精神，并结合自身实际制定了一套详细的足球改革方案，对振兴足球工作进行周密部署。

依托资源优势发展足球产业

“梅州可以通过打造完整的产业链，用体育‘养’体育，即用赚钱的项目为不赚钱的项目提供资金，既承担了社会责任，又能够让体育事业可持续发展。”10 月 30 日至 31 日，中国足球文化建设高峰论坛暨李惠堂 110 周年诞辰研讨会在梅州举行，香港南华体育会助理总干事曾鸣提出了自己的见解，为五华推动足球产业化发展提供了很好的借鉴。

目前，五华依托中国内地现代足球发源地、世界球王李惠堂故居等丰富的足球文化资源和浓厚的足球氛围，计划建设足球文化公园和足球训练基地，作为发展足球产业的重要项目。足球文化公园以球王故里的文化资源为依托，而训练基地建好后能满足五华队足球训练及比赛，且可承办国家、省级比赛、草根足球赛等，是集比赛、训练、旅游为一体的足球训练基地，能拉动投资、促进消费、增加就业，并逐步形成一个足球产业链，推动足球产业形成新的经济增长点。

五华还计划大力修缮李惠堂故居，在旁边规划建设球王博物馆和球王文化广场，申报国家级文物保护单位。对于中国内地现代足球发源地元坑村，五华计划对原有的校舍、足球场、环山跑道按修旧如旧原则进行复原，并将其打造成特色旅游区。

将投 3 亿建中超标准球场

五华作为全国唯一一个拥有职业球队的县级城市，在职业足球发展和足球产业上可谓下足了功夫。除了对县内中甲球队给予一次性扶持奖励资金 200 万元外，还规定给予中超联赛球队一次性扶持奖励资金 500 万元。除了资金扶持，五华县政府还鼓励企业、个人多元化投资足球俱乐部。

五华队冲甲成功后，原先只能容纳 8000 人的球场已不适应甲级联赛的标准。为此，该县积极争取中国足协的支持，计划投入 2000 万元，将县体育场进行升级改造作为过渡性主场，改造工程主要包括：为达到电视转播要求进行灯光调试，计划在球场后面增加一个 160 平方米的新闻发布厅，按照 15000 名观众的标准安装座位坐垫，以及布置安检口等。“12 月初全面动工，计划半个月内完成这些项目的改造。”该县体育局局长廖焕雄说，原主场改造后，五华还计划投入 3 亿元，按照中超标准在琴江新区新建一个可容纳 3 万人且设施齐备的标准足球场作为球队将来的主场，目前已完成征地和设计工作，明年正式开工，计划 2017 年完工，2018 年投入使用。

拟建 30 所足球特色学校

《中国足球改革发展总体方案》出台后，推进校园足球发展成为其中一项重要内容。在梅州市 18 所全国青少年足球特色学校的名单中，五华县拥有 4 所，与兴宁并列全市第一。五华县力争在 2017 年实现全县 30 所校园足球特色学校的建设目标，培育更多足球好苗子。

五华还计划与恒大足球俱乐部合作建设“李惠堂足球学院”，与德国足球俱乐部合作创办特色足球学校，利用名人效应，充分依托职业足球强队的技术经验、人才资源等方面的优势，培养高水平足球人才。

（《梅州日报》2015 年 11 月 19 日　张炳锋 廖伟军）

121宗水利项目预计年底完工

五华水利建设示范县项目综合进度在全省15个示范县中排第一

2012年1月，五华被定为第二批省级水利建设示范县。按照省规划，五华从2012年4月起，陆续动工建设121宗水利示范县项目，规划总投资为7.28亿元。至今年11月30日止，已基本完工114宗，累计完成投资7.09亿元，开工率、完工率和投资完成率分别为100%、93%和97.4%，预计可在年底前全面完成建设任务，综合进度在全省15个水利示范县中位居第一。

力促项目快速推进

121宗水利示范县项目主要包括山洪灾害非工程措施建设1宗、中小型灌区改造32宗、中小河流治理3宗、小流域综合治理4宗、小型水库加固36宗、农村中小型机电排灌工程43宗和内涝整治工程2宗，分布在全县16个乡镇。

五华围绕省水利厅“整县推进、分期建设、确保质量、群众满意”的要求，把推进水利示范县建设列入县委、县政府重点工作，专门印发通知，力促项目快速推进；县纪委、县监察局、县检察院等还组织4个督查组对16个镇、121宗项目开展全面督查，对进展缓慢的给予通报，还开展了工程建设同步预防职务犯罪活动，形成了多部门参与、较为完善的工程监管和质量保障体系；水务、财政、发改等部门在项目审批、资金拨付等方面加强沟通协调，项目所涉镇、村均通过发动群众投工投劳和社会捐资等多种投融资方式，千方百计筹集项目配套资金。

改善民生惠及群众

该县突出抓好精品工程，坚持“安全、民生、生态”理念，将小流域治理工程、中小河流治理等项目与美丽乡村建设和新型城镇化建设相结合，将水库除险加固与发展特色精致高效农业和发展生态旅游相结合，优化整合资源，着力打造一批示范性工程和精品工程。目前乌陂河、罗陂河、棉洋河等3宗小流域治理以及潭下河治理等示范工程已初具雏形。

各项水利建设项目的建设，对改善边远山区群众生产生活条件，发挥了重要作用。今年70岁的马大娘是河东镇油田岭背村人，几十年来她挑水浇菜的方式虽然没有变化，但随着岩前水库灌区节水改造工程河东干渠的修建，她挑水浇菜的劳动量就减轻了不少。“以前是到杂草丛生的小水圳里挑水，而且小水圳离地面有1米高，非常不方便。”马大娘说，新修的水渠就在菜地边上，舀水到菜地非常方便。

灌区工程的修建改善了农村群众生产条件，而城镇内涝整治工程则为城镇居民带来了福音。华城镇环城街是当地出了名的“水浸街”，每逢下雨天，街道就成了一片汪洋，不仅过往的行人行走困难，街边的商户也深受其害。2014年1月，华城镇涝区整治工程开始动工建设，工程设计标准按 10 年一遇 24 小时暴雨产生的径流 1 天排干设计，主要建设内容包括整治柯树坜、城东、西湖等 7 条主干排渠，总长度为 11.15 千米，并在华城排涝泵站的外江出口处增设自排涵闸。目前，华城涝区整治工程正全力加快自排涵闸建设，年底可全面完工。工程竣工后，包括城东、维新、维西、城镇、东区、西区等村在内 5.6 万人群众，可完全告别内涝之苦。

（《梅州日报》2015 年 12 月 3 日　张炳锋 廖伟军 陈勇）

五华　昔日贫困“钉子户”今朝脱贫“急先锋”

五华创新金融扶贫方式，产业帮扶、智力帮扶激发农村新活力

一走进五华县转水镇长源村的村口，笔者就看到一个醒目、漂亮的文化广场，用水泥砌成的假山简朴却不失精致，与原有的凉亭相辉映，村民们在广场上跳舞运动，一片祥和景象。文化广场由长源村挂钩帮扶单位广州市外事办和乡贤共筹集 280 多万元资金建设而成，既为村民提供了一个休闲、娱乐、健身的好场所，也是帮扶单位利用长源村拥有五华热矿泥温泉山庄旅游公路的交通优势，打造家门口的旅游产业的举措之一。

五华是省级重点扶贫特困县，人均 GDP 排在全省末位，是梅州扶贫工作的“主战场”。在第二轮广梅对口帮扶工作中，驻扎在五华的扶贫驻村干部也是各县中最多的，如今，这一轮的扶贫开发“双到”已进入了收尾阶段。据统计，五华 103 个重点帮扶村共投入 0.94 亿元，发展户项目 102797 个，截至 2014 年底，帮助 62292 人实现稳定脱贫。虽然扶贫成效显著，但是五华在脱贫攻坚之路上仍然任重道远。

梅州市委书记黄强在五华调研扶贫工作中指出，五华人口多、贫困面广，全面建成小康社会的任务重、压力大，要切实把做好扶贫开发工作作为重大政治任务，把脱贫职责扛在肩上、把脱贫任务抓在手上，坚决打赢脱贫攻坚战，确保与全市同步实现全面小康。

金融扶贫
助力贫困户创业脱贫

越是贫困地区，越是金融的“盲区”。目前许多贫困地区面临着农民贷款难、扩大再生产缺乏资金和农村金融基础设施、服务薄弱的双重难题。针对金融扶贫的种种难题，广东省信用联社充分利用自身优势，将普惠金融带到了对口扶贫村——安流镇里江村，并创新金融扶贫模式，助力农民创业脱贫。

据了解，广东省信用联社投了 50 万元作为启动资金到五华县信用联社，村内的贫困户不用担保便可申请贷款，每户最高可贷 5 万元，且贷款利率不上浮。目前已有 7 户贫困户共贷款 32 万元用于养殖业和百香果种植。这些贫困户渐渐成了养殖、种植专业

大户，生活也有了很大的改善。

此外，为了增加村集体收入，广东省信用联社还入股县信用联社 80 万元，里江村每年都可以获得分红作为村集体收入，今年就获得了 6 万元的分红。驻村干部王锡昌说，“只要我们信用联社不倒闭，这笔分红就会一直有。”

广东省卫计委也创新医疗扶贫项目，3 年来，从帮扶资金中拿出 940 万元用于建设五华县人民医院的腹腔镜、血透中心、ICU 重症室项目，这些医疗帮扶项目的部分收益将被用于增加其帮扶村——转水镇下潭村、潭下镇光华村两个村的村集体收入和贫困户收入。届时，两村的集体经济收入将连续 12 年年均达到 10 万元，贫困户将连续 6 年每年每户分红收入 1200 元，用于发展养殖、参股合作社等项目。

产业扶贫
“造血”激活农村资源

扶贫工作组在工作中发现，以前“一袋米、几斤油、几百元钱”的“输血”扶贫模式只能短期解决贫困户的问题，并不能解决长期发展的动力问题，因此，“造血”式产业扶贫逐渐兴起。

在岐岭镇，驱车从一条大马路拐进一条林间小路，不一会儿笔者就来到一间农家乐的门前，走近一看，别有洞天。漫山遍野的油茶，山脚下是狭长的水库，水库里不时能见到肥大的鱼儿在游动，水库边上则养了一群鸡鸭。在这间农家乐里，能吃到水库里刚钓上来活蹦乱跳的鱼和新鲜现宰的鸡。据村民介绍，这座山里原来并没有这些产业，水库也是闲置的，是谁让这里发生了如此大的改变呢？

五华县岐岭镇的清溪村和荣福村由广州地铁对口帮扶，驻村干部根据当地的气候条件、自然和社会资源，进行充分调研，采取“公司 基地农户”的形式进行帮扶，做大做强主导产业，出资 100 万元建了 300 亩油茶基地和 50 亩蜜柚种植示范基地，充分利用山形地势发展养殖业、开农家乐。目前油茶和蜜柚长势喜人，预计两年后将挂果上市，届时预计年产值将达到 300 万元以上。而贫困户也通过劳动力在基地务工获取报酬，实现了“足不出村”就能挣钱，从而实现自我“造血”，为长期稳步脱贫提供了保障。

产业的发展需要技术的支持。在河东镇的平东村，帮扶单位广州市食品药品监督管理局将华南农业大学的专家请进村，指导村民在自家田里试点种植“华航 31 号”“华航丝苗”等水稻新品种，“平东村水稻原产值从 900 斤增长到了 1100 斤，水稻品质也相应得到了提高。”驻村干部李思源告诉记者。

在五华，经过 3 年的帮扶，103 个重点帮扶村均成立了专业合作社，种植水稻逾 15159 亩、水果逾 16471 亩，项目入股分红 117 个，集体土地租赁 5220 亩。各帮扶单位按照“一村一策、一户一法”的原则，因地制宜，选准适合各自发展的产业之路，扩宽村、户增收脱贫的渠道，让部分村初步形成主导产业，并以产业带动贫困村致富，让贫困户稳定脱贫。

教育扶贫
加大投入完善学校设施

正所谓“扶贫先扶智，治贫先治愚”。如果教育不跟上，就无法从根本上阻止贫困现象代际传递。要从根本上改变贫困家庭的命运，仅靠“输血”式扶贫是远远不够的。因此，许多扶贫工作组纷纷发力“教育扶贫”，加大对农村教育资源的投入。

笔者近日走进河东镇平东小学的就餐室时看到，孩子们正在崭新的桌子上津津有味地吃着从家里带来的酿豆腐和青菜，“以前我们要用柴火做饭，给孩子们热菜，现在全都用上了电，破破烂烂的就餐室也焕然一新了。”校长李文兰告诉记者，不仅学生的伙食得到了改善，学校里的每一间教室都安装了多媒体设备。为了冬天不让孩子们受冻，每间教室都安装了铝合金窗。此外，学校的乒乓球场、篮球场、羽毛球场等等也一应俱全。河东镇平东村是广州市食品药品监督管理局的对口帮扶村，帮扶 3 年共投入 30.52 万元用于改善平东小学的办学条件。

在五华，许多的村一级小学都没有标准球场，更不用说是标准的灯光球场了，但在转水镇长源村，却有一个这样的球场。据介绍，广州市外事办的扶贫小组进村看到长源小学的孩子们赤着脚在泥地上踢球后，决心为孩子们建一个球场。驻村干部巫宇介绍：“球场的草皮、防护网、照明灯等设施都是我们单位争取过来的，折算成资金约 78 万元，加上我们单位自筹的 20 万资金，球场的建设比原来预想的更加完善。”现在，孩子们可以在漂亮的灯光球场上尽情地奔跑，除了供学生运动外，球场也对外营业，这成为长源村集体收入的一部分。

比教育基础设施建设更重要的是对孩子们给予心灵上的关怀。今年“六一”儿童节，帮扶单位开展了丰富多彩的助学活动，为平东小学 350 名学生捐赠玩具、书籍、文具，还鼓励并推荐了平东村 4 名符合条件的双失（失学、失业）青年参加广州市团委组织的“青年工学自助杨帆计划”活动。

■记者手记

产业扶贫也需要思路

如今，扶贫开发已进入“啃硬骨头”、攻坚拔寨的冲刺期。经过了两轮的扶贫开发，既有许多消灭贫困、实现持续发展的成功经验，也有重新返贫的失败教训。有些贫困村告别了过去“一袋米、几斤油、几百元钱”的“输血”模式，“造血式”扶贫让村民彻底摆脱了贫困，但有些贫困地区等驻村干部一走，又回到了贫困的原点。

那么，如何避免返贫现象？找到贫困村后续发展的内生动力很关键。例如广州地铁扶贫工作组在帮扶前进行调研后根据该村的实际情况选择“公司 基地 农户”的形式进行帮扶，充分利用当地的资源发展主导产业。

扶贫是一项复杂而艰巨的任务，不仅需要资金，更需要人才、技术的支持，只有人才进村，技术落户，资金才能成为推动贫困村持续发展的助力。

如今也有不少的驻村工作组将火力集中到了产业扶贫上，产业的发展需要与市场相对接才能给贫困户带来效益，引进企业的选择就显得尤为重要了。曾有媒体报道，有个贫困县引进灵芝生产加工项目，在帮扶单位的技术支持和企业的经营下，做得风生水起，但是帮扶工作组离开后，一场大雨冲垮了该生产基地，企业无力重建，这一项目就此结束了。

这一事例告诉我们，做产业帮扶的时候不仅要做好市场调查，让产业对接市场需求，合理指导贫困户进行种植养殖，而且要选择有实力、抗风险能力较强的企业合作，因为农业是一项回报慢、受天灾影响大的产业，在短期内效益并不明显。

记者在采访时还发现，有些贫困户存在安于现状、不思上进的心理。“我们今天发了鸡苗鸭苗，过几天就发现被宰了吃掉了。”某驻村干部无奈地说，要改变贫困户的生活，除了外部的帮助以外，自身对脱贫的渴望也很重要。

（《南方日报》2015年12月6日陈萍 张炳锋 廖伟军）

高速路串联南北、县城建设耳目一新、产业集群发展——

五华变身连接珠三角“桥头堡”

五华县，以前给人的印象是地瘠人多，环境脏乱差。现在走进五华县城，街道靓丽整洁，河岸环境优美，工业园区内一座座厂房拔地而起……近日，本报“全媒体记者基层行”活动走进五华县，探访五华的蝶变。据悉，五华县紧抓国家促进原中央苏区和省促进粤东西北振兴发展“两大政策”，突出“三大抓手”，坚守“两条底线”，重点着眼城市功能、加快交通路网建设、促进产业集聚，产城联动发展，让县城从小山城变身连接珠三角的“桥头堡”，走出了一条发展新路。

扩能增效 提高园区工业水平

在广州番禺（五华）产业转移园内，广东富胜实业有限公司投资 8000 多万元的两条全自动数字电视盖板生产线，正开足马力满负荷生产；明珠星、立信织造、航威斯等去年落户的企业先后完成建设，陆续投产。生产钟表的明珠星项目负责人赵航正说：“不仅是生产基地落户五华，我们还将总部从番禺迁了过来。”由于对五华投资环境满意度高，该公司旗下的广东碧菲亚工艺品公司也于去年和明珠星一起落户五华，预计明年将投产。

改善投资环境，加快园区基础设施建设，是五华推进园区扩能增效的重头戏。今年以来，广州番禺（五华）产业转移园获省批复纳入省级产业转移园管理，成功竞得扩能增效专项扶持资金，园区内供水、供电、道路、污水处理等基础设施建设全面提速，吸引了一大批企业落户投产。至目前，园区共有进园企业 90 家，初步形成了以五金机电、医药制造、食品饮料、再生资源利用为主的特色产业。今年 1 月至 10 月，园区实现工业产值 36.8 亿元、工业增加值 8.3 亿元、税收7421万元，分别比增21.13%、23.3%和36.5%。

该县还积极融入广东梅兴华丰产业集聚带建设，以县城为依托，启动总规划面积25平方公里的河东工业区建设，打造新的工业发展翼。

扩容提质　城市品位明显提升

近年来，五华县委县政府按照48平方公里48万人口的规模，对县城重新布局，书写“产城融合、产城联动”华章，大刀阔斧对县城城市功能、公共服务、基础设施进行改造改建，打造宜居宜业城市。

该县投入3亿多元，对县城两江四岸七堤进行改造，打通所有河堤。自2012年开始，下坝堤、澄湖堤、员瑾堤、上坝堤、水中堤等先后建成，目前在建的罗湖堤、莲洞堤将于明年春节前建成。与此同时，五华筹资打造长乐公园、狮山公园、人民公园、琴江广场，推进县高级中学建设，完善县城公共服务配套，引进奥园城市综合体、碧桂园等项目，逐步拉开城市发展架构。

该县以“创卫”和“创文”为契机，多管齐下提升县城的城市品位，重点抓好县城道路美化绿化亮化工程，完善生活垃圾收集制度，强化健康教育和健康促进工作等，着力改善人居环境。

交通建设　使山区变成“枢纽”

在五华县横陂镇，一个个壮实的桥墩“列队”横跨琴江河。这些桥墩是兴华高速一个高架桥的基础部分，目前兴华高速已全线动工，2017年建成后将贯穿五华南北，并连接兴宁、梅县，成粤东北又一条通往珠三角的快捷通道。五华将成为我市与珠三角距离最近的“桥头堡”。

即将通车的平兴高速、汕湛高速五华段，都与五华息息相关，特别是汕湛高速改变了五华南部无高速的历史。在不久的将来，大丰华高速、兴汕高速五华至陆河段陆续建成，双龙高铁将通过五华并设站，交通区位的改善，使五华从山区变“枢纽”。

与此同时，五华县还系统谋划全县交通路网的提升改造，加快县内畅通。利用交通条件的改善，加大招商引资力度，有效承接外部的产业转移，实现五华快速振兴发展。

（《梅州日报》2015年12月14日　练海林　范　斌　廖伟军　张炳锋）

“一区两带全媒体基层行”走进五华县，县委书记范宜军谈产业和交通建设

产城联动交通发展引五华蝶变

兴华高速公路全线动工、汕湛高速五华段即将通车，从仅北部一条高速公路，发展到高速公路贯穿南北，成为梅州乃至粤东北最靠近珠三角的县；从工业产业单一零散，县城脏乱差，发展到两大工业园产业集聚、城区大变样……近年来，五华紧抓国家促进原中央苏区和省促进粤东西北振兴发展“两大政策”，突出“三大抓手”，坚守“两条底

线”，重点增强城市功能、加快交通路网建设、促进产业集聚。如今，五华正从小山城变身连接珠三角的“桥头堡”，走出了一条协调发展新路。

走马现场

每到上下班万人出入园区

走马广州番禺（五华）产业转移工业园，记者发现，园区内道路四通八达，一座座厂房拔地而起。在园区企业广东辉骏科技集团总部展示厅，记者看到，依托工业园，辉骏科技先后成立了广东辉胜达电器股份有限公司、梅州市辉骏科技电子有限公司，生产各式厨房小家电、LED 照明和驱动电源系列等，产品远销日本、德国、美国。据介绍，1 月至 10 月，该公司实现产值 7 亿元，接近去年全年产值。

据悉，目前园区进园企业 90 家，其中建成企业 62 家、在建和筹建 28 家，总用工人数 9560 人，初步形成了五金机电、食品饮料、医药制造、再生资源利用等主导产业。开发区管委会主任赖伟胜说：“园区在县城西边，每到上下班时间就有万人出入园区。”而在县城的东边，今年启动建设的河东工业园进展也非常顺利。

河东工业园是梅兴华丰产业集聚带的重要组成部分，规划总面积 25 平方公里，距离县城中心 3 公里，距广州（梅州）产业转移园约 14 公里。目前，首期 4 平方公里主要规划培育发展先进装备制造业，从启动规划至今，已有南方智能精机科技等 8 个先进机械装备制造类项目签约落户，计划总投资 34.9 亿元、固定资产投资 31.46 亿元。同时，该县着手谋划在县城南北两端的华城和安流两个中心镇，建设华城电线电缆产业园和安流工业区。

暖企行动扶持企业增资扩产

今年以来，五华大力开展暖企行动，扶持现有企业通过增资扩产、技改升级加快发展。富胜实业就是其中一个典型例子。在该公司今年技术自动化升级改造后的厂房内，16 条全自动机械手臂与三条自动化锻造生产线正实现高效生产。据悉，2004 年 3 月，广东富胜实业有限公司进驻五华工业园区，主要生产 TV 五金套件、蓝光 DVD、机顶盒等冲压制造产品。这次自动化升级企业投入了近 8000 万元，但也很快尝到了甜头，生产效率比之前提高了 30%到 50%。

在政府的大力倡导下，富胜实业加快增资扩产步伐，于今年 8 月签约落户河东工业园，发展数字电视组装项目。该项目计划总投资 3.5 亿元，分两期建设，首期已于 10 月动工建设。投产后，预计年组装数字电视 200 万台，实现年产值 6.5 亿元、税收 3200 万元，解决就业 300 人以上。企业的发展，也为五华带来了实实在在的效益。1 月至 9 月，五华实现工业总产值 61.5 亿元、规上工业增加值 7.99 亿元，分别比增 14.8%、16.4%，增速均居全市前列。

员工在园区能赚钱也能消费

五华在产城联动、以产促城方面成效明显。除了将工业园区安排在县城附近，便于居民上下班外，还通过打通断头路、拉开城市路网、连接园区道路、做好沿江两岸环境改造等，改善县城人居环境，提升城市品位。

与此同时，五华积极推进园区配套，让园区员工实现“能赚钱，也能消费”。以河东工业园为例，目前已完成园区总体规划和首期控制性详规，在完成征地与平整工作时，同步推进道路、供水、供电、排污、通讯等基础设施以及医疗、教育等公共服务设施建设。园区管理人员告诉记者，未来的河东工业园统一规划集中居住区，将商、住、学、医、娱等融为一体。

辉骏科技集团的举措是转移工业园“工业新城、长乐之乡”产城一体融合发展定位的一个缩影。由于经常有外地客商前来考察，辉骏科技大手笔在园区附近投资建设一家高端酒店五华国际大酒店，提高接待客户的能力。该酒店的落成，既满足了企业自身所需，又提高了县城的酒店餐饮行业服务水平。

招商故事

富鑫通从考察到落地不到3个月

位于河东工业园的乡贤企业梅州市富鑫通实业发展有限公司工地，前后都竖起了施工屏蔽墙，各项工作有序开展。

今年以来，五华启动河东工业园首期4平方公里建设。作为第一批进园施工的招商引资企业，富鑫通从项目地块考察到签约落地，前后不到3个月。富鑫通董事长周国雄告诉记者，富鑫通精密机械制造有限公司总部位于江苏苏州，他受邀回乡考察后发现，近年来五华县城发生了翻天覆地的变化，呈现出快速发展的好势头，便在亲朋的鼓励下决定为家乡建设添砖加瓦。此次在河东工业园投资建设的生产基地总投资2.6亿元，其中固定资产投资2.46亿元。

在招商引资中，五华注重打好“乡贤牌”。该县以镇村为单位，对在外社会各界成功人士信息以及乡贤企业进行摸底、收集、整理，由县统一建立动态信息档案，在此基础上瞄准特色产业，精心挑选出符合产业规划布局的项目，由县委主要领导带头，全县上下齐齐参与，对选定的项目主动进行“一对一”乃至“多对一”对接，通过乡情、友情、亲情、同窗情等全情沟通，动员在外乡贤企业回乡投资兴业，力促企业尽快签约落户。今年以来，五华共签约引进项目21个。

高端访谈

坚持三个“并重”谋划发展新格局

——五华县委书记范宜军访谈

记者：目前，学习贯彻十八届五中全会精神的热潮正不断升温。结合全会创新、协调、绿色、开放、共享的发展理念，请谈谈五华县在融入“一区两带”的发展实践中，特别是梅兴华丰产业集聚带建设方面，如何谋划工业发展大计？

范宜军：我们深入贯彻省委胡春华书记和市委黄强书记的调研精神，以坐不住的责任感、等不起的紧迫感、慢不得的危机感，破难攻坚、奋勇争先，紧紧围绕“两大政策”“三大抓手”和市委建设“一区两带”发展战略，坚持产业集聚和城市建设并重、琴江新区开发和老城区建设并重、县域南部和北部发展并重，全面提升治理水平，谋划县域发展新格局，全力加快振兴发展。

产业园区建设方面，在力促建成广州（番禺）五华产业转移工业园的同时，围绕“三年打基础、五年大突破、十年大发展”的目标要求，全力加快河东工业园的开发，发挥梅兴华丰产业集聚带建设主战场的作用，全力推进土地调规、征地拆迁、基础设施建设和招商引资工作。同时谋划在北部打造以冠华传导、环兴电力为龙头的华城电线电缆产业园，在南部打造以新建筑材料产业为龙头的安流工业区、以抽水蓄能电站为核心的绿色能源生态旅游片区，辐射带动面上乡镇加快现代农业和文化旅游等产业发展，实现全县城乡统筹协调发展。

在培育发展主导产业方面，集中策划、争取和建设一批规模大、科技含量高、带动力强的大项目、好项目。注重抓好龙头产业项目，突出产业链招商，着力引进带动能力强、功能性转移的大项目，带动上下游产业项目转移，促进产业集聚发展。初步确定河东工业区重点培育发展先进装备制造产业；产业转移工业园则依托原有产业基础，重点培育发展五金机电、食品饮料、医药制造、家居建材和再生资源利用等主导产业，与其他县（市、区）产业聚集区形成错位发展、良性互补的产业发展布局。

记者：广东梅兴华丰产业集聚带的产业发展需要城市配套服务，五华如何科学优化城市功能，提升产业发展服务水平？

范宜军：我们坚持做好“产城融合、产城联动”。我们的两个工业园区分布在县城的东西两边，紧挨县城，这样既可通过县城的城市配套，为工业、产业发展提供城市的服务，提供吸引人才、产业服务，同时，产业的发展也将反哺城市。

我们集中力量建好县城中心区。加快推进13.5平方公里琴江新区的开发，力争年底前建成奥园城市综合体、环城大道东延线等项目，加快新汽车客运站和汽车城建设，逐步拉开琴江新区发展架构，打造成市政基础设施完善、功能布局合理、辐射带动能力强的产业集聚服务平台，为园区提供全方位、综合性城市服务。

加快推进14.5平方公里老城区建设，重点围绕打通“两河四岸七桥”等制约县城建设发展的关键节点，加快推进长乐大桥、罗湖堤、莲洞堤、人民公园、工业大道北延线等一批重点市政工程建设，不断优化完善县城功能配套。

加快推进“五华县客天下·蒲丽顶美丽小镇”旅游产业园建设，打造城市新亮点。借助梅州客家足球队成功升甲的契机，加大公共体育文化设施建设，谋划启动足球文化公园、青少年足球训练基地、新文化综合体建设，为县域发展提供高端的文化产业服务。同时，以“创卫”“创文”为契机，加强环境综合整治，推进县城网格化、规范化、精细化管理，提升宜居环境。

记者：汕湛高速五华段月底通车，同时一批高速公路正在建设或谋划。五华如何抓住交通不断完善的机遇，助推产业发展？

范宜军：五华是高速公路建设的主战场之一，我们在建、拟建的高速公路共140多公里，其中汕湛高速五华段月底通车，兴华高速在建。全部高速建成后，五华将成为梅州乃至粤东地区最靠近珠三角的县。

同时，重点打通高速公路出口与县内主要交通干道的连接点，全力抓好县内路网的优化提升，推进快速路网向边远乡镇延伸，形成覆盖全县、连接周边、布局合理的“对外高速联通，对内快速畅通”交通网络。我们将利用便利的交通条件，加大招商引资力度，承接外部产业转移，推动产业集聚和中心城区扩容提质。

为解决五华南中北发展不平衡问题，我们还将结合位于龙村的重点项目梅州抽水蓄能电站，利用交通优势以及良好生态，在南部谋划打造集旅游观光等于一体的绿色生态能源基地。

（《梅州日报》2015年12月16日 练海林 范 斌 廖伟军 张炳锋）

五华县城之变

2014年1月15日，五华县正式启动创建“广东省卫生县城”工作。近两年来，五华全县上下凝聚共识，迅速行动，分任务按步骤扎实推进各项工作，山区小城的人居环境发生了翻天覆地的变化。今年12月10日下午，五华县“创卫”工作迎来关键一刻，省考核鉴定验收组宣布该县正式通过考核验收，将建议广东省爱卫会命名五华县城为“广东省卫生县城”。

断头路打通了

五华县城地处琴江河和五华河交汇处，琴江大桥、古大存纪念大桥、水寨大桥、华兴大桥、五华大桥及河口大桥，架起了河上的高架走廊，成为两河四岸群众出行的必经之路。此前，由于多方面的原因，桥与桥之间的河堤没有连通，两桥之间几百米的直线距离，需要七绕八拐才能抵达。同时，随着县城车辆的剧增，原本就不宽敞的县城道路尤为拥挤。该县从解决群众要求最迫切、县城发展最急需的问题入手，把打通桥与桥之间的河堤，作为改变县城面貌的重要抓手，与县城的扩容提质和“创卫”工作紧密结合起来。

随着县城下坝堤、上坝堤、水中堤、员瑾堤、澄湖堤等断头河堤以堤路结合的建设模式相继打通，五华县城沿江路完成了升级改造，各桥之间互联互通的路网立即形成。今年，五华再次投入1.14亿元，实施莲洞堤和罗湖堤升级改造项目，把县城路网向外环路延伸，增加了2条县城外出的快捷通道。据不完全统计，随着8条断头河堤被打通，县城内通车里程增加了 10 公里以上，县城内主干道堵车现象得到明显缓解。

城中村变美了

随着主城区路网的完善，五华县城在居民记忆中的“村中城”印象也有了明显改变，但 19 个县城“创卫”村的村容村貌改善也显得尤为迫切。该县专门制定方案，把包含

19个“创卫”村和191个“创卫”村民小组的14.6平方公里县城建成区域，划分为86个网格，把“创卫”任务全面落实至29个县直单位，把清理卫生死角、臭水沟和老粪坑列为环境卫生整治的对象。

水寨镇梨滩村是该县财政局的“创卫”责任区，按照“创卫”实施方案，该局把原村委办公大楼后面连片的老粪坑全部填埋，并重新规划设计，打造成为美观大气的村中小公园。其实，梨滩村老粪坑变公园的整治效果，只是该县推动城中村“创卫”、改善村容村貌的一个缩影。据不完全统计，该县自“创卫”以来，共清理水沟32630米，填埋改造老粪坑1451个，清理改造污水塘202口，道路硬底化34833米。县城116个单位被评为卫生单位，64个居民小区被评为卫生社区，18个行政村被评为市卫生村，6个行政村被评为省卫生村。

街道变整洁了

如今，走在五华县城的大街小巷，不论是在清晨、黄昏，还是在烈日下、风雨中，不时可以看到流动的环卫保洁车和环卫工人清扫保洁的忙碌身影，县城主次干道的清洁卫生状况比一年多以前有了很大变化。

自“创卫”工作开展以来，该县先后购置自卸式压缩垃圾车、洒水车、小型钩臂车、桶装垃圾运输车、推土机、移动式垃圾桶、保洁三轮车、移动式垃圾压缩机等垃圾清运设备，同时，建设“三位一体”环卫设施和独立垃圾中转站15座、公厕30座，升级改造县城无害化生活垃圾处理场，聘请环卫工人上门定时收集垃圾，县城主次干道、背街小巷和单位小区均被纳入保洁范围，县城公共场所和重点路段保洁时间超过12小时，县城垃圾实现了日产日清，特别是县城主干道旁长时间放置的垃圾车彻底消失了，也解决了由此带来的二次污染问题。

健身有地方去了

2013年，长乐公园一期建成开放；2014年，长乐公园二期、狮山公园、上坝公园建成开放；2015年，琴江广场、人民公园、街心公园工程建设加快推进，力争2016年春节前建成开放……随着一个个公园建成开放，居民有了更多休闲健身的场地。至目前，该县建成区绿化面积达到了539.6万平方米，绿化覆盖率达到37%，人均公园绿地面积4.9平方米，每晚仅到长乐公园休闲的群众就不少于5000人。

（《梅州日报》2015年12月17日 张炳锋 廖伟军）

梅州抽水蓄能电站开工近3个月
拟投2.5亿建移民安置区　明年动工　后年交楼

在梅州抽水蓄能电站所在的黄狮村下库区的施工现场，各种大型挖掘机械正在轰隆隆地开山挖土。放眼望去，连接上下库区以及下库右岸公路的路模已经显现。这是该项目前期工程“三洞两路”中的“两路”，目前包括交通洞、通风洞和自流排水洞等4个标段已全部进场施工，为2017年电站主体工程开工建设作准备。

该项目是由中国南方电网有限责任公司全资建设，总投资约120亿元，分两期建设，其中一期投资70.52亿元，预计2022年投产发电，是梅州历史上投资最大的基建工程，被誉为市、县的“一号工程”。

近年来，中国能源呈现清洁化、低碳化发展趋势，且随着经济社会的快速发展，发达地区对能源的需求越来越大，为保障电网的安全稳定运行，亟须建设一定规模的抽水蓄能电站。在这样的大背景下，梅州抽水蓄能电站项目于今年7月29日获得广东省发改委核准，拿到了“开工令”，9月30日正式开工。项目建成后将进一步优化广东省系统电源布局，保障粤东地区电网安全，同时为今后新能源发展提供强力支撑，对五华乃至整个梅州将产生巨大的经济与社会效益。

十年磨一剑
“一号工程”动工近3个月

作为梅州历史上投资最大的基建工程，市、县的“一号工程”，梅州抽水蓄能电站从开始选址到正式动工，前后历经了漫长的十年，这期间凝聚了许多人的心血和努力。

梅州抽水蓄能电站位于五华县龙村镇黄狮村，该区域地理位置优越，三面环山，且地质条件好，电站可依托山势而建。于是，2004年底，广东省水利电力勘测设计研究院将该站址推荐给南方电网，作为2020年前可开发的站址。2006年，梅州抽水蓄能电站被列入广东省“十一五”发展规划，同时，梅州市政府与南方电网公司签订了合作推进梅州抽水蓄能电站开发建设的框架协议，南方电网、梅州市政府和五华县政府还建立了联席会议制度，围绕项目推进过程中碰到的征地、长效补偿机制制订等重重困难，以问题倒逼工作推进，先后共同完成了34个审查专题，最终于2015年7月29日获广东省发改委核准，拿到了“开工令”。9月30日，在梅州市五华县召开了全面动工建设动员大会，宣布项目正式动工。

“历届市委市政府、县委县政府坚持不懈，一年接着一年干，让这个项目最终落地，用十年磨一剑来形容这个过程，一点也不为过。”五华县抽水蓄能电站项目办公室主任古伟炎深有感触地说。

如今项目开工已有两个多月了，为了保障项目的顺利开展，保障项目建设用地需要，五华县建立了县、镇、村三级联动机制，全力以赴推进征地拆迁。据龙村镇镇长李杜强介绍，镇一级也专门抽调了 25 名得力的镇干部会同村干部一共 40 个人，分为 5 个工作组，吃住在黄狮村专职开展征地工作。

年发电电量 15.7 亿千瓦时

全省水库容量最大的抽水蓄能电站

据悉，梅州抽水蓄能电站是南方电网公司全资建设的广东省内的第 5 座大型抽水蓄能电站，也是广东省重大能源保障项目。

梅州抽水蓄能电站项目规划装机 240 万千瓦，首期建设 4 台 30 万千瓦的立轴单级混流可逆式机组，装机容量 120 万千瓦，年抽水用电量 20.9 亿千瓦时，年发电电量 15.7 亿千瓦时，本期枢纽工程主要包括上水库、下水库、输水系统和发电系统四部分，计划 2022 年完工。其中，梅蓄电站上水库库容 4102 万立方米，下水库库容 4382 万立方米，是广东省各抽水蓄能电站中水库容量最大的电站。

梅州抽水蓄能电站站址地处五华县南部的龙村镇黄狮村内，电站所在的地方沿途山势蜿蜒起伏、层峦叠嶂，山上树木郁郁葱葱，空气清新怡人。因此该项目还具有旅游、科普教育价值，对五华当地经济发展也将起到巨大的推动作用。“我们计划结合电站开发生态旅游项目，把龙村镇的各旅游景点统一规划，为五华旅游产业的发展贡献一分力。”龙村镇镇长李杜强说。

该电站建成后，将进一步优化广东电源结构和布局，对提高南方电网安全稳定经济运行水平、促进五华当地经济社会发展具有非常重要的意义、梅州抽水蓄能电站总投资 120 亿元，有利于促进梅州产业结构优化调整，完善当地基础设施，拉动内需，促进就业，从而推动梅州经济社会可持续发展。此外，电站在建设期间采取在保护中建设，在建设中绿化的方针，坚持环境保护设施与主体工程同时施工、同时投运，对当地生态环境也将起到积极的影响。梅州抽水蓄能电站建成后可以为今后的梅州新能源发展提供支撑，是支持绿色能源、低碳经济发展的一项重大举措。

四个标段全面开工

累计完成投资约 5 亿

近日冬雨绵绵，偶有一两天的好天气。在黄狮村下库区项目施工现场，十多个工人正趁着难得的晴朗天气，争分夺秒推进下库右岸公路的挡土墙建设。放眼望去，工地上各种大型挖掘机、推土机正在不停地挖土开山，运输车辆来回穿梭，上下库区的连接公路以及下库右岸公路，已经初具模型。

“目前工地每天投入施工设备 100 余台

套，各类人员200余人，全力推进项目建设。主要是推进通风洞、交通洞、自流排水洞以及上下库连接公路和下库右岸公路（简称‘三洞两路’）等各项前期工程建设，工程进展非常顺利。”梅州抽水蓄能电站项目部相关负责人介绍，“三洞两路”工程总投资2.5亿元，分四个标段，由中国水电七局、八局、十二局和江西水电总局承建，目前，四个标段全部进场施工并全面展开施工场面。

道路是工程顺利进展的保障。据悉，全长7.856公里的进场公路于2011年开始动工建设，并在2014年全面完工，为有效推进项目建设奠定了基础。截至2015年底，梅蓄项目全部工程投资大概完成5亿元。

计划总投资2.5亿元 规划建设两个移民安置区

除了道路外，土地是项目的基础，目前征地工作正在紧张进行中。近日，黄狮村拆迁户刘胜满一家正忙着搬进2层楼高的临时安置活动板房，房子大约200平方米，有7个房间，水电、电视全部齐全。刘胜满家电都还没来得及安装，五华县和龙村镇的征地工作组就早早地上门祝贺并送上贺礼，感谢他们对征地工作的支持。据龙村镇镇长李杜强介绍，和刘胜满一起搬进临时安置活动板房的还有刘申远和刘观锡两家人，他们都因项目建设需要，带头腾出住了大半辈子的老房子。

为了保障项目建设用地需要，项目在7月份获省发改委批准后，五华县马上建立县、镇、村三级联动机制，全力以赴推进征地拆迁。龙村镇专门抽调了25名得力的镇干部会同村干部一共40个人，分为5个工作组，吃住在黄狮村专职开展征地工作。此后，五华县又统筹全县力量，抽调了21名在县直单位工作、副科职以上的龙村籍干部，分赴龙村镇，全面加快了征地步伐。截至12月23日，该县共完成征地1292亩，基本满足前期工程建设用地需求。

根据电站建设规模，黄狮村全村568户2553人，将实施整体搬迁。为切实保障移民的合法利益，满足他们基本的生产生活要求，五华会同项目部、中水珠江设计院等单位，就移民实施方案和安置协议，多次征求移民和省移民局的意见，结合相关政策对协议进行修改、细化和完善。12月16日，五华与梅蓄项目部签订了建设征地移民安置协议。

五华县分别在县城经济开发区和龙村镇断掌凹，规划建设两个移民安置区，计划总投资2.5亿元。两个安置区分别已于今年9月13日和11月3日开工建设。按照工程规划，移民安置房将于明年上半年正式开工建设，2017年上半年交付使用。

■纵深

广东电网亟须优质的调峰电源和保安电源

广东作为中国的经济大省，电能需求大，至 2020 年，广东省内火电、核电、西电以及新能源将分别占广东省内外电源总装机容量的55%、10%、21%和3.2%，复杂的电源结构，加上用电高峰时的供电紧张、有功无功储备不足、输配电容量利用率不高和输电效率低等问题都有不同程度的存在，这就决定了广东电网亟须优质的调峰电源和保安电源。“目前，广东已有广州、惠州2座抽水蓄能电站投产，清远抽水蓄能电站处于试运行阶段，在建的还有深圳、阳江和梅州抽水蓄能电站。这些抽水蓄能电站一起保障广东电网乃至南方电网的安全稳定运行。因为梅州抽水蓄能电站地处粤东地区，更多的是保障这一区域的电网安全。”梅州抽水蓄能电站项目相关负责人说。

抽水蓄能电站如何“抽水蓄能”？

电力生产一般是随发随用，不能储存，往往是用电高负荷时电力不够用，低谷时又用不完造成浪费。抽水蓄能电站正是为解决这一问题而产生，相当于“蓄电池”。抽水蓄能电站有上下水库，在用电低谷时，利用电网多余的电把下水库的水抽到上水库储存起来；在用电高峰时，上水库放水发电增加电量。

抽水蓄能电站是一种清洁的调峰调频电源，可明显改善火电运行状况，减少了火电厂因出力调整带来的排放增加，并将有利于提高电网接受更多的风力发电、太阳能发电等清洁可再生能源的能力。据悉，梅州抽水蓄能电站运行后每年可节约标准煤 17.1万吨，减少二氧化碳排放42.8万吨，减少二氧化硫及粉尘排放0.15万吨。

抽水蓄能电站牛在哪里？

抽水蓄能电站作为电网的有效管理工具，在保障电网安全、优质运行方面发挥极其重要的作用。

首先，由于抽水蓄能机组相比起火力、核力发电站具有工况转换灵活的特点，在电网发生异常情况时，蓄能机组利用其起停速度快的优势能在 3—5 分钟内迅速响应，为断电区域提供电能，从而保障电网的安全运行。当电网大面积停电的时候，抽水蓄能电站具有黑启动能力，通过输电线路输送启动功率带动其他机组，从而使电力系统在最短时间内恢复供电能力。

其次，通过调频调相有效提高电网频率和电压稳定性，保证电能品质。电站的建成有利于协调水电、火电等各种电源，可减少火电厂的调峰，提高电网综合经济效益。且利用电网负荷低谷时抽水将电能作为势能储存起来，并在需要时在上下水库的落差下化为动能，进而转化为电能输送到电网内，可以减少水电弃水，提高水能的综合利用率和电站经济效益。

抽水蓄能电站是电力系统中最可靠、最经济、寿命周期长、容量大、技术最成熟的储能装置，是新能源发展的重要组成部分。利用大型抽水蓄能电站的有功功率、无功功率双向、平稳、快捷的调节特性，承担特高压电力网的无功平衡和改善无功调节特性，对电力系统可起到非常重要的无功/电压动态支撑作用，是一项比较安全又经济的技术措施，建设一定规模的抽水蓄能电站，对电力系统特别是坚强智能电网的稳定安全运行具有重要意义。

数说抽水蓄能电站

关键时间节点

2004 年五华县龙村镇黄狮村作为 2020 年前可开发的站址

2006 年梅州市政府与南方电网公司签订合作框架协议

2015 年 7 月 29 日获广东省发改委核准拿到了“开工令”

9 月 30 日项目正式动工

12 月底交通洞、通风洞和自流排水洞等 4 个标段已全部进场施工

2017 年电站主体工程开工

2022 年投产发电

概况

●规划装机总容量 240 万千瓦，首期建设 4 台 30 万千瓦的立轴单级混流可逆式机组，装机容量 120 万千瓦

●年抽水用电量 20.9 亿千瓦时，年发电电量 15.7 亿千瓦时

之最

●梅州历史上投资最大的基建工程

●总投资约 120 亿元，分两期建设，其中一期投资 70.52 亿元

●广东省各抽水蓄能电站中水库容量最大的电站

●上水库库容 4102 万立方米，下水库库容 4382 万立方米

作用

梅州抽水蓄能电站运行后每年可：

节约标准煤 17.1 万吨

减少二氧化碳排放 42.8 万吨

减少二氧化硫及粉尘排放 0.15 万吨

（《南方日报》2015 年 12 月 30 日 陈萍 张炳锋 廖伟军）